NWUSUBENQIUYUANHUAWANWUSUBENQ

轶闻典故

溯本求源

中华万物

插图典藏本

张辅元◎著

每件物品都有自己的历史，
每个历史都成为现在，
那些被我们忽略的现在，
究竟有怎样的历史，
翻开本书，
感受不为我们所知的物品的历史渊源。

九州出版社
JIUZHOUPRESS

NWUSUBENQIUYUANHUAWANWUSUBENQ

图书在版编目（CIP）数据

溯本求源话中华万物 / 张辅元著 . —北京：九州出版社，2008.10

ISBN 978-7-80195-907-2

Ⅰ.溯…　Ⅱ.张…　Ⅲ.生活用具－中国－普及读物　Ⅳ.K875.2　TS976.8-49

中国版本图书馆 CIP 数据核字（2008）第 147895 号

溯本求源话中华万物

作　　者	张辅元
出版发行	九州出版社
出 版 人	徐尚定
地　　址	北京市西城区阜外大街甲 35 号（100037）
发行电话	(010)68992190/2/3/5/6
网　　址	www.jiuzhoupress.com
电子信箱	jiuzhou@jiuzhoupress.com
印　　刷	北京捷迅佳彩印刷有限公司
开　　本	720×1020 毫米　16 开
印　　张	18
字　　数	248 千字
版　　次	2009 年 1 月第 1 版
印　　次	2009 年 1 月第 1 版　第 1 次印刷
书　　号	ISBN 978-7-80195-907-2/K·153
定　　价	35.00 元

目录

学习用具 / 115

家居用品 / 154

民族乐器 / 205

绪论

万物根由 源远流长

天地之间，亘古及今，事物缤纷，然而万物皆有其来源。对世间万物追本溯源是这本书的内容。本书介绍了六大类，七十三种物品的起源。

何谓“物”?《说文解字注》诠释：“万物也，牛为大物。天地之术数起于牵牛，故从牛，勿声。”是说“物”这个字，由两个单字合成：左“牛”右“勿”。按《六书》造字原理，属“假借、谐声”发“勿”音。

《辞源》“物”字含义有八：(一)存在天地间的一切东西。(二)与“我”相对的他物。(三)事物的内容实质。(四)颜色、物色：五彩云气之物辨吉凶。(五)种类什物。(六)观察物象。(七)标志、识也。(八)杂色牛、杂帛。

《辞海》：物，代指“人”。例如(一)在某方面有代表性的人；(二)文学和艺术作品中所描写的人，都称为“人物”。

泱泱中华，洋洋物产。产自何许?《礼记·乡饮酒》记载：“东方者春……产万物者圣也。”圣也何人?张辅元先生《商品史话》有阐述：“自古以来，不论是神话传说，还是史书记载，都说轩辕黄帝是中华民族的“人文初祖”。中国的很多创造发明，诸如造文字、运算术、定音律、著医书、织丝帛、缝衣裳等几乎都创始于黄帝时期。我中华悠悠五千年辉煌历史，就是从这里发端。

尽管人们每天都和种种“物品”打交道，但是对其各种对象物品的属性，未必人人皆知。倘若把各种货物的历史，逐一加以介绍，那么，或工人在生产，农民在耕耘，营业员在销售，消费者在使用，能知道物物的来龙去脉，想来也会是一件赏心乐事。比如，衣裙鞋帽是怎么出现的？伞扇帘帐谁人发明？……又如，桌椅板凳的创起，笔墨纸砚的由来，锣鼓笙箫的问世，琴棋书画的始末，梳篦镜子的古今，煤炭蜡烛的沧桑，钟表眼镜的家世，酒具茶具的探源，盆景花卉的小考……大到车辆源远，小至针凿杂琐。从瓷器三千年，追溯陶器七千载。有的盘桓亿万年，有的端倪仅仅百十春；有的辗转逶迤出口国门，有的漂洋过海自异邦舶来。自是行云流水，风情万端。

《易经》："观乎人文，以化成天下"。《溯本求源话中华万物》通过对世间万物遍历沧桑，不断完善进化的历史回眸，与海外同类物品的尖端接轨，熨帖于《天演论》、《物种起源》，互为佐证谋合。人猿相揖别后，大脑发达会思考，两手解放握工具。劳动不仅创造了人类胴体，而且创造世界万物。

人类物质文明的建设，是物质资料生产方式的转化过程。因为"物质，不能被创造，也不能被消灭"。这种不是简单"形而上"的再生产，乃螺旋式上升，波浪式前进的。转化一般发生在同一物种或分子成分相同却组合结构变异而创造"奇迹"，譬如"转基因"。《国语·越》："得时无怠，时不再回。不予不取，赢缩转化，否极泰来。"

这种从国内而海外，全方位多视角对物质世界嬗变的回顾和远眺是有益的。以求鼎新革故，拓展无限，造福民生。

本书七十三篇所纳入的万物遴选，都是原产于我们祖国辽阔而富饶的土地上，旨在诉诸文字以表明中华五十六个民族是何其吃苦耐劳，何等的聪敏睿智。足以昭示，炎黄子孙繁衍生息的地方，怎样开拓成一个著称于世界的文明古国——夏鼎商彝；秦兵马俑；唐诗宋词；晨钟暮鼓；丝绸之路。几度"民殷财阜"，物资形态之精进的初始时怎样遥居世界前茅；上下五千年，如何造就"物华天宝，冠绝古今"。涌现出那么多的能人，可谓"英才济济，人杰地灵"！

雕古为创新，怀旧求革故。正所谓"以史为镜，可以见兴替"。

子在川上曰：逝者如斯夫，往事不可追，来世犹可待，待我中华振兴，重新屹立于世界强国之林，已是指挥若定。中国人机智，不再沉湎于"火药指南针、蔡伦祖冲之"。"遗憾叹喂"是可怜无补的。机遇敦促我们"不再让一个又一个科学变革，擦身而过"。

本书写作凡例，拟求以事为经，以时为纬，勾勒各种物品由来变革的同时，采风状物，网罗遗逸故事——宠物尤物皆物欲——采莲采桑采风情。万物拟人，不也艺术。何谓"艺术"？古今含义有异。《后汉书·伏湛传》："艺谓书、数、射、御；术谓医、方、卜、筮。”而今“艺术”即“用形象来反映现实，但比现实有典型性的社会意识形态”；也指“物之形状独特而美观的艺术品”。书中不乏艺术奇葩。

物美艺术是“观念在个别事与物上的完全显现”。没有物，何谈美？美者情也——情文文情皆人情。把人类的特性加于外界事物，使物人格化。如原始社会把自然界万物现象人格化或“精灵化”，创造了各种各样的神。拟人观同“万物有灵论”密切联系，“赋万物以风情”。

南唐后主李煜《赐宫人庆奴》：“风情渐老见春羞，到处逍遥感旧游”。何谓“风情”？“风情”之于物，泛指“物态民俗、物极幻化、物染苍黄、物结疕瘐、物色贪婪、物产物望、物景物役、物象物候、物竞物议”；“景物依旧，物是人非”；“物离乡贵，人离乡贱”；“物故可论，途穷能无恸”？“不以物务干杯，唯以声色自娱”；“初晴物候凉，夕阳照山庄”；“物物而不物与物，则否胡可得而累”；“物以稀为贵，情因老更慈”；“情不系于所欲，故能审贵贱而通物情”。

《荀子》：“性之七情六欲”引申为事物本性。《孟子》解释：物之情从何而生？生于“物之不齐”——物与物千差万别。物随情变，情随物迁。

《食货志》两千年前就写道：物，“孕自天产，用之有价”。价，价值也。其万物万年的物化中，必然积淀色色款款的逸闻旧事、民间传说、巷间风情，势必会在骈文诗词风雅骚颂戏曲影调三坟五典古籍中反映、折射。凡此，都被《溯本求源话中华万物》所汲纳。

本书作者张辅元先生，某报馆主任编辑，上世纪50年代毕业于辽宁大学经济系本科。长期以来，致力于古代商品史、民俗史、避讳史研究，对文字训诂学颇具造诣。曾撰著发表各种文稿逾三百万字，出版书籍四部五册二百万字。展卷拜读其华章，气度恢弘，耳目清新。确有“风云吐于字里，珠玉生于行间”之笔力，方显先生之厚积薄发。深谙“百川学海而至于海，丘陵学山不至于山”的途径。早年领教于幼学启蒙、私塾国学。熟读四书五经，堪称“饱学”。才自内发，学以外成。既，学力根深蒂固；又，躬身执卷授业。为著作《溯本求源话中华万物》而精读历代笔记小说二百五十六卷。致令先生“函雅故、通古今、正文字”，笔底斑斓。

“纸上得来终觉浅，绝知此事要躬行”。先生不仅“读万卷书”，还远足“走万里路”，梯山航水，云游烟霞。选就本书构筑，知识密集，饶有风韵。集科学、史学、文学于一书，涉猎广陌、杂俎百家、类钞别志、博考哲圣、采摭群言、考源索隐、缀轶拾遗、经史数术、典章格制、谱牒世事、稗官野史、宫廷琐秘、秘辛杂识、天文历法、六工商贾、渔樵耕读、兵戎战乱、左道旁门、杂耍江湖、三教九流、曲舞戏乐、书画琴棋、掌故传闻、村情山趣、乡党俚语、万方风情……

无论寒暑，心不外骛。先生伏案一十三年，探索万物渊源，勾勒风情，裁重删繁，刻意铺陈。致令笔下万千阿物，在各自孕育、产出、交换、消费等诸环节的运笔中：有纲有目，时古时今，见形见影，亦文亦白，或庄或谐，无一无据。

或因作者受历代笔记小说影响，其写作手法，类若小品，宛如杂俎，犹同丛谈、志录、语林、说苑、话本、漫钞、骈文、骚体……茹古涵今，不拘一格。

发覆万物之蒙尘，必定撷引古文，然古代汉语，生字、冷字、僻字，一字多义，章法词句，拗口蹩脚，音调艰涩，不易诵读。凡此，作者都须逐一进行诠释、断句注疏、白话翻译，以求既不失古籍原意（义）又令今人明了，文言白话，雅俗共赏。然则，若此诠释，非通晓古汉语者难能为之。张辅元先生饱学"之乎者也矣焉哉"，遇文言古语，辄迎刃而解。

"熔铸百家，纳诸万物"是本书之涵养结构。由于运用古文资料，内容广袤，免不了渣滓泥沙。当指出的是作者对于书中或神话故事，或民间传俗，或闲书野史，凡是古人着于史料中的荒诞，必当酌情删削。然则，先祖之图腾崇拜，其本身并不就是迷信。须知，古老华夏的祖宗信仰与氏族公社同时发生。中国小说就是起源于神话传说。

末了，掩卷思索，体察到先生治学之严谨，著述唯实，钩深致远。弘扬了中华古代科学人文。昭彰了先师、前贤、圣哲之睿智玄览、辞意精警。《溯本求源话中华万物》付梓，表明其瓜瓞子孙——数典不忘祖宗。

该书如此谋篇，将古代汉语，译成当代白话，缩短拉近沟通了先祖与我辈鸿沟，古今血缘嫡亲，恍若前天昨日。祖孙如晤，会面促膝，喃喃喁喁……唐尧虞舜夏商周，独有笔墨留春秋。

敬仰先生，笃志博学，儒雅风范。乃国之桢干，士之楷模也。

张润彤（北京交通大学博士生导师）

2008年1月18日

衣帽饰品

衣裳

“全家都在风声里，九月衣裳未剪裁”。这是清代黄仲则《都门秋思》描写穷苦人家衣不遮体的困境。

衣、食、住三者，乃人生所必需。经济学家曾经把人的欲望划分三级：一曰自然欲望，二曰适宜欲望，三曰奢侈欲望。衣、食、住之仅资生活者，属于自然欲望，若必期美备，则视其人之经济状况，或属适宜欲望，或属奢侈欲望。三者之首要者为衣。《尚书》云：“可三日无食，可百日无舍，则不可一日无衣”。这当然不是指维系性命的生存，而是指人文，指廉耻，指人类乃服衣裳之后而言。那么，“尚不知衣为何物”的远古人又是怎样的呢?

《庄子·盗跖篇》指出：“古者，民不知衣服，夏多积薪，冬则炀之，故命之曰：知生之民。”说的是新生代第四纪以后的两千多万年里，人类都是光着身子。夏天拾柴，以备冬季烤火取暖。这种生息方式就是我国古代称谓的“知生之民”。

人类的最初阶段，和动物不差大致。不仅是茹毛饮血，而且按照庄子的说法，就是在“知火食以热荤臊”以后相当长的时期，无论男女，不分老少，仍然是赤身裸体，没有羞耻观念。

华夏的先民——北京猿人，在若干万年前，曾经遭遇第三次冰期，地上气候骤然奇冷，霜雪遍地。渐渐的，大块的冰川随着半融解的凌水，像潮汛一般流过华夏。那时地表一片晶莹明彻，成了琉璃世界。只有冰川不到的地方，留下几丛青翠树林，恰似大雪之后，白皑皑的无垠雪原上，露出的几枝松针似的。那时，生物大半都已冻死，只有那些灵敏和有特异功能的动物大难不死。

《尚书·泰誓》曰："惟人，万物之灵。"

残酷的自然环境，迫使先民们用兽皮披在身上，以抵御风寒。但又很快发觉，兽皮不能裹严全身，而且还要不时地用两手紧拽着。双手被桎，无法进行劳动，更不能外出猎取食物。为了把兽皮严紧地固定在身上，把两手解放出来，人们便开始对兽皮进行加工：一方面使兽皮鞣软，另一方面对兽皮进行切割缝缀。想了又想，改了又改，过了很久很久，不计多少寒冬，才把兽皮用锐角石锥凿穿了许多洞，用兽筋或是皮条，由洞穿过，一一联结起来，穿挂在身上。这大概就是清人李渔在《闲情偶寄》中称谓的"辟草昧，致文明"之发端。

《韩非子·五蠹篇》记述："妇人不织，禽兽之皮足也。"说的正是人类尚不知养蚕织帛做衣，而男女却有了分工：男人外出打猎，女人在洞中缝衲兽皮为衣。

随着原始人的"衣裘食炊"，古猿身上的兽毛，慢慢地蜕落，露出了人类的皮肤，再也不是毛茸茸的猿猴模样了，于是，人与猿，从此揖别。

考古学家在磁山文化遗址中，发现了陶纺轮，据说这是七千年前的纺线工具。比这更早的还有石纺槌。说明新石器时代初期，原始人已发现了麻类纤维，并用来纺线搓绳，出现了男耕女织的分工。

距今近六千年前的马家浜（今江苏省境内）文化遗址里出土过一些野生葛为原料的麻布，是我国目前发现的最早的纺织品，

那么纺绩织布做衣裳是谁发明的呢？西汉刘安《淮南鸿烈·汜论训》说得明白："伯余之初作衣也。"《汉书·古今人表》又说："黄帝作轩冕之服。"

伯余，一说是黄帝之臣，而《世本》则说，伯余即黄帝的别称。

至于说，伯余与黄帝本是一人，还是君臣二人？关系并不很大，却足以说明：人文初祖的黄帝时代，已经有了纤维织造的衣裳。

伯余是怎样"初作衣"的呢？《淮南鸿烈》也有介绍："緂麻索缕，手经指挂，其成犹网罗。"是说，剥得葛麻茎皮纤维，解析成缕，连接捻合成线，拉挂成无数条纵线，再用手指作横向钩拉编结，织成网状稀疏布片，缝缀出"麻布衣裳"。

"麻衣尽举一双手，桂树只生三十枝。"麻布衣的出现，难得如此。此后，人类便穿着衣裳，站在自然界动物发展阶段的最高位置上，敢谓"万物灵长之尊"。

淮安王刘安又接着说："后世为之机杼胜复，以便其用，而民得以揜（掩）形御寒。"意思是，后人依照伯余的"手绾指挂"进而发明生产效率高的织布机，造出更好的布帛，用以缝衣，天下万民才得以遮身、护体、防寒。中华文明，从此长足发展。万物以昌，衣冠裙裳履带，渐入佳境。

我华夏祖先着装近千年后，海外还有不衣之国。《吕氏春秋》载"有裸人国，人尽

赤身裸体，不知衣为何物。"传说大禹曾到过该国。进其境的外国人，必须按其俗："裸体而入，穿衣而出"。《淮南子》记述："西方之倮国，鸟兽弗辟，与为一，国人皆赤体也"。倮国，亦同裸国。该国位置，一般以为在今尼科巴群岛，为古代船舶自马六甲海峡至印度和斯里兰卡航程中的重要泊屿。

《说文解字》注释："衣，依也；依者，倚也，衣者，人所倚以蔽体者也，贵贱皆覆。"衣，一切服饰的统称。

《诗经·齐风》中的"东方未明，颠倒衣裳。"写的是，东方天色未亮，便急忙起身，在黑暗中摸索着，颠而倒之地穿错了衣与裳。用现在的话说，错把裤子当了袄。

衣裳的发展，是由下而上。裤，古时称"袴"。为成人的满裆及小儿的开裆裤的通称，广东方言称为"袂"。

袴，本作绔。《说文》："绔，胫衣也"。今称套裤，左右各一，穿于自胯以下，分裹着两条腿。

有裆的裤子，古时称"裈"，以别于无裆的袴。裤的构成：上半部叫"袑"（腰），裤脚叫"褣"，裤腿叫"裥"，无腿的短裤叫"褠"，小裤子叫"衳"。

今之喇叭裤即古之大口裤。裤的演变多在裆和腿，历史上曾多次出现大管裤、小管裤。最早是春秋时赵灵王改裙为裤，其次是南北朝，再后是清代庚子之后。当时有一蹲即臀裂的紧窄裤，清末民初少女曾流行细小包腿窄裤。

裤子的出现是源于裙子，叫"裳"。衣与裳相连出现袍子。人们处在狩猎经济时代，多是骑马。穿裙骑马多有不便，就在裙子中间开了一个口子，叫做"衩"。唐代王建《宫词》："衩衣骑马绕宫廊。"

"衣之下及跗（脚面）者曰袍"，或谓之衩衣、长衣、长袄、长衫。有单夹棉之分。

古时士人的上下衣相连的服装叫襕衫，亦作"褴衫"、"蓝衫"。《宋史·舆服志》介绍："襕衫以白细布为之，圆领大袖，下施横襕为裳，腰有襞（褶）积。"《西厢记》有描述："乌纱小帽耀人明，白襕净。"

《礼记·玉藻》记载的"缊为袍"，是说周代时，专指有表里而中间絮有"新棉和旧絮"的长衣，叫做"袍"。缊袍则是以苴麻为絮的袍子。

袍子在我国的衣裳历史中，由来最久，影响最大。如龙袍、深衣、楚服、旗袍都是袍子的演变。《周礼·司服》中的"享先王则衮冕"。这"衮"就是由袍子发展的"卷龙衣"，也叫"衮衣"，简称"裷"。因衣长至脚面，并绣有龙形图纹，又叫"龙袍"。是始于周朝皇帝的礼服。

《诗经·九罭》记述："我觏之子，衮衣绣裳。"大意是说："好比我们这个小小地方，来了一个伟大人物——周天子，我们老百姓应该敬重他。见他上身穿着画花的衣，下身穿着绣花的裳，好不威严呀。”

皇帝龙袍之下有群臣穿的九阶蟒袍，明代叫“补服”。前胸及后背缀有用金线和彩丝绣成的品级徽识，叫“补子”，也叫“背胸”。清代沿袭。《清通典》记载，共分九品，文官绣鸟，武官绣兽。如一品，文鹤，武麒麟；三品，文孔雀，武豹；五品，文白鹇，武熊；七品，文鸂鶒，武彪；九品，文练雀，武海马。

天子衮服

《礼记·玉藻》记述：“朝玄端，夕深衣。”深衣就是一种上衣与下裳（裙）相连的衣裳，由于前后深长，所以叫“深衣”。是古代诸侯、大夫等人平时闲居所穿的衣服。即孔颖达《冠礼》所说的“其私朝及在家，大夫、士，夕皆深衣也”。

《玉藻》又说：“庶人吉服，亦深衣。”但是，普通人则穿的是不染色的粗布“麻衣”。《诗经·蜉蝣》：“蜉蝣掘阅，麻衣如雪。”意思是：你看蜉蝣（比目昆虫）掘了地洞出来，好比人身上穿了麻衣，似雪一般的洁白。

“二十年前此夜中，一般灯烛一般风。不知岁月能多少，犹著麻衣待至公。”诗中的“麻衣”也叫“白衣、布衣”，又是书生（举子）的代称。赴试书生所穿之衣。

麻衣，“谓之麻者，纯用，无采饰也”，古又成为丧服的代称。《礼记·间传》：“又期而大祥、素缟、麻衣”。古代父母丧二周年的祭礼，谓之大祥。

深 衣

《史记·李斯列传》记述：“夫斯乃上蔡布衣，闾巷之黔首。”“布衣”和“黔首”，都作“平民”解。为何布衣代指平民呢？

《盐铁沦·散不足》说：“古者庶人耄而后衣丝，其余则麻枲而已，故命曰布衣。”是说，古时平民不到七十岁不许穿丝织衣裳，只能穿粗麻葛布衣。由此，古谓贫贱之交为“布衣交”或“布素交”。

从殷商始，就按照身份等级，规定繁缛的服饰制度。宫廷内外，君臣官爵，各有其不同用途的服饰。

《周礼》记载的“司服”，为春官之属，主管王之吉凶六服。又天官之属有“内司服”，主管王后之“六服”。

《尚书·皋陶谟》写道：“天命有德，五服五章哉。”周朝称五服为“王、公、卿、大夫、士”的五种服式。一应如：朝服、礼服、祭服、丧服、常服、亵服，等等。

《周礼·天官·内司服》记载，王后之六服有：“棉衣、揄狄、阙狄、鞠衣、展衣、缘衣。”六种服装，又谓六衣。

周天子把王畿（靠近国都）周围的地方，根据远近分为：“侯服、甸服、男服、采服、卫服、蛮服。”

南北朝宋人颜延年《赭白马赋》：“总六服以收贤、掩七戎而得骏。”六服，代指阡陌各地，泛指天下。后又增加“夷服、镇服、藩服”，共为九服。已不是礼仪衣服，而是泛指疆域藩属。

孔子本不为官，但他所穿的衣裳也有许多规矩。从《论语·乡党》的记述，可见一斑。

孔子平常的衣服，不用近乎黑色、天青色、铁灰色的布帛去镶领边。因为用玄青色镶领边，是斋戒的祭服；用天青色镶领边是孝子的丧服。近乎亦色、浅红色、紫色，都不可用来做居家的便服穿。临到夏天暑热的时候，穿了单衣服，无论细的丝帛还是粗的葛布做成，也无论天气怎样炎热，都必定另外穿贴身衬衣，还要把它表明出来。天冷穿皮衣，必须把黑的单衣罩在黑羊皮袍子上，素的单衣罩在白小鹿皮袍子上，黄的单衣罩在狐皮袍子上。平时穿的皮袍子，为了取暖，所以比公服要长，其右袖略为短些。狐皮貉皮的毛，生得温厚，用来做便服。穿丧服必须满期，也不许随便佩戴什么东西。孔子寻常穿的衣裳，必定是有杀缝的。吊丧自有吊丧的素服。斋戒沐浴的时候，一定要有棉布做的浴衣。寝衣是睡觉时穿的。黑色的皮袄，玄色的官帽，是朝祭的吉服，是不可穿它吊丧的。每逢吉月（农历每月初一）这一天，即使在家里，也必定穿上朝服，向北朝拜。

两千七八百年前，我国的衣服，已是如此完备，十分规矩，分门别类，各有其用，不得僭越。既古老繁盛，又因循保守。

所以经孔子删定的《诗经·绿衣》写道：“绿兮衣兮！绿衣黄裳。心之忧矣！曷维其亡。”说的是：绿是不正的颜色啊！却已把它做成衣服了！绿的做了衣服面子，反而把黄的正色做了衣服里子；好比妻与妾，变易了位置，叫我做妻的哪得不忧愁啊。从这里反映出孔子这位大政治家、思想家、教育家维持贵族等级秩序的因循蹈袭——“寒暑相沿运，时逝忽如颓”。

“岂曰无衣？与子同袍。王于兴师，修我戈矛。与子同仇！岂曰无衣？与子同泽……

岂曰无衣？与子同裳。”这是《诗经·秦风·无衣》篇。大意是说：谁说我们没有征衣，我和你同穿一件战袍……同穿一件内衣……同穿一件战裙。所谓“无衣”，是说急于赴战，征衣一时不能齐备。由于他们决心奋起保卫祖国，流血牺牲尚且不怕，“无衣”又何在话下！宁可“同袍”、“同泽”（袢，内衣）、“同裳”（战裙），也要“同仇、偕作、并行”。奔赴战场，同仇敌忾；奋起御侮，并肩杀敌。**用上衣，下衣、外衣、内衣，都可以同战友与共，说明爱国主义是中华民族的优良品德，且由来已久，蔚为传统。**

古时军人的互相称谓“同袍”，也称相互之间的友谊为“袍泽之谊”，都源本于此。

“逢秋正多感，万里别同袍”（唐代许浑）。袍，指战袍，类似长衣的斗篷，兵卒行军时，日以当衣，夜以当被。同袍与同胞不同，前者，是旧时军人互相之称谓，后者用来指同一祖先的民族或指极有交情、情同手足的友人。《古诗十九首》：“锦衾遗洛浦，同袍与我违。”都是在写战友或交好的分离之情。

汉代的衣裳，益加精进。绫罗绸缎绢纱帛料，花样迭出，更有金丝银线镶助。裁缝款式，推陈出新。明装丽服，多彩纷呈。男女老少，四时八节，婚娶嫁奁，丧缞尊卑，一应穿着，已是自有所适。

刘歆《西京杂记》记载：“汉帝殡殓，皆珠襦玉匣。”是说，汉代皇帝死后下葬时都穿着一套叫“玉匣”的金缕衣裳，也叫“玉衣”，是一种特制的葬服。把玉石琢成各种形状的小片，角上穿孔，用金丝连缀而成。又叫“珠襦”。《汉旧仪》介绍：“珠襦，以珠为襦，如铠状，连缝之，以黄金为缕，至足。”

1968年在河北省满城西汉刘胜、窦绾夫妇墓中，发掘出两套完整的“金缕玉衣”。用一千一百克赤金金丝，将各种形状的两千四百九十八块碧玉编缀而成。

玉衣，后来又成为皇亲贵族的殓服。这种葬衣能保护尸体不腐。有金缕、银缕、铜缕之分。据《后汉书·礼仪志》记述，皇帝死穿金缕；诸侯、列侯死穿银缕；大贵人、长公主死穿铜缕。刘胜本是诸侯王，只该穿银缕，却穿了金缕，这是皇帝的破格恩赐，叫做“赐贤棺梓”。

用珠缀串而成的短衣，为皇宫帝后所穿，也叫珠襦。《汉书·霍光传》写道：“太后被（穿）珠襦，盛服坐武帐中。”据晋代晋灼《汉书·音义》解说：“贯珠以为襦，形若今革襦矣。”革襦，皮袄也。

“玉衣晨自举，铁马汗常趋。”（杜甫《行次昭陵》）

这“玉衣”又有另义，是指唐代陵寝便殿中所藏御衣。

其实，玉衣一词在周朝已有所见。《列子·周穆王》：“日月献玉衣，旦旦荐玉食”。玉衣，泛指美丽的衣裳。

唐代杜秋娘写的《金缕衣》，也是指“衣之华贵者”。借金衣作比，催促青少年奋发向上。诗曰："劝君莫惜金缕衣，劝君惜取少年时！花开堪折直须折，莫待花落空折枝。"是说，金缕衣虽贵，终有破旧之日，不足深惜。而少年时代，一去不复再来，故应珍惜。又以花比喻，花开时正须折取，喻少年时代理当学习上进；及至花谢空枝，要想折取，已来不及了。喻，老大再回想少年时荒废光阴一无所长，还有何用。今天读来，仍有教益。奉劝青少年朋友，要珍惜大好时光。何必"少小不努力，老大徒伤悲"。

《汉书·郊祀志》记载一种羽衣，用鸟羽制成的衣服："五利将军亦衣羽衣，立白茅上受印。"颜师古注："羽衣，以鸟羽为衣，取其神仙飞翔之意也。"五利将军是汉武帝时方士栾大。后因称道士的衣服为羽衣。苏轼《后赤壁赋》："梦一道士，羽衣翩仙。"后来也称道士为羽士、羽衣。钱易《南部新书·丙》："忽有羽衣诣门，延之与语。"白居易《梦仙》："羽衣忽飘飘，玉鸾俄铮铮。"

《太平御览·会稽曲录》记述一段汉代郑弘卖中单为叔还钱的故事。何谓中单？汉代伏无忌《古今注》解释："中单，衬衣也。"

"香肌冷衬琤琤佩。"（李商隐《燕台》）"衬"，衣之在里者谓之"衬衣"、"里衣"、"衬衫"。孟元老《东京梦华录》记载宋代士兵穿着衬衫的军装："兵士皆小帽，黄绣抹额，黄袖宽衫，青窄衬衫。"

衫，本指单上衣之通称。但在秦朝以前，则专指妇人之服。马缟《中华古今注》说："古妇女衣与裳相连。始皇元年诏宫人皆服衫子。"在《释名》中说："衫，芟也，芟无袖也。"

"衫子"，秦朝以后不再是上衣下裳相连，而是专指古时妇女穿的短上衣，又名半衣。元稹《杂忆》："忆得双文衫子薄，钿头云映腿红酥。"

《三国志》有"半袖衣"的记载，《杨阜传》说："阜常见明帝（魏二帝曹睿）著绣帽，被缥绫半褎。"《晋书》与《宋书》都说："半褎"即"半袖"。

汉代以前，还把贴身衣叫"半袒"。《说文解字》释："袒，日日所常衣"；《玉篇·衣部》解释："袒，近身衣也；日日所著衣。"据《后汉书》记载的"祢衡裸衣骂曹操"："衡进至操前而止，吏呵之曰：'鼓史，何不改装而轻敢进乎？'衡曰：'诺。'于是先解袒衣，次释馀服，裸身而立"是说贴肉穿的袒衣脱掉后，胴体就一丝不挂了。

而今，我们称贴身上衣为"汗衫"，这一称谓何时出现？这要追溯到公元前206年，汉朝开国皇帝刘邦改"中单"为"汗衫"。

为什么堂堂的高祖皇帝要多此一举呢？高承《事物纪原》有解说："汉高祖与项羽战，汗透中单，遂有汗衫之名。"

原来是汉高祖为了缅怀楚汉相争，打败项羽，夺得天下，不忘三军众将士的汗马功劳，特将“中单”易名“汗衫”。改得倒也贴切，历经两千多年，沿用至今。

古时把中单、汗衫之类还叫做“汗禢”，简称“禢”、“汗襦”、“衹稠”。《方言》诠注：“汗襦，自关而西或谓之衹稠。”

《后汉书·羊续传》中的：“资藏唯有布衾，敝衹稠，盐麦数斛而已。”是说这人如何的清贫，只有一条粗布被、破汗衫、几斤盐巴、几升米而已，别的，身无他物。

汉代前无内衣之称，贴身衣概称中衣。汉代繁钦《定情诗》：“何以结愁悲，白绢双中衣。”中衣即贴身衣裤，清代也有这种称谓，曹雪芹《红楼梦》：“另取一件中衣，与宝玉换上。”中衣即贴身内衣。

古人，不论男女老少，都爱穿兜肚，即挂束在胸腹间的贴身小衣。“以尺方之布为之，紧束前胸，以防风之内侵。”

《红楼梦》三十六回有记述：“说着，一面就瞧她手里的针线，原来是个白绫红里的兜肚。”

兜肚，又叫“抹胸”，虽然只兜在胸腹之间并无后背，却还能装藏物品，见《京本通俗小说·西山一窟鬼》：“侧手从抹胸里取出一个帖子来。”抹胸，胸间小衣，古时称做“衵服”。

衵服，女人之贴胸紧身小衣。《左传》记载：“陈灵公与孔宁仪行父通于夏姬，皆衷其衵服，以戏于朝。”《古今注》又称衵服谓“妇人腰綵”、“袜肚”、“袜腹。”

《南史·周迪传》：“性质朴，不事威仪，冬则短身布袍，夏则紫纱袜腹。”隋炀帝《喜春游歌》：“锦袖淮南舞，宝袜楚宫腰。”句中这“袜”，可不是今天我们脚上穿的袜子，而是古时女人“抹胸”、“兜肚”的简称。

脱去上衣，露出内衣，谓之袒裼。**古人对脱衣有相反的两种表示：一是礼貌，一是粗野。**《礼记》：“不有敬事，不敢袒裼。”如廉颇向蔺相如负荆请罪，是袒衣露胸裸背，表示诚恳；而《孟子·公孙丑》的“虽袒裼露裎于我侧，尔焉能浼我哉”。袒裼裸裎，脱衣露身是没有礼貌。意思是：虽然你露臂袒胸站在我侧面，你怎样来污秽我呢？羞辱不了我的。

衣裳发展最早、最为完善并形成独特款式的，楚服可算是其一。《史记·吕不韦传》有记述：交领、左衽、广袖、曲裾。款式端庄，装饰多彩，用料考究，裁缝精巧。

“袭英衣兮缇缙，披华裳兮芳芬。”（《楚辞·九怀》）缇缙，鲜明的衣衫。楚人能歌善舞，崇尚金石之乐。《楚辞》中有多处记载：那些穿着楚服的舞女，在“撞钟击鼓，竽瑟狂会，八音齐作”之下，抖动轻衫长袖，婷容娜娜翩翩，吟唱吴歌蔡谣。

湖南长沙楚墓出土一件彩绘漆卮（酒具），上绘十个舞女全身像，都穿着长裾及履

楚 服

的楚服。其中八个且歌且舞，情志各具：或抬肘翻袖，或掐腰躬身，或挥袉甩袂，其从容率情，优柔宽雅，除舞女演技娴熟外，多得“灿兮烂兮”的楚服之襄助。

《韩非子·二柄》写道：“楚灵王好细腰，而国中多饿人。”是说楚灵王（公元前540至前528年）有一癖，偏好细腰。不问男女，凡腰围粗大者，无不令其厌烦，史家称谓“楚腰”。必定在楚服中也有反映：歌舞者穿着轻曳的长衣，中腰束以紧带，细腰刚有两手一匝，腰细若腿。恰如唐代杜牧《遣怀》说：“楚腰纤细掌中轻。”

“楚服”一词，又指服装之盛，并非楚地衣服。如《国策·秦策五》中的“不韦使楚服而见”，是说吕不韦身着盛装而前来。

长江下游的吴服，也颇具国风。大约在公元8世纪的晚唐，跨海东瀛，为日本所欣赏，形成日本国和服。男和服多为黑色，胸前两边挂着家族的标志，叫家纹；女和服色彩斑斓，款式繁多，织花绣草，云纹水纹，腰间束着精美的带子，谓之“绦”。

和服在日本还称为“吴服”，是日本一度盛行过的“唐风”服装。明治以后，和服逐渐为西服所代替，但至今和服仍被日本人所喜爱。在家休息或社交场合，逢年过节，参加婚礼、庆典、纪念仪式时，一般都要穿上和服，以示喜庆。

日本妇女无论出嫁与否，穿上和服，背后都少不了绾个像小包那样的东西，日本叫做“带”，我国叫“襁褓”。

《情物志》解说：“襁，织缕为之，广八寸、长尺二，以约小儿于背上”；“褓，小儿被也，引申为婴幼时期”。

襁褓，亦作“襁保”、“强葆”。广义而言：“小儿衣也。”襁，布幅，用以络负；褓，儿被，

和 服

用以裹覆。《列子》中的“人生有不见日月，不免襁褓者”。襁褓又可指代人生的幼小时期。嵇康《幽愤诗》：“哀茕靡识，越在襁褓”，是说，可怜他孤独无靠，婴幼无知。

处在襁褓中婴儿所穿之衣，古谓之“褯”。《玉篇·衣部》有介绍。在今天，褯，已不是衣裳，而是小儿尿布，变成俗话中的“褯（音借）子”。

婴儿稍大，穿上“涎衣”，古文称做“裺”。戴震在《方言疏证》中解说：“盖以挽为小儿涎衣，掩颈下者。”

再说“袍子”，历代时兴，几乎延续了三千年。到了清朝，袍子更为时兴。其独到之处，是在长袍外面套穿马褂，即所谓“长袍会马褂”。

马褂，顾名思义，“马上所用之外褂也”。是清代满族人骑马穿的对襟短褂。为便于催马扬鞭，射箭拉弓，所以没有两袖。马褂，后来成为清代官吏的礼服、常服、行服和雨服四种样式。黄马褂还成为一种御赐品，就是电影《武训传》里皇帝赏给武七的那种马褂。

黄马褂，还作为一种仪仗官服，适逢皇帝巡行，扈（护）驾的文武大臣，侍卫什长等，皆例准穿着黄马褂。有功大臣，或以大射中侯，或以行阵功烈，皆特赐穿着，以壮观瞻。

经考据，马褂亦非满族人所创新，而是在汉朝就已出现。近人徐珂《清稗类钞·服饰类》记载：“半臂，汉时名绣裾，即今之坎肩也。”但又与文所述之中衣不同，两者形似，但质地与穿着不同。前者为无袖内衣，后者为无袖外衣。前者贴身，后者贴衣。前者单帛，后者多棉夹。

何谓“绣裾”？《后汉书·光武纪》有记载：“时三辅吏士东迎更始，见诸将过，皆冠帻，而服妇人衣，诸衧绣裾，莫不笑之，或畏而走者。”《前书音义》注解：“诸衧，大掖衣也，如妇人之褂（上）衣。”

笑什么？原来，“诸衧绣裾”，本是夫人衣。而时人民众以为男穿女衣，少见必多怪，因笑。

无袖的坎肩，内穿者俗叫“背心”，外套者亦名“马甲”。古代统称“裲裆”，也写作“两当”。《释名》介绍：“裲裆，其一当胸，其一当背也。”王先谦《释名疏证补》：“案，即唐宋时之半背，今俗谓之背心。当背当心，亦两当之义也。”

《事物纪原》写道：“隋大业中内官多服半臂。俗谓之披袄，小者曰背子。”

其实，半臂是半截袖衣服，并非无袖坎肩或马褂。唐代张泌在《妆楼记·家法》记载有当时不许妇女穿半袖衣服的文字：“房丈尉家法，不著半臂”。但古文中把半袖长衫和无袖上衣都谓之半臂。

半　臂

旗袍，原为清代旗人妇女所穿，故名。辛亥革命后，汉族妇女也普遍穿用。经过不断改进，一般式样为：直领、无领、领圈，右开大襟，紧腰身，衣长至膝下，两侧开衩，有长袖、中袖、短袖之分。

旗袍，就一般言之，从上而下没有重叠的衣料，既无折裥，又不收省。在衣侧边作圆弧形、或斜形开襟，还可以滚边、嵌线、镶色作为装饰，即使几颗小小的纽扣也可以盘曲成各种玲珑可爱的形状。

旗袍的衣长、领形、肩缝、开衩、隆胸、收腰、长短袖、花色、用料等都达到了造型、轮廓与妇女的体态特征相柔符和，能惟妙惟肖地表现出妇女那丰满、匀称、风雅、雍容的体形美。所以**在国际服装舞台上，中国旗袍久享盛名，被誉为中国妇女象征性的服装。**

“犹道江州最凉冷，至今九月著生衣。”（白居易《秋热》）“生衣”，绢制的夏衣。农历九月，已进寒露，为啥还穿夏衣？原来是生计窘迫，无资更衣。和上文开篇“全家都在风声里，九月衣裳未剪裁”异曲同工。“九月”一语，出自《豳风》的“九月授衣”。意思是已到秋凉九月，应给人以御寒的衣服了，可是贫困潦倒的人们，又用什么来裁制衣服呢？诗句描写了生产水平低下的庶民，衣食无着的凄凉境遇。在北方，路冻死倒，不乏所见。《墨子·非命》：“衣食之资不足，冻殍饥寒之忧至。”“生衣”之谓，又见唐代诗人王建《秋日后》：“立秋日后无多热，渐觉生衣不著身。”

古时称夏天穿的白色内衣为“袢”。《诗经·鄘风》：“蒙彼绉絺，是绁绊也，展如之人兮，邦之媛也！”绊同袢。意思是：鲜明啊！鲜明啊！他穿的是见君见客的衣服啊！身上外罩着透明的细纱，腰间还束着一条带子啊！她的眼睛像水一般明净，眉毛像山一般的高耸，从眉心里看到额角上，又生得十分丰满！这样的一个人啊！真是国中容貌最美的女人啊！

“八韵赋吟梁苑雪，六铢衣惹杏园风。”（唐代韦庄《浣花集》）“六铢衣”，是言其衣轻而薄。源自《佛经》“田利天衣，重六铢”。古制：二十四铢为一两，十六两为一斤，六铢衣，可以想象其轻若鸿毛、薄似蝉翼。

古人用六铢衣一词泛指一般轻薄的衣服。又多指舞衫，轻纱薄雾一般。也指“轻暖的裘，宽松的带”。

唐代贾至在《赠薛瑶英》中看“舞怯铢衣重，笑疑桃脸开”的诗句。**诗人为何把本来极轻的铢衣，反而说成重呢？原是为了表明一个“怯”字。**怯，揭示出舞女和林黛玉一样，弱不禁风，因为她患有肺结核，又叫痨病，古人叫“怯症”。因此，体质虚弱，连一件轻若鸿毛的舞衣也感到沉重，不支。

铢衣又叫“天衣”，即《长阿含经》中的“忉利天衣”。忉利天在梵语中译做“三十三天”。《智度论》记载“须弥山高八万四千由旬，上有三十三天城”。意思是，三十三天表示天之极高，所以南朝梁简文帝《望同泰寺·浮图》写道：“帝马咸千辔，天衣尽六铢。”

《长阿含经》还介绍了各种天衣：“忉利天衣重六铢，炎摩天衣重三铢，兜率天衣重二铢半，化乐天衣重一铢，他化自在天衣重半铢。”

东汉蔡邕在《衣箴》中要求：“帛必薄细，衣必轻暖。”**看来世界上没有比铢衣更薄更细更轻更暖的了。还传说此衣冬暖夏凉，故有“无缝天衣，不寒不曝”之誉。所以我国自古迄今，有“天衣无缝”之说。**

《太平广记》载有“天衣无缝”的由来：说唐代太原人郭翰，暑月卧庭中，见有少女冉冉自空而下，视其衣，无缝。翰问其故，女答：“天衣，本非针线为也。”由这则美丽的神话，后人用天衣比喻诗文或事物的浑然天成，没有一点雕琢的痕迹。

我国的服装，最大最早的一次改革，大概要算是战国时赵武灵王的“长袍改短袄”。

灵王十八年，赵王对其臣子楼缓说：当今的衣裳腰肥袖长，下裙过大，穿着它干活碍手绊脚，诸多不便。我看胡人的小袖短袄不错，可将我们的大袖长袍改作胡服，行动就方便多了。楼缓赞成，并建议学习他们骑马射箭，发展骑兵。

岂知，改革方案一传开，多数大臣表示不同意。原因是：因循师古——圣贤传下来的服饰，不能乱改。相国大夫肥义主张维新，并发表议论：无意于改革的人，大多是看不到将来。古时西南有苗蛮部落跳舞比中原好，帝舜去而学之。别人好的可学，我们不好的可改，不改革焉能进步。赵王认为言之有理，第二天就同楼缓、肥义穿着短衣上了朝，并颁发政令，号召大臣们带头改装，从此全国民众改长袍为短衣。骑兵练武，赵国强大了。

赵王君臣研究原有服装的利弊，乃至人们走路的姿态，看到服式对富国强兵的作用，阐发出服装改革的实际意义。他们认为，风俗不论古今，文化不论中外，于国于民有益，皆可学习之。能效法帝舜而学胡服，这是颇富见识的。

赵武灵王，身为诸侯，竟然置周天子礼仪和群臣幕僚的非议于不顾，带头穿胡服上朝办公，开中原短衣之先例，这种胆气委实难能可贵。

辛亥革命成功后，孙中山倡导“扬弃长袍马褂”，也是主张“以长改短”。但在做法上却不像赵灵王那样生吞活剥。

中山装的第一套样服，是由一位叫黄隆生的广东人按孙中山的设计意图裁制缝纫成型的。中山先生提出的服式，博采众长，十分具体：以当时在南洋华侨中流行的“企领文装”上衣为基样，在领上改加一条翻领，以代替西装衬衣的硬领。这样，便出现了兼有西装上衣和衬衣硬领的“中山装”。又将三个暗袋（衣兜），改为四个明袋。下面两个明袋还制成可以随着放进物品的多少而胀缩的“琴袋”式，俗称“吊兜”。中山先生说，这样改革衣袋，是为了让它能装进书本笔记等学习用品。衣袋上加软盖，是防止进入尘杂，也使袋内物品不易丢失。

明清以前，衬衣只作为内衣穿用。辛亥革命后，内衣外穿。冬作内衬，夏作外褂。服装设计师们为使男人衬衣适应外穿的需要，近百年来，在选料和整体造型上都下了一番工夫。

现在世界上的时装变幻多端，而最有生命力的就是自有特色的民族服装。日本把西装作为礼服也有上百年的历史了，可是和服仍未被淘汰。据说，泰国国王亲自设计的国服，就是一种“中山装”式的衬衫。由此可见，服装也是相互影响的。

裙　装

最早出现的裙装是“叶裙”。

人猿揖别之后，每当冬去春往六月天，原始人类围穿兽皮，实在热得难受，但是为了遮身蔽体，却又难以将兽皮完全脱下。于是聪明的人，使用葛缕、麻经等植物纤维把树叶草片连缀起来，像今天的蓑衣那样，围在腰间，宛如罗圈垂帘。其作用不只是遮蔽身体，还可减轻烈日的烧灼，而且也很好看。可谓：遮身、纳凉、悦目，三全其美。还保护腹股一带不被采集狩猎于苍莽荆棘薜荔所创伤。

且莫看轻这件简陋的叶裙，它是人类进化史上一个丰碑，是人猿相区别的一个标志，是精神文明的象征。从此，人类结束了多少万年的裸体生活。

“淳风美华，人之天性”。我们的祖先山顶洞人，穿裙伊始，还把兽牙、鸟骨、鱼珠、贝壳、果核、树子、彩石等，加以磨制，串结起来，缀于裙腰。“靓妆刻饰，绕衿益美”。

冬裹兽皮，用以防寒；夏围树叶，借以遮身。这种原始装束过了不知多少年，一直到五千年前的“伯余之初作裳”，麻布围裙，才取代了草叶裙。

还有传说，麻布也是产生于叶裙。原来，那时人们用麻缕穿结的树叶裙，叶片容易脱落，尤其是在劳动中，不耐摩擦，穿不了几时，叶子就破碎。于是，落了又补，补了又落，补来补去，绾匝加码。在不断结络中，皮条葛丝，层层叠叠，纵横交错，很像经纬穿梭的蛛网。由此，启迪了原始的智人，用葛麻丝缕织出稀疏的麻布。

从考古材料看，我国黄河流域在仰韶文化时期，人们的衣着主要仍是麻布。冬穿兽皮为衣，夏着麻裙为裳。

所以，严格地说，衣裳的始祖是裙子。丝棉衣服的起始，从下而上，先裳后衣。

何谓“裳”？《说文解字》注释：“裳，下帬也。”帬，即“裙”字，古时又写作“裠”。这个字本身也回答着裙子的缘起。

叶 裙

按《六书》解析：“裙”属象意字，无论夏天怎样炎热，也不可亦身裸体，要用一块巾（布）围在腰下。

古时把仁人、贵族、体面者叫做“君子”。所以“君”字下加一“巾”字，成“帬”，或“君子”下身着“衣”成为“裠”字，都是“君子重廉耻，人者必著巾”的象意。

“裙”这个字，古无之。汉代的《说文解字》尚无收载，而只有“帬”，收在巾部。“裳”字古时写作“常”，也在巾部。后来几经演变，“帬作裠”，“常作裳”，都是“下衣也”。再后，古人在作汉字规范时，把“裠”归“衤”部，写作“裙”，仍是象意——“君子之佐衣也”。

《汉书·扬雄传》记载：“衿芰茄之绿衣兮，被夫容之朱裳。”绿衣红裙，以带束之。试想，也许相类于今天的“连衣裙”？衿，也作“衿”，结上带子，有裙带之意。

裙，古时还称做“绕衿”、“绕衿”、“接下”、“下裳”、“帔”、“襬”。西汉扬雄在训诂书《方言》中说：“绕衿谓之帬（裙）。”并《注》：“俗人呼接下，江东通言下裳。”绕衿，作“绕领”，见《广雅·释器》：“绕领，帔，裙也。”清代王念孙《疏证》也有类此注解。

《南史·任昉传》写道：“西华（任昉次子）冬月著葛帔练裙。”这里的“帔”，是作“披肩”解。但在某些地方，人们也有叫裙子为“帔”。

唐代颜师古在为《急就篇》的“袍襦表里曲领裙”作《注》写道：“裙，即裳也，一名帔，一名襬（摆）。”

“摆”，裙子的又一古称。西汉的《辅轩使者绝代语释别国方言》介绍：“帬，陈魏之间谓之帔，自关而东或谓之摆。”原来，帔与摆都是河南、陕西的函谷关或潼关以东、安徽、江浙一带的方言俚语。

古人席地而坐，固然是因为没有椅凳之类坐具，但也和穿裙有关。那种跏趺（盘腿）坐势，是适于男女都穿裙时的一种既得体又端庄的坐式。盘坐席上，裙裾委地，形似观音坐莲花。

近人何介钧、张维明编写的《马王堆汉墓》记述，出土“单裙二件”，是用绛紫色丝绢裁制，从图像看，很像一幅棉围裙。上腰窄下摆宽，上沿两端有丝绦（带），穿用时，和现代围裙一样，一围一系，十分简单。

书中附有一幅《导引图》。导引，古代的一种医疗体育。为了表示各节动作而画有形象分解。图中有男女四十四人，或伸展，或屈膝，或转体，或跳跃。女人都穿“连衣长裙”。一个穿裙的妇女，手执长棍，弯腰下腑，利用棍棒双手呈直线状极力展开，促使人体上半身位置下移，下半身位置相对上举，用以调和阴阳，叫做“以丈（杖）通阴阳”。

男子除二人赤膀穿短裤外，五人上体赤裸，下体穿短裙，其余皆穿长裙，或深衣。

“白发老胡黄战裙，抽箭仰视天山云”。这是何景明在《明诗别裁·胡人猎图歌》记述的古代战裙的穿用。这“战裙”是古时军人模拟裙子制作的戎装，用以保护两腿的装具。明代周晖《续金陵琐事·战裙》有记载：“秀才邓武津，宁河王之孙也。余过其家，出王之战裙，命着之，上至胸，下拂地。夫余之身，人皆以颀（身材高大）异之，尚不能胜，若是，则王之壮伟（魁梧）可想矣。”

《北史·邢峦传》：“萧深藻是裙屐少年，未洽政务。”写的是六朝时那些纨绔子弟以穿裙和木鞋为时髦。只会修饰打扮，不知读书上进，非成器之材，无可造就。可见，公元6世纪，男子仍有穿裙。

古代男子裙装

抱裙，为古时儿童所用，简称“裼”。《诗经·斯干》：“载寝之床，载衣之裳，载弄之璋……载寝之地，载衣之裼，载弄之瓦。”是说，如果生了男孩子，便让他睡在床上，给他穿上礼服的裙，给他玩弄着半段的圭玉……如果生了女孩，便让她睡在地上，给她穿上抱裙，给她玩弄织布机上用的瓦片。

褶裙，又叫裥裙、褋裙。见南朝梁简文帝肖纲《采桑》，“熨斗成裙褋”。“裙褋”，褋裙也。

“日泛钗梁艳，风开裙简轻”。这是明代吴兆写的《早春行》二句。简同裥。是在描写某女头上的首饰在阳光照耀下，如何艳丽；身上的褶裙迎风摇曳，袅袅婷婷。

裙子原是没有皱褶的筒式。传说，公元前30年代才出现百褶裙。据《西京杂记》载：汉成帝刘骜的皇后赵飞燕，喜欢穿裙。一日，飞燕身着云英紫裙正在太液池为成帝翩翩起舞时，骤起狂风，身材纤细轻盈的赵飞燕真的像燕子那样被风卷起。多亏了几名宫娥，眼疾手快，拽住了她的裙子，幸免于难。后来发现，那筒裙却被宫女拉成许多皱褶。

说也奇怪，细细看来，有皱纹的裙子反而比平挺无褶的更好看些。从此，宫娥彩女纷纷模仿，穿起叠熨成皱褶叠叠的百褶裙。当时称做“留仙裙”。事隔一千多年后，苏东坡还为这桩逸事赋诗：“短长肥瘦各有志，玉环飞燕谁敢憎。”

褶裙，还有一说是始于隋唐，盛于明清。隋末唐初，一般妇女喜欢穿短衣长裙，裙高齐胸，外加半臂，裙褶常用两色绫罗破成六条或十二条拼合缝制，形成裥褶效果。歌舞用裙，则多加刺绣或泥金泥银。

《魏志·管宁传》记载：三国时（公元二百二十几年）魏人管宁经常“著布襦布裤布裙”。三国以后的晋代，出现有双覆裙：“绛纱丹罗双覆裙”。

《南史·羊欣传》记述：南朝末国书法家羊欣，年方十二，作隶书，为吴兴太守王献之所重爱。一年夏天，羊欣身穿白绢裙白日睡觉，献之见之，在羊欣裙上挥毫书写“数幅而去”。羊欣加以临摹，书法益工。这就是历史上《白练裙》的故事。

“重思醉墨纵横甚，书破羊欣白练裙”。这是唐代陆龟蒙《甫里集》中两句，以羊欣逸事为典，写给杨召文、杨鼎文二秀才。后，张翥也诗之：“更待诗人醉，狂书白练裙。”明代，吴兆与郑应尼，二人合写有杂剧《白练裙》。

唐代以后，服装的制作工艺更为精巧，裙子的式样，新彩迭出。《全唐诗》多有状写裙子之句，如“红裙妬杀石榴花”、“血色罗裙翻酒污”、“黄陵女儿茜裙新”、“白妆素面碧纱裙”、“新换霓裳月色裙”等，反映了唐代裙子的流行之盛，种类之多，花样之繁，色彩之艳。裙料也是轻纱细罗，柔绫软缎，极尽所适。至于裙子的款式，可能是六幅裙为习见，从“一尺凤鬟六幅裙”、“裙拖六幅潇湘水”等句来看，唐代似乎是以六幅裙为时兴。

更为独异者《旧唐书·五行志》记述安乐公主穿着一件精妙绝伦的百鸟裙：唐朝景龙年间（708 年），中宗皇帝李显之女安乐公主，集山中百鸟的五彩羽毛，织锦成裙，穿在身上，不但彩色绮丽，而且颜色随外界光线的不同照射，正视、反视、旁视，日中、影中、月中，各为一色，浮光泛彩。一动一变幻：正看呈红，侧观显绿；白昼看，缭乱七彩；灯下看，锦簇五色。穿在身上，一经款款起步，裙之摇曳，幻出群鸟飞翔，千姿万态，“百鸟之状皆见”。

裙，在宫廷延续得很久。临朝或祭祀大典上，那些官宦（当然都是男子）仍是穿着裙子。一直到清朝，还保留作为礼服的“朝裙”，不过是穿在上衣外罩之内。

旧时，贵族妇女穿长裙，裙裾曳地，用雀步走路，故有“行不动裙”之说。看上去显得十分恬静、飘逸。而一般民女为便于劳动，则穿短裙。

《史记·万石张叔列传》中记载一种“中裙”：“取亲中裙，厕牏，身自浣涤。”司马贞《索隐》说：“中裙，近身衣也。”王先谦补注《汉书·石奋传》介绍：“中裙者，近身下裳，今有裆之裤，俗谓之小衣者是矣。”

何谓“小衣”？《急就篇·补注》说：“布母缚，小衣也，犹犊鼻耳。”又何谓“布母缚”？《辞源》有释：“妇女穿的小衣”，也专指内裤、裤衩。汉人称内裤为中裙。为何说犹如犊鼻？“犊鼻”，即“犊鼻裈”，是一种短裤，或谓之“围裙”。可见，中裙并非是一种长短介于长裙、短裙之间的裙子。

由于裙是妇女的盛装，钗是妇女的头饰，所以古时把“裙钗”二字作为妇女的代称。

《金丹大要》有一句：“裙钗之下有全人”；《红楼梦》第一回也说：“我堂堂须眉，诚不若彼裙钗。”都是以“裙钗”喻女子。称赞女中杰出人物谓巾帼英雄，女中尧舜。

北周文学家庾信《镜赋》：“衣正身长，裙斜假襻。”襻，古指系衣裙的带子，或用帛布做的锁住纽扣的索套。

鉴于裙钗、裙带，为妇女的代称，大约宋代以后，有“裙带官”、“裙带风”一语。意思是揭露旧社会官场污秽，买官鬻爵。把一些没有真才实学而凭借妻妾女眷姐姐妹妹的关系而得到官职的人，讥为“裙带官”，饱含讽刺。

宋代赵升在《朝野类要》卷三中记载：“亲王南班之婿，号曰西官，即所谓郡马也；俗为裙带头官。”又一宋人周烨在《清波杂志》中撰文：“蔡卞拜（当）右丞相，家宴张乐（唱戏），伶人（演员）扬言曰：‘右丞今日大拜，都是夫人裙带。’讥其官职自妻而致，中外传以为笑。”蔡卞为王安石婿。又，史称皇帝后妃的家族为国戚，皇亲国舅（母舅、妻舅），讥称“裙带戚”。

我国宋代以后的裙多为官宦富豪人家的小姐、妇人及丫鬟穿用。如宋代的“血色轻罗碎褶裙”，元代的素绢银鳞百裥裙，明代的“霓裳羽衣曳长裙”，清代的“香菱情解石榴裙”。此外还有“银泥黄罗裙”、“雪妆素裹裙”、“双绣缨裙”、“裾裥长裙”、“碧纱裙”、“凤尾裙”、“月华裙”、“鳞褶裙”、“叮当裙”，以及既有褶叠又蓬蓬然的“千层莲花裙”等。

清代，入关的满族妇女都穿旗袍，但汉族妇女却仍把裙子作为礼服。每逢婚丧喜庆大典，或亲朋拜谒，即使平时只穿短袄长裤的妇女，届时也要在长裤外面罩上一条长裙，这是礼仪时俗。

辛亥革命的成功，五四新文化运动的开展，也使裙子得到了解放，渐渐由长向短演化。近年来在推陈出新中，裙子的设计又出现了新的款式，如连衣裙、旗袍裙、套衣裙、西服裙、马甲裙、短裙、超短裙，以及底摆宽、活动随意、穿着爽然的斜裙等等，不一而足。

古时女子，有穿裙踏青远足的风俗，叫“裙幄”。《纪事珠》说：“长安士女，游春野步，遇名花则藉草而坐，解裙四围，遮绕如奕綦。”“綦”，同棋。

类此穿裙野游采花的风俗，在我国南疆苗族也有，叫“山花节”。每年届此，苗家姑娘穿上刺绣精巧的百褶花裙，早起后当镜梳妆，太阳一冒红就从各寨子三三两两，手挽着手，轻歌漫步，徜徉在山花烂漫的原野蹊径上。飘逸的花裙和那被风吹得摇曳的满坡山花，纷纭相衬。冷眼乍看，裙花莫辨。

“裙翻蛱蝶随风舞，手学蜻蜓点水忙”。这是描绘江南四月农村妇女穿着花裙忙于田间农活的场面：远望之，彩裙如蝴蝶翩翩飞舞，往来东西；近观之，两手插秧似蜻蜓点水，轻盈伶俐。好一派水乡风光。这两句诗唱，不知出自何人手笔，似乎是脱于杜甫《曲江》：“穿花蛱蝶深深见，点水蜻蜓款款飞。”

《溪蛮丛笑》记载一款“犵狫裙”，是我国云贵仡佬族所制作的穿着，书中写道：“裙幅两头缝断，自足而入。阑斑厚重，裙之下一段纯以红。”可以想见，这裙该多么别致，野外劳务则显现：飘逸青山碧水草茵，万绿丛中一点红。

我国能歌善舞的少数民族妇女，大多喜欢穿裙。如维吾尔族的艾蒂丝长裙、云南那西族的百褶花裙、广西壮族的百褶黑裙、延边朝鲜族的素白长裙、云南佤族的茑萝套裙、傣族的五色筒裙等。

帽　子

帽子，凡盖在头上之物皆可如此称谓。古时原无“帽”字，以冠冕相称谓。

我们今人所戴各帽，都是由古人的箍、冕、弁、頍、冠、巾、帻、幞头、帢头、帩头、帕头、盖头、笠、胄、盔等逐渐演化而来的。

帽子与衣裙的发展大体并行。远古人，冬裹兽皮于首，用以御挡风寒；夏盘树枝于头，借以蔽日纳凉。帽子的产生，除为了适应自然条件所采取的护首措施外，另一方面也是束发的需要。

原来，古时无论男女老少都蓄着长长的头发，披散在胸前背后。鬅鬙乱发，碍手碍脚，多有不便。于是就把头发绾盘成结，用树皮麻缕扎束，作结于头顶，谓之“发髻”，简称“髻”、“髻”、“纷”。

团团叠叠的发髻，在头顶摇摇晃晃，有累赘之感。在狩猎等劳动中，时有突然散开，或贻误战机，或失掉性命。几经琢磨，人们开始用藤萝竹篾等做成头圈，再将绾结的头发紧紧束住，叫做“箍”。

箍，这个字，按《六书》是个转注象意字。含义是：取竹子（⺮）削成篾条摵成圈，套在用手把头发一圈一圈（匝）绾起来的发结上。《西游记》中孙大圣头上戴的“金箍帽”，或许就是缘于这“箍”，紧箍于头。

后来，人们又在箍上加以修饰，不但箍圈越来越高，造型出新，而且在箍上缀以山花、贝壳、彩石、鸟骨，甚至还把鹿角装在箍环上。远古的人们就是这样打扮自己。“爱美是人类的天性”，亘古有之。

丝、麻葛纺等布帛出现后，逐渐有了帛帽。最早的帛帽，传说是轩辕黄帝首创。《说文解字》有注述：“古者黄帝初作冕。”又作“冕旒”。

冕旒，是古代礼冠中最尊贵的一种。外面黑色，里面朱红色，冠顶有版，称为延，后高前低，略向前倾。延的前端垂有组缨，穿挂着玉珠，叫做旒。天子的冕十二旒，诸侯九，上大夫七，下大夫五。南北朝以后各代，只有皇帝用冕。

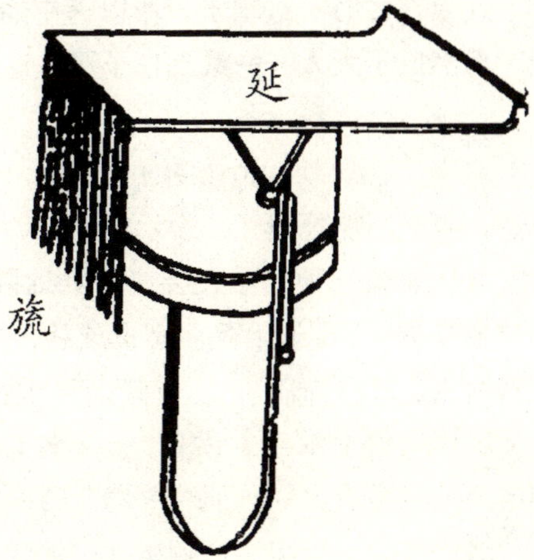

冕　旒

“九天阊阖开宫殿，万国衣冠拜冕旒。”

（王维《和贾舍人早朝大明宫》）“冕旒”，在这里又作皇帝的代称。宋代以后，冕旒为皇帝一人所专用，所以古时把皇帝继位登基，叫做加冕。皇帝有五冕，早在周代，宫廷就设有专管王冕的官员，叫“弁师”。《周礼·夏官》记载：弁师“掌王之五冕”。有“裘冕、衮冕、鷩冕、毳冕、希冕”。而按《司服》的说法，王之冕有六，加一玄冕。

弁，帽子的又一古称，是男子穿礼服时所戴。《尚书·金縢》记载：“王与大夫尽弁。”是说，王与满朝各官都戴着帽子。弁与冕形制不同，用场各异：吉礼之服用冕，通常礼服则用弁。弁又分“皮弁”、“爵弁”。皮弁用于田猎战戈，爵弁用于祭祀。又因军人戴皮弁，“弁”又成为武人的代词。如称士卒为“兵弁”，称将帅为“将弁”。清代专称低级的武官为弁，如“弁目”（兵弁的头目）、“马弁”（军官的护兵）。

“弁冕徒挂身，身外非所宝。”（唐代元稹《赠吴丹》）诗中之弁冕作“官宦”解。“婉兮娈兮，总角丱兮！未几见兮，突而弁兮！”（《诗经·甫田》）大意是：人在小的时候，年幼气稚，相貌姣好！把头发分梳在两边角上，像那“丱”字的样子啊！几年不见，忽然长大成人，他头上已经戴着帽子了。这是在说，一个男孩子长到成年，须要总角加冠了。

何谓“总角丱兮”？古代，未成年的男女儿童的发式都是一样的，头发两边分梳，剪与肩齐，称为两髦；把两髦总束起来叫总角。角，是头发小髻。“总角”又作为儿童的代称。

丱，又作“卝”。象形字，儿童束发成两角的样子。又当儿童解。古代有座“丱兮城”，传说是秦始皇派徐福带童男童女三千人入海求仙，渡海前，筑城给童男童女居住，人称之为“丱兮城”，汉代叫“千童县”。

儿童在古时不戴帽子，所以诗中的“突而弁之”，是在说这个总角的孩子，几年不见，忽然成了大人——戴上帽子了。这帽子是何时戴上的呢？

原来，在周朝，贵族男子到了二十岁，要改变发型，并戴上一顶象征贵族身份的“冠”，要举行加冠典礼，表示成年。

为什么戴一顶帽子还要举行如此隆重的仪式呢？汉代刘向在《说苑·修文》中是这样解释的：“君子始冠，必祝成礼，加冠以励其心。”看来这用意是很深的，为的是奖掖后生。“厉马高堤，志行修谨”，以期成为国之才人、人才。

汉代《说文解字》说：“冠，絭（束缚）也，所以絭发。”冠，以约束头上长发，引申为凡“覆盖之称，顶端之物”，并说弁、冕、冠，三者不同。

清代《说文解字注》解析“冠”字：“冖，覆者、盖也；元，首也；寸，法度也。”或可说：冠，是有某种尺寸规矩的头上覆盖物。

初始的冠很简单、很小，似箍。只是把盘结在头上的发髻套住，不是覆盖全部头发。冠的两边各有一根丝带，叫做缨，用在颌下打结，余垂部分叫“緌”，也起装饰作用。**在古代，平民是不允许戴贵族式冠的，所以所谓的冠族，就是指官宦贵族之家。**《西京赋》的“冠带交错”；《西都赋》的“冠盖如云”；《江文通集》中的“冠珮相追随”，其中的“冠带”、“冠盖”、“冠珮”都是贵族的代名词。

当时贵族，十分器重这顶冠，直到死后还要戴着它下葬。如《左传》就记述有“君子死，冠不免”，“结缨而死”的故事。说的是春秋卫国发生内乱，孔子的学生子路被刺，冠上的缨断了。子路在临死前还说：“君子死，冠不免”，要求戴上冠，系上缨，再死。

秦朝时出现了一种“通天冠”，也叫“卷云冠”，自秦至明历代皆有，清代废除。汉代的规格，《后汉书·舆服志》写道：“通天冠，高九寸，正竖，顶少邪（斜）却，乃直下为铁卷梁，前有山、展筩（筒）为述。”通天冠多为古人乘车时所戴。

春秋时代，还专为宫廷掌管天文气象的官员，用鹬鸟毛羽为饰制成冠，谓之鹬冠。《左传·僖公二十四年》记载：“郑子华之弟，子臧出奔宋，好聚鹬冠。”为何专用鹬毛呢？

《匡谬正俗》解释：“鹬水鸟，天将雨即鸣。古人以其知天时，乃为冠象此鸟之形，使掌天文者冠之。”汉代称谓术氏冠，专为掌管天文之官员所戴，以能预测晴雨风云，执掌天气形势之演变。也有不插鹬羽，而在绀（红青，微带红的黑色）色冠上，画有鹬羽为饰者。

汉代的冠冕制度，十分严格。洪迈《容斋随笔》的“祭祀之冕”，专为皇帝祭祀时所戴；《通典》：“汉高祖采楚制，制长冠。形如板，以竹为里，亦名齐冠。以高帝所制曰刘氏冠。”《后唐书·舆服志（下）》记载：远游冠为诸王所戴。进贤冠也叫“缁布冠”，为文人儒生所戴。在文儒主人中还分三等：公侯戴三梁“进贤冠”，博士戴“两梁冠”，小吏私学弟子戴“一梁冠”。侍卫士兵所戴叫“武冠”，冠上两边各插一根鹖（褐）毛，又叫“鹖冠”。因鹖鸟（野公鸡）好斗，至死不却，所以又叫“却敌冠”，武士戴在头上，以示骁勇善战。还有一种高冠，据说也是武士所戴。

高冠

明朝的“皇冠”，专为皇帝一人所制，而且各代

皇冠的样式与名称不尽相同。如明朝第十五代皇帝神宗戴的叫“金丝翼善冠”，全部用纤细而均匀的纯金丝条编结，以金箍扣住丝头。冠上两条戏珠的金龙，也用金丝堆就，共用一斤六两纯金制成。今人看来，这冠戴在头上，未必舒服。

古代的贵族妇女也戴冠。如秦朝为宫娥妃嫔（女官）制作“冠子”。《中华古今注》说：“冠子者，秦始皇之制也。令三妃九嫔当暑戴芙蓉冠子，以碧罗为之。”汉朝开始，出现“凤冠”，专为太皇、太后、皇太后、皇后所戴。明朝规定，皇后戴九龙四凤，皇妃戴九翚四凤。但也有例外，如北京的明代十三陵地下宫殿博物馆中，陈列着两顶凤冠，一是神宗皇帝朱翊钧元配孝端皇后的，另一顶是光宗皇帝朱常洛生母孝清皇后的。冠上均有雕铸缠结的金质龙凤。前者十二龙九凤，后者六龙三凤。冠顶、冠翅、垂挂等，全都由珠宝缀成。据计算，每顶冠上有宝石一百五十块（一块宝石价值白银五百五十两），珍珠五千多颗。制作之精妙，无与伦比。

据说孝端皇后的凤冠重达六斤。幸亏只是在上朝大典时才戴在头上，要不，准压得这位金枝玉叶的皇后娘娘，头昏脑涨脖子酸哩！

特别令人深思玩味的是冠上那栩栩如生的龙、凤所处的位置。名为凤冠，那凤却甘居龙下。这是因为，在古人的心目中龙是皇帝的化身；凤是皇后的化身。所以，龙踞于上，凤位于下。龙身金黄，口衔一串珠宝，矫骁腾跃；凤张双翅，着翠蓝色，嘴叼一小串五光十色的珠滴，娇妖欲飞。整个冠饰构成“游龙戏凤”的形象。凤冠上显示了皇帝至高无上的权威和男尊女卑的封建独裁。

清代皇宫的顶戴、服饰又有更革。嘉庆皇帝颙琰《钦定宫中现行则例》载，单是后妃的顶戴就有：“天鹅绒朝冠一顶、梁貂朝冠一顶、金累绿三凤朝冕顶一座；嵌一等大东珠一颗、二等东珠九颗、三等东珠四颗、三等珍珠三颗、小珍珠四十八颗；金凤七只……猫眼一块。”单是这块猫眼宝石，就价值万金，抵上千万穷人数年之口粮。

后来，凤冠霞帔逐渐成为朝廷命官嫡妻的例服，相沿至清末。

清末的慈禧太后，打破了嘉庆软定的则例，为所欲为。她戴的一顶凤冠，别出心裁，龙凤颠倒，凤踞于上，龙屈于下，成了“凤戏游龙”的形象。这冠明确表示出慈禧妄想做女皇，统治天下的野心。

在古代，戴冠者除了贵族之外，佛家、道家的修行人也戴冠。唐代兴起修庙建寺，所以又出现了各种佛门弟子所戴的“道巾”（雷巾）、“僧帽”、“佛冠”。

“数里缘山不厌难，为寻真诀问黄冠。”（唐求《题青城山范贤观》）道士所戴束发之冠，用金属或木类制成，其色尚黄，谓黄冠。后来，黄冠便成为道士的别称。古时的黄冠也指箬帽之类。周代亦有黄冠，蜡祭时戴之。《礼记·郊特牲》记述：“黄衣黄冠而祭，息田夫也。野夫黄冠，黄冠，草服也。”

“修持尽是女黄冠，自小出家学住山。”（宋代刘克庄《紫泽观》）“女黄冠”在这里不是指帽子，而是女道士，简称女冠，而女僧人称尼姑。女道又叫女冠子，头戴黄冠。

既然古代的平民是不许戴贵族式冠，那么他们平时头上都戴些什么呢？农夫、渔夫、牧人的笠帽出现最早，周代就有。《诗经·无羊》的“何簑何笠”，就是描写周宣王中兴以后，把畜牧一事，整顿起来……那管牛羊的人，披着蓑衣，戴着用竹子或棕皮编的箬帽，亦谓“黄冠”。

笠帽，也称箬笠。“青箬笠，绿簑衣，春江细雨不须归。”这首《乐府·渔父歌》唱出了渔人于雨中捕鱼的形象。头上戴着用箬竹叶或篾编结成的宽沿雨帽，身披用草或棕毛编结的蓑衣，为了多捕些鱼，冒着雨注或垂钓或张网。

“斗笠”为阴天雨帽；“褦襶”为晴天凉帽。**“今世褦襶子，触热到人家。”（三国魏人程晓《嘲热容》）“褦襶”指酷暑炎夏所戴凉笠，即以竹片为胎（骨架），以青缯缀其（蒙以布帛）檐而蔽日。这里指不合身又不合时的粗重大衣，后用来比喻某人之无能、不懂事。**

成年的平民用来束发的一般是一块麻布，也用作擦汗。故又叫“巾子”、“帼巾”，始于周，兴于汉。五代后蜀人马鉴在《续事始》专辟有《巾子》一章。

《史记·苏秦列传》载，战国军队士兵为了与民众相区别，以青巾裹头。青色为苍，故又称为“苍头”。列传中说的：“苍头二十万”，即二十万大兵。后来，汉代的名奴也叫“苍头”，头上青巾非纯黑，以别于“良人”。《晋书·石崇传》载：“苍头八百人。”“苍头”一语，演绎为奴仆的通称。东汉末年张角率领农民起义，提出：“苍天已死，黄天当立，岁在甲子，天下大吉”的口号。“苍天”指地主政权，“黄天”指农民政权。因义军以黄巾裹头，史称“黄巾军”。

“帻”是巾子的一种。巾子，本是平民所戴之物，却被西汉元帝刘奭看中了，因他额前长有一撮毛，羞怕被人看见，便用巾横在额上。就是汉代蔡邕在《独断》中说的：“帻者，古之卑贱执事不冠者之所服也。元帝额有壮发，不欲使人见，始进帻服之。”

从汉元帝后，“尊贵”的人也戴上了帻，只是巾帻的质料不同。穷人用麻继，贵族用丝绢。从此，上行下效，宫廷里便兴起用巾裹头之风。

“爆竹声残事事新，独怜临镜尚儒巾。”（宋代林景熙《霁山集》）文人书生也以裹巾为雅，名为“儒巾”，后称“秀才巾”、“书生帽”。东晋时出现一种博士冠角巾，是以葛布裁成的“葛巾”。《南齐书·王俭传》记载的“盛年已老，孙孺巾冠”。巾冠，是指冠下着巾，或谓“帻巾”。

唐朝，不知是谁，为女子设计一种紫罗“帷巾”，女子上街时用其自头至腰遮蔽起来。后来可能是由于女诫，没能推行起来。据有人考证，“盖头”即由此帷巾演化而来。

盖头，也叫“盖巾”。其实就是旧时婚礼大典上新娘用的大红色特制蒙头布。吴自牧在《梦粱录·嫁娶》中说：“两新人并立堂前，遂请男家双全女亲，以秤杆或机杼挑去盖头，方露花容。”

古代女子出嫁，母亲把一种叫“帨”的佩巾结在女儿身上，叫做“结缡”，亦作“结褵”，即《诗经·东山》中的“亲结其缡”，是说，丈夫亲自替新娘系上佩巾。《后汉书·马援传》的“施衿结褵，申父母之戒”。“结缡”，又作成婚的代称。

旧时，女子的包头巾又叫“袱”，《尔雅》说：“登州妇人络头用首帕，其女子嫁时以绛巾覆首，谓之袱子。”

汉代前后，湖南一带出现“帕”，又称“扶额”、“帕头”。《三国志》引《江表传》写道：“昔南阳张津为交州刺史，舍前圣典训，废汉家法律，尝著绛帕头，鼓琴烧香，读邪俗道书。”《方言》解释：“帕头也……南楚江湘之间曰帕头。”

帕头又叫“络头”。西汉扬雄《方言》说：“络头，帕头也……自关而西，秦晋之郊曰络头。”

“少年见罗敷，脱帽著幧头。”（《玉台新咏》）“幧头”也是束发古帽的一种，是华北的土语。扬雄的《方言》记述：“自河以北，赵魏之间曰幧头。”幧头也作“绡头”、“帕头”。东汉刘熙在《释名·释首饰》中释：“绡头，绡，钞也，钞（抄）役使上从也。或曰陌头，言其从后横陌而前也。”

纶　巾

《儒林外史》二十四回有“浩然巾”：“只见外面又走进一个人来，头戴浩然巾，身穿绛色绸直裰，脚下粉底皂靴……”浩然巾，是一种帽背有披幅的风帽。相传为唐代诗人孟浩然风雪中所戴的头巾，古画有此图，故名。明清时代，朝廷规定平民不得戴此帽。

《三国演义》中的羽扇纶巾，是一种用丝帛做的便帽。因为诸葛亮戴过这巾，所以士人又叫“诸葛巾”、“孔明帽”。

南北朝时，齐国创制一种顶有寸帛襞积（折叠），如竹简垂于后的便帽，唐代叫“纯阳巾”，因八仙之一的吕纯阳（吕洞宾）而得名。明代王圻《三才图会》介绍：纯阳巾又称“乐天巾”，是以唐代诗人白乐天（白居易）而得名。

南北朝的北周武帝，为士兵裁制有四个角的“折上巾”，后称“包头软巾”、“幞头”。有四带或二带系脑后垂之，二带反系头上，令曲折附顶。隋代改进“折上巾”，用桐木为骨子，使顶高起。唐代始又以罗代缯，皇帝用硬脚上曲，人臣下垂。五代时渐变平直。

及至宋代，幞头式样颇多，有软脚、硬脚、两脚、引脚、卷脚、直脚、局脚、长脚、朝天、顺风等，按行业门第规定其戴的样式。如文官戴展角，武官戴交角，如此等等。

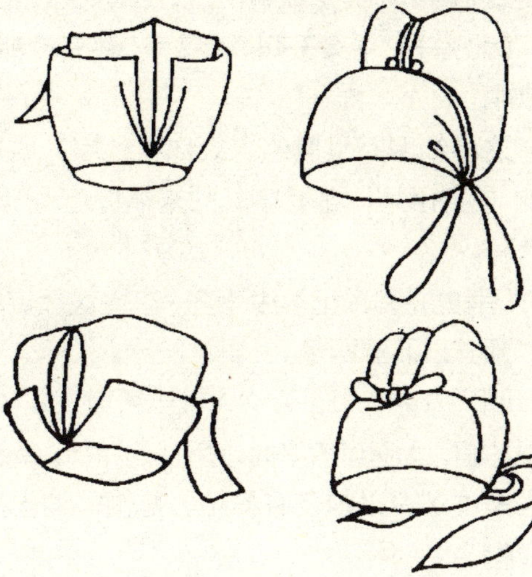

唐　巾

“帽”字，最早是写作“曰”、“旦”。如今“帽”字是“巾”旁，曰（不是曰、日、月）下从目。意思是说，帽是由巾而来，盖在眼眉（目）以上。帽，还曾写作“貌”。早在周代就有一种“委貌”。《白虎通·绋冕》解释：“委貌者，委曲有貌也。”这种帽子加以漆制曰冠。又束发之帛曰缡，覆发之巾曰帻，罩发之络曰网巾。

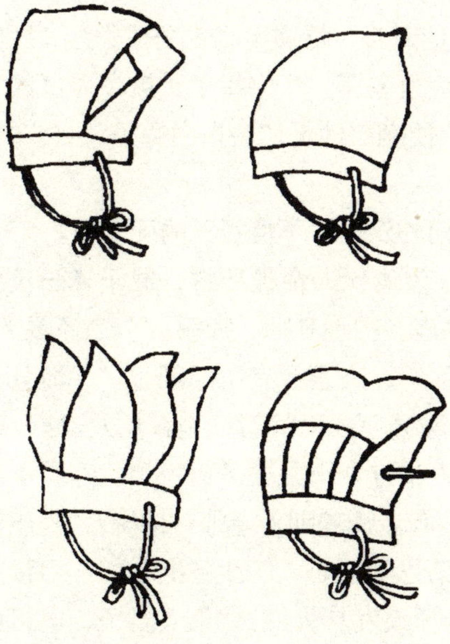

委　貌

《诗经·闷宫》：“公徒三万，贝胄朱绶”。是说鲁侯出兵打仗，手下有步兵三万人，都戴着饰有红缨贝壳的战帽。胄是古代战士戴的头盔，呈圆形，左右及后部向下伸展，以保护头顶，面侧及颈部，后来又叫“首铠”、“铁铠”。

秦汉以后称首铠为“兜鍪”，宋代辛弃疾有《南乡子》词：“年少万兜鍪，坐断东南战未休，天下英雄谁敌手？曹刘。”兜鍪又叫“兜牟”、“头鍪”。多用铜铁等金属制成，也有用藤或皮革做的。现代用合金钢所制，叫钢盔。

古代御史还戴一种“法帽”，叫“柱后”，又叫“铁冠”。以铁为帽骨，故名。见唐代岑参《送魏升卿擢第归东都》“将军金印蝉紫绶，御史铁冠重绣衣。”铁骨法冠，寓意铁面无私，执法如山，不徇私不舞弊，以帽自戒。

《北齐书·平秦王归彦传》记载齐国创制一种纱帽，初为天子所专用，鲁明朝始定为官帽。

这种纱帽因呈黑色，故称乌纱帽。后来，也有白色、赫石色、橄榄绿三种绣花缀珠的“花相纱”。都有字长的末端折起一段的帽翅，一动三摇。乌纱帽还作为旧时官职的代称。

《南史齐和帝记》中南齐·东昏侯萧宝卷与群小设计了一种名为“凤度三桥”的帽子，翘其口而舒两翅。

明代有进士巾，为文人雅士所戴，其实就是唐朝帝王戴的便帽，原叫唐巾。明代还出现毡帽，如医学家李时珍所戴的那种，高筒秃沿，略有小边。

辛亥革命以前还有帢帽、幍帽，绅士的礼帽、商人的瓜皮帽、樵夫的山帽、农人的草帽。

与帽子有关的典故或轶闻趣事很多，如古今都有“白帽子”一语，既是名词，又是形容词。作为后者来说，起源于三国，原本是褒义。三国魏人管宁，与曹操手下谋士华歆年轻时是同学。管宁瞧不起华歆的名利之心，便与他割席分坐（绝交）。后来，管宁为避乱世，到今日东北辽阳隐居。他平素好戴白色儒士帽，以示清白孤高。后人也颇敬重他。如杜甫的“扁舟不独如张翰，白帽还应似管宁”；文天祥的“或为辽东帽，清操励冰雪”，都是对他的赞美称誉。

自清朝以后，“白帽子”词义由褒而贬。据说是因为，乾隆年间有个被称为“压倒三江”的王尔烈，某年以钦差大臣的身份，在南京当主考。江南举子（被举应试的文人）瞧不起他，举行罢考。又因王尔烈是辽阳人，便嘲笑他是“关东白帽子”。含“老赶”、“土气”、“山砲仗”、“乡巴佬”之意。

“白帽子”一词在今天，又别有含义，视为“门外汉”、“不懂行”的同义词。

“高帽子”一词来源于我国的一则古代笑语，为清代人俞樾所撰，载于《一笑》：“俗以喜人面谀者曰‘戴高帽’。有京朝官出仕于外者，往别其师，师曰：‘外官不易为，宜慎之。’其人曰：‘某备有高帽一百，逢人则送其一，当不至有所龃龉也。’师怒曰：‘吾辈直道事人，何须如此。’其人曰：‘天下不喜戴高帽如吾师者，能有几人欤？’师颔其首曰：‘汝言亦不为无见。’其人出语人曰：‘吾帽存九十九矣。’”

译成白话文：某人将离京去做地方官，临行前向老师辞别。老师对他说：“外出做官，很不容易，千万要谨慎小心！”学生答道：“请恩师放心，门生已准备好一百顶高帽子，逢人奉送一顶，管教地方上人人高兴。”老师大发其火说：“正人君子，岂可如此！”学生故意感慨地说：“天下厌恶奉承，不喜欢戴高帽子的人实在太少了，像老师您这样的能有几个人呢！”老师听了很高兴，点点头说：“你讲得倒也不错。”这个学生告辞出来，对朋友说：“我准备的一百顶高帽，现在只剩下九十九顶了。”

无论古今，帽子还同一定的时俗礼节相关。当代人以脱帽表示礼貌，但在古代，脱帽却是无礼的举动。杜甫《饮中八仙歌》的“脱帽露顶王公前”，是写唐代狂草书法家张旭，醉酒后当着王公们脱下了帽子，这在当时，是有失体统的非礼妄为。

不过，诗中又含有赞赏之意：张旭敢于藐视封建王孙，不去巴结官宦权贵。这种视朝臣如粪土的“铮铮有声”的描述，写出了张旭的“纵放旷达，不拘礼俗”，是饱学之人的一种难能可贵的品格。

鞋　靴

“凭谁踏破天险，助尔攀登高峰。志向务求克己，事成不以为功。”这是郭沫若在咏叹鞋子的功绩千古。

鞋，古写做“鞵”。有文字可凭的，逾三千年来的鞋靴一属，曾名为：屩、屣、履、屦、鞮、鞨、靽、靿、靲、舄……

传说，远古人冬围兽皮时，也把脚单独缠缚，谓之“裹脚”。虽然裹脚起着鞋的某些作用，但是，按其物名的定义，裹脚还不能算作鞋。

又说，古以巢为鞋。古人把大小相应的雀窝取下，挤成船形，缚在脚上。外部虬枝参错，内里茸草软柔，绑在脚上倒也舒服，既温暖，又“灵便”。但是，这也不能算作鞋。

这两则说法，都不见史籍，亦无出土文物佐证。说起来半真半假，听起来将信将疑。

另一种比较可信的说法，人工制鞋，起源于草编。古文字叫做“屩”。拆析这个字——“尸”：人体；“彳”：人之大腿、小腿、脚三者相连，小腿抬起，大腿前驱，脚之成步；乔，假借装扮之物。三部分合而为一，表示：人（尸）在徜徉步行（彳）时，脚下须穿有凭借（乔）之物——屩——草鞋也。屩，是怎样产生的呢?

人类在百万年（北京猿人一百万年、云南元谋猿人一百七十万年）的进化过程中，许多发明是从生物那里受到启发，进行模拟，创制而成。鞋子的由来也是这样。

原始人类之所以穿鞋，是生存的要求：一是御寒防冻，二是护脚防扎，二是避蛇防咬。而且穿在脚上的鞋还必须适足灵便。怎样才能达到这些要求呢?

原始的智人在困难面前，受到了启发，从鹊巢的搭就，模拟着学会草木编织。在七千年左右的仰韶文化时期，已经普遍使用筐篮采装果实，而且还出现草簾，用作铺垫。从我国新石器时代中期的半坡遗址（今西安东郊）的发掘中，已见到三种不同的编织方法。据此揣测，当在这时，“扉”、“屩”，两种草鞋应运而生。

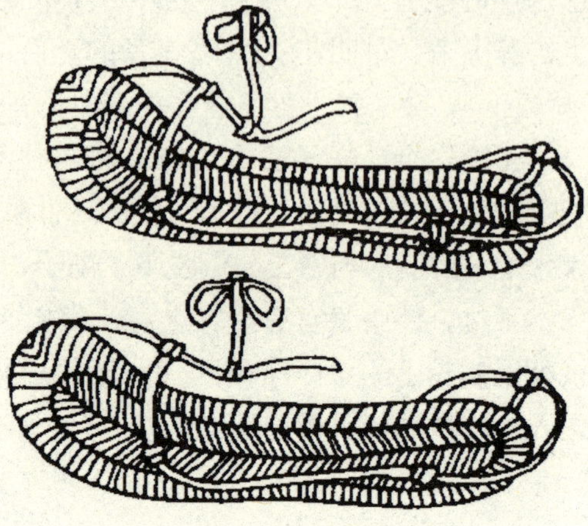

扉

扉，《说文解字》曰：“草屦也。”《农政全书》也说：“扉，草结屦也。”孔颖达注疏《左传》说：“扉屦俱是在足之物，善恶异名耳。”

屩，东汉刘熙《释名》注解：“屩，草鞋也……出行著之，屩屩轻便，因以为名也。”

在奴隶社会初期，草鞋只供奴隶主阶级穿用，奴隶是不许穿鞋的，以示尊卑等级的森严。

直到春秋战国，王公贵族还在穿草鞋。大思想家庄子，就曾经住在陋巷打过草鞋，曾穿着敝屩（破草鞋）去见过魏王。

《战国策·秦策》记载：“去秦而归，羸滕履蹻，负书担橐，形容枯槁，面目犁黑。”蹻同屩。说的是，战国苏秦，游说秦国，穿着草鞋，绑着裹腿，担书荷袋，一程风尘，资用匮乏，面容憔悴，十分狼狈。

《史记·范睢传》也有草鞋的记述：“夫虞卿蹑屩檐簦，一见赵王，赐白璧一双，黄金百镒。”是说，战国时赵国上卿虞氏（名失传），为合纵抗秦，穿着草鞋，拿着带柄的笠（雨伞），游说赵孝成王，如何，如何。

东汉末六朝年间，草鞋沦为粗俗之物。王孙贵族不但不再穿用，而且把草鞋称为“芒鞋”，为草民（百姓）黎庶所穿。有《笔丛》记载为证：“六朝前率草为履，古称芒屩，贱者之服。”

芒，一种多年生禾本科植物，高五六尺，质坚，伤人如锋刃，其箨是编鞋的好材料。又泛指一切草类，如菖蒲等草鞋亦谓“芒鞋”。古语有“芒蹊”之称。“竹杖芒蹊取次行”。

“芒鞋竹杖最关身”。这是宋代陈师道《后山诗话》中自况的一句。作者家境贫寒，衣无棉絮，宁可褴褛，也不向封建仕途乞求功名，终于因饥寒而死。**“芒鞋竹杖最关身”也形象地刻绘了劳苦大众的穷困程度，一贫如洗，全部家当，至关重要的仅是一双草**

鞋，一根拐棍。

东晋葛洪《抱朴子·博喻》有一句用草鞋打比方的妙语："壶耳不能理音，屩鼻不能识气。"是说，壶也有两耳，但不能听到声响；草鞋前脸中间也有一道鼻梁，不能嗅到气味。用于喻人喻物：徒有其名，虚有其表。

稍后，南朝梁国第四代皇帝萧绎，也仿效《抱朴子》写了一篇《金楼子·立言》，另有借喻："锯齿不能咀嚼，箕口不能别味，榼耳不能理音乐，屩鼻不能达芬芳。"榼，古代盛酒或贮水的器皿，两边有耳。

草鞋之后有麻鞋，谓之"屦"。《农政全书》收载："传云，屦满户外。盖古人上堂，则遗屦于外。此常屦也。今农人春夏则屝，秋冬则屦，从省便也。"屦，还有许多别名。

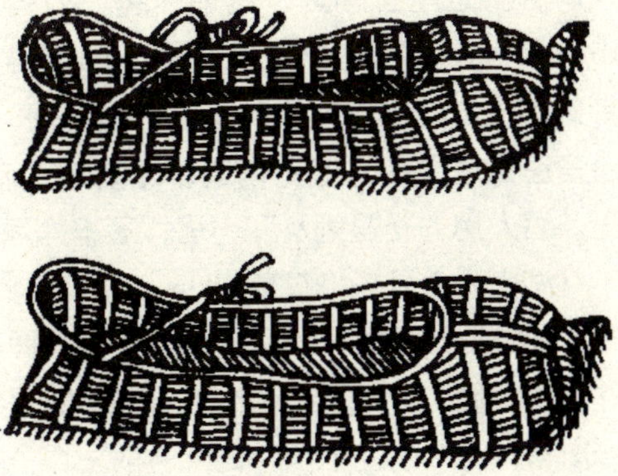

屦

《方言》解释："屝，粗屦也。徐（州）兖（州）之郊谓之屝，自关而西谓之屦。中有木者谓之复舄，自关而东谓之复履。其卑者谓之鞔。下禅谓之鞮。丝作者亦谓之屦，麻作者谓之不借，麄者又谓之屦，东北、朝鲜、洌水之间，谓之䩡，或谓之㡛。徐土邳沂之间，大麄谓之䩡角。皆屦之别名也。"

丝麻布帛出现后，用于制鞋的材料，最先是葛布。《诗经》有篇《葛屦》："纠纠葛屦，可以屦霜；掺掺女手，可以缝裳。"这里的"纠纠葛屦"是说，那一丝一丝苧麻织成的鞋子，虽然是夏天穿的，也可以踏在冰霜上，但觉得太俭省了；或说，所穿不合时宜。好比娶来的新娘子，还没有在家庙里拜过祖宗，便叫她用细嫩玲珑的巧手，做起衣服来，虽然是可以的，但觉得丈夫的度量太狭窄了。诗的用意，是在影射春秋魏国的风俗受到了破坏，失却了规矩，成何体统？

《左传·昭公三年》记载一段时弊："国之诸市，屦贱踊贵，民人痛疾。"这段古文的大意是，由于国中受到断脚之刑的人多，致使市场上正常人的鞋子跌价，而残疾之人穿的"踊"则涨价。旨在说明当时酷刑之重之滥。

"踊"，也是古代鞋子的一种，是为受过刖（断足）刑的人所穿。不知是何样式，想来，一定奇特。

由于受刖刑的人多，而踊因供不应求而涨价。后来，虽然取消了刖刑，无人买卖踊鞋，却留下了“踊贵”一词，代指物价上涨。如《后汉书·曹褒传》写道：“时春夏大旱，粮谷踊贵。”就是说，某地三春一夏，久旱无雨，禾苗枯死，农作物绝收，米价暴涨。

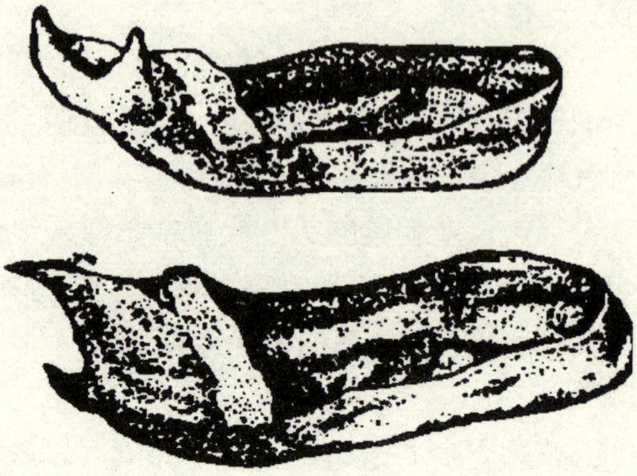

青丝履

历史上还有一个“屦及剑及”的故事：春秋时楚庄王派遣大夫申舟去齐国，路经宋国。因申舟与宋国有夙仇，为宋人所杀。楚庄王闻之，甩袖而起，为给申舟报仇，连鞋子都来不及穿，顾不得带剑，也未叫车，就迫不及待地跑出去。给楚庄王送鞋的人追到甬道，送剑的人追到寝门，驾车的人追到蒲胥之市，才追上庄王。后人用“屦及剑及”一语，形容闻风而动，疾驰迅速。

湖南长沙马王堆汉墓出土一双“青丝履”，其形体别致。

“俯视兮丹墀，思君以履綦。”（班婕妤《自悼赋》）“履綦”，是一种有装饰的鞋。早在战国时代，就出现了各种带有饰物的鞋。如男鞋索珠着缨，女鞋簇锦绣花。楚国贵族春申君，门下的三千食客，待遇不一。一等食客穿嵌珠的鞋，二等食客穿带缨的鞋。

南北朝一个名叫莲花的女子，巧做绣花鞋，内垫香草，鞋底用麻绳纳成莲花图案。穿在脚上走路，地面上会留有莲花朵朵，且香气弥漫，谓之“步生香莲”。

舄，鞋子的又一种古称。《隋书·礼仪志六》中“皇太子赤舄绛靺”句，是说太子脚上穿着一双红鞋紫袜子。

“花落没屐齿，风动群木香。”（唐代独孤及《山中春思》）这句诗是说：夜来一阵强劲秋风，扫落于地上的花瓣，积有木鞋的二齿（一寸左右）那么厚。“屐”，是木鞋的专称。春秋时晋文公流亡国外，回国后遍赏随从他的功臣。而功劳最大的介之推因不愿当官而隐匿深山，文公为了迫使介之推出山受爵，便在清明那天用烧山之计，促其出山。而介之推面对大火仍矢志不出，抱树而被烧死。为了悼念介之推，文公下令伐下他临死时抱的那棵树，用其板材给文武群臣各做了一双木屐。**每年清明那天，文公率群臣脚穿木屐，往介之推墓凭吊祭奠。木屐和清明扫墓都是起源于纪念介之推。**

木屐，原是平底，后来在底下加前后两齿，为的是便于爬山。军队还曾穿木屐行军。《晋书·宣帝纪》记述：“关中多蒺藜，帝使军士二千人，著软材平底（无齿）木屐前引，蒺藜悉著屐（不扎脚）。”又，《宋书·谢灵运传》介绍带齿木屐用途：“灵运常著木屐，上山则去前齿，下山则去后齿。”看来，这活动的两齿犹如今天拖拉机的履带，上山不滑，下山不溜。这木屐，可以说是最早的登山运动鞋。

晋代干宝在《搜神记》中还记述有男女木屐："昔作屐，男子方头，女子圆头，盖作意欲别男女有别。"

唐朝以后，女子缠足，只有男子穿屐，并有草屐、帛屐。13世纪后，元代开始，木屐渐废，但是，东瀛日本却在兴起。

唐代，木屐作为服饰文化交流，东传日本，名作"下驮"。千余年后的今天，日本国人，穿木屐者仍然众多。日本的舞女，身穿和服，手舞广袖，足踏木屐；舞之蹈之，姿态翩跹。

"屣履任之适。"（晋代左思《娇女诗》）屣履，是说穿鞋不提上后跟。形容走得急遽，来不及提鞋，趿拉而往。

《后汉书·五符传》记述："惊遽而起，衣不及带，屣屐出迎。"屣履，又作"屣屐"、"蹝履"，引申为无后跟的鞋，有如今天的拖鞋。

有人说，拖鞋也是脱胎于木屐，其实不然。稽查拖鞋的源起，另有两种说法：

一说拖鞋至迟产生于夏代。语见唐代《炙毂子》："靸与鞋舄，三代皆以皮为之。始皇二年，始用蒲，名靸鞋。"

何谓靸鞋？元代陶宗仪《辍耕录》介绍："西浙之人，以草为履而无跟，名曰靸鞋。"即今人称呼的拖鞋。

何谓三代？《荀子·王制》说："道不过三代夏商周也。"《炙毂子》是说，拖鞋在三代时是用皮革制作，而秦始皇嬴政二年（公元前221年）才出现用蒲草制作。

另一说拖鞋起于五代后周的广顺二年（952年）。太祖郭威的堂弟郭锦在府内宴客。天寒，桌下生有盆火，大家都把脚放在盆边取暖。突然，盆口爆出一块红炭，把郭锦的鞋后帮烧去一大截。内侍忙给郭锦送来新鞋，可是郭锦穿着烧了帮的鞋走了几步，却感到很舒服，就对大家说："拉履其适。"**从此，人们竞相效仿，故意做成没有后帮的鞋在室内穿用，并给它起个雅名"拉履"。**

其实，五代才有拖鞋一说，不尽可靠。因为隋唐称谓的"跣子"即是。早在唐代，训诂学家颜师古《急就篇注》已有："靸为韦履，头深而兑，平底也。"今俗称为"跣子"。

靸，本读sǎ，有时也读tà、tā。穿鞋时将后跟压倒，俗话称为"靸拉"着鞋。靸，古代又作小儿鞋解；近代，又称另一种纳帮而鞋面前脸处有鼻者为靸鞋。瞧着粗糙，穿着结实。流行于20世纪四五十年代，多为工农成年男子所穿。

遇雨，道路泥泞，古人没有胶鞋，除非赤脚，或穿木屐，此外，还有何物可作足下踏泥之用？聪明的先民，自有高招。

《史记·夏本纪》介绍："泥行乘橇。"这橇，原本指古代人在泥路上行走所乘之具。裴骃《集解》引孟康曰："橇形如箕，擿行泥上。"即是说，"橇"如船而短小，两头微起，泥上可行。

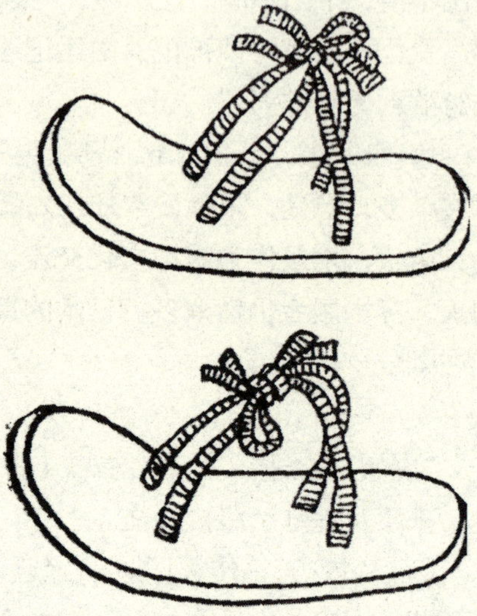
橇

《唐书》还介绍一种"钉鞋"，古代行军遇雨所穿："德宗入骆谷，值霖雨，道滑。卫士多亡归朱泚。惟李升、郭曙、令狐章等六人，著钉鞋行縢……以至梁州。"是说：790年前后，皇帝李适去梁州途至骆谷，大雨滂沱。朱泚叛军乘机袭扰，道路泥泞，皇帝的近卫军竟有不少人投降叛军。这时，东川节度使李淑明的儿子李升，尚父郭子仪的儿子郭曙等六人，誓死保驾。他们穿着钉鞋，背负着伙食行囊，跋涉泥途，得以脱险。

钉鞋，古称"钉鞵"，是最早的雨鞋之一。初始，只是防滑，不能防水。后来将鞋涂刷桐油，便可防水。再后，出现桐油钉靴，高八寸，类似今天的深筒胶靴，但又因防滑胜过胶靴一筹。

"十年泥滓贱，半生靴板忙。"（贺铸诗）明代，百官上朝，逢雨天都穿"钉靴"。由于鞋底有铁钉，大臣们在殿上走动，叮叮作响，开国皇帝朱元璋听了，十分厌烦。于是，他下令另做软皮套鞋，入朝后套鞋穿在钉鞋之外，行走便不再有响声，出朝时再脱下套鞋，好让钉靴踏踩泥泞。

鞋帮向上延伸的腰，叫"胫"。带胫的鞋叫靴，靴原来是作为军队的戎服为将士所穿。

鞾，靴的古称。崔豹《古今注》介绍，祭礼所用之鞾，谓之"礼鞾"。以木置屐下，不畏泥湿。祭时脱舄（鞋）升坛，祭毕降坛纳舄（鞋）。唐宋以后，公服用鞾，祭服仍用舄；明代嘉靖中，始罢脱舄之礼，改用礼鞾。

靴子的出现，至迟不晚于晋代。《晋书·刘兆传》记载："尝有人着靴骑驴，至兆门外。"《南史·萧琛传》写道："琛乃著虎皮靴，策桃枝杖。"那时，纨绔子弟还以穿皮靴为俏："身穿锦绣衣，足登麂皮靴。"应该说，在鞋的家族中，皮鞋与草鞋同时出现，或者说，骨针出现之时，便有了皮鞋，只是鞋底不如草鞋完臻。现存最早的皮鞋是出土于西汉墓葬，现收藏于中国历史博物馆。

宋代，穿靴着袍是为大臣礼服，称做“靴袍”。《宋史·舆服志》载：“系履则曰履袍，服靴则曰靴袍。履靴皆用黑革。”

旧时形容某家族中在朝为官的人多，叫做“靴山笏山。”语出《萤雪丛谈》：“陈季陆访晦翁朱先生……交谈风水。曰：‘如是而为靴山，如是而为笏山。’”笏，古时大臣朝见皇帝时，手中所执的狭长板子，用玉、象牙或竹片制成，作为奏本记事之用，也叫手板。靴山之靴，特指“朝靴”。

鞋子式样越来越多，最早是以鞋底作为划分标准——单底鞋和双底鞋。单底者称“履”，为平民所穿；双底者谓“舄”，乃官宦所用。

鞋由单底而双底，又由单帮而夹帮，把带有衬底的鞋叫“屧”，而各类鞋靴的总称叫“履舄”。

《淳于髡传》中写的“履舄交错，杯盘狼藉”。就是说，从脱置在地上横七竖八的各种鞋断定，来赴宴的人众之多，且身份不同。

汉代以前鞋子统称为“屦”，汉代以后统称为“履”。见《说文解字注》：“晋，蔡谟曰：‘今时所谓履者，自汉以前皆名屦。’”

《北齐书·袁聿修传》：南北朝时的北齐人袁聿修，当了十年尚书郎，不吃请，也未曾接受过别人的滴酒之馈赐，人们称他为“清郎”。有一年，袁聿修奉命巡视各省，考察地方官吏政绩，临离开兖州时，他的好友，兖州刺史邢邵送他一匹白绸子做纪念。袁没有接收，回信说：“瓜田李下，古人所慎……原得此心，不贻厚责。”

“瓜田李下”，语出《古诗源》：“瓜田不纳履，李下不正冠。”是说经过瓜地或果树下时，哪怕是鞋带开脱，帽子碰歪，都不要弯腰系鞋，举手正帽，以避偷取瓜果之嫌疑，尽量免却被他人误会。

履，又当做脚讲，履历，就是走过的道路，引申为一个人的经历。《魏书·源子恭传》有一句颂词：“履历清华，名位高达。”

鞋，从前还是一种礼仪和权力的象征。在某种场合，脱鞋被视为一种恭敬的表现。最隆重的礼节中，不但要脱帽，还要脱鞋。汉朝的萧何，因为他是开国功臣，皇帝给他的特殊待遇之一就是可以“持剑着履上殿”。说明其他大臣上殿时，按礼节必须解除佩剑，脱下鞋子。

脱鞋在我国古代也是一种谢罪的表示。战国时赵国名将廉颇“负荆请罪”，由于他知过就改，脱鞋跣足赤脚，以表示请罪有十分的诚意，终于感动了上卿蔺相如，二人成为团结御侮的知交。

在民间，姑娘给某男子做鞋，表示以身相许。小说《胭脂》、《阿宝》等，就有以绣鞋为定情信物的章节。

手　帕

“眼空蓄泪泪空垂，暗洒闲抛更向谁？尺幅鲛绡劳惠赠，为君那得不伤悲。”这是《红楼梦》第三十四回林黛玉的缠绵即兴作《题帕》。帕，手帕的简称。

“尺幅鲛绡”，即一尺见方的手帕。“鲛绡”，是传说中鲛人（美人鱼）所织的薄纱或薄绢。

《述异记》卷上介绍：“南海出鲛绡纱，泉室（美人鱼）潜织，一名龙纱。其价百余金。以为服，入水不濡。”“不濡”，即不湿。

陆游《钗头凤》：“春如旧，人空瘦，泪痕红浥鲛绡透。”“鲛绡”，本来是遇水不湿，陆游由于怀念唐婉，悲痛至极，泪水竟然把那鲛绡手帕也润湿了。“红浥鲛绡”，有二解，一是泪眼哭红，已在泣血，血泪染红了手帕；一是原本就是红色的手帕，因为浸泪则更加红深。

“筝弦玉指调，粉汗红绡拭。”（唐代元缜《寄吴士矩端公五十韵》）“红绡拭”，用红手帕擦汗。

后蜀何光远《鉴戒录》记述：“天复初，驾幸石门，进贡裹泪手帕加楚国夫人。”“裹泪帕子”即洒泪沾湿溢香的手帕。说的是907年十国前蜀高祖王建的事儿。

手帕，又称“绢子”，方言谓之“手绢儿”。是手巾的一种，随身携带的方形小块帛棉织物，用来擦汗、擦泪、擦鼻涕或包东西。其产生的确切年代难以稽实，或可说是随丝帛棉麻织品的出现而产生的。有文字可凭者，至迟不晚于周代。

周代称手帕为“帨”。《诗经·野有死麕》：“舒而脱脱兮！无感我帨兮！无使尨也吠。”“尨”，是多毛的狗。大意是，一位姑娘规劝那急切求婚的小伙子：你要慢慢地遵循着求婚礼节来办理啊！怎么能用鲁莽的手段，动我的手绢儿呢？更不许惊动我家的狗，倘若它叫起来，惊动了别人，那多不好啊。

看来，这手帕还是古人定情的信物。姑娘的手帕一旦叫小伙子动了，就意味着以身相许。

从民俗的角度看，手帕是服饰习俗的一部分。人们在生活、劳动中，天天需要揩手、揩鼻涕、揩汗水等，于是创制出手帕这种佩巾，携带在身上。为了方便和美观，人们又创造出许多花样来，织得小巧玲珑。尤其鼎食人家的贵妇人、阔小姐所用的手帕更为金贵。

唐代王建《宫词》唱道：“缏得红罗手帕子，中心细画一双蝉。”是说，这一方手帕是用红色丝罗裁成，边缘四周还用彩线码边，锁以花纹，手帕中心还绣了两只蝉。

“蝉”，有连属之意，“蝉”又同“婵”，寓意几多：“花蝉娟，泛春泉；竹蝉娟，笼晓烟；妓蝉娟，不长妍；月蝉娟，真可怜。”“思”与“丝”谐音，所以古代青年还赋予手帕更隐讳的象征，用丝帛裁制或织造手帕。“丝织”又谐音“思知”，看见伊人送给的丝织手帕，便如见伊人。

明代戏曲家冯梦龙收集的一首民歌就是一语双关，唱道：“不写情词不献诗，一方素帕寄心知；心知接了颠倒看，横也丝（思）来竖也丝（思），这般心事有谁知。”妙绝！

一方区区手帕，即使是丝罗鲛绢所织就，本也不值几个钱。但是，一旦作为信物，在占有者的心目中，其价值之金贵，赛过连城。这就是《尚书大传·大战》中说的“爱人者，兼其屋上之乌”。意思是，爱上了哪个人，就连带地喜爱所有跟他有关系的人和物，甚至连停在恋人房顶上的乌鸦也觉得“鸣声悦耳，形色美丽”。所以杜甫在《奉赠射洪李四丈》中写道：“丈人屋上乌，人好乌亦好。”

所以，唐宋以来的章回小说，如元稹的《莺莺传》、王实甫的《西厢记》、冯梦龙的《三言二拍》、魏秀仁的《花月痕》中更有诸多关于手帕传情的精彩描写。曹雪芹《红楼梦》第二十回《痴女儿遗帕惹相思》不就是大观园中那个叫“小红”的丫鬟丢失一块红罗手帕，被小厮贾芸拾到，才使小红惹了一场相思病。

在许多民族中，手帕作为爱情信物的习俗也是绵绵流传。如广西壮族的三月三歌节有一种娱乐形式叫“抛绣球”。在歌圩前夕，壮族姑娘们，三三两两在一起，赶制五颜六色的绣球，有方形、圆形、菱形，上端连着一根彩带，下端系着一束一尺多长的彩丝穗子。同时，小伙子们则准备一块手帕，或绣花、或着彩、或四周边缘锁以流苏。这手帕不是用来拭揩，而是专做信物馈赠。在歌棚或抛绣球的圩场，姑娘趁人不备，悄悄地将绣球赠给意中人。小伙子如若动心，就报之以手帕，再通过对歌，缔结“同心”，订下“白头”。一块手帕联姻终身。

傣族有一首民歌《在酒宴上》：“情哥！你唱调子不要用扇子遮着，好让你的歌一直冲进我的心窝，那块手帕你不要拿出来揩嘴，它会把秘密在大家面前戳破。”

鲁西北地区农村，更有一种叫做“换手帕”的风俗。无论是男女自由恋爱还是经媒人介绍相识，双方都要择定一个好日子，由家人陪同正式相谈一次，叫做“啦对象”。谈完后，互换手帕。换了手帕，就表示婚姻订下，接着摆上筵席，庆贺一番。如果换不了手帕，那就婚事告吹不欢而散。

侗族姑娘还在手帕中巧妙地织进爱人的名字，男青年若用一方天女散花图案手帕送给姑娘，借喻于娶了一位下凡的仙女；还有在手帕上绣以鸳鸯，表示永不离分。

20世纪30年代，在结婚仪式上，新郎新娘相互交换礼物。双方往往各用一块自己用过的手帕（最好是丝织）包上自己戴的手表，送给对方，寓意“表表情思”。

手帕还可以用来包东西。《红楼梦》第十九回《意绵绵静日玉生香》中就有这样的描写：“（袭人）拈了几个松瓤，吹去细皮，用手帕托着给他（宝玉）。”

用手帕包东西由来已久，《庄子·秋水篇》写道：“吾闻楚有神龟，死已三千岁矣，王以巾笥而藏之庙堂之上。”是说：我听人讲楚国有只神龟已死了三千年，国王把它盛在竹盒子里，用手帕包着，放在庙宇里。这手帕犹同今天的包袱皮。

旧社会有“手帕姊妹”一语，是指歌伎之间结为干姐妹的代称。为何要用这般称谓呢？

清代孔尚任《桃花扇·访翠》解释：“相公不知，这院中名妓，结为手帕姊妹，就像绿林好汉香火兄弟一般。”

手巾，本是手帕、毛巾、枕巾、浴巾的统称。但各有专用。手巾，最初是土布做的擦脸巾，也是一种擦抹用布。其使用历史，比之手帕更远。

秦汉以前无“手巾”一词，概谓之“巾”，既当“头巾”解释，又作“手巾”理解。《礼记·内则》记载：“盥毕，授巾”。是说，洗完脸后，侍女递过来一条手巾，拭揩脸乎。

《礼·典礼》记载：“男女不杂坐，不同巾栉。”是说，古人男女授受不亲，男女不能坐在一起，也不可同用一条手巾。

《说文解字》记述：“巾，本以拭物，后人著之于头。”

“手巾”一词大致出现于秦汉。《太平御览》：“王莽斥出王闳，太后怜之，闳伏泣失声，太后亲自以手巾拭闳泣。”是说汉代王莽篡夺政权后，排挤忠臣王闳，贬为东郡太守。王闳伏案痛哭，为江山失色而悲泣。太后同情王闳，便拿着手巾给王闳擦去泪水。

手巾，古时也被视为尤物，用做恩赐奖掖之品。见《汉国三老袁良碑》：“今特赐……绣文印衣、无极手巾各一。”“无极”，是汉代的一种布帛名。

《后汉书·马援传》引何承天《纂文》说：“都致、错履、无极，皆布名。”尚不知这“无极”布是何种款式，想来一定不同凡俗，不然，怎么能用来做手巾，充做特赐之物呢？

古代土布制作的手巾很长，用机杼织成，两端带有穗子。最长者可达八尺。

《资治通鉴·梁敬帝绍泰元年》记载：“霸先惧其谋泄，以手巾绞棱。”（棱，指杜棱）胡三省《注》：“今人盥洗，以布拭手，长七八尺，谓之手巾。”这手巾比今之围巾还长。所以杜棱被人用手巾绞死。

《清会典·礼部》中记载有一种“素巾”，也叫“手巾”。是清代官吏冠服上佩系的“忠孝带”。比一般常服佩巾既阔而短。其用途有几种。徐珂《清稗类钞·服饰》介绍：“或谓用以代替马络带；或谓为随驾时供绑冲犯仪仗卫队者之用，或谓皇帝赐死时，臣子用以自尽（上吊，绞刑）。故名。”

《宋史·米芾传》记载：“而好洁成癖，至不与人同巾器。”是说北宋画家米芾，有“洁癖”。其实这是讲卫生的良习，各人用各自的手巾，不与他人合用，以免传染疾病。这巾，因既作手巾，又作浴巾，所以很长。

“巾栉”，是指拭脸的手巾和梳头的篦子。《左传·僖公二三年》：“寡君之使婢子侍执巾栉，以固子也。”大意是，战国时秦王嬴政对做人质的圉说：“您是晋国的太子而屈居在秦国。让婢女侍候您，为您捧着手巾、梳子……

由于古代贵族以侍执巾栉，即递手巾拿梳子侍候男人，这是女奴或婢妾的事情，所以旧时以“侍巾栉”作为“妻子”的谦词或代称。

蒲松龄《聊斋志异·武孝廉》写道：“妾茕独无依，如不以见衰见憎，愿侍巾栉。”意思是：狐女对石某说，我无家无亲无处可投，孤独一身，倘若你不嫌我长得不好，我愿意每天为你递手巾，端茶送饭，做侍候你的妻子。

周代还有专用于覆盖在祭祀食品上的巾。《礼仪·士丧礼》记载：“两边无縢，布巾。”布巾又叫“笾巾”。笾，古代祭祀时用来盛果品、干肉等食物的竹器。

汉代《说文解字》介绍，大巾有专有的不同的称谓。书中写道：“楚谓大巾曰帉。”《内则》曰：“左佩纷帨。齐人有言纷者。”《释文》曰：“纷或作帉。”

大巾又谓之“幪”。宋代赵师侠《坦庵词》写道：“幪香帕，倩风扶下，碎玉残妆卸。”

大巾之所以称为“幪”，是源于传说中父系氏族后期部落联盟领袖虞舜摄政时，“挑选贤人，治理民事，奖善罚恶，以巾蒙犯人面目”。这种蒙面巾，叫做“幪巾”。就是《太平御览·慎子》中说的“有虞之诛，以幪巾当墨。”“墨”，古代五刑之一的墨刑。

唐代杜甫《骢马行》：“亦汗微生白雪毛，银鞍去覆香罗帕。”这香罗帕又是一种特制大手巾。是说，那匹赤鬃烈马，通体枣红色，间或有些许白毛，豪华的鞍座上还覆盖着一条丝罗缝制的大手巾。

在古代，不好的手巾也有专有的称谓：“帤”，就是指破旧的手巾。

《说文解字注》：“……袽者，残币帛可拂拭器物也。”犹同说，破手巾，只可用来擦抹器物。或者说，手巾破旧后，还可派上用场，做抹布。

南唐徐锴《说文解字系传》引《黄庭经》:“人间纷纷臭帤如。”“臭帤如”，是指人们厌恶得像是又脏又烂的破抹布。

抹布，原本叫“幡巾”，是源于古时儿童在木块上练习写字，写后用来抹拭的布。“幡布”的意思是谓其可以反复使用。故“巾”字右边加几番的“番”。

南唐徐锴《说文解字系传》又说：“觚，八棱木，于其上学书已，以布拭之。晋人云：‘不见酒家幡布乎？用久则烂。’”

幡布为何改称抹布呢？

明代陆容《菽园杂记》解释：“民间俗讳，各处有之，而吴中为甚，如舟行讳住，讳翻，以箸（住）为筷（快）儿，幡（翻）布为抹布。”

抹布，又叫“搌布”，用之擦地者还谓之“幔”。《说文·巾部》记载：“幔，墀地也。”涂地以巾，按而摩之，犹同今天擦地板用的“拖把”、“拖布”、“墩布”。

近代人们日常用来擦脸擦身的手巾，称做“毛巾”。已不是用布裁制，而是一种特殊加工的针织品。因织成后的纱线经过处理，那线弯弯曲曲，如绵羊的卷毛，密密麻麻地平露表面上，质地松软而不光滑，故俗称“毛巾”。又因，那毛巾表面的绒毛犹似羊肚儿（胃），所以河北、山东、山西等地的方言又叫“羊肚儿手巾”。

今天各家床上的枕巾，就是一种特制的大规格毛巾。古时把枕巾叫“枕头衣”，简称为“帤”。

“帤，加枕以藉首为易污也。今俗作‘枕头衣’。《广雅》亦曰：帤，巾也。”帤巾，也作“帤巾”。如此算来，这枕巾的历史至少也有两千年了。

两千一百年前，我国有一种古老的舞蹈，叫“帕舞”，也叫“巾舞”，还叫“公莫舞”。据《旧唐书·音乐志》载述，相传“楚霸王项羽在鸿门款留刘邦宴饮，项庄拔剑起舞，欲击杀刘邦。项伯也拔剑起舞，以袖相隔，并对项庄说：‘公莫害沛公（刘邦），后人以舞巾模拟项伯舞袖的姿态，因称‘公莫舞’。”两晋以后称做“巾舞”。唐时将《巾舞》列入清商乐中。

《隋书·音乐志》介绍，隋代将《巾舞》和《鞞舞》、《拂舞》、《铎舞》并称“四舞”，用于宴享，舞者已不执巾。

还有传说，“公莫舞”不是巾舞，而且在项羽以前就有。见《琴操·公莫渡河曲》:“其声从来已久，当在项伯之前。”

棉　花

我国古代无“棉”，有“绵”。人们所穿用之衣裳被褥，以丝麻为布帛，以粗丝为絮绵。“绵”通“緜”。

《说文解字注》注释：“绵，帛之所系也，系取细丝，而积细丝可以成帛（布）。”宋代陈彭年《广韵》记述，丝之“精曰绵，粗曰絮”。“絮”即粗丝绵，可用充当绵衣被褥的絮料。所以《急就篇》这样归类：“绛缇蛙纳丝絮绵。”

明代大学士丘濬《大学衍义补》说：“自古中国布缕之徵，惟丝臬二者而已。”是说我国古代用的布和线，都是取自丝和麻。

《汉书·文帝纪》记载：“其九十以上，又赐帛，人二匹，絮三斤。”“絮三斤”就是三斤粗丝绵。

“软炊豆饭可支日，厚絮布袄聊过冬。”《赠卖薪王翁》中写的这后一句，就是铺絮棉袄棉被的絮，这里作动词，是说絮得厚厚的棉袄可以过冬。“荠菜登盘甘似蜜，芦花纫被暖如绵”。是说穷人吃野菜穿麻布，还有的以芦花代絮绵。芦花本不御寒，但在诗作者看来，已很满足。民间流传一个“芦衣”的故事，也叫《鞭打芦花》。

《太平御览》引《孝子传》：“闵子骞幼时丧母，为后母所虐待。后母为自生之二子冬衣絮绵絮，而给子骞冬衣絮很厚的芦花。隆冬某日，子骞随父赶车途中，因寒冷手中鞭子落地，其父怒而用鞭挞之，布绽露出芦花。其父察觉，欲将后母赶出家门。子骞跪父前曰：‘母在一子单，母去三子寒。’父遂止。其后母亦化而为慈。”

《诸番杂志》记述，棉花“不自本土所产，不能足用”。那么产在哪里？何时传入我国呢？

《农政全书》有记载：“此种出南番……南番人不蚕而绵，不麻而布。”

白居易曾写“吴绵细软桂布密，柔如狐腋白似云”的诗句。虽然用的是这个“绵”字，但状写却是棉花的色泽和形态，可见唐代已有棉花。

大约是在魏晋南北朝时期，棉花传入新疆、广东和云南等边疆地区。

《南史·西域高昌传》记述：“有草实如茧，茧中丝如细纩，名曰白叠子，国人取织以为帛，布甚软白。”“草实”即棉花；“白叠子”即用棉花织成的细棉布。

元代以后，我国植棉已很普遍，明末徐光启《农政全书》中，已能把我国所种之棉花分为若干种类，如湖南的“江花”，河北、山东的“北花”，浙江的“浙花”，其他还有“青核”、“宽大衣”、“紫花”等品种。

由于历代各朝都提倡棉花栽培，奖励棉花种植，所以棉花较快地越过长江，又跨黄河、逾长城。

到清朝光绪年间，棉花几乎遍植国内适宜其生长的土地上。1880年李拔《种棉花》说："天下无不衣棉之人，无不宜棉之土。"

我国近代立宪派资本家张謇提出"振兴实业"以发展棉铁工业为中心的经济思想。他认为棉、铁是主要进口物资，实行棉铁主义。堵塞漏卮，还可以操经济界之全权。在棉与铁两种工业中，"而棉尤宜先"。

清朝雍正年间，有一位直隶总督叫方观承，撰制一部《棉花图》。绘图十六幅介绍了棉花的"布种、灌溉、耘畦、摘尖、采棉、拣晒、收贩、轧核、弹花、拘节、纺线、挽经、布浆、上机、织布、练染"等技术措施，每幅图均附有简要说明及诗。

关于植棉的古农书，还有清代褚华的《木棉谱》、失考的《棉书》、饶敦秋的《植棉纂要》。最早的棉花著作大概算是明朝徐光启撰写的《吉贝疏》。"吉贝"即木棉。

方勺《泊宅编》曰："南海蛮人，以木棉纺织为布，布上出细字杂花，尤工巧。名曰吉贝布，即古白氎布也。""氎"，细棉布。

"吉贝"，是马来文的音译，亦称"美洲木棉"，"爪哇木棉"。木棉科，落叶大乔木，高者可达三十米，大枝轮生，幼枝有刺，掌状复叶，春花簇生，白或淡红。蒴果木质，椭圆形，五裂，果瓣内密生丝状棉毛。我国海南岛、云南南部、广西南部引种栽培。棉毛可为纺织原料和床垫、枕芯、电冰箱、飞机壁、救生具的填料。种子油可供食用或工业用。

王祯《木棉图谱叙》说："中国自桑土既蚕之后，惟以茧纩为务，殊不知木棉之为用。"《广州记》则说："蛮夷（马来西亚等东南亚人）不蚕，采木棉为絮。"

我国有个地名叫"攀枝花"，是斑枝花之讹误。斑枝花即木棉的别称。李时珍说："木棉有草木二种。交广木棉，树大如抱，其枝似桐，其叶硕大。结实大如拳，实中有子。今人谓之斑枝花，讹为'攀枝花'。"

李延寿《南史》和沈怀远《南越志》中提到的木棉，不是木棉科乔木，而是锦葵科草本木棉，即棉花。棉属多年生，海岛棉通常亦称木棉，实误。

木 棉

明代邝璠《便民图纂》介绍棉花种植：

“谷雨前后，先将种子用水浸片时，漉出，以灰拌匀，候芽生，于粪地上每一尺作一穴，种五七粒。”并说“时常掐去苗尖，勿令长太高，若高，则不结子”。

《农政全书·蚕桑广类》指出：“种棉不熟之故，有四病：一秕，二密，三瘠，四芜。”并解释说：“秕者，籽不实；密者，苗不孤；瘠者，粪不多；芜者，锄不数。”

又提出：“锄棉须在七次以上，又须在夏至前锄地为佳。谚曰：‘锄花要趁黄梅信，锄头落地长三寸。’”

染　料

“五光徘徊，十色陆离”。梁代江淹《丽色赋》二句，原是形容景物鲜艳、花样焕彩。本文撷来，用以状写染料与颜料的色彩，纷纭斑斓，五光十色。

“染料”和“颜料”，都是用于印花和着色。但是，它们并不隶属于一个家族。

染料，是“能使纤维及其他材料着色的有机物质”，成于天然或人造。除少数需助剂外，大多都可直接溶于水中。

颜料，则是“不溶于水或油的白色或有色的粉状物质”。它在水中只能被搅拌呈悬浊液，不能成溶液。因此，使用时必须借助于一定的黏合剂，才能把颜料黏结在物体上。那么，染料、颜料是何时出现的呢？这需要追溯到远古……

人类“乃服衣裳”的初始，不知染色，丝绢麻帛都呈素白。劳动中，或狩猎或捕鱼，或砍柴或采集，素白的衣冠履带免不了沾染各种动植物的色泽，或猩红，或草绿，或靛蓝……

人性爱美，古今同理。这诸般无意中发现的颜色，宛如山花，绚丽悦目，为原始人所爱，经仔细观察，潜心揣摩，逐渐找到了各种动植物的天然染料的源出——

红色的苏木、茜草、胭脂虫；黄色的黄栌、栀子、槐花；蓝色的菘蓝、木蓝、蓼蓝；紫色的紫蛔；绿色的孔雀胆；黑色的桦果、涅石、棓子、莲子壳、化香树；茶褐色的厚皮香，等等。从此，开始研究提取色素，并运用种种染料美化生活，装扮自己：“红脂白粉，绿衣黄裳。”

茜　草

我们的祖先，自古以来，在各个方面，

总是善于凭着一双慧眼和巧手，将自然界的美，收入生活中。这染料与颜料就是纳入生活天空的七色彩虹。

老子说："五色令人目盲，五音令人耳聋，五味令人口爽。"古时人们把"青黄赤白黑"五者作为正色；"令人目盲"，是说五色缤纷令人眼花缭乱。

孙子说："色不过五，五色之变，不可胜观也。"意思是，原色只有五样，但用它们调配出的彩色（间色），不知有多少，却是看也看不尽的。说明染料能染出许许多多种颜色。

我国最早记载服装颜色的《尚书·皋陶谟》说："天命有德，五服五章。"说的是尧舜时代，服装有五种花色，分别为"供王、公、卿、大夫、士之服也"。

周朝服装颜色更为繁杂。《礼记·礼运》载："五色、六章、十二衣。"章：花彩。《左传注》："青与赤谓之文，赤与白谓之章，白与黑谓之黼（古代礼服上绣的半黑半白的花纹），黑与青谓之黻（礼服上黑与青相间的花纹），五色备谓之绣，集此五章，以奉承五色之用。"

周朝设有专门掌管濡染丝帛的官员，叫做"染人"。那时，染布与狩猎在经济上几乎齐名："染人高晒帛，猎户远张罿（鸟网）。"白居易写的"因命染人与针女"，说的就是染布匠及织布工，男染女织。

汉代刘安《淮南子·俶真》记载："今以涅染缁，则黑于涅。"这是说以涅石为染料染丝帛成黑色。早在周代就以涅染黑，所以，"涅"又代指以黑物染之。

化香树

孔子《论语·阳货》："不曰白乎，涅而不缁？"这句话原是孔夫子回答子路的问题。孔子打比方说："不是曾说有极为洁白的一种东西吗？染也染不黑。""涅"，这里作动词"染"讲。

"染于苍则苍，染于黄则黄；所入者变，其色亦变"。这是墨子看到一只只大小染缸，将原来同是一样素白丝帛，浸入不同缸中，便染成不同颜色，触景喻人。犹同晋代傅玄说的"近朱则赤，近墨则黑"。墨老先生本义是借此论述人生哲理，但从中也可以看出春秋战国时代已有染坊了。染坊中有许多染缸，一缸染一色。

从"五章五服"制度中可以看到，古时穿衣服的颜色是受等级限制的。五彩衣只供贵族穿用："剧饮千盅酒，相鲜五彩衣。"普通百姓只能穿白色和蓝色。

《诗经·采绿》有一段描述："终朝采蓝，不盈一襜；五日为期，六日不詹。"原意是，我一天到晚采摘蓼蓝，准备用来染布，只因为心里想念远行的丈夫，哪里有心思采这蓝叶呢，大半天还未采满一裙兜。民女采蓝，用以自染。自染也叫"土染"。

东汉时，这种土布土染就已有很高的技艺。用野生的或十字花科的菘蓝、蓼科的蓼蓝、豆科的木蓝或爵床科的马兰等植物叶片，厚厚地铺在席板上，用水浸沤，令其发酵生热。干燥后上下搅动，再加水再沤再发酵。经过几次往复，则成暗青或青碧色，谓之天然蓝，染出来的布，着色牢度好，耐日晒雨淋。以两广、江浙、山东、河北等地为多见。

蓝布和蓝花布是我国传统的布匹，是以自家纺织的土白布（大尺布）经过织坯、脱脂、制板、刮花、染色、出白等十几道工序印染而成。

东晋列国时有"绞缬染帛方法"：先描花纹于白布，以线缝之，俟后绉起，再以线缝。以此入染，则有线缝处不受色，呈现种种花纹，称为"绞缬"，也叫染缬，唐代最为盛行。

唐代还出现一种蜡染，更为秀美。蜡染又叫"蜡防染"。是以蜂蜡做防染剂的一种印染工艺，印出的花纹是机械印染和其他印染工艺都难以摹制的。花鸟虫鱼，栩栩如生；造型夸张，构图饱满；层次分明，古朴典雅。有天然之美。

还有一种扎染：将布帛的某些部位用绳子扎起来，然后加热煮染，呈现各种形状的白纹图案。由于染料的自然渗透，图案便产生"色晕"的效果。这一扎一染的技艺颇有奥妙，它不但能使图案变幻无穷，而且即使相同的图案，冷眼旁观形色一律；刮目细察又各有独异。扎染妙就妙在如同人的指纹或面孔，乍看相似，细看不同；妙就妙在一扎一晕，扎的纹理与晕的图像千奇万巧难以形容。

明清年间，蓝靛是我国出口海外的大宗商品之一。

有一种可入药的靛叶叫板兰根，用这种蓝靛染的花布叫"药斑布"。越洗，蓝底白花就越加分明，并散发一种独特的草叶青香，且久藏不蛀。

用靛蓝花布制成的各种用品，如头巾、手帕、枕套、窗帘、台布、麻花被、包袱皮等，盛行黄河两岸，尤其是江南一带，旖旎绮丽的水乡风光、金黄的菜花、油绿的稻苗，衬托着素衣蓝装的吴娃越女，极富田园情趣，真是"水色天光共蔚蓝"。

北魏《齐民要术》及明代的《真珠船》还记述过古代用染料染纸的染潢法。到清代乾隆年间（1736 年至 1795 年）上海的染坊尤为发达，出现了按所染颜色不同的专业染坊。如专染天青、淡青、月白的蓝坊；专染大红、露桃红的红坊；专漂黄糙为白洁的漂坊；专染黄、绿、黑、紫、古铜、水墨、血牙、驼绒、虾青、佛面金等色的杂染坊。

15世纪出现了人工合成染料，如刚果红、苯胺蓝、荧光黄、维多利亚紫等，主要是从煤焦油分馏产品中加工而成，称“煤焦油染料”，又称“化学色”、“合成色”。又因合成染料在发展初期主要以苯胺为原料，故有时仍沿称“苯胺染料”。合成染料种类很多，能大量生产，成本较低。大多色泽鲜艳，耐洗，耐晒，较天然染料为优。合成染料按化学结构可分为硝基、偶氮、蒽醌、靛族、芳甲烷等类。按应用方法，可分为酸性、碱性、直接、媒染、硫化、还原、冰染、分散性、活性等类。广泛用于纺织、塑料、皮革、油漆、造纸、橡胶、食品等工业，也用于彩色摄影材料的制作、印刷等。

再说颜料。隶属于这一家族的，大多数成员是无机矿物质，少数是有机质。无机矿物质颜料有天然和人造两种。天然颜料有：朱红（朱砂）、石绿、红土；人造颜料有：铬绿、铬黄、群青（云青、洋蓝）、钛白、锑白、锌钡白（立德粉）、炭黑、铜粉、铝粉、氧化铁红、氧化铁黄等。

有机颜料也分天然和人造两种。天然有机颜料如藤黄；人造有机颜料如涂料黄、涂料蓝、涂料红，以及不溶性钛青等。除少数有机颜料用合成法制取外，一般颜料都用物理手段制取，如沉淀法、燃烧法、升华法。

除少数有机颜料具有较鲜明的色调和较好的透明度外，所有无机颜料都具有很强的遮盖力和很好的耐光耐热性，它的稳定性较好，但不够鲜艳。

由于颜料的上述特点，被广泛应用于橡胶、塑料、搪瓷、油漆、油墨中。在建筑业的彩色水磨石中，都要用无机颜料。它借助水泥、石灰和一些胶结物质黏结于建筑物表面，呈现宜人的色彩。

染发剂也是染料的一种，古籍如《博物志》、《本草》等都有记述。晋代就已有用铅一类金属染料染发。《御香飘缈录》记载，慈禧好打扮，嫌中国染发剂不好，就用法国染发剂——清白如水，但能将白发染黑。

东汉郭宪《汉武洞冥记》说，西汉元鼎五年，郅支（匈奴单于）国进贡一种半青半白的东西，叫马肝面，放在水银中，“以此拂发”，白发立即转黑。当时皇帝和大臣一齐使用。如此算来，我国早在公元前112年就有染发的记录了。

染料，用途广泛，适用于各行各业，包括食品饮料的食用色素，以及画师的泼墨渲染……总之，染料之于人类，可谓功德无量。

丝 绸

世界上第一个养蚕缫丝、第一个发明织造丝绸的国家是中国。

考古工作者曾在山西夏县西阴村灰土岭新石器时代遗址中，发掘出一个经过人工切割的茧壳，证明距今一万年上下，我们的先民就已有意识地利用蚕茧了。

殷商时代，我国种桑、养蚕、缫丝、织绸的技术，已经相当发达，不但能织细丝的平纹绢，而且还能织菱形方格的花绢。

据《礼记·檀弓》记载："陈子车死于卫，其妻与其家谋以殉葬。"是说商周时代，统治阶级盛行殉葬之风。奴隶主生前使用的器物、奴隶都要随死者入葬。有些珍宝古玩、弓箭、刀剑，入葬前用丝织品包裹，虽然年深日久，丝织品已腐烂，但遗痕却残留在器物上。

美国佐治亚大学的一位研究人员，对中国什么时候开始有丝绸的问题提出了不同的看法。他认为，中国丝绸始于商代，比历史记载的滥觞于西汉至少提前一千八百年。这个论点的论据，就是这位研究人员在化验了一把商代青铜刀上的"附着物"后提出来的。有资料说，在那块"附着物"中，含有无数的蚕丝纤维。

殷周以后各朝皇帝都十分重视蚕丝业的发展。《礼记·祭义》说："古者天子诸侯必有公桑蚕室。"蚕室，就是养蚕的处所。春秋时代称养蚕的女奴为蚕妾、蚕工。《唐书》说："夏不夺蚕工，即有衣。"五代至南宋实行蚕盐制度。《西吴枝乘》记载："吴兴以四月为蚕月。"在这个月里养蚕人与外界隔绝，不相往来。

历代都有文人撰写蚕丝之书：西汉有淮南王的《蚕经》，汉代有王景的《蚕织法》，唐及五代又有三部《蚕经》，可惜都已失传。宋朝有秦观的《蚕书》，元代有鲁明善的《农桑辑要》，明代有黄省曾的《蚕经》。清代有蚕书数十种。其中著名的有扬山的《豳风广义》、汪曰祯的《湖蚕述》、沈练的《广蚕桑说》和陈开沚的《裨农撮要》。

我国丝绸的织造，早在公元前6世纪的春秋时代，就已相当精美。《吴越春秋》记述的《西施浣溪沙》，说的是越女西施在浙江若耶溪浣洗丝纱的故事。那纱就是一种经纬稀疏而轻薄，且能渗透沙粒的丝织品。

绢之轻细者为纱，古字作"沙"。六朝以后，在丝织物中以纱为特优，用途亦最广，朝臣公服皆用皂纱、绛纱，官宦之冠都用乌漆纱，叫乌纱帽。

丝，是一种极细纤维。五代南唐徐锴《素传》说："一蚕所吐为忽，十忽为丝。"《孙子算经》说得更详："蚕吐丝为忽。十忽为一丝，十丝为一毫，十毫为一厘，十厘为一分。”可见丝之纤细。

丝织品之所以有这许多品类，主要是因织法不同和所用丝的处理不同。如缎，就是以缎纹或缎纹作底儿组织提花织成，可分软缎、织锦缎、漳缎等。由于织法不同，还有许多花色，如花纹艳丽的九霞缎，光泽灿烂的明霞缎，敦朴深沉的万寿缎，平整细洁的金玉缎，细腻厚实的织锦缎，古色古雅的古香缎，色彩丰富的花软缎，色调和谐的素软缎等。

绸的类别很多，如手感丰满的涤盈绸，隐格多种、柔和耐磨的涤爽绸、涤纤绸、涤庆绸、凉爽绸、涤棉绸，柔软厚实的浮花绸，挺括易洗的弹涤绸，细洁平贴的塔夫绸，广东传统丝质拷胶衣料莨纱绸，等等。

绉，古谓之“縠”。出现于周朝，盛行于隋唐年间。因质地较薄，表面呈绉缩现象，所以在称谓上由“縠”改为“绉”。

绉之最古老最华贵者，为湖绉。因产于浙江湖州而得名。此外还有碧绉、素碧绉、条子碧绉、分格子碧绉，以及平滑、轻柔、光亮、坚韧、穿着凉爽的双绉。

绢，用桑蚕丝织成的平纹色织或半色织花素织物。质地较缎、锦薄而坚韧。生丝织成的白绢，叫“素”。

“新人工织缣，故人工织素”。缣，是一种双丝的绢。这两句诗出自古乐府《上山采蘼芜》，是在描述一位被遗弃的故人和被续娶的新人都有一手织绢的巧技。

元代夏文彦《图绘宝鉴》记述：“越国夫人王氏，以淡墨写竹，整整斜斜，曲尽其态，见者疑其影落缣素。”是说用缣素作画。缣，其丝细致，染兼五色，不漏水墨。缣素是供书画用的绝好细绢，以苏州白绢为最佳。我国纸张未发明前，多用绢写书。就是汉代发明纸后，有的富豪人家为显示阔气，也常用绢做书写材料。

《新唐书·裴行俭传》：“帝尝以绢素，诏写《文选》。”苏东坡还提到用绢素习写的诗句：“不须临池更苦学，完取绢素充衾裯。”

丝绸，是丝织绸帛的总称，除上面提到的几种，还包括绫、罗、绡、缯、练、绨、绮、缟、缦、繻、绪、纨……就是西汉史游《急就篇》中的：“绨络缣练素帛蝉，青绮绫縠扉润鲜。”

唐代，苏州就已成为丝绸手工业中心。宋明各代，日益繁盛，到清代，丝织机已达四千左右张，缫丝纺织工人已逾万名。丝织品由用于制作衣裙被褥，扩展为制作工艺品，如宫扇、纨扇、遮阳伞等。清代顾禄《桐桥倚棹录》记述，苏州特产用丝绢制作的工艺品——绢人：“多为仕女之形，还以五色缯绫为饰，眉目姣好，或立或坐。”同时代有个江都人吴绮还写了一首《绢美人》，后四句是：“小字红绡原有意，前身捣素问谁家。莫嫌尽日无言语，越女伤心出浣纱。”

画在丝织物上的图画，谓之“帛画”。现存年代最早的有湖南长沙、战国楚墓中发现的帛画三幅：一幅四周画有奇异的动植物图像，中写文字，多不可识，亦称“缯书”；一幅绘长袖细腰的女子，侧身合掌而立，上有飞翔的凤、夔；另一幅绘高冠长袖的男子，侧身驾驶一条巨龙，龙身呈舟状。

丝帛画

丝帛画，后又在长沙、马王堆西汉墓中相继出土五件，绘有墓主人图像和宴饮、车马仪仗等场面，以及传统神话中的神灵怪异。其中有一幅关于气功强身的图解，提供了古代医学史的重要资料。倘若这些图画是绘在纸上，恐怕历经西汉以来的一千几百年，就很难保留迄今了。可见，丝绸对绘画文明作出了莫大的贡献。

苏州流传一则“丝绸被面”的故事：一千多年前，虎丘山下，有个叫刘春的织绸好手，被府台老爷拘到府里，限期一个月内织出为其女儿做嫁妆用的二十四条真丝嵌金被面，要金凤凰和牡丹花的花样，逾期织不成将被收监严办。后来，在牡丹仙子的帮助下，刘春终于按期织出。直到今天，人们仍喜欢到苏州去买丝绸被面。

我国古代丝绸都为王公贵族所专用。西汉桓宽编著的《盐铁论·散不足》说：“古者庶人耋（七十岁）老而后衣丝。”就是说平民百姓须等到古稀之年才有资格穿丝绸衣裳。

宋代张俞，诗作不多。但他的《蚕妇》却是一首脍炙人口的佳作：“昨日入城市，归来泪满巾。遍身罗绮者，不是养蚕人。”这和普通平民只有到七十岁才有资格穿丝绸之事相比，更有过之。因为宋代已经取消了“庶人耋老而后衣丝”的陈规，民众此时之所以穿不上丝绸，已不是因为年龄不足，而是因为穷。

这又和郑震笔下的“去年养蚕十分熟，蚕姑只著麻衣裳”有异曲同工之妙。

老百姓只能穿麻衣裳，皇宫贵妃却极尽挥霍：隋炀帝为了下扬州看琼花而开凿运河，所坐龙船，竟以“五彩锦缎作帆饰舫，连樯（船的帆或桅杆，也指船）十里。”唐代玄宗年间，“宛转蛾眉马前死”的杨贵妃，生前光是她一人，就用了织造丝绸的机匠与裁缝达七百人，为她织锦做衣，“绫罗绸缎，一刻三换”。

早在西汉年间我国就已有丝绸出口，除运往朝鲜和日本外，还和西域各国来往络绎不绝，商人相望于道。汉朝的各种商品源源不断地输入中亚和欧洲。其中，最使外商感兴趣的是中国的丝绸。欧洲人说中国丝绸和真花一样美丽，把中国称为“绢之国”。罗马贵族妇女以穿中国丝绸为荣耀。当时，丝价竟值重量相等的黄金，“十两黄金一斤绸”。有一次罗马恺撒皇帝，穿着用中国丝绸缝制的长袍去看戏。大臣们认为那是破天荒的豪华。欧洲各国的王公贵族都争购中国丝绸，以炫耀自己的高贵。

史学家把汉朝与中亚的通商路途，称做“丝绸之路”。这条路从长安（今西安）出发，向西经甘肃的河西走廊，到敦煌分成南北两路。南路，从阳关西行到大月氏。北路从玉门西行到大宛、康居和奄蔡。

近年历史学家，正在研究“海上丝绸之路”。那是明朝三保太监郑和率船队七下西洋所开辟的。

陆海两条丝绸之路的建立，对于发展我国的封建经济，促进我国同中亚各国的经济文化交流起了很大的作用。

古希腊在公元前的著作中，有中国养蚕缫丝的记载，称中国为“塞勒斯国”，意即“丝国”。

西欧各国，使用中国丝绸以后，仍长期不了解育蚕缫丝方法。公元前1世纪，罗马人分解中国丝织品，以为丝是从树上梳摘而得。古罗马作家普尼林到公元1世纪，还认为丝生于树，摘取后浸湿梳拢，织成丝绸。至6世纪中叶，蚕种和制丝的方法才传入东罗马帝国。

1872年始，广州兴办机械缫丝厂。十年后，上海有了中国开设的第一座缫丝厂，是吴兴人黄佐卿的公和永丝厂。光绪初年，先后在湖南、湖北、广西、江西相继设立蚕桑局，以从事养蚕、缫丝、收购蚕丝等专营织造。到20世纪初，出现了机器织绸厂，以上海美亚织绸厂发展最快，由十二台制绸机成百倍地扩大，在天津、汉口、广州、香港、新加坡、曼谷等地设立了丝绸推销店。

20世纪30年代，我国生产的“华丝葛”、“物华葛”，在南洋市场受到欢迎。尤其是有一种“爱华葛”，柔软光滑，很适宜住在南洋热带地区的居民穿用，一时成为畅销货。

继两千多年前的丝绸之路以后，新的丝绸之路已通向全球各地，通往一百六十多个国家和地区。典雅大方的丝绸，似花朵，如繁星，赛彩云，若轻雾。被外商誉为：“亚洲大地之鲜花”，“东方绚丽之朝霞”，“像美梦一般神秘的瑰宝”，“倘若把华丽的中国服装比做皇冠，那么，丝绸服装就是皇冠上的一颗明珠”。

1983年秋冬，在意大利威尼斯王宫博物院举办的“中国古代文明展览”中，就有西汉的刺绣丝绸和汉代帝王、贵族穿的“金缕玉衣”，使参观的人惊叹不已。一位罗马大学生说：“古罗马时期曾把中国的丝绸视为与黄金等价。今天，我看到了两千多年以前图案绝美的薄如蝉翅的丝织真品，一饱眼福！”

刺绣

“日月如合璧，五星如连珠。”这本是《汉书·律历志》谓喻天象两句，后人用以比喻“众美毕集，瑰丽璀璨”，此处撷来比作刺绣之“合璧连珠”，也不为过。

刺绣，是以丝绸“织彩为文”之再加工。“文”，在古汉语中作“纹理”或“花纹”解。《汉书·食货志》中的“其文龙”，就是刺画龙凤花纹图案。

“以刺为文”由来已久。在原始社会，人们还在围树叶裹兽皮的时候，为作“图腾标志，美化身体”，用针在人体全身或局部刺出鱼龙虫鸟或几何图形。刺后有染色和不染色之分，这种刺肤叫做“文身”。从前，吴越一带也有这种风俗：“散发不作髻，身上刺花纹。”

古代五刑之一：刺刻面额，染以黑色，作惩罚标记。商朝叫“墨刑”，秦汉叫“黥刑”，宋代叫“刺配”，如《水浒》中的“林冲刺配沧州道”。这诸般刺刑皆源于“文身”。

自穿衣裳后，人们又用丝线刺绣服装。《史记·文帝本纪》记载：“有虞氏之时，画衣冠、异章服。”三国魏文学家嵇康《与山巨源绝交书》说：“而当裹以章服。”“章”就是标记、文采，“章服”就是一种有记号、可以识别官阶的服装。周朝就用章服作为礼服，上绣“日、月、星、辰；龙、蟒、鸟、兽”等图案，作为职务的标志。所绣各图，层次分明，栩栩如生。可见，三千年前我国刺绣已有相当高超的技艺了。

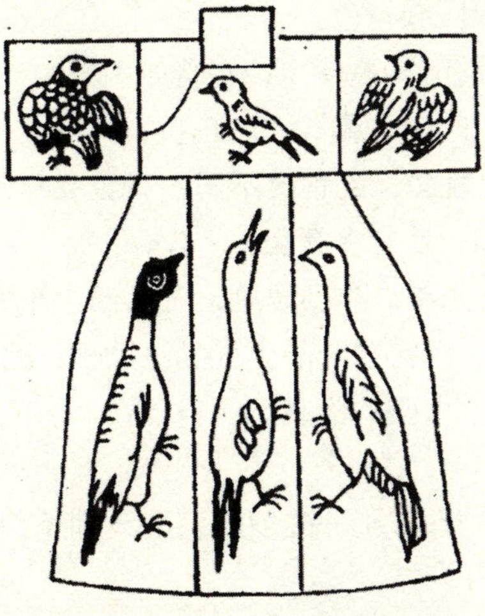

绣习补衣（王后的祭服）

“绣”这个字，还有一种用法，当作“彩图”解释。如《考工记》的“五彩备谓之绣”就不是指刺绣，而是指五彩的绘画。

从孔子编修的《尚书》“衣画而裳绣”的记述，可知在春秋时人们就喜欢用各种彩图装饰自己的衣裳。

汉魏三国，最华贵的衣裳就是绣服。所以《三国志·蒋钦传》中说："妻妾衣服，悉皆锦绣。"用锦绣昭示他家的富庶阔气。

东汉文学家张衡《四愁》诗："美人赠我锦绣缎，何以报之青玉案。""青玉案"是词牌名。从诗中可见，丝绸刺绣还是馈赠的珍贵之物。

3世纪时，出现了一幅刺绣杰作——绣画。晋代王嘉《拾遗记》介绍：孙权在建业（南京）称王后，与魏蜀争夺天下需要绘制一幅大型军事作战地理图，特请擅长绘画的丞相赵逵的妹妹赵夫人绘制。夫人说："丹青之色，甚易歇灭，不可久宝，妾能刺绣。"于是，在方帛之上绣出了"五岳、河海、城邑、行阵之势形"，被时人称为"针绝"，为史籍所载最古的刺绣画。所以有人考证："绣脱颖于画"，有"以针代笔，以线作墨"之说。唐代文人李山甫拍案叫绝："万千楼台疑绣画，九原珠翠似烟霞。"

唐代岭南，即今南海之滨的潮州，有位名叫卢眉的姑娘，能在一尺的绫绢上绣出《法华经》七卷，字之大小，不逾粟粒，点划分明，细如毫发。这幅绢绣，即使在今天，也堪称稀世之作。卢眉被当时的皇帝封为"神姑"。至于她所绣出的山光湖色，殿阁楼台，尤有"山水分远近之趣，楼阁有深邃之体"。

元代的刺绣技艺出现了新彩：使用金箔银线，使绣品珠光宝气，富丽堂皇。

金银绣以浙江宁波的传统技艺为精湛，可分为两大类：一类是用金线或银线在绣好花纹边线及重要结构处勾描，并用细丝钉压法盘在花纹的表面；另一类是胖绣，在绣线花纹内部铺垫棉花、绒布之类，使花纹绣面突起，犹如浮雕，以使绣品厚重，惹人注目。

金银彩绣产品，多为靠垫、门帘、软包、绣盒、拎包、服饰、腰带、戏装、被面、枕头、床帐等。为增强金银绣品的美感，艺人们多以黑、棕、灰、青、绛红等深暗色绣刺花纹，选题多为凤凰、麒麟、松鹤、鸳鸯等，更具民族特色。

我们今天看古装戏时，经常看到文官武将彩袍的前胸和后背上，缀着如手帕的花布，布上用各种彩线绣成动物图案。称做"补子"，也叫"背胸"。绣有这种补子的官袍，称做补服，是一种官袍。**绣服上不同的图案，代表文、武官员不同的爵位品级。每个朝代都有各自规定，如清代，文官的补子多绣名鸟，武官多绣猛兽。**

清代规定，文官一品绣鹤，二品绣锦鸡，三品绣孔雀，四品绣雁，五品绣白鹇，六品绣鹭鸶，七品绣鸂鶒，八品绣鹌鹑，九品绣练雀。武官自一品到九品分别绣：麒麟、狮子、豹子、虎、熊、彪、犀牛、海马……这是古章服的沿袭。绣着半青半黑花纹的叫做"黻"；绣着半黑半白花纹的叫做"黼"。

清代，刺绣与针黹，已成为女子的必修之工。有的女孩十一二岁就已成为刺绣能手。民间常用"描龙绣凤"作为对灵巧女子的夸奖。

"璇闺窈窕秋夜长，绣户徘徊明月光"，这"绣户"就是泛指富家黄花女深居之所，也叫“绣房”。《宋词》中“绣阁凤帏深几许，听得理丝簧”的“绣阁”，和“绣户”是同义词。这三个“绣”字，有双重含义：一是说居处华丽、精美；一是说闺中秀女擅绣。

清代绣品不仅自绣自用，而且随着中国资本主义的萌芽，刺绣成为手工业中的一个行业，以绣谋生的人逐日增多。刺绣商品作为国粹，远销海外。刺绣产品的交易中心，谓之绣市。

《元氏掖庭记》有绣市的记载：“淑妃龙瑞娇，贪而且妬，帝赐金帛以巨万数，娇乃开市于左掖门内，发卖诸色锦缎，时呼为绣市。”后又形容绮丽如绣的街市叫“绣陌”，《长安道》有：“长安开绣陌，三条向绮门”的诗句。

刺绣发展到今天，技法更为细腻：错针绣、乱针绣、满地绣、网绣、锁丝、纳丝、纳锦、平金、影金、剁线、盘金铺绒、刮线、戳纱、洒线、挑花等。在抽纱手绣的基础上，发展到机绣、双面绣、双面异色绣、双面全异绣、双面环形绣……不及详载备述。

脂　粉

爱美是人类的天性。在原始社会，伴着人类文明的启蒙，人们已经感受到美的内涵。为了掩盖皮肤的粗糙、黝黧、苍白、蜡黄，五千年前人们就逐渐寻找出原始的天然化妆品——

奇书《山海经》中就记下了远古人用红土涂颊以示健康之美的文字。“搽粉以额白，描黛以眉黑，涂脂以唇红脸绯”。这些或浓饰或淡抹之装点，在殷商两周的宫廷中甚为盛行。战国时道家列御寇所撰《列子》记述，公元前10世纪，周穆王“筑中天台”以蓄媚藏娇，下令郑国、卫国于民间选十三至十六岁之少女为妃，“粉白黛黑以满之”。

战国时纵横家张仪，为瓦解齐楚联盟，曾诱惑楚怀王说：郑国女子，粉白黛黑皆红颜，其玉立彼处，见者以为仙女。昏庸无能的楚怀王，受了蛊惑，更是“骄奢淫泆，所自邪也”。不问男耕女织，倾心迷恋脂粉。

“青楼绮阁已含春，凝脂艳粉复如神。”（唐代王昌龄《闺怨》）。大意是说，在那豪华的楼房里，在那精致的绣阁中，住着妙龄的少女，穿戴着华丽的服饰，还在一张秀气的脸上涂脂抹粉，装扮得好似天仙，宛如洛神下凡。

“凝脂艳粉”，即胭脂与香粉，简称脂粉。“脂”，有面脂、唇脂；“粉”，有铅粉、末粉，是我国古老的化妆用品，涂之，可使皮肤柔滑、光洁、秀美、靓泽。

唐代王维《西施咏》：“邀人傅脂粉，不自著罗衣。”诗中的“傅脂粉”就是搽胭脂、抹香粉。

“小妇初妆点，回眉对月钩”；“柳台烟眼，花匀露脸，渐觉绿娇红姹。妆点层台芳树，运神功丹青无价”。这两段词，分别为南朝陈后主及宋代柳永所写。点出了脂粉的功用，是旧时妇女梳妆打扮所不可或缺。并且说，打扮与不打扮，大不一样。

汉代刘安却不这样认为，在他的《淮南子·脩务》中说：“不待脂粉芳泽而性可说（悦）者，西施阳文也。”是说，女子的美与不美，不在是否用脂粉妆扮。如西施与阳文，不用借助脂粉而容貌天生绝美，自是姣俊动人。

唐代白居易与汉代刘安所见略同。在诗人看来，妍与媸，美与丑，不在于脂粉，而取决于丽质天资。所以《长恨歌》中惊呼：“回头一笑百媚生，六宫粉黛无颜色”，是描述唐明皇的贵妃杨玉环，之所以受到唐玄宗李隆基的宠爱，不是因为妆饰的美，而是由于她的天姿丽质是那样艳妍、妩媚、妖冶，被推为国色天姿。相比之下，令那些三宫六院的三千名浓妆艳抹的嫔妃娥女，都失去了颜色。

相对而言，脂粉还是有其作用的。据说杨贵妃也是一天三洗六照，对镜梳妆。丽质红颜，再饰以脂粉，那将会是“美上更添一层佳”。恰如民间谚语所说：“不搽胭粉自来的色，搽上脂粉俊死个人。”

战国哲学家韩非子《显学》中还以涂脂抹粉，寓喻哲理：“故善毛啬西施之美，无益吾面，用脂泽粉黛，则倍其初。”是说春秋吴国越王夫差的美姬西施和毛啬，淡抹匀涂胭脂香粉，“则倍其初”。胭脂和香粉使美姬们比原来本色加倍美丽。所以历代皇宫，仅是花费在宫娥彩女身上的脂粉钱，已是不计其数。这才引起东汉大臣、世称“不畏强御”的陈仲举上疏皇帝：“万人饥寒，不聊生活，而彩女数千，食肉衣绮，脂油粉黛，不可赀计。”（《后汉书·陈蕃传》）“不可赀计”就是花在脂粉上的钱财，多得难以计算。

不但女子涂粉，古代男子也有这样的举动。西汉司马迁《史记·佞幸列传》记述：“孝惠时，郎、侍中皆冠鵔鸃，贝带，傅脂粉。”是说孝惠年间郎中和侍中等官员，戴着插有雉鸡羽翎、贝壳装饰飘带的帽子，脸上还涂着白色薄粉。这说明，战国以前男子也搽脂粉。不但秦前有，两汉三国魏晋也有男子敷搽脂粉的记载。《汉书》说，词采华茂的文豪曹植，常常把脸搽得粉白，出入市井。

南朝宋人刘义庆《世说新语·容止》说：“何平叔美仪，面至白，魏明帝疑其傅粉。正夏月，与热汤饼。既噉（吃），大汗出，以朱衣自拭，色转皎然。”何平叔，即是三国时（魏国）玄学家何晏，官至尚书。《三国志》中有传记。人称他为“傅粉何郎”。傅粉即敷粉、搽粉、涂粉。自此，“傅粉何郎”一词，便成为美男子的代称，或指喜欢修饰的青年男子。

“薰香荀令偏怜少，傅粉何郎不解愁。”（李端《全唐诗话·赠郭驸马》）这里的“傅粉何郎”是指唐代大将郭子仪的儿子郭暖。写他少年英俊，被招为东床驸马。“荀令”是一种香料的名称，也叫“令公香”，“令君香”。

古时男子不但涂粉，还抹胭脂。战国楚国人宋玉《登徒子好色赋》写道：“著粉则太白，施朱则太赤。”所以称搽粉抹红为“傅粉施朱”。

北齐颜之推《颜氏家训·勉学》中说：“梁朝全盛之时，贵游子弟……无不熏衣剃面，傅粉施朱。”是说公元6世纪前叶，没有官职的贵族子弟，无所事事，只知涂脂抹粉，打扮自己。

隋唐以后，男子不再用脂粉，否则受人讥讽。脂粉专属女子专利。此后，“脂粉”一词便也成为女子的代称。《红楼梦》第三十七回写道：“孰谓雄才莲社，独许鬚眉；不教雅会东山，让余脂粉耶？”又因妇女用脂粉美容，称柔艳之风为“脂粉气”。

唐代宋之问《伤曹娘》：“独怜脂粉气，犹著舞衣中。”又见，宋代陈善《扪虱新话·诗评乃花谱》：“予尝与林邦翰论诗，及四雨字句。邦翰云：‘梨花一枝带春雨’，句虽佳，不免有脂粉气，不似‘朱帘暮卷西山雨’，多少豪杰。”

脂，又特指“胭脂”，是一种红色的颜料，用红蓝花或苏木制成。《云麓漫抄》记述：“胭脂以红蓝汁凝而为之，宫人涂之，号为桃花粉。”

胭脂，初始时叫做“焉支”。《古诗源·匈奴歌》有：“失我焉支山，令我妇女无颜色。”焉支山因生长制胭脂用的焉支草而得名。位于今甘肃省永昌县西、山丹县南。

“端正楼空春昼永，小桃犹学淡燕支。”（北宋黄庭坚《和陈君仪读太真外传》）“燕支”，是胭脂的又一别称，据说是和燕国地域有关。

晋代崔豹《古今注》记载：“燕支叶，似蒯（多年生草），花似菖蒲，出幽燕，土人以染，名为燕支。中国人谓红蓝以染粉，为妇人面色，谓为燕支粉也。”

又因制成之燕支状似膏腴，细腻如丽女之臂肢，所以改燕支为“燕肢”，后来两字都加肉月旁，写作“臙肢”。

胭脂还曾叫过“烟肢”，见《匈奴列传》中转引司马贞索隐《与燕王书》：“山下有红蓝，足下先知不？北方人采其花，染绯黄，挼取笃红者，作烟肢。”

胭脂产生于何时？又系谁人所首创？《二仪录》说：“燕脂起自纣，以红蓝花汁凝作脂，以为桃花妆。盖燕国所出，故曰燕脂。”这里是说产生于三千七百年前的夏代纣王时期。另外又有古籍说胭脂初始于三国吴。

唐代段成式《酉阳杂俎·黥》写道：“靥钿（女子面部点染胭脂）之名，盖自孙和

（吴国皇帝孙权之子）邓夫人也。一日，尝醉舞如意，误伤邓颊，血流，娇婉弥苦。命太医和药，医言得白獭髓，杂玉与琥珀屑，当灭痕。和，以百金购得白獭，制膏。琥珀太多，及愈，药痕不灭，左颊有赤点如痣，视之，更益甚妍也。诸嬖（被宠幸的女子）欲争宠者，皆以丹点颊，而后进幸焉。”

原来，这“视之甚妍”的红痣，是琥珀之颜色。伤痕不灭竟然成了美丽的点缀。难怪各妻妾为了争宠，故意效仿。由“以丹点颊而口唇”。

据宋代葛立方的《韵语阳秋》记述：南京有一座胭脂井，六朝遗留的古刹之一鸡鸣寺，为梁武帝萧衍所建。延至陈朝末代皇帝陈后主（叔宝），又筑“临春阁、结绮阁、望仙阁”。三阁极其奢丽。陈与妃张丽华、孔贵嫔三人各居一阁。被后人称之为“亡国之音”的“玉树后庭花”等词曲，就是陈后主创作于此。“妖姬脸似花含露，玉树流光照后庭。”

589年，隋兵临城，陈后主与张陈二妃坐视无计，遂俱投井中，被隋兵所捞俘，陈朝灭亡，那口井被后人称做“辱井”。据古传，井水殷红，陈叔宝及妃子出井时，满身皆染胭脂，故又称“胭脂井”。

“玉树歌残秋露冷，胭脂井坏寒螀泣。”这就是元代萨都剌《雁门集·金陵怀古》，追忆陈后主不务国事，醉心胭脂丛中，落得个死无葬身之处。所以清代孔尚任才写出传奇剧本《桃花扇》。剧中张朝宗对李香君吟咏：“商女不知亡国恨，隔江犹唱后庭花。”吊古讽今之喟叹，欷歔！

“安得香水泉，濯郎衣上尘。”说的是春秋吴国故宫有一条香水溪，原是越女西施洗浴之处，就是南朝梁国任昉《述异记》中说的“胭脂塘”。由于吴国宫中妃嫔娥女洗浴化妆于此塘，胭脂与香粉落溶溪水，下游之水至今仍见其胭红绰绰，闻其脂香袅袅。

沿碧绿的香溪河溯流而上，便是西汉明妃王昭君的故里湖北兴山县。不仅山奇水秀，名胜众多，而且特产丰富，胭脂柚便是珍奇水果之一，古时曾奉为贡品。

民间传说，胭脂柚起初果小、肉绿、味涩，难于入口。后来有民女王嫱（王昭君）亲手种植于自己卧房宅旁的望月楼下，常常浇灌、施肥、松土，两颊滴下许多胭脂汗水，年复一年，化为珍果胭脂柚。果体硕大，圆润端正，脆嫩可口。肉呈胭脂红色。

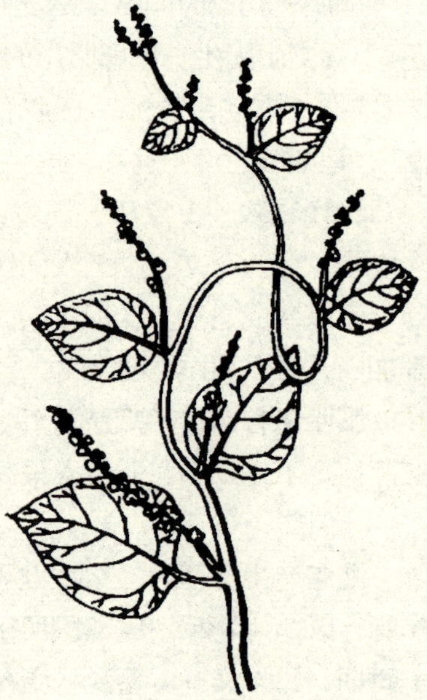
胭脂豆

或许是由于胭脂的名芳字雅、颜色悦目，有许多器物或山川地域，用胭脂命名：除却上面提及的以外，还有开封的“胭脂河”、黑龙江的“胭脂沟”、生物界有“胭脂鱼”、“胭脂虫”、“胭脂菜”、“胭脂草”、“胭脂花”、“胭脂豆”；脍炙人口的《聊斋志异·胭脂》改编的电影、越剧、连环画的主人公也叫“胭脂”。

魏晋以后，胭脂从宫中流入民间，作坊成批生产，进入市场。以江苏、广东制者为佳。制法有二：一以红蓝花为之，浸于纸上，或置小皿中；一以苏木制之，浸于丝绵。江苏制者，多用苏木，苏木亦称“苏方”、“苏枋”，生长于我国南方，为一种豆科常绿小乔木。江北人多使用苏杭胭脂。明清年间，专有从事贩卖针黹花线、胭脂香粉等闺阁用品的行商，叫做货郎，或背包、或荷担，手执鼗鼓，又谓“惊闺”，俗称“拨浪鼓”，游乡串巷，边走边摇鼓边叫卖。

中国胭脂著称于世。明朝舶往国外市场。历经研制，种类因质料不同，状态各异，而形成：胭脂膏、胭脂纸、胭脂粉、胭脂棉。

又因胭脂色泽的浓淡深浅，香气的馥郁明暗，以及制造厂家的不同，各种牌子还都冠有一个动听的芳名：“桃花奴”、“大红春”、“杏花雨”、“石榴娇”、“淡红心”、“嫩吴香”……成为旧时闺阁秀女“黛眉、粉面、朱唇”，装点三原色之一。

古人红妆分三种：施之两颊，浓者为酒晕妆；浅者为桃花妆；薄薄施朱，以粉罩之，为飞霞妆。

人人悉知，景致美属西湖，容貌美推西子。“欲把西湖比西子，淡妆浓抹总相宜”。所以古人早已认识到，浓妆艳抹绝非美。元代《湛然居士集》也是这样着眼：“反笑素英浑淡抹，却嫌红艳大浓妆。”都是在说，化妆点缀是必要的，然则，是否恰到好处，只在一个“宜”字。

“喧卑方避俗，疏快颇宜人”。怎样才能做到宜人的淡妆轻抹呢？

淡妆，旨在强调面容的自然美部分，遮盖面容上的缺点。但是，无论“强调益彰”，还是“遮盖掩饰”，都不得显出过分的涂抹雕琢之痕迹。

总而言之，用“红胭脂、白铅粉、黑黛墨、蓝靛膏、黄焗油、绿纹眉、面膜……”化妆，贵在不失真。真，则亲切有情；真，则自然大方；真，则绰约和顺；真，则婉约柔美。真，才能恰到好处——

“妍花红粉妆，意态工妩媚。”

首饰

“攘袖见素手，皓腕约金环。头上金爵钗，腰佩翠琅玕。”这是三国魏人曹植的《美女诗》。状写了一位女子手上戴的、头上插的、腰间佩的各种金珠、玉翠，统称首饰。

为什么要佩戴首饰呢？《后汉书·舆服志下》解释说：“后世圣人……见鸟兽有冠、角、頮、胡之艳，遂作冠冕蕤以为首饰。”原来是，远在史前，当人们有了“衣冠履带”后，为了把自己打扮得更为靓丽，看到飞禽走兽头上都有各式各样的角、须、冠、羽，如，梅花鹿的犄角、山羊的胡子、白鹤的丹顶、锦雉的环颈、公鸡的耳垂、孔雀的羽冠……显得雄姿潇洒，风姿典雅。于是，人们便效仿动物的天然“首饰”，制作出各种饰物装饰头面。并用茜草、黄栌、菘蓝等各种天然植物汁液的颜色，涂抹在五官头发上，与梅花鹿、孔雀媲美。

《韩诗外传》记载有：“孔子出游少源之野，有妇人中泽而哭，其音甚哀。孔子使弟子问焉，曰：夫人何哭之哀？妇人曰：乡者刈割蓍薪，忘丢失吾蓍簪……弟子曰：刈蓍薪而忘蓍簪，有何悲焉？妇人曰：非伤亡簪也，盖不忘故也。”是说，孔子与其弟子出城郊游，碰到一个农妇在荒野哭泣，孔子叫弟子前去问那妇人为何哭得那般伤心，妇人说，是在打柴割草时，头上的荆钗失落了。弟子不解地又问，丢了草木做的蓍簪，有何值得那么悲痛？妇人剖白说，一支荆钗的丢失，本非值钱之物，只是因为那钗是一个往年有情之人送给她的。“蓍”，是一种多年生草本植物，多茎，妇人可折取作为簪钗子插于头上。可见，“首饰”之佩，富贵贫穷之女，皆然。

“云鬓花颜金步摇，芙蓉帐暖度春宵。”（白居易《长恨歌》）是状写姿色美艳的杨贵妃，头上戴着“步摇”一类的金玉首饰，更加妖冶。

“步摇”，首饰的一种。汉代刘熙《释首饰》介绍：“步摇，上有垂珠，步则摇动也。”《后汉书·舆志》又说：“步摇，以黄金为山题，贯白珠为桂枝相缪，一爵（雀）九华（花），熊、虎、赤罴、天鹿……”

步摇，各代不一。宋代陈祥道说：“汉之步摇，以金为凤，下有邸，前有笄，缀五采玉以垂下，行则动摇。”

“头安金步摇，耳系明月珰。”（晋代傅玄《艳歌

头戴步摇的古代女子

行》）这是写一妇女头上插着步摇，耳上穿着坠子（耳环，文言谓之珰）。当她款动金莲，迈步走动时，那头上的步摇，耳上的金环，上摇下摆，盈盈鸩鸩款款。

《汉书》还介绍了当时男子的首饰："秦雄诸侯，乃加其武将首饰，以表贵贱。"既作为武官的雄姿装饰，又兼有官阶的表征。

曹植"头上金雀钗"句中的"钗"，是妇女插在发髻上的一种首饰，是由两股合成。即古文中的"两股笄"也。庾信《荡子赋》说的"佩珠饰翠，钗梁粟钿"中的"钗梁"，即钗的一种。

《红楼梦》中王熙凤所戴："金丝八宝攒珠髻，绾着朝阳五凤挂珠钗"，戴的是特制的"凤钗"、"花钗"。

因钗乃两股合为一副，钏镯系两支成为一双，都属匹配成对之物，所以先民有许多拆散美满婚姻的戏剧，往往以钗钏镯簪为名，如宋代陆游的《钗头凤》，明代月榭主人的《钗钏记》，以及《拾玉镯》、《碧玉簪》、《玉簪记》，汤显祖的《紫钗记》等。

簪，周代就有，是插定发髻的金银长针。韩非《内储》说："周主亡玉簪，令吏求之，三日不能得也。"玉簪又称做"玉搔头"。为什么叫这么个别名呢？汉代刘歆《西京杂记》作解："汉武帝过李夫人，就取玉簪搔头，自此后宫人搔头皆用玉，玉价倍贵焉。"笄与簪，古代男女皆用。

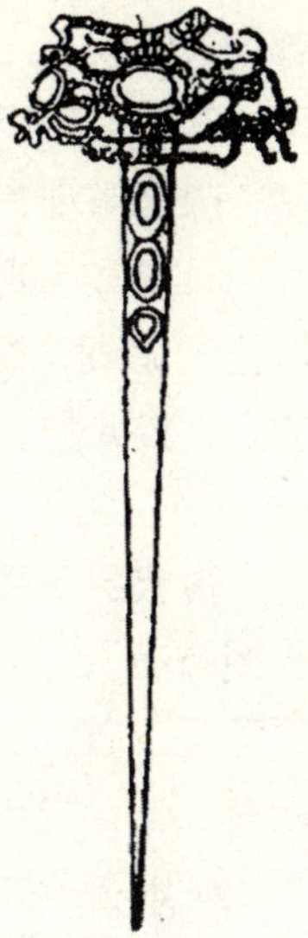

花　钗

首饰不但用在头上，而且还包括项链、裙铃、腰配、手钏、脚镯、戒指之类。恰如《日知录》："今则臂钏指环之属，虽不施于首，亦通谓之首饰矣。"距今五万年前的山顶洞人。已会用小型兽牙、蚶子壳、小砾石、骨管、鲩鱼的眼上骨等，作为首饰。除天然骨管外，都在装饰品上钻个小孔，用皮条穿起来，戴在头上，或挂在耳畔，或成串地围在脖颈上。

野兽牙串

汉末刘熙在《释名》一书中说："皇后首饰曰'副'。副，覆也。亦言'副贰'，兼用众物成其饰，上有垂珠，步则摇也。"

"美人首饰侯王印，尽是沙中浪里来。"黄金是人类最先发现而加以利用的贵重金属。古言"黄金为金属之长"。

玉，是一种温润而有光泽的美石。古人多用玉比喻洁白美好。如比喻体态修美为"亭亭玉立”；比喻操守坚定如“抗节玉立”；成人之美谓“玉成”；貌美为“玉容”；美餐为“玉食”；美酒为“玉液”。

玉雕在我国已有四千多年的历史，早在石器时代，人们就在敲打石器中发现了玉，制成玉瑛、玉矛，用来狩猎禽兽。到了夏商时代，我国琢玉技巧已相当高超。

1975年在河南殷墟“妇好墓”发掘的大批珍贵文物中，玉器数量之多，制作之巧，都令人惊叹。

玉雕，通常分为三作：北京的京作，苏州的苏作，新疆的番作。由于玉石质地坚硬，雕琢艰难，似非人工所能为，而称雕品。

耳环和手镯多用质地坚硬的黄玉、白玉、碧玉、青玉、翡翠、岫石、玛瑙，色彩鲜艳的珊瑚、松石、孔雀石、蓉石、青金，莹洁冰清的水晶、绿晶、茶晶，以及红蓝宝石、猫儿眼、钻石等。

古代男子蓄长发，加冠或绾发都用头簪。晋代陆机《陆士衡集》中：“簪绂扬名，台阁摽著”；《梁书·谢朏传》也说：“簪绂未褫，而风尘摆落”。两部书中的簪，都为男子头上首饰。古人还把插在帽子上的饰物叫做冠缨。唐代张说《滠江山寺诗》中有七言二句：“若使巢由同此意，不将萝薜易簪缨。”

姑娘在孩提时代，都要在两个耳垂上各扎一个孔，俗称“扎耳眼”，为的是出嫁时，往耳朵上戴耳环。

耳环也叫坠子、钱子、耳珠，古称：珥、瑱、珰。是耳垂上的装饰物。《留青日札》：“女子穿耳，带以耳环，自古有之。”杜甫诗云：“玉环穿耳谁家女。”

“耳珰”亦即“耳珠”，见于汉代应劭《风俗通》：“耳珠曰珰。”《舆服志·后夫人服》中说：“珥，耳珰垂珠也。”《说文解字》注释：“珥、瑱也。”又：“瑱，以玉充耳也。”“象瑱”，以象牙制成的耳坠。《史记·外戚世家》中说：“武帝谴责钩弋夫人。夫人脱簪珥叩头。”《孔雀东南飞》中有：“腰若流纨素，耳著明月珰。”“明月珰”即耳环的一种款式。

北周文学家庾信《哀江南赋》的“章台留钏”，《南史·王玄象传》中的“女臂有玉钏”，都讲到这个“钏”字。钏；臂钏；“臂环也”，即俗称的手镯。明代张自烈《正字通·金部》解释：“古男女同用，今惟女饰有之。”

手镯，又称为“腕环”，也叫“条脱”。南朝（梁）陶弘景《真诰·萼绿华》记载：“并致火浣布手巾一枚，金玉条脱各一枚。条脱似指环而大，异常精好。”唐代李商隐《中元》写的“羊权虽得金条脱，温峤终虚玉镜台”，那“金条脱”即“金镯子”。

“何以致契阔？绕腕双跳脱。”（汉代繁钦《定情》）“跳脱”是手镯的又一古代俗称，又叫“条达”。《唐诗纪事·文宗》记载：“又一日问宰臣，古诗云：‘轻衫衬跳脱’，跳脱是何物？宰臣未对。上（皇帝）曰：‘即今之腕钏也。’”《真诰》还有“跳脱”的记载：“安妃有斫粟金跳脱是臂饰。”

“夜来春睡浓于酒，压扁佳人缠臂金。”（苏轼《寒具》）“缠臂金”是一种多环手镯，呈螺旋环筒状，诗句是说在“沉睡”中将夫人手镯压扁了。野史以为不是“沉睡”压扁，而是“风狂过猛”而至。

“花钿委地无人收，翠翘金雀玉搔头”，是白居易描写杨贵妃死于非命后的惨状，满头各种金珠首饰散落一地。“花钿”，是金翠珠宝等制成的花朵形首饰。《六书故》中说，花铀又叫金华（金花）：“金华为饰，田田然，故曰钿。”

把金钗和花钿合起来称为“钿合”，用作定情之信物。栋鸿在《长恨歌传》中说：“定情之夕，授金钗钿合以固之。”

元稹写的“玉梳钿朵香胶解，尽日风吹玳瑁筝”。“钿朵”，也是花钿。而杜牧写的“草妒佳人钿朵色”，则是说的“翠花钿”。

戒指，也叫“指环”、“约指”，俗称“镏子”。明代都印《三馀赘笔》介绍：“今世俗用金银为环，置于妇人指间，谓之戒指。”按《诗》注：“古者后妃群妾以礼进御（陪宿）于君，女史书其月日，授之以环，以进退之。生子月辰，以金环退之；当御者，以银环进之，著于左手；既御者，著右手。事无大小，记以成法。则世俗之名戒指者，有自来矣。”

戒指又叫“指环”，也写作“指镮”。以金、银、宝石等物制成的环，戴在手指上，作为饰品。《晋书·大宛传》记载：“其俗，娶妇须先以金同心指镮为聘。”《聊斋志异·水莽草》也提到指环：“生，求茶叶一撮，并藏指环而去。”

清代诗人黄景仁《绮怀》诗：“解意尚呈银约指，含羞频整玉搔头。”其中的“约指”，也是戒指。“约”，木是“环束”之意，但也可解释为“定情相约”。三国时在《玉台新咏》中有一首以戒指为题的《定情诗》：“何以致殷勤，约指一双银。”刘筠写过“灭瘢难辨玉，约指不胜银”的诗句。

如此看来，戒指在往来交换馈赠中，除一般做贵重礼品外，金戒指、银戒指各有其特定含义，不能以金代银，或以银代金。这种种清规，都印《三馀赘笔》中已有了交代。

戒指种类样式多多，如光戒、方戒、线戒、龙凤戒、蟾戒、福字戒、花绒戒、红宝戒、同心戒指。除有金银质料之分外，最华贵的是戒指上镶嵌钻石、珊瑚、玛瑙、翡翠、紫磨金、松石、猫眼等各种瑰宝。

镜　子

“清清溪水照人影，水中映出织布人”。镜子未出现之前，人们要想欣赏自己的容姿倩影，或梳理长发，或整束衣冠，只有临池面水。倘若天公不作美，“风乍起，吹皱一池春水”，水面失去了平静，那就无法映照了。况且，古时的闺阁秀女不许逾越庭门，池塘又不能搬进院内，愁人兮奈何？

于是聪明的古人，把水盛于陶制瓦盆中，宛如缩小了的一泓池塘，用来映照。那盛水的陶盆称之为“监”。监的繁体字“監”，恰似一个人（臣民）俯视水盆（皿）看水。《书·酒诰》记述：“古人有言，曰：人无于水监，当于民监。”意思是说，看水能照见自己身影，察百姓的活动能发现国家吉凶。

监，后来又演变成鉴。公元前1600年的殷商年间，我国进入青铜时代，陶土烧制的“监”，改为由青铜冶铸，由此，改监为“鑑”，今简化为“鉴”。

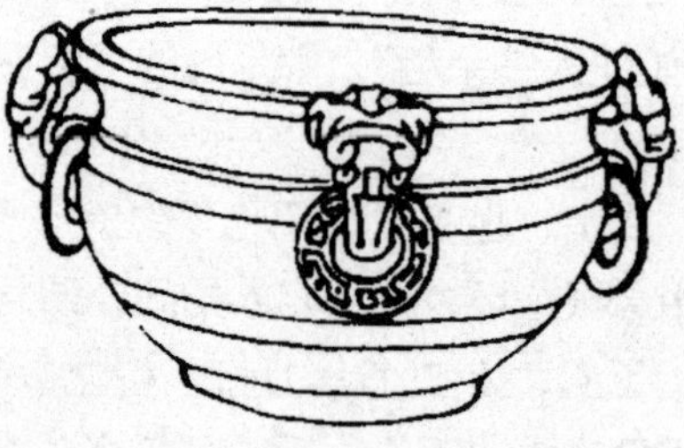
鑑

“半亩方塘一鉴开，天光云影共徘徊。”这是南宋教育家朱熹《观书有感》开头两句，是说，小小的池塘，一汪清水澄澈见底，好像一面明亮的镜子，天光云影都层次分明地徘徊其中。

关于照镜子，汉代女才子蔡文姬有段妙语：“世人咸知饰面，不知修心。面不饰，愚者谓之丑；心不修，贤者谓之恶。面丑犹可，心恶尚为人乎。故揽镜拭面，则心当洁净。”才女之言，不可不谓“妙语连珠”。

大约在商末，一位不知名的聪明人，在制作青铜器时发现，被打磨得溜光锃亮的铜面上，能清晰地映射出外界景物的图像，于是，他发明了青铜镜。青铜，是铜锡合金，比之红铜熔点低，硬度高，便于铸造。

春秋战国时期，有一位巧匠研制出一种陶模，可以在模具上雕出各种标记或花纹，然后浇铸，进行批量生产，铜镜便进入了商品市场。

古代的铜镜，背面都有一个钮，谓之镜鼻，有半球形和连峰形，系上丝缨，便于携带或悬挂。

战国时期盛行的山字镜，背纹以四个或几个“山”字为主纹，并布细密的花叶纹、羽状纹等地纹。而在此之前铜镜是素身、无纹的。

汉代是铜镜发展的鼎盛时期，汉武帝还专设尚方官监管铜镜的生产。当时铜镜的生产集中在长安和洛阳两地，此地生产的铜镜做工极精，其形多为圆形，还有正方的、六棱的、八角的、亚字形的、葵花状的，各种图案名目繁多。

铜镜的用工是否考究，制作技艺是否高超，除铜质及磨工外，都集中地反映在铜背上，或雕龙刻凤，或镂花镌草。镜背还常有文字，多为汉隶体，以吉祥话语为习见。如“如日中天”、“富贵荣华”、“长宜子孙”等。还有的铸以铭诗，如“汉有善铜出丹阳，和以银锡清且亮；左龙右虎主四旁，八子九孙置中央”。这首铭诗不但描绘出一幅栩栩如生的画面，还说出了铜镜的产地及所用工料，可以把它看成我国早期介绍商品、招徕顾客的广告诗。

汉代刘歆在《西京杂记》中介绍当时有一种神秘的宝镜：传说汉高祖初入咸阳宫，见方镜广四尺，能照见人的肠胃五脏，知病之所在。更为奇特的是女子有邪心，则胆张心动。这四尺方镜，赛过今之X光透视仪，不独能窥视人之五脏六腑，而且还能照出不贞女子的邪心。是否真有此镜？姑妄言之，姑妄听之。权作一个美丽的“魔方”神话来听。

《秦镜高悬》的故事，就是由“魔方镜”演绎而来的。说这镜子原是秦始皇所用，镜高五尺九寸，正反两面都十分明亮。人直立对镜，镜内的人影却是倒立的；如果对镜抚摩胸口，可以清楚地照见内脏各器官。若体内有疾，可照见器官之七劳五伤，病在何处。倘若谁有恶心歹意，也照得出来。据说秦始皇就常常利用这面镜子，来考察宫中嫔妃是否贞节，文武大臣是否忠诚。“秦镜高悬”这一成语就是缘于这一故事，用来赞誉明察是非，判案公正无私的法官。后又演化为“明镜高悬”。

这则历史的镜话，还被北周文学家庾信收入他的《庾子山集·镜赋》中：“镜乃照胆照心，难逢难值。”

汉代郭宪《洞冥记》将“照胆镜”益加渲染。言说那镜能照出妖魔的原形。书中写道：“钓影山去昭河三万里……望蟾阁十二丈，上有金镜，广四尺；元封中，有祇国献此镜，照见魑魅，不获隐形。”“照妖镜”在《西游记》、《封神演义》中，也多有出现。

唐代《李义山诗集》有五言二句：“我闻照妖镜，及与神剑锋。”

“形同七子镜，影类九秋霜。”这是《艺文类聚》中梁国皇帝肖纲《望月》中描写的一种组合镜。

“七子镜”的制成，说明铜镜的制造工艺到6世纪初的梁代，已很精湛。出现了由一面大镜及七面不同的小镜组装的一座镜台。

唐代的造镜，由于铸铜配方中银的成分增多，镜面呈现出银白色光华，因此镜像更为清晰。

唐朝的玄宗皇帝李隆基雅爱铜镜，规定八月初五，玄宗龙寿这天为“千秋金鉴节”。据明代胡震亨《唐音癸签》记述：“开元十七年，是日，赐宴花萼楼下。百僚表请以每年是日为千秋节。王公以下献镜及承露囊。天下请咸令宴乐。”意思是说，每年八月初五玄宗过生日这天，文武百官都要向皇帝进贡铜镜。所献之镜，不可雷同，必须各具特点。所以，群臣百官，都自请制镜高手，加工精铸、精雕、精磨。将贡来之镜，陈列满厅，每面镜子都有一个动听的芳名：昭明镜、百孔镜、雷纹镜、西施镜、琼瑶镜、草叶纹镜、蟠螭纹镜、天马鸾凤镜，以及叩之有声的夹镜、轻清如蝉翼的水浮镜……琳琅瑰丽，面面不俗。

千秋金鉴节，百官竞相献镜，以取宠于皇帝。但其中也有刚直不阿之人，进士张九龄就是一位。他不但不进贡铜镜，还忠言反对。某年的千秋金鉴节，他却进献一部《千秋金鉴录》。该书记录历史的废兴之理，以古代各皇帝的覆没为前车之鉴。但是，忠言逆耳，这位好大喜功的唐明皇，执政后期，任用奸臣，朝政腐败，爱好声色，玩物丧志，奢侈荒淫，终抑郁而死。《谷梁传》劝告：玩物，人所把弄，好在耳目之前，患在一国之后。

千秋金鉴节献镜之风，还由宫内波及民间，每年八月初五，一些富庶人家也有以铜镜互赠之举。可谓上行下效：“楚王好细腰，国中多饿人。”

北宋李昉等人编辑的《太平广记·异闻记》中说：“唐御史王度家有宝镜，名紫珍，传为北周苏绰遗物。以镜照人，可治病疫。”陈陶《异闻集·古镜记》还对紫珍宝镜详加叙述。《隋唐嘉话》又有简介：“御史王度家有宝镜，云是苏绰家旧物。蒲陕间疫甚，度令小吏张龙驹持镜照之，诸病者皆惊起云：见龙驹持一月（圆镜）来相照，病愈。其夜，龙驹梦一人龙头蛇身，朱冠紫服，曰，我即镜精也，名曰紫珍。”

按今天的物理学解释，这只不过是一面透光镜而已，并无神秘之处。宋代嘉祐进士沈括《梦溪笔谈》已有科学的介绍：“古之铜镜，有透光者，谓之透光镜。”盖此。

元代周密《癸辛杂识》进一步说：“透光镜对日映之，背之花，尽在影中，纤悉毕具。”

透光镜的制作并不复杂，先在青铜版的里面，铸成文字或人物、鸟兽、花草、云雾等图画，而后磨其外面，所以镜面虽似平整，但是厚薄不同，必然微起凹凸，凹处回行之光线分散度较少，而有文字或画面的凸处，则必然较其他凹处为大，那里面字图的阴影也明显。以镜面向日光，可将镜背之各种图像反映在墙壁上，宛如黑白电影一个场面的瞬间镜头。若此，我国古代制镜堪称光学史上的一大奇迹。这镜传到东瀛后，风靡日本，日本人叫它为“魔镜”。一千六百年后，日本的江户时代才制造出这种被称为“魔镜”的透光镜。

铜镜用一段时间后，镜面就会因氧化而晦暗。怎么办？汉代刘安《淮南子·天文训》有办法：必须"粉之以玄锡，劘之以白旃。""玄锡"是抛光剂；"白旃"是白毡；"靡"，即磨擦或摩擦。意思是，将镜面撒上抛光粉，再用毛毡用力摩擦，镜面就会锃亮如新。这种磨镜方法，大概算是世界上最早出现的抛光技术了。

据鲁迅考证，现在走街串巷的磨刀匠人吆喝的"磨呀磨剪刀"，就是古时"磨镜磨剪刀"留下的音痕。说明在古代，当镜子不亮时，可花钱找磨镜人抛光。看来，磨镜子还曾是七十二行之一哩。

各朝代还模拟铜镜，仿制出其他质料的镜子：周穆王命匠人用宝石磨制"玑镜"，秦朝有"金镜"，汉朝有"铁镜"，晋朝有"银华镜"，南北朝有"玉镜"、"石镜"……

《南史·江淹传》记载："时襄阳人开古冢，得玉镜及竹简古书，字不可识。"玉镜即用玉石雕磨的镜子。"玉镜"又引申为平静明澈的水面。见宋代和尚道潜《参寥子集·秋日西湖》之一："飞来双鹭落寒汀，秋水无痕玉镜清。"

唐代徐坚《初学记》记述："神灵滋，百宝用，则珠玑镜也。"玑镜，即用文珠作镜。宋均《注》："文珠有光可为镜。""玑镜"一词又作为赞美别人的鉴识能力，犹言明镜。北周庾信《神道碑》赞道："器宇淹旷，风神透远，玑镜照林，山河容纳。"

古代还有石镜，即用某种石头磨制的镜子。南朝梁国任昉《述异记》说："武都大夫化为女子……蜀王娶以为妻，无几病故，遂葬于成都郊区，以石镜一枚，长二丈，高五尺，同葬之。"这偌大的石镜竟然成了殉葬品，不知埋在成都何处。

说起大镜，早在南北朝的时候就有丈高穿衣镜。《东宫旧事》写道："皇太子纳妃，有著衣大镜。"庾信在他的《镜赋》中也提到穿衣镜："梳头新罢照著衣。"只是不知道这"著衣镜"是何形体？用何材料？怎么制造？

宋代开国皇帝颁发诏令，将镜子改称"照子"。这是为何？原来，是因避宋太祖赵匡胤祖父赵敬的名讳。"敬"与镜同音。仅仅是因为皇帝的爷爷叫赵敬，就下令全国人不许说"镜、竟、竞、静、敬、境、净"，而只许讳称"照子"。直至宋朝灭亡后，人们才又恢复镜子的称谓。

随着我国考古事业的发展，近年来各地出土了许许多多的铜镜。其中，已发现我国最早的铜镜，是 1976 年河南安阳出土的商王武丁的妻子（妇好）的墓葬中的四件圆形铜镜，大小各异。背有拱形镜钮，并饰有直线弦纹。武丁，是商朝第二十三代国王。如此算来，妇好的铜镜迄今大约也有三千二百年了。

上海博物馆收藏的"吴王夫差御监"，可算是我国最早用盆盛水监容的"镜子"。

江苏连云港市海州和花果山等地，出土过许多汉代铜镜。它们因花纹和铭文的不

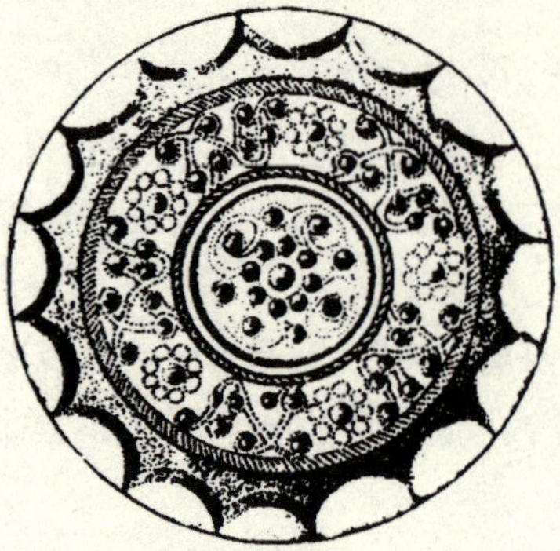
百乳镜

同而名称各异，其中有：星云镜、日光镜、四乳镜、神兽镜、仁寿镜、凤鸾镜、四神镜……大的直径可达二十厘米，小的直径只有六厘米。

1983 年 4 月，山东省在古代齐国故城临淄，展出一批商周前汉时期的出土文物中，有一面西汉大铜镜，高一百一十五厘米，宽六十八厘米，厚一点五厘米，是迄今为止全国发现的最大铜镜，被视为稀世珍品。

1983 年 5 月，我国又一次大规模的汉墓发掘工作在山西省朔县境内平朔露天煤矿工地进行。已开挖的一百五十多座墓葬中，共出土汉代兵器、生活用品、工艺品等文物近千件。有些是从未见过的珍品，其中有一面“百乳镜”，直径十八公分，铜质优佳，制作精巧，六十二支乳钉聚于镜面，酷似浩宇繁星，为汉镜中之上品。据朔县县志记载，朔县曾是汉代雁门郡马邑县所在地，从公元前 179 年汉文帝起，曾长期在这一带集结兵马，抵御外族的侵扰，留下了大量墓葬。

1983 年秋，在哈尔滨出土一面金代人物故事铜镜。据说这种镜是我国首次发现。

我国文学艺术作品受镜（鉴）的影响，产生了许多诸如“借鉴”、“鉴戒”、“鉴别”、“鉴定”、“鉴诸”、“前车可鉴”等等极为丰富的词汇；书名有《鉴戒录》、《鉴止水斋》、《风月宝鉴》、《资治通鉴》、《帝鉴图说》等；诗词歌赋中用“鉴”者尤多，不胜枚举。

古代有一则《镜花词》，简直是镜的神话，说它可占卜吉凶祸福：“重重摩挲嫁时镜，夫婿远行凭镜听。”这便是“镜听”一词的缘起。

历史上用镜子作为“借鉴”，借得最好的可算是唐朝开明国君李世民。得知谏臣魏征病死，哭曰：“夫以铜为鉴，可以正衣冠；以古为鉴，可以知兴替；以人为鉴，可以明得失……今魏征殂逝，吾失一鉴矣。”

古人还以监鉴盛水的清明，比喻为人的坦荡开朗。《三国志》写道：“诸葛亮为卧龙，庞士元为凤雏，司马徽为水镜。”所以苏东坡才写出：“道人胸中水镜清，万象起灭无逃影。”

由于镜子能照见隐微，古人还把高超的见解

修面《女史箴图》

喻为“玄镜”。魏国曹植在《曹子建集·宫颂》中说：“玄镜作鉴，神明昭晰。”

玄镜，又称“玄鉴”。《淮南子·脩务》说：“诚得清明之处，执玄鉴于心。照物明白，不为古今易意。”晋代陆云《陆士龙集》又有：“明明大象，玄鉴照微”的机锋。

同镜子有联系的故事，还有许多，如唐宋传奇中的《古镜记》；明代传奇中的《荔镜记》；南宋的南戏剧本《乐昌公主破镜重圆》，故事出自孟荣的《本事诗·情感》。是说6世纪南朝陈国将要灭亡时，驸马徐德言预料妻子乐昌公主将被人掠去，所以，他破开一面铜镜，各执一半，作为他日重见时的凭证，并约定正月十五日卖镜于市，以相探询。陈国亡，乐昌公主为杨素占有。徐德言至京城，正月十五日遇一人叫卖破镜，与所藏半镜相吻合，遂题诗云：“镜与人俱去，镜归人不归；无复嫦娥影，空留明月辉。”公主见诗，悲泣不食，杨素知之，使公主与德言重新团圆，偕归江南终老。破镜重圆至白头。

梳　子

“梳”与“篦”，统称为“栉”。齿稀者叫“梳”；齿密者谓“篦”。据《说文解字注》：梳，古作“疏”，言其齿疏，用于梳理。篦，古作“比”，密集排比；后又作“毗”，连接相挨。后因“疏”为木制，写作“梳”；“毗”为竹制，写作“篦”。故有“木梳竹篦”之称。

扬雄说的“头蓬不暇梳”；杜甫说的“发短不胜篦”。说出了梳与篦的用途：木梳是梳理乱发的，篦子是刮头上虱子虮子的，所以篦子又有“篦虮”之称、后又嫌“虮”字不雅，改作“篦箕”。

远古时期，梳篦还没有发明，不论男女，披头散发，有碍劳务，于是只好以五指代梳，谓之“爬梳”，就是陆游笔下的“正如头垢得爬梳”。而韩偓的“有意通情处，无言拢鬓时”。“拢鬓”，也是“五指代梳”。

梳和篦是谁发明的？谁是第一个使用的人？野史逸闻披载：各有其祖。

上古蚩尤部落，有一位心灵手巧的骨木工匠，姓赫名廉。他看到人们乱蓬蓬的头发垂胸搭背披肩，既碍操劳，又不雅观，用五个手指也撕掳不开。他潜心琢磨，找来兽骨，按照人们用五指抓拢头发的形象，镂刻出一个五齿耙梳。缺点是齿数太少，齿尖秃钝，正当要进一步完善的时候，他被卷入部族战争。

黄帝打败蚩尤，赫廉被俘入狱。在囚禁中，他仍矢志不忘刻制多齿梳子。没有兽骨，便用硬木，每天刻一齿，当他刻完第二十一个梳齿时，被典狱长皇甫收缴，献给黄帝之妻嫘姐。

知人善任的黄帝闻悉，认定这是一种造福于人类的创造。为奖掖发明，起用能人，亲临监牢，请赫廉出狱，传授技艺，并敕封他为“造梳祖师”。所以，旧时梳篦作坊，都供有赫廉的牌位。每年逢二月十八赫廉的忌日，匠人们还要祭奠他。古时，标准木梳多为二十一齿，亦示对祖师的悼念追怀，如马王堆汉墓中就出土一把二十一齿梳子。

再说嫘姐娘娘，她用那木梳梳理头发，越梳越感到舒爽，根根青丝，绺绺垂发，看上去乌黑锃亮。她拂捋着长发，一高兴绾了一个高髻，这才显露出女人面额两旁的鬓角来。黄帝见了娘娘，与往日判若两人，心中十分高兴。嫘姐竟也成为第一个用木梳的人。

无独有偶，说也赶巧：竹篦也是诞生在狱中。只不过要比木梳的问世迟一千五百年左右。

传说春秋时代，吴国延陵邑监狱中有一名囚犯叫陈七子，因为头上虱子、虮子太多，搔痒难忍。某天，狱卒用青竹板毒打囚犯。过后，陈七子从打碎的竹丝中，拣取那些纤细的竹丝，一根一根撮到一起，仿照木梳的豁齿，密密齐齐地排列，拦腰夹以竹片横档，再从囚衣中抽出麻线，依次编结扎牢，然后又在石头上把两端竹齿磨尖。用它篦头，很快就把头发里的虱子、虮子、头皮屑全都篦掉。在常州梳篦厂的接待室，还挂有两幅长达丈余的国画，一幅画的是木梳始祖赫廉与嫘姐，另一幅画的则是竹篦创始人陈七子。

见于史籍的梳篦记载，《礼记·曲礼》中有“冠者不栉”。《左传》有“寡君使婢，传执巾栉”。凭这两则记述推论，有文字可资佐证的梳篦，其历史也有三千年左右了。

较文字记载还早的梳子实物是“大汶口象牙梳”。该梳呈长方形，长十六点七厘米，十六齿，近顶端穿孔三个，并刻有四个豁口，梳身有镂孔花纹。这梳的历史也有五千年上下了。

大汶口文化，是因1959年首先发现于山东泰安地区大汶口而得名。其分布范围主要在山东境内，向南扩及江苏和皖北，东部直达山东半岛，向北延至辽东半岛。该文化中期在氏族社会后期。据《大汶口发掘报告》说，该遗址共发现两把象牙梳，右图是其中之一。

大汶口象牙梳

在长沙马王堆汉墓中也出土有两把梳子。与大汶口象牙梳相比，前者顶端驱平，后者上端驱圆；前者牙梳，后者竹篦，为半圆形便于抓握；两梳齿一疏一密，密者可视作篦箕。

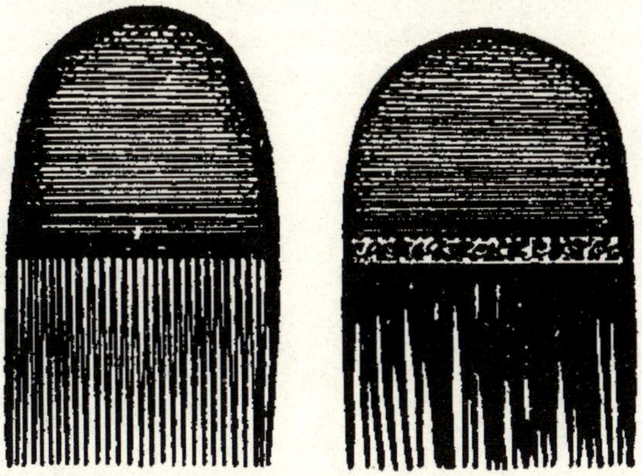

二十一齿汉梳

“梳篦世家延陵地”，“延陵”即今之常州的古称。这句话是说，作为传统商品的梳篦，其生产的历史，早在一千五百多年前的南北朝时期，就在江南常州设坊制造。常州城区清水潭南边的人家，大多都以剖梳剔篦为业，种田人家也兼营梳篦。在常州许多制造梳篦的同业中，牌子最老、叫得最响的当推千年老店“卜恒顺”的白象牌梳篦。

明代江南一位朝中大臣进京路过常州时，买了几把梳篦，带到京城献给皇帝。皇后、妃子拿来梳头，谁知，水一碰到梳篦，瀑花四溅，宫人无不称奇，以为是避邪之物，视为宝梳。

梳篦之于清朝格外器重，只因当朝官员，皆蓄长发，男人同女人一般，都需要篦栉梳头。据说，乾隆皇帝的母亲逝世后，乾隆竟制作了一座金发塔，将他母亲生前梳落的头发连同使用过的御梳，一并存放在里面，厝在佛龛上。清代光绪年间，地方官员为了向皇上献媚，每年农历七月，都要定制六十把象牙梳、六十把梅木脊梁象牙档的高级篦箕，进贡朝廷作为宫内御用品。北京故宫博物院至今还保藏有慈禧太后用过的常州梳子。

由于明清两代皇宫都钦定以常州梳篦为嫔妃御用，作为贡品，岁岁进献。所以，常州梳篦被称誉为“宫梳官篦”，名噪天下。

木梳选材以黄杨、石楠、枣木等为上乘，经过开齿、切齿、方根、做背等三十二道工序制作完成。篦箕是选用壮竹之竹青，经过制茬坯、胶合、挫（错）齿、雕刻、描烫等七十二道工序而制成。

木梳以黄杨木制作的最为名贵。我国有句俗话：“鸟中之王称凤凰，木中之王为黄杨。”

木梳不但可以梳理头发，在梳理头发的同时，还可以起到按摩头皮，疏通经络的功效。南北朝的陶弘景在《真皓》中说：“发当数栉，血液不滞，发根常坚。”后来苏东坡据此发明了一种绝妙的健身术——采用月夜散步梳理头发的方法来“救齿护发”。

器用杂物

缝　针

“慈母手中线，游子身上衣。临行密密缝，意恐迟迟归！”——针孔线迹慈母心。

针，用以穿孔引线、补衲、缝绒、连缀衣物者，古文作“缄”、“箴”，方言谓之“引线”。

箴，《说文解字注》：“缀衣针也。缀衣，连缀之也，谓籤之使不散。若用以缝则从金之针也……古箴针通用。”

针，《说文解字注》：“所目（以）缝也。缝者，以针紩衣也。竹部箴下曰：缀衣箴也，以竹为之，仅可联缀衣；以金为之，乃可缝衣。”

上两小节是说：**连缀衣裳用竹制针；缝补衣裳用金属针。缝纫用针，早在布帛衣裳出现前就已问世。**

五万年以前的旧石器时代，穴居于我国北部的“山顶洞人”，冬季，为了御寒，身披一整张大兽皮，后来渐渐感到两手行动不方便，需要将兽皮束缚在身上，并且需要把几张兽皮拼凑起来，才能遮蔽全身。可怎样拼凑连缀呢？也许是受过刺猬的尖刺，也许是挨过荆棘蒺藜的芒扎，人们认识到坚硬而尖利的器具，是能穿透皮革的。于是，有人选用质硬而又易磨的兽骨，磨成锐尖。从此，人们学会了在兽皮上穿洞，再用兽的蹄筋皮条，或草木纤维等，由洞穿过，逐一联结，这便是原始的缝纫。

严格地说，用以穿洞的骨针，实际上犹同今日的锥子。只能算作钻孔的工具，不能称做缝纫的针。而能够穿孔并同时能够引线的锐器才是缝纫针。

不知又过了多么久，有一位聪明人，忽然想到若是能在骨针的尾端钻一个孔，那不就可以尾拖植物纤维或皮条，穿一孔，缝一针？于是，他便用尖锐的石片，在“骨针”的另一端挖了一个小孔！这在当时是很难的，但他居然做成了首有针尖，尾有针眼——历史上的第一根针。光阴荏苒，又过了若干年，人们学会种麻、养蚕，捻成纤细的麻绩丝线，促使骨针的制造更加精巧。

原始针骨麻线

商朝，青铜冶炼相当发达，本应有金属针，但当时的青铜（铜与锡的合金）不适于铸造细小而带孔的缝纫针。人们仍然使用骨针。

在我国山顶洞人的遗址中发现的一根骨针，针身略弯，长八十二毫米，比普通火柴杆略微粗一点点，表面比较光滑。骨针的一端是锋利的锐尖，针的尾端不知用什么器物挖有针孔。可惜，出土时针孔已经损坏，但尚可看出原貌。

古人使用的线，因为不耐久存，无从发掘。据我国学者分析，山顶洞人是穴居于北京周口店龙骨山山顶洞穴。使用的不会是皮条，也不会是植物纤维，推测很可能是鹿的韧带，应该是从鹿身上取的连接骨与骨之间，富有韧性的纤维带，每根可达二尺多长，又白又细又结实，犹如现代的尼龙线。

针，是谁发明的呢？世传，“伏羲造九针”。伏羲，古代传说中的部落酋长。何谓九针？《灵枢经九针》写道：“虚实之要，九针最妙。”九针，即古代医生应用的九种不同的针，是来自灸刺。灸，以艾灼病；刺，以针刺之皮肉而祛疾。

“茶香砭骨后，花影上身时。”（清代龚自珍《有所思》）“砭”，是石器时代时的一种楔形尖石，用它刺激体表某些部位以解除疾病的痛苦，或刺皮下浅表血管，或放血排脓，以治痈疽。“砭”是我国最古老的医疗用具。《素问·异法方宣论》写道：“其病皆为痈疡，其治宜砭石。”由于针砭寓治病之意，后人借用于规诫过失。宋代范成大《晞真阁留别方道士》：“时时苦雨见针砭，邂逅天涯得三益。”

以后用骨针代替石砭，乃至今天用银针、不锈钢针进行针刺治病，仍称之为“针砭”。

《针经》上说的“九针最妙”。九针各为何名何用？《灵枢经》记述，末端尖锐，用于浅刺的镵针；末端卵圆，用于揩摩的圆针；末端钝圆如黍粟，用手按压的鍉针；末端锋利，用于刺络的锋针；两面有锋如剑，用于脓肿外症的铍针；圆而锐，用于急性痹症的圆利针；细小，最为常用的毫针；细而长，用于深刺的长针；粗大，原用于治关节水肿，后人将针烧红，灼刺患处，多用于阴疽、瘰疬等症的火针。1968 年在河北省满城西陵山的汉代刘胜夫妇墓出土的随葬物品里，发现有九针的实物。

冶铁术发明后，开始出现金属针。大约是在西周末东周初，春秋时代的齐国首先使用铁针。

东晋王嘉《拾遗记·魏》有一段“针神的记载”：“夜来（女人名，姓薛）妙于针工，虽处于深帏重幄之内，不用灯火之光，裁制立成……宫中号曰针神。”是说薛夜来，针线活做得十分熟巧，在夜间既无灯火，又无月光的住室中，就能把衣裳裁缝制成。

神针，即神手的意思，异乎寻常，非为神话，薛夜来，原名薛灵芸，是魏文帝所爱之美人，因夜里做针线不用灯，文帝赐名“夜来”。清朝的思想家龚自珍还在《己亥杂诗》中提到：“艺是针神貌洛神。”称赞夜来，容颜赛洛神，针艺比织女。

历史上有“磁州钢，耒阳针”的说法。是说唐末宋初之际，发明炼钢术，出现了钢针。湖南耒阳制的钢针之所以好，除了工艺精良外，还由于使用了河北磁州的好钢。

明代宋应星《天工开物》对钢针的制造技术有详细的记载。明代的钢针，不但行销国内，还远销真腊（柬埔寨）和日本等国。

宋代的针线相当发达，按不同用途，制成不同规格。朱启钤《丝绣笔记》载：“宋绣所用针为朱汤所制，大三分以制衣，小三分以作绣。”

辛亥革命以前，女子的工作就是针线活，连官宦人家的千金小姐也必须攻学针黹。端木蕻良《曹雪芹》一文中就提到闺阁女子“手中拿的有的是牛毛针，有的是苏针，个个眼光尖利，指头灵巧，绣得煞是用功。”针线活被当做考核女子之“德、言、容、功”的四项基本内容的重要一项。所以王实甫《西厢记》有一段插述：“只生得个小姐，小字莺莺，年十九岁，针黹女工，诗词书算，无不能者。”《红楼梦》第四回也说：“宝钗每日与黛玉，迎春姊妹等一处，或看书下棋，或做针黹。”

“针黹”也叫“针指”，指缝纫刺绣等针线活计。杨奂诗：“十三巧针指，十四婉步趋。”

女工，也叫“女功”、“女红”。女红（gōng，音功）一词最早出现于《汉书·哀帝纪》：“诸官织绮绣，难成，害女红之物。”

“女红”，也作“红女”。《汉书·郦食其传》：“百姓骚动，海内摇荡，农夫释耒（农活用具），红女下机。”是说公元前秦汉之际，楚汉战乱时男不耕田，女不针织；民不安生，国不太平。

自唐朝起，每年七月初七有做“七夕乞巧”的民风。是日，姑娘早起，梳洗妆扮。到了日落星出，就在庭院里张灯结彩，陈放香案瓜果，虔诚地向织女星乞求智巧。各地乞巧有种种不同做法：

有的地方，午时三刻，在黄瓜架或葡萄架下，向盆水中呈平横角度丢巧针。借水的表面张力，会丢者，针浮水面。然后看水底针的投影，凡呈云状、花头、鸟兽影像者，谓乞得“巧”来。倘若其影像，或粗如棒槌、或细如条丝、或直如杼轴，就是笨拙之兆。倘若如此，女孩欷歔恸哭！

有的地方，七夕夜里，姑娘们用七色丝线，七根绣针，在溶溶月光下，对月穿针引线，求智乞巧。所用之绣针又叫玄针。南朝宋国孝武皇帝刘骏某年观看宫女乞巧时，还即席赋诗：“沿风被弱缕，迎辉贯玄针。”

五代人冯翊《桂苑丛谈·史遗》记述：郑侃的女儿采娘，在七月初七晚祭织女，织女给她一枚金针，从此她缝纫刺绣更加精巧。

金代文学家元好问，拟此佳话赋诗：“鸳鸯绣出从教看，莫把金针度与人。”后人以金针比喻秘法诀窍。成语“金针度人”，是说把秘法传与他人。

穿针，用线穿过针尾的孔。针孔又叫针鼻。庾信《七夕赋》有：“针鼻细而穿空”之句。

缝针又叫“引线”，称针线活计叫“牵针引线”。简称“牵线”，“牵丝”。后来又转意为成人之美促成婚姻。其典故源出何处呢？

五代后周的王仁裕《开元天宝遗事》有介绍：相传唐朝宰相张嘉贞有五个闺女待嫁，欲纳郭元振为婿。便令其五女分别手持橙黄红紫绿丝线一根于幔后。使郭于幔前牵之，遂牵一红丝线，得第三女为妻。其实郭元振比张嘉贞年龄还大，郭牵张女为妻，似不足为据。但“天下姻缘一线牵”却由此而来，流传迄今。

明代唐玉《翰府紫泥全书·托两姨》记述的“谊属连襟，姻资引线”，这里的“引线”是做媒人，即介绍对象，后又称“介绍、引路、告密、捕人”者为“引线”。

“铁杵成针”，也叫“磨杵成针”。《潜确类书》卷六记载：“李白少读书，未成，弃去。道逢老妪磨杵，白问其故，曰：‘欲作针。’白感其言，遂卒业。”是说：李白小时候念书不用功，想中途不念了。有一天，在路上碰见一个老太婆，正在磨一根铁棒，说要把这棒磨成针，李白很受感动，从此就发奋读书，终于成为我国唐代大诗人。后来民谚有：“铁杵磨成针，功到自然成”；“只要功夫深，铁杵磨成针。”人们常以此自勉，或鼓励别人，只要有毅力，刻苦用功，就可以取得成就。

古时，民间不仅有磨刀、磨剪子、磨镜子的，还专门有磨针的行业。至今，苏州的街道胡同中，仍有一条“邵磨针巷”。想来，应是当年邵姓磨针作坊坐落于此巷而得名的了。

明清时代的钢针，以山西省晋城县大杨镇和广东省佛山镇的产品最负盛名。19世纪40年代鸦片战争以前，全国各地的商品缝针，绝大部分是由这两处生产的。自从鸦片战争以后，舶来货倾销市场，挤垮了我国土针的手工业生产。

1908年，即光绪末年，湖广总督陈夔龙倡导在武汉汉水前岸创办新型制针工厂，但不久也倒闭了。

“针芒细如毫”，“针芒”常被喻为极细小的东西。《后汉书·陈忠传》写道：“臣闻轻者重之端，小者大之源，故堤溃蚁孔，气泄针芒。”看来，古人早就懂得针小用途大，见微而知著，以此作警语：“防微杜渐，为世虑深，禁于未然。”

“人生静躁殊，莫厌相箴规。”（孟郊《劝友》）“箴规”，规谏劝诫之意。也谓之“箴言”，用以规诫他人或自己为目的的一种文体。如扬雄的《冀州箴》、张华的《女史箴》等。还有一种古代文体“箴铭”。箴是规诫性的韵文；铭在古代常刻在器物上，是兼用于规诫、褒赞的韵文。《文心雕龙·铭箴》说，二者“名目虽异，而警戒实同。箴全御过，故文资确切，铭兼褒赞，故体贵弘润。”箴与铭，因其作用有相似之处，故后人多连称之。

箴，为何有“防御过失，规劝告诉”之意呢？《说文解字注》写道：“《尚书》赘衣即缀衣也。引申之义为箴规，还是源于缀衣之箴（针）。今，“箴”与“针”各有其解。箴，规谏也；针，缝衣也。

古人留下六十八字《针赋》，风趣扼要地描摹了针的功能：“有物于此，生于山阜，处于室堂。无知无巧，善治衣裳；不盗不窃，穿窬而行；日夜合离，以成文章；以能合纵，又善连横。下覆百姓，上饰帝王。功业甚博，不见贤良。时用则存，不用则亡。”

“一双春笋玉纤纤，贴儿里拈线，把绣针儿穿。行待纴针关，却便纴针尖”。“纴”，织布帛的丝缕，又作“引线穿针”，引申为缝线。早在周代，就有执掌王宫缝线之事的官员，谓之“缝人”。《左传》中的“纴皆百人”，是说，专门从事缝织的人有一百多名。可谓最早的手工业工人。

紩，是缝纫的一种。《方言》第四：“襜褕……敝而紩之，谓之褴褛。”“紩”，多指补缀，即俗话所说的补补连连，汉代史游《急就篇》中的“针缕补缝绽紩缘”，说的便是：穿针引线缝补破烂衣衫，俗谓“缝穷”。

剪 刀

“剪”，古无此字，写作“翦”。用以铰断之器。剪，古又写做“歬”、“揃”、“鬋”。《说文解字》记述：“歬，齐断也”；“假借揃为之，又或为。今俗作剪。”

剪子，也叫剪刀，原是一种裁衣刀，谓之“初”。《说文解字注》解析，初，从衣从刀，用刀裁衣也。动刀为制衣之始，后人引申凡事之始为“初”。

我国第一部辞书《尔雅》也指出：“初，始也。”“初”字的左边是个“衣”字，右边是个“刀”，意为用一把刀开始剪裁衣服。所以说，现代的剪，是由初始（前）的刀演变而来，是由两把刀子相交而组成剪，所以剪刀又叫铰刀。两刃相交以断物。见唐代李贺诗：“细束龙髯铰刀剪。”

“欲将鬃鬣重裁剪，乞借新成利铰刀。”（曹唐《病马》）意思是求得一把锋利的剪刀，给老马修铰颈上的长毛。

剪刀，亦作“刀剪”，用刀剪断。泛指斩、切、削、割的工具。

在古代，要剪断一张兽皮，是用石锯或石刀。在一万年前旧石器时代晚期的桑干河（源于山西，流经河北）中游的虎头梁文化遗址（河北省阳原县的一个村庄）发现有斜刃、平刃、圆刃、两端刃、两面刃、刃尖两用等多种石刀。

剪刀，是产生于金属冶炼后的某个时代，确切年代有待于进一步稽查，但最晚不迟于秦末，因为曾在河南洛阳的西汉墓葬中发现过剪刀，至少已有两千一百多年的历史。

古初剪刀的样式与今不同，两刃相交之处没有中心枢纽，没有轴承，只在一根铁条的两端锤成两把对称的刀状，然后将刀弯成“U”形，支撑点在剪刀的最尾部。古时又称做“交刀”，人们使用时是依靠熟铁的弹性，一按一铰，一弛一张，颇似如今的镊子一般。

魏晋南北朝时，还称剪子为“刀”。六朝人所作《玉台新咏·焦仲卿妻》：“左手持刀尺，右手执绫罗。”这是写焦妻刘氏，左手操剪刀或持尺，右手拿绢绫或执罗缎。心灵手巧，善剪裁会缝衣。

后人用“刀尺”借指裁缝。“寒衣处处催刀尺，白帝城高急暮砧”，（杜甫《秋兴》）是写：暮秋将尽，严霜袭人，亟待裁缝冬衣了。而郭泰机《答傅咸》中的“衣工秉刀尺”，“刀尺”则不是指裁缝，而又是实指剪刀和尺。是说做衣缝裳，必须执持剪子和尺，用尺量布，用剪裁衣。

“吴刀剪彩缝舞衣，明妆丽服夺春晖。”（李白《白紵辞》）“吴”，苏州别称；“刀”，剪子；“吴刀”，即苏州制造的剪子。吴刀在唐代已是闺门绣户的佳品，为针黹女红必备。

唐代的剪刀，已是“快如走风，润如油”。尤其是并州（今山西太原）剪刀，闻名遐迩，所以赢得杜工部的称赞：“安得并州快剪刀，剪取吴淞半江水。”

唐代并州的剪刀是何式样不得而知。考古学家曾在河南洛阳北宋古墓中发现过熙宁五年（1072年）的墓穴，墓穴中出土的剪子的两股交叉处，中间打眼装轴，使用起来简捷省力。

南宋以后，剪刀作为一种商品，全国各地都有生产。工艺至上者，有杭州的张小泉剪刀、北京的王麻子剪刀、沈阳的孟字剪。以张小泉剪刀名播最远。

说起张小泉剪刀，自然会联想到清朝乾隆皇帝买剪刀的传说。那是乾隆三下江南的第二次，三月初三，乾隆驾临杭州，正值上祀，杭州人出郊踏青者，进庙朝拜者，熙来攘往。

这位天子，为了热闹，乔装成百姓，微服出游城隍山。恰游兴正酣，天公不作美，忽然下起雨来。乾隆爷疾步下山，走进张小泉剪刀店避雨，看到柜台陈列的剪刀制作精美，便买来带回皇宫。试用之后，连连称“善”。由此，张小泉剪刀被皇家列为“贡品”，名声大噪。

其实，张小泉剪刀之闻名遐迩，不仅仅因为乾隆亲驾御买，主要是质量好，历经张家几代人的匠心巧创而形成独特的制剪工艺，说来话长。

很久很久以前，有个叫张小泉的铁匠，整年挑担走街串巷，替人家打造镰刀锄头、菜刀锅铲。说来有趣，他母亲怀他的期间，某天在山脚一个泉眼边洗衣裳时生下了他，他两脚刚落地，就“扑通”一声掉进泉水里了。吓得他母亲赶快把他捞了起来，就此，便给他取了个名字叫“小泉”。

小泉自幼和水结下缘分，长大以后整天烤在炉边抡铁锤，浑身是汗，少不了每天跳进河里去洗澡，他不但在水中游得自如，而且还会久久地潜入水下。小泉成家后，有三个儿子，都是打铁的好手。因为小泉爱管闲事，打抱不平，得罪了当地豪绅，在乡下立足不住，爷儿四个只好挑起铁匠担子，流浪到杭州，在城隍山麓的大井巷内搭个席棚，开起一爿铁匠铺。

巷里有口大井，井水清澈甜爽。忽然一天早晨，汲出的水，黑浆浆，像烂泥，腥臭不堪。怎么一夜之间井水变了呢？巷里的长者说，小时候听老辈人讲过，这大井直通钱塘江，江的上游有两条雌雄黑蛇，每隔一百年就要钻到这口大井中来交尾下蛋，井水就是被这两条黑蛇搅翻得像烂泥汤一样。

怎么办呢？老人说，要制伏这两条蛇，只有下井去跟它们拼。一时无人敢下井。张小泉自告奋勇，提出预备两坛黄酒，每坛酒中撒入一斤雄黄。小泉喝干一坛，将另一坛往头上一浇，拎一把大铁锤，跳入井中。在井下他发现两条碗口粗的乌蛇，盘绕在一起。小泉眼明手快，一连几大锤，砸在两条蛇的脑后相交“七寸”上，随手将死蛇拎出井外，往地上一扔，竟当当作响！原来这是蛇精，练就了钢筋铁骨。张小泉若不是个身怀绝技老铁匠，恐怕还降伏不了它呢？

张小泉看看那两条蛇盘曲相交的样子，很像一把剪刀。于是在两蛇相交处铆上一个铁轴，把尾巴弯过来做剪刀把手，又将蛇颈上面的一段敲扁，磨得锋利。打造出一把很大很大的剪刀，并把它挂在门前当做招牌。

从此，张小泉制造的剪刀，成了闻名全国的杭州特产。张小泉死了以后，他的三个儿子各立门户，都用"张小泉剪刀"的招牌。小泉的徒弟说：儿子好用阿爸的牌子，徒弟也好用师傅的牌子。于是，儿子传儿子，徒弟传徒弟，杭州的"张小泉剪刀"店也就越来越多。

传说毕竟是传说，总是带有神话色彩。其实，张小泉剪刀的创始人是张思家，原籍安徽黟县，世代从事剪刀行业。清代康熙年间，逃难来到杭州，在城隍山下的大井巷搭棚设炉，挂起"张大隆"剪刀店招牌。

浙江原为古代宝剑产地，张思家学习"龙泉宝剑"工艺，选取优质钢材，把好钢镶嵌在剪刀刃口上，首创剪刀"镶钢"工艺。同时，又采用镇江特有的泥砖磨剪，使得刃口锋利，光彩照人。

张思家的儿子张小泉，继承父业，精益求精，使剪刀的样式、品种、锋利程度都大有增进，因而声誉日隆，销路益大。据说，在乾隆时代，同业人为营利，纷纷挂起"张小泉"牌匾，一时鱼目混珠，杭州城内竟出现"张小泉剪刀店"达八十六家之多。"青山映碧湖，小泉满街巷"。两句十字，写出了当年的城隍山下，西子湖畔，张小泉剪刀店门铺的假做真来真亦假。

"快似风走润如油，钢铁分明品种稠。裁剪江山成锦绣，杭州何止如并州"。这是现代诗人田汉对杭州张小泉剪刀的即兴描绘。

如今，张小泉剪刀产品至百种，花色达三百多个。最大的剪刀（裁料用剪）重七斤，长三尺六寸；而最小的不过四钱重，只有一寸多长。

熨 斗

"广裁衫袖长制裙，金斗熨波刀剪纹。"（白居易《缭绫》）"金斗"，即熨斗的古称。是说衣裳裙子缝纫成装后，还要用熨斗熨烫得平平贴贴，挺括端庄。

熨斗，历史上曾名为"火斗"、"金斗"、"威斗"，还写作"尉斗"，俗称"烙铁"、"熨铁"。远在公元前 11 世纪的殷商时代业已出现"熨斗"一词。晋代皇甫谧《帝王世纪》写道："纣作大熨斗，内盛以火，以熨罪人皮肉焦烂，纣与妲己大笑，以为乐。"

原来，最早的熨斗不是用来熨烫布帛衣物，而是作为一种刑具，被凶残毒辣的殷

纣王与“九尾狐狸精”妲己，用来烙人开心取乐，摧残异己，所以《帝王世纪》另外又说：“纣欲重刑，乃先为大熨斗，以火爇之。”“爇”，烧也。

作为一种熨人的刑具，还有一种炮烙。《荀子·议兵》：“纣刳比干，囚箕子，为炮烙刑。”是说纣王的叔父比干、诸父箕子，对纣主的暴政进行劝谏，纣王恼羞成怒，剖去比干之心，终身监禁箕子。对一切直言进谏者一律实行炮烙。

炮烙之刑

炮烙，用炭烧热铜柱，下热上凉，令犯人抱铜柱，为躲避柱下之炽热，极力向上爬，但又因柱滑，手脚攀缘不住，遂挣扎着堕入炭火中烧死。

《韩非子·喻老》中说的“纣为肉圃（脯）、设炮格、登糟丘、临酒池。”这里的“炮格”，有两种解释：一说“炮烙”是烧肉的铜格。描写纣王如何奢侈淫佚。肉脯满园垂挂似林，酒糟堆积成山，醇酒灌注成湖，设铜格烤肉吃。怎样烤呢？俞樾《诸子平议》介绍：“盖为铜格，布火其下，欲食者于肉圃取肉，置格上炮而食之。”再一种用途则是害人的刑具。迫使人步行格上，格热难忍，必堕入火中烧死。后人改格为烙，解释为烧灼。

熨斗真正用来熨画、熨帛、熨衣裳，始于汉代，谓之“伸帛之器耳”。“伸帛”，即把有皱纹的丝织物，如衣服等，用金属器具加热，经按压使之伸展平贴。

近人《贞松堂遗文》说“汉六年造宜衣熨斗”。“汉六年”可是指汉高祖六年？倘若如此，那正当在公元前201年，迄今当有近两千二百年了。

当初的熨斗是何模样？从汉代古墓的出土文物看，应为铜质，熨斗头形如勺，斗中可装炭点燃，拖有一个长长的把柄，其形状，如同今天的铝制长把水舀子。

汉代曾把熨斗叫做“火斗”。汉代服虔《通俗文》记述：“火斗曰熨。”

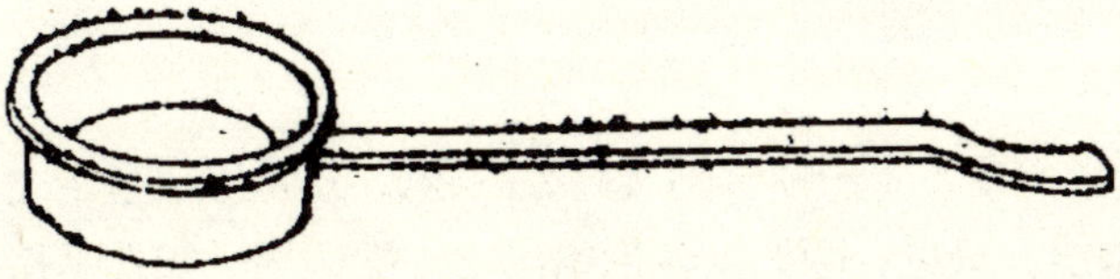

火 斗

魏晋南北朝，熨斗已成为宫廷和富豪人家生活中的必备器具。《晋东宫旧事》介绍："皇太子纳妃有金烫熨斗三枚。"想来，这熨斗一定非常精制。

南朝（宋）刘义庆《世说新语·夙惠》写道："韩康伯数岁，家酷病，至大寒，止得襦，母殷夫人自成子，令康伯捉熨斗。"南朝梁国《何敬容传》曰："衣裳不整，伏床熨之。"这些都是魏南北朝使用熨斗的写照。

南朝梁国第二代皇帝肖纲《采桑》中的"熨斗成褫褶"，是说衣裙上皱褶经熨斗一烫，便被除去。这位皇帝还写《和徐录事见内人作卧具》："熨斗金涂色，簪管白牙缠。"

皇宫的御用熨斗应是黄金所制，其实不然，只是"金涂色"，或谓"镀金"。

《隋书·李穆传》载述一则借熨斗之功能而向天子表忠心的逸闻。说的是：李显庆带兵驻守并州（今山西太原）时，尉迟迴隋在邺（今河南临漳）预谋造反，隋文帝杨坚得知后很担心李显庆被尉迟迴隋所诱惑，便派了李显庆的儿子李浑前去向父亲转告隋文帝的旨意。李显庆听后便叫儿子向皇帝回奏："臣效忠开皇。"并且给儿子带上一把熨斗和一封信，叫他回宫后奉献给隋文帝，在信中指着那把熨斗说："愿执威柄以熨安天下也。"意思是说，熨斗的把柄在你隋文帝手中，皇恩浩荡，足以熨帖人心，臣民将永远效忠大隋。借熨斗的功能，剖白了自己对隋文帝的忠诚。

细细想来，李显庆在戎马征战中何来熨斗可带是？经查，这"熨斗"，原叫"威斗"，非为熨衣之器，是王莽所创制，取"成震北斗之意"的武官所执的一种类似仪仗，或说是一种非常珍贵的类似官印一般的物件。威斗以五色药石及黄铜铸成，形状如北斗，长三尺五寸。《汉书·王莽传》记载其用："出入令司命（主宰功名禄位）负之，以立威厌胜众兵。""厌胜"，古代方士的一种巫术，能以诅咒制伏人或物。

唐代李延寿《南史·何承天传》记述，威斗也用为赏赐大臣的殉葬品："王莽时，三公亡，皆赐之，一在冢（坟）外，一在冢内。"

唐代，熨斗的使用极为普遍。杜甫《白丝行》："美人细意熨帖平，裁缝灭尽针线迹。"诗人捕捉描摹出秀女在使用熨斗时的微细动作，纤纤的手握着熨斗长长的柄，款款徐徐，悉心曼熨……

晚唐王建有几处以熨斗入诗。《宫词》之三十六："每夜停灯熨御衣，银薰笼底火霏霏"；《田侍郎归镇》："熨贴朝衣抛战袍。"这两处熨字，前者是渲染封建帝王侈靡生活的一个特写；后者，诗人自述曾"从军塞上"，从边疆服役归来，脱去军装，换上熨得挺括平整的上朝礼服。

古人怎样使用熨斗？宋代给我们留下了一帧国画《捣练图卷》，还是出自皇帝之手笔。12 世纪初，徽宗皇帝赴佶摹绘。只见：两妇女各揪缯帛之一端，另一妇女手持熨斗在中间烫熨。这幅画，乃系唐代名画家张萱所绘。熨斗在唐朝受人青睐如此，不但有诗情，而且又有画意。

由于熨斗对布帛书画有驱皱伸平贴展的功用，文人便借此喻事。把“熨帖”一词引申为内心舒畅，如宋代范成大《石湖集·范村雪后》：“熨贴愁眉展，勾般笑开口。”

明代钱塘人瞿佑还专笔写有一首《熨斗》诗，形象传神地刻出使用熨斗的情景：“斡旋天上阳和气，平贴人间锦绣香，翠袖卷纱移玉钏，金篝分火近牙床……”笔触深邃，煞有气势，情景交融，天地人间。

作为平民百姓，在旧社会衣不保身，褴褛不堪，有什么可熨的呢？就是在年成好的太平岁月，姑娘出阁做少许嫁衣，或一般平民做鞋时粘贴底帮，间或用得着熨斗。普通人家所用之熨斗，与上述不同，形状简单，无斗，谓之烙铁。是用一块熟铁锻成尖端约四十度呈等腰三角形的烙铁头，后有长把。使用时将铁头插入火中烧热，然后烫熨。烧烧烫烫，既费事又费时，且不卫生，还常把布帛弄脏、烫焦。

明代王鏊《苏州府志》有烙铁的介绍。清代顾张思《风土录》专有《烙铁》一篇。书中给烙铁下的定义是：“熨衣器有柄者曰烙铁。”

古时有验烙一语，有旧制，凡官用器具，皆烙印其上，以防私造。用时验其有无烙印，谓之验烙。如用特制的某种铁器烧热，往牲畜身上烫火印，以做标记，该器也谓之烙铁。

眼　镜

眼镜，从前还有许多古怪的名字，如“叆叇”、“单照”、“金目”、“深目”，都是用以矫正视力或保护眼睛的简单光学器件。一般由透镜镜片和镜架组成。

我们今天戴的眼镜，是什么人在什么时候发明的？谁是第一个戴眼镜的人？这些问题很难讲得清楚。我国最早的眼镜，是老光镜，俗称老花镜，最晚出现于 12 世纪末的南宋年间。一个对眼镜有研究的工程师认为，我国公元前 4 世纪的战国思想家墨子，已懂得用冰磨成凹片看东西了。

宋代，人们把眼镜叫做“叆叇”，南宋皇帝宗室赵希鹄《洞天清录》中说：“叆叇，老人不辨细书，以此掩目则明。”是说，老人因为眼花，不能看小字书，把这“叆叇”

罩在眼睛上就看得清楚了。

宋代祝穆《方舆胜览》说："满剌加国出叆叇。"满剌加，即马来西亚。是说他在马来西亚看到有卖眼镜的。

清代举人陆凤藻《小知录》说得更干脆："叆叇，眼镜也。"

"叆叇"一词，本义是用来形容云彩很厚的样子，如西晋文学家潘尼《逸民吟》："朝云叆叇，行露未晞。"是说，早晨因为云彩很浓厚，遮住太阳，到现在露水还没干。

眼镜还叫"金目"、"深目"。《援鹑堂笔记》说："欲知远近而不能，教之以金目则快射。"意思是，倘若看东西，或远或近分辨不清，那么，戴上合适的眼镜就可以看得清晰了。

13世纪80年代，意大利人马可·波罗《游记》记载着，中国的老人戴着眼镜"看细字书"。这些古老的眼镜都是椭圆形的透镜，有水晶的、紫晶的、黄玉的、石英的。多用玳瑁做架，后又出现金丝架。元代已有许多人戴眼镜，种类很多，很是珍贵。马可·波罗《游记》还提到在中国看见元代"缙绅用一匹红鬃烈马，换一副眼镜"。

还有人考证，明代祝枝山使用的"单照"也是一种老光镜。

有人说，眼镜是由外国传入的，根据是清代乾隆进士赵翼《瓯北诗集》有《初用眼镜》诗："相传宣德间，来自番舶驾"两句，是说自15世纪二三十年代，眼镜来自海外异邦。这诗说的是一种外国制造的眼镜，不是说，中国自古以来的眼镜都是来自外国，因为到清朝，出现了许多舶来品，本来我国久已有之，但外人也来倾销。

上面提到的《援鹑堂笔记》一书，作者是一位乾隆进士，叫姚范。他关于"金目"的记述，是从《淮南子》引证而来。查《淮南子》一书，是西汉文学家刘安所作，刘是公元前179年至前122年人。倘若姚范关于"金目"的引证不错，判断正确，那么，眼镜不但不是"来自番舶驾"，也不是始自元代，而是早在公元前的西汉就在我国出现。这历史该有二千一百多年了。

"金目"是否就是眼镜？旧版《辞源》说："盖古亦有类似眼镜之物，第不传其制耳。"意思是《淮安子》中的"金目"，很可能是眼镜，汉朝或许有这种物品，但是没有流传下来。古有之物，中道失传的事和物是不乏其例的。

最初的眼镜片，多是用水晶石磨制的。眼镜架很简单，用起来很别扭。有缝在帽子上的，有镶在厚厚牛皮上的，有嵌在铜圈上的，还有在镜片上按个把柄，用一只手举着的。后来有了带梁的架，但没有镜腿，用一根丝绳，一头系在衣的上兜里，一头拴在镜梁上，用时取出往鼻梁上一放，叫夹鼻眼镜。带腿的镜架出现后，初始没耳钩，是将镜腿夹于两鬓。

玳瑁

本来，戴眼镜是为了矫正视力，但有些无聊士绅，把戴眼镜当做时髦，以显示自己与众不同的“高雅”而戴平光镜。

尤为滑稽的是：有人为赶时髦，只戴一架无镜片的玳瑁眼镜框。所以乾隆年间李行南写了一首《申江竹枝词》：“少年不尽风流志，叆叇斜窥红粉妆。”

我国专门从事眼镜制造的作坊，始于明朝。当时苏州一带，已经采用天然五色透明的晶体石英，也叫水晶，磨制镜片，大的镜片相当于现在市场上供应的大尺寸太阳镜，小的只有核桃纵剖面那么大，也有像放大镜似的单只眼镜。名贵的镜架多用玳瑁甲壳制成。玳瑁，跟龟相似的一种爬行动物，壳黄褐色，可做装饰工艺品，还可入药。一般眼镜架则是用铜制成。

1770年左右，有个叫孙云球的苏州人，用水晶石做原料，磨制出鸳鸯镜、百花镜、多面镜、存目镜、幻容镜。其中“存目镜”能将细物、字体、指纹等“达百倍之”，这存目境不是眼镜，而是放大镜。

上海最早的眼镜店是1719年开设的吴良材眼镜店。此后，眼镜店陆续增多，形成了专门行业。一些中小型钟表店也兼营眼镜，货源大部分是进口的。

钟　表

“日出而作，日入而息；凿井而饮，耕田而食。”这首产生于四千八百年前唐尧时代的《击壤歌》，说明没有钟表的古代人，是采用“日观太阳，夜观星辰”为计时方法的。按《杜预左传注》，古时是依太阳一昼夜的运行，日分十二时：“曰夜半、曰鸡鸣、曰平旦、曰日出、曰食时、曰隅中、曰日中、曰日昳（日过午偏斜）、曰晡申、曰日入、曰黄昏、曰入定。”

日晷

人们认识到太阳移动的恒定规律以后，发明了用日影的角度来计算时间的“钟表”——日晷，也叫“日规”，由晷盘和晷针组成，晷盘上刻有度数，盘中央装了一根与盘面垂直的晷针。盘面的安装有几种形式，我国的日晷独具特色。晷盘平行于赤道面，倾斜安放圆盘。金属晷针指南北两极方向。针影随太阳运转而移动，刻盘上的不同位置表示不同的时刻。

（一）单壶：陕西兴平漏壶

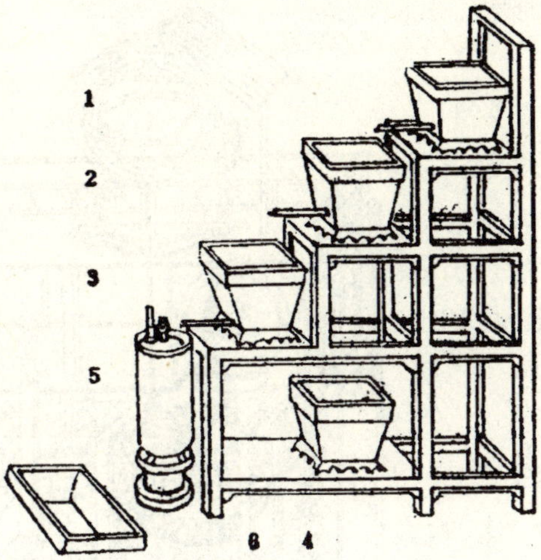

（二）复壶：1. 日天壶 2. 夜天壶 3. 平水壶 4. 分水壶 5. 万水壶 6. 退水壶

北京故宫太和殿前的明代日晷，至今犹存。

夜晚没有太阳怎样计时呢？聪明人又想出了运用滴水规律来计时的“漏钟”，也叫夜漏、滴漏、铜漏、刻漏、壶漏、鼓漏、更漏、沙漏。

漏壶，分两种：单壶和复壶。单壶只有一个贮水壶，水压变化大，计时精度低。我国和埃及均有出土。我国发现的单壶有陕西兴平的漏壶、河北满城的漏壶、内蒙古的漏壶。这些都是西汉初期的计时工具。

复壶为两个以上的贮水壶，其中著名的复壶为元代延祐年间（1314 年 ~1320 年）漏壶。用四只铜壶，由上而下，互相叠置。上面三只壶底都有小孔，最上一只铜壶装满水后，水即逐渐流入以下各壶，最上一只壶内装一直立浮标，上刻时间标志，水逐步升高，浮标也随之上升，这样就可知道时辰。

《清会典事例》记述，清代乾隆年间还有一种别致的漏壶，由三个方形的播水壶和一个圆形的受水壶组成。上面的播水壶叫日天壶，中间的叫夜天壶，下面的叫平水壶；水由日天壶滴传而下，漏进最下的受水壶。受水壶上有铜人，抱漏箭，铜人下安箭舟。水涨舟浮，则箭随上出，按所刻符号指示时辰；水满箭尽则泻于池中。

“夜半宴归宫漏永，薛王沉醉寿王醒。”这是唐代李商隐《龙池》描写宫中夜宴醉酒的生活情景，“宫漏”是古代宫中的计时器。

我国元代詹希元，因北方天寒易冻，遂仿照漏壶，以细沙代水制作一只时计，叫沙壶、沙漏、沙钟。根据沙从一容器漏到另一个容器的数量来计算时间。

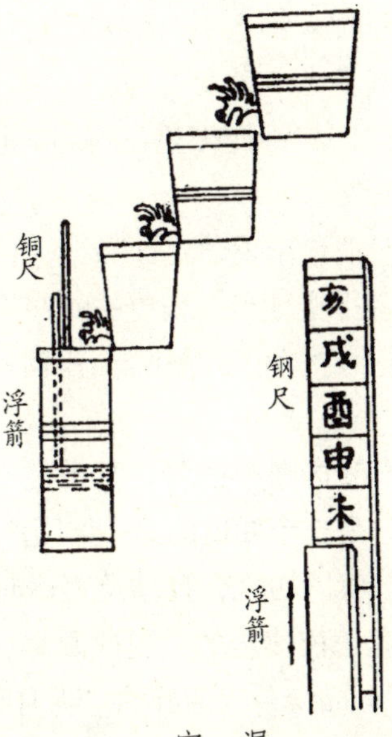

宫　漏

由于漏壶的不断完善，人们以漏为守时工具。“夜漏尽，鼓鸣则起，昼漏尽，钟鸣则息”，即所谓“晨钟暮鼓”。

宋代天文学家苏颂《新仪象法要》叙述的水运仪象台，上两层放浑仪浑象，用来观测日月星辰；下层木阁又分五层，层层有门，每到一定时刻，门中有木人出来报时。这是世界上最早的能自动报时的“水钟”。

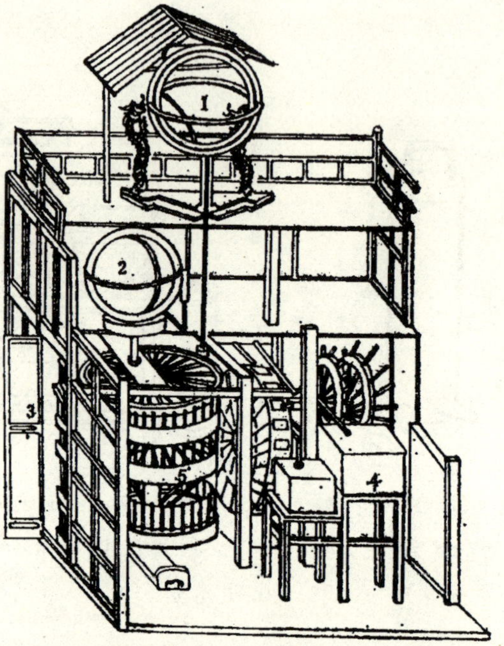

1.浑仪 2.浑象 3.木阁 4.漏壶 5.机械系统

水运仪象台

古时为向百姓报时，大城市建筑钟楼、鼓楼，豪绅大院或邑巷设更夫。一夜为五更，两小时一个更次，按时撞钟击鼓，敲锣打梆子。

北京的钟楼和鼓楼，两楼相距约二里远，是明代永乐十八年（1420年）以来，向全城报时的古建筑，也可说是授时中心。钟楼原是一口大铁钟，音响不好，改铸铜钟，这才引出下面一段动人的传说。

相传昔年改铸铜钟，延至年余，仍未铸成。铸钟师的女儿怕父亲遭刑罚，就在开炉时跳入铜水中，结果巨钟铸成。每至风雨之夕，此钟鸣声独异。皇帝听说此事，认为其女是“孝女”，敕（帝王的命令）封孝女“金炉娘娘”，并在钟楼后，建有金炉娘娘庙，与钟楼相望。“御制重建钟楼碑”记载：钟声之洪亮“都城内外十有余里莫不耸听”。

清代出现“更钟”，是更夫打更巡查时携带的时间记录器。该钟有许多把钥匙，放在各指定地点，当更夫顺序巡查，到达某一指定地点时，取钥匙在钟上扭转一下，钟内记录构件，即能记录出不同地点的时间。这算是机械钟的一种。

我国最早的钟，是曾经在颐和园文物展出中心的木边镶铜大座钟。于1750年建成，是迄今知道的第一架国产钟。

我国古代，凡涉及表达时间的语言少不了这样八个字：刻漏梆更，晨钟暮鼓。如形容长夜凄苦的“更残漏尽，孤雁两声”；表示黎明就要到来的“晨钟已鸣，夜漏将尽”；描绘月夜恬静的“明月高高刻漏长”；表示不知何时再相会的“朝钟暮鼓不到耳，明月孤云长挂情”，等等。

《晋书·陶侃传》记述："陶佩尝语人曰：大禹圣者，乃惜寸阴，至于众人，当惜分阴。"所以，唐代郑谷在《郑守愚集》说："登科未足酬多学，积业犹闻惜寸阴。"

杜甫也说："欲觉闻晨钟，令人发深省！"古人尚且如此，我们又当如何？常言道："一寸光阴一寸金，寸金难买寸光阴"；不但争分，还要夺秒，"百年能几日，忍不惜光阴"！

扇

"开合清风纸半张，随机舒卷岂寻常。宫罗旧赐休相妒，还汝团圆共夜凉。"

春归夏至，酷暑炙人。倘有一把扇子应手：款款轻摇，习习凉风；拂面爽身，宁神舒心。

扇，古称"翣"。西汉《方言》说："自关而东谓之箑。"扇之创始年代极为久远。在新石器时代，原始人穿裙避暑之时，从禽类飞翔时的振翅奋翼领悟到，空气被搅动而生风。于是随手将各类片状物，如阔叶、兽皮、禽类的翅膀，他们甚至割下整只的大型雀鸟翅膀，用以扇风取凉，扇火助燃。这都可说是扇子的初始形态。

和众多的原始发明一样，我们的祖先，凭着一双慧眼和两只巧手，将自然界的美，纳入扇子之中。《宋史·仪卫志》记述："古者扇翣，皆编次雉羽或尾为之。"若不，"扇"和"翣"这两个字，怎么或下或上，都有"羽"字呢？

据西晋崔豹《古今注》上篇《舆服》记述："五明扇，舜作也……汉公卿士大夫皆得用之，晋非乘舆不得用也。"为何要做"五明扇"呢？崔豹接着说："既受尧禅，广开视听，求贤人以自补，故作五明扇焉。"原来，尧帝为选接班人，对舜进行了三年考核。舜继尧位后，又在全国张榜求贤，起用能人。舜便亲自制作五明扇，赐给有学识的人。

"五明"，有两种解释："学者通习的五种科目：哲理为内明，逻辑为因明，技术为工巧明，卫生为医方明，文章语法为声明"；还有说指五位明君：伏羲太皞、神农炎帝、黄帝、尧、舜，以五明扇劝勉后代君主要像五帝那样圣明。

扇子何用？人人皆知，扇风取凉。可古时，还另有许多用途：

朱骏声《说文通训定声·谦部》记载："武王作翣。"是为仪仗。在汉代礼制中，翣，作为出殡时的棺饰。"框广三尺，高二尺四寸，衣以画布，柄长五尺。柩车行，持之两旁以从"。

用于帝王外出巡游，既遮阳避风防尘，又作为仪仗，显示赫赫皇威。崔豹《古今注·舆服》:"雉尾扇，起于殷世。高宗时有雊雉之祥，服章多用翟羽。周制以为王后夫人之车服。舆车有翣，即缉雉羽为扇翣，以障翳风尘也。"

汉代模仿雉尾扇制成一种长柄扇，谓之"障扇"，也称"掌扇"。南宋进士程大昌《演繁露》纠正说："今人呼乘舆所用扇为掌扇，殊无义，盖障扇之讹也。"

宋代帝王仪仗中的掌扇有一种"箯"，是为幼年皇帝出行所用。老内臣骑在马上，抱驾前行，两侧及后，御手随侍执障扇荫护，渭之"扇箯"。

"云移雉尾开宫扇，日绕龙鳞识圣颜"。唐诗两句，概括上面所说的掌扇、雉扇、扇翣，统称宫中长柄障扇，用于皇帝或皇后春游、祭祀、巡视、狩猎等，侍官在龙车风辇周围用两手执掌。在宫内临朝坐在金殿龙墩上，有两名宫女，各执一把扇翣交叉，站在皇帝后面，这纯属仪仗。这些古董如今还能从博物馆或古画卷上看得见。

"清风四散，冷然白凉"，作为驱暑摇风的各种扇子中，最初的也是羽扇。下方上圆，中绣双孔雀，四周排列雉翎为饰。《艺文类聚》引吴闵鸿《羽扇赋》:"惟羽扇之攸兴，乃鸣鸿之嘉容。"西晋文学家陆机《陆士衡集》介绍："羽扇汉末盛行于江东……其初扇羽用十，扇柄刻木像鸟骨。东晋后羽减为八，改为长柄。"

苏东坡《赤壁怀古》缅怀周瑜："遥想公瑾当年"，"羽扇纶巾，谈笑间，樯橹灰飞烟灭"，描述他如何"雄姿英发"。可见在当时，一把羽扇在手，能增加三分仪表。所以羽扇成为古代文雅潇洒的象征。

《太平御览》记述：诸葛亮与司马懿两军在渭水一带交战，诸葛亮乘坐战车，头戴浩然巾，在鏖战的沙场上，手里拿着长柄羽毛扇。今人看来，诸葛亮显得格外深谋干练。连诸葛亮的敌将也不得不为之喟叹："真名士也。"

（唐）宫女执掌扇

扇子还作为吉祥、清正、信物、艺术品，赠赐予友人。继虞舜后，后人多有赠扇之举。南朝宋国刘义庆《世说新语》记述："唐代洛阳人家，端午时节有互赠遗辟瘟扇的风俗，以示祝福。"意思是端午扇子能搧除瘟疫。此说来自唐代钟离汉，手中蒲扇，游医方士施与患病人家，后人以扇防疫。

东晋时，新官赴任临行前，上司赠扇一把。意思是到职为官后，要清廉刚正，“善（扇）扬仁义之风”。所以历代君王为标榜自己施仁政于民，都以折扇扇面形状为造型，修筑与装饰院舍。如北京颐和园内，乐寿堂侧的扇面殿；苏州拙政园的扇面亭。僧侣道士表示以慈为本，也多用扇形修造庙宇寺观的经堂佛殿。

“七室画团扇，灿烂明月光。与郎却暄暑，相忆莫相忘。”这是青年男女私下要好，当做信物定情的馈赠。这种信物，常用团扇。“团”，表示同心缱绻，比翼合欢，二人一体。

“吾侪文人，常借扇子交换笔墨”。书法家黄庭坚赠扇之墨迹：“持赠山君聊一笑”；词人秦观回礼：“名郎持赐意俱圆。”

近代，宾朋交往，出国访问，往往带上几把精制小扇，作为礼品赠给友人。周总理就曾将一把绘有腊梅的折扇，赠给日本首相田中角荣。

记载前秦音乐歌曲的“乐府”中，有一首《团扇歌》，歌的起源，《古今乐录》中作了介绍：晋中有个书令，叫王珉，手持白团扇，与嫂嫂谢芳姿有情。后来，王珉被嫂嫂痛打。嫂嫂知道小叔子歌声好听，令他唱一曲方可饶恕。王珉唱：“白团扇，辛苦五流连，是郎眼所见……”

又传，因汉代班倢伃所作的《怨歌行》中有：“裁为合欢扇，团团似明月”句，故亦称《团扇歌》。

戏剧舞台上，一把扇子拿在艺人手中，可作刀枪，可代笔墨，展开又可当书读，顶在头上可充当帽子，随机应变，给表演效果，添彩增辉。如武戏中，把折扇一合，前后一横，就是长矛；高高竖举，向下一劈就是大刀。《李慧娘·见判》戏中，慧娘拿把阴阳宝扇，手腕转动灵巧自如；背后摇扇，顿挫分明；朝天抖扇，下腰看扇，不但腰条韵美，更见那练扇之功底，炉火纯青。

舞 羽

最早出现于舞台的扇子谓之“舞羽”。已有四千年历史。《春秋》隐六年记载：“初献六羽。”六羽即舞者所执之羽扇。《尚书·大禹谟》说：“帝乃诞敷文德，舞干羽于两阶。”干羽，就是盾与扇，是两种舞具。武舞执盾，文舞执扇。唐代独孤及《毘陵集·季冬自嵩山赴洛道中》的“宝鼎敲景云，明堂舞干羽”，就是记述在庙宇中观看舞盾舞扇的舞蹈。后来，“干羽”二字成为庙堂舞蹈的泛称。

汉魏晋时代有一种《鞞舞》，也叫《鼙舞》。梁时改称《鞞扇舞》，隋代将《鞞扇舞》、《铎舞》、《巾舞》、《拂舞》并称“四舞”。舞者已不执鞞，以扇代之。唐代的《霓裳羽衣曲》，舞姿乐曲和服饰所着力描绘的梦幻仙境和仙女们的形象，也多借扇子之襄助。

清代孔尚任的传奇名剧《桃花扇》中的主人公李香君，为抗拒田仰夺婚，倒地撞头，血溅扇面，杨文骢就借着扇上斑斑血迹，绘成一枝桃花。以此为典，剧名《桃花扇》。以扇为主线的戏剧还有：《沉香扇》、《三盗芭蕉扇》、《晴雯撕扇》等。

我国哈尼族人将白鹇视为吉祥自由的象征，以此为典编成《扇子舞》。舞者双手持白羽扇，身穿白衣。舞蹈动作多模仿白鹇飞翔的姿态，动作袅袅，轻柔纤美。

扇子的又一功能：便面、障面、屏面。古代有种时风，书生文人，如果见到熟人不愿意寒暄打招呼，就采取以扇面遮脸。对方会意，并不嗔怪你怠慢，反而认为以扇障面是对自己的礼貌之举。这就是古书所说：“以扇障面，则其两便。”唐代王建在《调笑令》中提到另一种遮面：“团扇，团扇，美人并来遮面。”这和书生遮面不同，不但用意有别，而且仪态两样。书生遮面潇洒大方，是为佯作未看见；女子用扇遮面，是犹抱琵琶半遮面，表示忸怩害羞。倘若手头无扇，则要躲避他处。

以扇遮面，唐代还用于婚礼仪式，新妇鞠躬行礼时以扇障面。交拜礼毕，移开扇子，露出容貌，这叫“却扇”。这种礼仪见于北周的《为梁上黄侯世子与妇书》：“分杯帐里，却扇床前。”倘若是文人结婚，在成婚之夕，还要即席作《催妆诗》、《却扇诗》。如李商隐的《代董秀才却扇》诗。何逊有《看新妇》诗：“如何花烛夜，轻扇掩红妆。”后人把成婚又叫做“却扇”。《醒世恒言》“苏小妹三难新郎”一节，在新婚之夜，苏小妹以诗歌、联语考试秦少游，东坡以扇暗助，始得完卷。就是这种“催妆诗”、“却扇诗”之古风。

“常遇西风起，举扇自蔽”。此说见于《晋书·王导传》，是说用手摇小扇也可抵风遮尘。《世说新语·轻诋》也说：“大风扬尘，以扇拂之。”

三千年前有个“扇暍”的故事，《淮南子·人间》记述：“（周）武王荫暍人于樾下，左拥而右扇之，而天下怀其德政。”大意是说，周武王出游，见一农夫横倒路边，命随臣前去探知为何而死。臣近前一看，那人奄奄一息。武王下马，往而察探，随驾御医诊为“暍人”（中暑），急令随臣将暍人抬到树荫处。武王取扇照暍人面部扇风良久，暍人苏醒，武王派随役送该人回家。

周后各代史官便以“扇暍”二字为颂扬德政之词。《广弘明集》所记述的南朝梁国简文帝萧纲在《大法颂序》中就运用“扇暍”一语：“解网放禽，穿泉掩骼起泣辜之泽，行扇喝之慈。”

折扇，本名折叠扇，古称“齐纨”、“撒扇”、“腰扇”、“聚头扇”、“聚骨扇”。据《清异录》中“凉友招清风”一句，文人又雅称扇子为“凉友”。

折扇的起源诸说不一。

南宋赵彦卫《去麓漫钞》记述：“折叠扇，以蒸竹为骨，夹以绫罗，贵家或以象牙为骨，饰以金银，盖出于高丽（朝鲜的古称）。”

《南齐书·刘祥传》记述：“司徒褚渊入朝，以腰扇障日，祥从侧过，曰‘作如此举止，羞面见人，扇障何益？’渊曰：‘寒士不逊。’”说明5世纪初我国就有折扇，而上面南宋《云麓漫钞》却说出自高丽。南朝宋齐到南宋两个朝代相距七百零七年（420年至1127年）。

折扇的出现，更为久远的记述，早在西汉张敞所撰《东宫旧事》中说：“皇太子初拜，供漆腰扇、青竹扇各一。”张敞，是西汉宣帝的太中大夫。这同南宋相距整整一千二百年。

折扇最初流行于宫中，唐代散于社会，为上层人士所把玩。扇子到了北宋，得以长足发展。苏轼曾为折扇的展卷自如而叫绝，“展之广尺余，合之止两指许”。

宋代，扇子作坊纷纷出现，制作技艺益加精美，高档折扇，以金、银、玉、象牙、犀角、雕漆、白骨等为骨，镂刻花卉或诗文，镶金嵌玉。

宋徽宗皇帝赵佶，曾经自作扇画，“六宫诸邸竟效仿”，画扇之风由此盛行，画院画师还以画扇为业。

明代永乐皇帝朱棣，雅爱折扇，为蒐罗新奇，命工匠制作各种折扇，先恩赐嫔妃，次赏有功宦臣，后一般文武官员、朝中上下，以扇斗奇，当做珍宝收藏，互相赠送。

传闻，杭州有一以卖扇为业者，终日在秋风秋雨中，愁眉苦脸。苏东坡见而问其所以，业主说，因欠官税，时已进秋，天气凉爽，扇子难卖，无钱纳付，“官责逋税，拟褫夺产权”。苏东坡稍加思索，把所卖扇子并笔墨拿来：伏案在扇面上笔走龙蛇，或草书诗词，或墨染竹石。半晌间书画折扇二十把，嘱告：每扇要钱一千。未几日，销售一空。苏轼一笔七寸逍遥管，搭救卖扇人免于倾家荡产。

还有一个东晋大书法家王羲之在蕺山为一位卖六角竹扇的老妪题字的故事。羲之，见一年逾花甲的老太太，在署天卖扇，货不畅销，于是为其扇上题字，起初老妇很不高兴。本来是“妍美流便，字势雄强”草字，在她眼里黑黑一片，弯弯曲曲，怕扇子更不好卖。岂知，一到扇市便被抢购一空。

扇市，唐代已有。是以出售扇子等夏季用品为主的季节性市场。李淖《秦中岁时记》载述："端午节前两日，东市谓之扇市，车马特盛。"

市上扇子，各式各帮云集，形成五大流派：杭扇、川扇、宁扇、吴扇、粤扇。

鉴赏扇子，一是扇面的用料和彩饰书画，再就是扇骨，每一骨叫一方，有九方、十一方、十三方、十六方、十八方、二十方、三十六方等。用各种材料制成，如金、银、玉、象牙、白骨、犀角、玳瑁、雕漆、罗甸、红木、乌木、沉香、檀香木、柴竹、方竹、梅鹿竹、湘妃竹、老棕竹、樱花红竹等，镂空雕纹，刻凤琢龙，扇面除水墨丹青渲染外，还有"槌金、洒金、泥金、冶金、发笺、白纸三矾、糊香涂面"等。洒金箔银，敷香着彩，扇面画以明清为最盛。如明沈周的《秋林独步图》；明周之冕的《竹雀图》；明唐寅的《枯木寒鸦图》；明白汉、陈洪绶合作的《松下提诗图》；清王武的《梧禽紫薇图》，以及清恽寿平的《秋菊图》都是古之杰作，今之珍宝。

考究的扇子，古时都有饰物，叫扇坠。郑玄在注疏《礼记·明堂位》中的"周之璧翣"说："画缯为翣，戴以璧，垂五彩羽其下。"孔颖注释："画缯为扇，戴小璧于扇之上。"扇坠，多以翡翠、珍珠、玛瑙、璧玉、珊瑚、玳瑁等材料，精雕细镂而成。

"坐把蒲葵扇，闲吟两三声。"（白居易《山池》）"蒲葵扇"，顾名思义，用蒲葵制成的扇子，简称"葵扇"、"蒲扇"，由来已久。《世说新语·轻诋》记述："谢安乡人有罢中宿县诣安者，安问其归资，答曰：'岭南凋弊，唯有五万蒲葵扇，又以非时为滞货。'安乃取其中者捉之，京师士遮竞慕而服焉，价值数倍，旬月无卖。"这段问答，《晋书·谢安传》也有记载。说明早在魏晋时期，蒲葵扇已是大宗商品。

扇子有十几大类，四百多个品种，三四千个花色。如洁净悦目的象牙扇、香气浓郁的檀香扇、色彩艳丽的女绢扇、古朴秀巧的宫团扇、名贵精致的粽竹扇、风雅大方的字画扇、新颖别致的帽子扇、熠熠闪光的孔雀扇、魔术演员的三角扇、僧人道士的马元扇、玲珑剔透的漏尘扇、彩珠掣动的自开扇，以及葵扇、蒲扇、芭蕉扇、棕榈扇、麦楷扇、竹篾扇、湘妃扇、罗汉扇、火画扇、云母扇、回风扇、翟尾扇、蝉翼扇……

蒲　葵

俞剑明《饮冰词》载，清初，满族人纳兰性德曾得皇上所赐檀香扇。早期的檀香扇，曾以“西泠”、“玉带”、“双峰”等西湖名胜作扇名。檀香扇有天然香味，轻轻摇，嫩香四溢。香型可分为玫瑰香、雪梨香、地扪香、老山香、贡香等许多种。有“扇存香存”的特点。保存十年八载后，扇起来依然冷香缕缕，怡然畅神。若将檀香扇放入衣箱箧笥中，还可防止虫蛀蚁啮。

扇子也是“杭州三绝”之一。而杭州产扇又以“五星记扇庄”为最，素有“扇子总汇”之称。杭州的黑纸扇，日晒不胀，雨淋不破，世称“半把伞”，也可谓之“伞扇”。书法家朱念慈曾用真金粉在一把九寸四十�的黑纸扇上，写下蝇头小字一万一千一百九十九个，恰是一部《唐诗三百首》。字字玑珠，横行相平，竖行贯气，章法优美；透过放大镜，览其扇面，宛如群星密布，金光灿灿，精妙绝伦。这把“唐诗万字扇”在1982年被选进世界博览会入展。风靡环球，成为万国艺林一葩。

世界上第一架人力机械风扇，首创于我国的西汉。《西京杂记》记述：长安有一个巧手工匠，名叫丁缓，研制出一种七叶机械传动轮扇，一人操作，轮扇飞转，满屋生风，众人纳凉。这是公元前130年的创造。堪称现代电风扇之鼻祖。

帘

“室外令人倍惆怅，室内容眼自分明”。明代沈石田的两句《咏帘》诗，写出了帘的特点与用途。一幅纱帘挂窗，外面的人难能看到室内景物；而室内人隔帘相望，户外场面一目了然。

帘的这种绰约妙绝功能，当年，被慈禧太后大加发挥，另有运用。在一本记载这位老佛爷生活琐事的《御香缥缈录》中，专辟一节介绍西太后“銮舆”（轿子）用帘的细节：“伊是绝对不许伊的子民向伊偷看的，所以伊的銮舆在街上经过的时候，从没有人敢伫立着观看的……伊为着要求格外的周密起见，在这一乘銮舆两边的窗上，都挂着一种特别的帘子……是用黄缎裹着丝棉做的……这样不是太气闷了吗？于是在外面的一幅便改用透明的轻纱，使伊能够隐隐约约地看到外面的景色，而不为外面的人所看见。倘若伊还嫌隔着这层轻纱看得不太清楚，或太吃力的话，伊尽可把身子俯向前去，轻轻地拉开一些纱帘，侧着脸张望看。就是这样，外面的人也不用想窥见伊，即使眼力最好的角色，至多也只能窥见伊的几根手指。”

这位同治和光绪两代皇帝几十年的实际统治者西太后，就是隔着帘子专权听政，决定国家命运的。西太后上朝垂帘，上街也垂帘。至于在宫室更是多处用帘。不过“垂帘听政”并非是慈禧的发明，而是源自则天女皇。

《旧唐书·高宗纪下》记载：“时帝风疹，不能听朝；政事皆决于天后（武则天）……上每视朝，天后垂帘于御座后，政事大小，皆与闻之。”

历史上还有刘太后“垂帘听政”，那是在宋朝。《宋史·礼志二十》说：“皇太后（刘太后）……与皇帝（仁宗）并御承明殿，垂帘决事。”

垂帘听政，就是封建时代在特殊情况下，太后或皇后临朝听政，殿上用帘子遮隔，叫“垂帘”。后来把因皇帝年幼，太后当权也叫“垂帘”，皇帝成年后掌政叫“撤帘”。

也有说，帘与“垂旒”有关。垂旒，是帝王冠冕上的装饰，即用丝绳系玉珠下垂的玉串。皇帝临朝，戴上这种冕旒，冠沿的十二条玉串垂于眼前。既表示孤家寡人与众不同，又显示其威严，还有一重要作用，与窗帘一样，阶下文武百官看不到皇帝的面部表情，谓之“犹帘障目”。而皇帝的目光却能穿过玉串的间隙，窥视文官武将的“喜怒哀惧爱恶欲”之七情。

帘，还用在科举考场上。明清两代，设有“帘官”，在乡试、会试时有“内帘”、“外帘”之分。内帘官在公堂后，加帘以隔之。内帘为主考或总裁及同考官所居，主要职务为判卷、管理试卷。外帘为监堂、监考、收卷，管理考场事务。内帘官不许进考场，外帘官不许进帘内。否则被视为“执法犯法”，其目的是为了防止考官作弊，同时也是为了防止考生由他人代考。对考取的书生还要到中央吏部长贰厅前进行“帘试”。中试后始得任命官职。

帘，在古代还有许多用途。例如，因那时的社会风习，男女授受不亲。一旦谁家女子患病，请来大夫（古称“郎中”）诊断看脉时，女患者在帘里，手腕上拴条红线，由大夫握线问诊，叫做“牵线问脉”。后来到明清年间稍加开明，改由女患者从帘内伸出手来，由大夫握脉，叫做“帘外切脉”。

帘，还一别称，叫“虾须”。唐代进士陆畅写有《咏帘》诗：“劳将素手捲虾须，琼室流光更缀珠。”

帘，古字作“簾”。说明最初的帘，是用竹篁缭成。段玉裁《说文解字注》解释：“廉，析竹缕为之，故其字从竹。”“析竹缕”，就是将竹筒剖成细条用麻缕编成。唐代李商隐《烧香曲》的“玉佩呵光铜照昏，帘波日暮冲斜门”；李清照的“帘卷西风，人比黄花瘦”，这“冲斜门”和“卷西风”的“帘”或许就是“竹帘”。倘若不是，风吹布帘是不会出现这般摇曳如波纹状的帘影或横卷的。

“帘”这个字，不是簾的简化，而是上世纪50年代文字改革后，规定为拼用。“帘”古时只有一义：“酒家、茶馆作店招的旗帜”，又谓“酒幌”。唐代刘禹锡《鱼复江中》有：“斜日青帘背酒家。”郑谷也写有：“白鸟窥鱼网，青帘认酒家。”用竹、苇、塑料、草珠制作的，有遮蔽作用，原是写作“簾”。宋代杨万里《晨炊横塘酒家》：“饥望炊烟眼欲穿，可人最是一青帘。”

我国手工竹帘艺术品的始祖，有据可凭的大概要算四川东部的梁平（古称梁山）竹帘。相传，八百年前的宋朝，梁山有一位名叫燕洪春的工匠，用手工破竹取丝，编织造纸养蚕用帘。由于他的技艺非凡，被官衙招至邑府，用丝线竹条编成轿帘、椅帘、窗帘。竹帘绵薄宛若轻纱，邑府“老爷”将帘进贡皇帝，朝中人皆惊叹其奥妙：“近看，远处如镜；远看，近处无影。”

《梁山县志》还有记载：“竹木羽毛之属，必他处所无及。征诸宋史，则赏贡绵。”

清代，梁山竹帘，又添新彩，工艺益精。用竹编结成堂帘、门帘。更有一种油饰彩绘的画帘，成为高档工艺品。20世纪30年代，画帘就远销东南亚和欧美。

“近看似碧云，远看似瀑布”，是评价知名画家、书法家，在帘上泼墨点染的湖光山水堂帘。如《上山虎》、《芙蓉鸳鸯》、《三峡烟云》等作品，与一般绢帛宣纸画相比，自是别样清新。有人为之赋诗赞美：“细如毫发密如丝，浅淡春光傍绮帷。喷雾漫看晓雾湿，织云宛者碧云垂。”

“影随帘押转，光信簟文流”。“帘押”，是特制的一种用来镇竹帘之具。可见当时竹帘，还多有讲究。

“明月高高刻漏长，真珠帘箔掩蓝堂”。“帘箔”，是一种用竹子或芦苇编成的“方帘”。南北朝地理书《三辅黄图》有记述：“未央宫渐台西，有桂宫，中有光明殿，皆金玉珠玑为帘箔。”

《说文解字注》又说：“帘，与帷皆作嗛”；“按巾部曰，慊、帷也”。即是说，古时用竹苇编制者为“簾”，用布帛裁制者叫“嗛”。书中进一步说：“户嗛，施之于户外也。按，嗛与竹部簾异物，嗛，以布为之，簾，以竹为之。”

《周礼·天官·幕人》记载：“幕人，掌帷、幕、幄、帟、绶之事。”“帟”即小帐幕，幄中座上的承尘；“绶”，系幄幕帘帐的丝带。由此断来，帘的起源已上溯到周朝了。

从广义说，布帘可包罗帷、帐、帏、帡、帱、幄、幕、幌、幔等。竹帘绣幕，均归一属。

布帘多饰彩画，以刺绣帘为常见。“碧阑干外绣帘垂，猩色屏风画翠帏”。

旧时的一些巨商大贾，为了炫耀其富豪，门上悬垂“珠帘”，是一种用珍珠缀成的或饰有珍珠的帘子。见《晋书·苻坚载记》：“坚自平诸国之后，国内殷实，遂示人以侈，悬珠帘于正殿，以朝群臣。”苏轼也有帘诗：“醉归扶路人应笑，千里珠帘半上钩。”

帚

“黎明即起，洒扫庭除。”这是明末清初朱柏庐《治家格言》的开篇句。“洒扫”即洒水扫地，以清除尘秽。这种爱清洁、讲卫生的习俗，是我中华民族的崇高美德。溯其渊源，由来已久。

《周礼·夏官·戎右》就有“赞牛耳桃茢”的文字。意思是说，周代有一种仪式，割牛耳取血，再用鬼所畏惧的桃木做把柄，蘸涂牛血，用树枝或荆苕或竹梢扎制的笤帚扫之，可驱除一切不祥。“茢”，是周代对笤帚的别称。

《说文解字注》写道：“茢，芀也……桃茢执戈。茢，萑苕，可扫不祥……茢荄帚也。”其中的“芀”即芦苇；“荄”，即苇荻，都是做苕帚的材料。

西汉人戴圣编纂的，记载秦汉以前各种礼仪论著的《礼记》写道：“凡内外，鸡初鸣，洒扫室堂及庭。”

《诗经·山有枢》记载：“子有庭内，弗洒弗扫；子有钟鼓，弗鼓弗考；宛其死矣，他人是保。”就是说，一个人有了钱，应该拿来使用，如今你有了房屋，怎么不洒洒水，扫扫地，收拾得洁净些。你有了钟鼓，怎么不打打敲敲；岂能空坐着，等着自己死了，把这许多财产都被人占据了去？

我国早在三千年前就有官方规定大搞公共卫生的举动。《周礼》有逢节日“令州里除不蠲”的记载。“蠲”，意为清洁。“除不蠲”，就是大扫除。到了汉代，城市已出现了“都厕”，这是世界上最早的公共厕所。

《礼记·曲礼》还记述了洒扫规矩：“凡为长者粪之礼，必加帚于箕上，以袂拘而退。”是说，在长辈或主人面前扫地，须把笤帚蒙盖于盛垃圾的器具之上，并用那宽大的衣袖加以遮掩，小心翼翼地退出，以表示对长者的敬重。“粪”，这里为动词扫除之意。“粪除”，打扫或消除。如《聊斋志异·天宫》中的“今将粪土天宫，不能复相容矣。”就是说那女子告诉郭生，今天天宫要打扫各个房间，无法容你私藏于此，请你俩赶快离去。二人依依而别。

汉代班孟坚《东都赋》吟咏：“雨师汎洒，风伯清尘”，是在描述天公作美，洒扫庭院巷闾：浙沥的雨水，涤荡地上的污垢；徐徐清风，拂净处处尘埃。何谓“尘埃”——

唐代成玄英为《庄子·逍遥游》作注写道：“尘埃也，生物之以息相吹也”；“扬土曰尘，尘之细者曰埃”。用现在的话说，即随风飘扬或散落各处的灰土。

我国的先民，很早很早以前就懂得尘埃、污物与人们身体健康的关系。在一本记载周秦之事的《周书·秘奥造宅经》中就告诫人们：“沟渠通浚，屋宇洁净，无秽气尘埃，不生瘟疫。”晋代张华《博物志》又说：“居乏近绝溪，群冢狐蛊之所，近此则乱气阴匿之处也。”都是在提示，建造住宅之前，必须选择周围环境，远离污水浊沟、乱坟荒茔。最理想之地，是建在有源头活水的林木苍翠之处。凡此阳宅“风水”，都是为了避绝污秽尘埃。

这里说的都是古人如何防疫。恰如汉代刘安《淮安子》所说：“以利害为尘埃，以死生为昼夜。”由于飘尘无处不入，防不胜防。这就务必要“治”。“治理所宜，以帚治之。”“帚”，即帚具，系用于洒扫、洗刷或掸拂以清洁环境的用具。

帚，古写作箒，又谓之篲、彗，还雅称“净君”。清代段玉裁《说文解字注》剖析“帚”字：帚“从又（彐）持巾埽（扫）冂（冖）内。”大意是：凡是扫除以清洁的，如同用巾（抹布）拂拭器物。所以古人用萑（芦类植物）、芀（苕、苇花）、黍梨（高粱穰）扎制为帚，用以拂（扫）地。

《辞源》注释：“帚，扫帚之器也。凡洗刷挥扫之器，束其上端，散其末端者，皆谓之帚。”如筲帚、扫帚、炊帚、烟帚、鸡毛帚、狗尾帚。

帚，是谁发明的呢? 许慎《说文解字》剖析：“古者少康初作箕帚秫酒，以扫坐秽之始。”唐代颜师古在为《急就篇》作注：“杜康作箕帚。”许慎说是少康；颜师古说是杜康。康，实乃一人。《辞海》说：“杜康即少康。”是当时的中兴之主，夏禹的第五位继承人。他不但发明了造酒，还发明了畚箕（盛垃圾的器具与扫帚）。

或许是因为各种帚都是用竹草等植物原料扎制而成又易于腐烂的缘故吧，所以在古代出土文物中，难以发掘古人所用之帚具实物，只能在古代甲骨文、青铜器上找到凭据。

陕西出土的殷商青铜器上，发现有“子持帚作洒扫状”的图谱。

商代的甲骨文中有“帚圂”二字。“圂”，即厕所；“帚”，即扫帚。足见殷商年代民间就已使用帚具。

《农政全书·农器》记述：“帚”，又谓之篲。就是《庄子·达生》说的“田开之曰‘开之操拔篲以待门庭。亦何闻于夫子！’”意思是田开之说：我那时正拿扫帚在门口打扫，怎么能听得到先生的教导?

扫帚，为何又称之为“净君”？经查考，源出于宋代陶谷《清异录》：“南山馆中，窗颊上有诗云：‘净君扫浮尘，凉友招清风。’”后人据此，把“净君”与“凉友”分别作为扫帚与扇子的雅称。

我国第一部诗歌总集《诗经·豳风·东山》中记述着这样一则故事："零雨其濛，鹳鸣于垤，妇叹于室，洒扫穹窒。"大意是说：远在两千五百多年前，有一个带兵征战的人，驻扎在山野，三年后在回家的半路上，天公不作美，下起雨来，忽然听到泽畔溪旁有白鹳的鸣叫声，由此联想到守了三年空房的妻子，为盼望丈夫早回家来，早已把屋子的里里外外，扫除得干干净净，望眼欲穿了！

洒扫庭堂，净化居室，以迎迓宾客或久别的亲人，是我国古老文明的又一佐证。这种风俗，自商周以来，历代相沿。

"南台中丞扫榻见，北门学士倒屣迎。"（陆游《寄题徐载叔东庄》）意思是，闻知贵客或盼望的人儿忽然来临，主人首先想到的是操起笤帚扫炕扫床，然后赶忙下地。因为着急，而倒穿了鞋子会见客人；或俗话所说的趿拉着鞋子出门迎接。后来便把等待客人来临，叫做"扫榻以待"。

1984年播映的电视连续剧《诸葛亮》第一集《卧龙出山》，刘、关、张第三次到茅庐请诸葛亮。诸葛亮未出柴门之前，先派一书童，手举一把扫帚出来恭敬迎接。这是什么礼节呢？原来，刘备等人三顾茅庐时，诸葛亮正在睡乡，他一觉醒来，听说刘备已在门外等候多时，便急忙起身，并说："为何不早报知于我？待我更衣前去迎接。"同时，童儿赶忙倒举一把长扫帚，赶先出外迎候。这就是汉代的所谓"拥彗迎门"。童儿倒举扫帚象征着庭院已打扫干净，等候着贵客的到来。如此举动，是表示主人对客人的毕恭毕敬。这一礼仪是从出土的汉画塼上考证出来的。

《史记·高祖纪》也有类此记述："太公拥篲，迎门却行。"

拥篲，也作"拥帚"，见《文苑英华·七召》："心绝内战，事无外欲，横经者比肩，拥帚者继足。"是说，为人忠厚不贪，处处受人尊敬。

"拥彗"又谓之"执帚"。但是，"执帚"还有另一种解释：做洒扫一类的事情。古时用为臣仆、妻子的代指，向对方表示尊敬。如《吴越春秋》："大王赦其深幸，裁加役臣，使执箕帚。"后来"执箕帚"又专指妻子。如《三国演义》第三十三回写道："愿献甄氏为世子执箕帚。"这是曹操大败袁绍后，袁妻刘氏为保全性命，对曹操说：愿将次男袁熙之妻甄氏献给曹丕为妻。"执箕帚"，就是指妻子为丈夫料理家务：做饭做衣，扫地扫炕。

持帚清扫，早在唐朝已是一种职业，当时称之为"扫地夫"。王建在《宫词》中有记述："宫人拍手笑相呼，不识堦（阶）前扫地夫。"唐朝在宫内设置有许多专职洒扫的清洁工。分工还很细，宫院、殿堂、廊阁、库房，内外有别，各司其职。

我国早在汉代就有发明家毕岚制成了世界上第一辆用于清洁道路的洒水车。《后汉书·张让传》记述："又使掖庭令毕岚……又作翻车渴乌，施于桥西，用洒南北郊路，以省百姓洒道之费。”“翻车”，即能自动引水的机车；“渴乌”，即古代吸水用的虹吸管，形如曲筒，以气引水向上喷洒。唐代杜佑《通典》中的《隔山取水》还详细地介绍了“渴乌”的以气引水法。

南宋吴自牧《梦粱录》记载有当时的清扫古俗：“士庶不论贫富，俱洒扫门闾，去尘秽，净庭户。”《清嘉录》说得更具体：“腊将残，扫宇日，去庭户土秽。”这“扫宇日”，就是老上海的“除残日”，亦即河北民谚：“腊月二十五，扫房土”；“腊月二十七，里外洗一洗”；“腊月二十八，家什擦一擦”；“腊月二十九，脏土都搬走”。

这种民俗曾为不成文的乡规民约，形成全国自发性的爱国卫生日。那时，没有人督促，更没有人检查，每到腊残岁尾，家家清扫。不但美化环境，还能消灭越冬蚊蝇。

这种国风，年年如是。盛行不衰，相沿迄今。北方谓之“扫房”，南方叫做“掸尘”。

由于人们把春节扫尘视为大事，因此，古人还用浮雕、铭文等形式予以记载传颂，以流芳后世。如创建于汉代的山东嘉祥县武王祠里有块石雕，上面的图案就惟妙惟肖地描绘着当时乡民手持各种笤帚、扫帚打扫尘秽的情景。

笤帚“扫尘秽”，曾出现过许多历史佳话。《云山杂记》载，唐代王维，平生喜欢洁净，“地不容浮尘”，身边经常备有十多把精制小笤帚，以“净君”自况。

《吴越春秋》说：越王勾践卧薪尝胆，居吴王夫差篱下，手握笤帚“除粪洒帚三年，面无恨色”。笤帚襄助勾践实现了灭吴雪恨的夙愿。

扫尘，谐音“扫陈”，有扫除陈腐，革却时弊之意。《明外史》记载：有个人在皇宫午朝门外叫卖笤帚，并将笤帚向出入宫门的官僚赠送。一官员问他：“为何？”回答：“君庭多秽耳。”是说朝廷腐败，横征暴敛，应该用扫帚彻底清除大小贪官污吏。

清代钱彩《说岳全传》第七十回描写一疯僧手持一扫帚，秦桧问：“你手中拿这扫帚何用？”疯僧道：“要扫灭奸邪。”

在文学上，“扫”字还别有借义，如：

“扫除”引申为“肃清”、“澄清”，如“扫除天下之不平”；

元宵之夜，散灯之后，上街去捡游人遗失的东西，谓之“扫街”；

“扫地”，是指破坏无余，如“威风扫地”，战场上的“刮野扫地”；

“扫厅”，和扫榻相似，表示敬意，如“扫厅奉候”；

“扫门”当做对权门贵族的求谒拜见，如“丞相无私断扫门”；

“扫尘”，又比喻清除残敌，如“灭迹扫尘，斩其枭帅”。

文人还常用“敝帚自珍”或“敝帚千金”表示对自己作品的珍视。

帚，因扎制原料不同，分笤帚和苕帚。“笤帚”原指用细竹枝扎束；“苕帚”是用芦苇苕花及高粱谷子穗穰绑扎制成。

晋代戴凯之《竹谱》记载有一种：“篲条扫帚，细竹也，特异他条。”《广志》也介绍这种专门制作笤帚、扫帚的细竹：“至大者不过如箭，长者不出一丈。”笤帚与扫帚之别，一般指小与大不同，扫炕扫屋与扫庭院之不同。

《农政全书·农器》中介绍说，帚的形体有二：“一则编草为之，洁出室内，制则匾短，谓之条（苕）帚；一则束荼为之，拥扫庭院，制则丛长，谓之扫帚。又有一种草本扫帚，一棵可作一帚，谓之独扫。农家尤宜种之，以备场圃间用也。”

“生扫帚”，就是植物学名“地肤”。农村和城镇公园时有所见，俗称扫帚菜。嫩时可食，老株可做扫帚，最适于场院扫粮谷用。

近代的扫帚或笤帚还有用棕榈、塑料、尼龙等材料扎制而成。

扫帚用具的机械化，20世纪中期已出现机械清扫车，喷雾洒水车。机动车在柏油马路上洒扫，街道清净明快，既防尘又降温。

“蝇甩”、“拂子”，也为帚具之属，蝇甩子，是用麈尾或马尾长毛编结于木柄之前端。“麈尾”，就是“似鹿而大”的野兽尾巴。《埤雅》说：“麈，其尾辟尘。”所以，拂子又叫“麈尾”，见欧阳修《和圣俞聚蚊》：“抱琴不暇抚，挥麈无由停。”

拂子又叫“拂尘”。《乐府·白纻舞歌》吟道：“制以为袍余作巾，袍以光躯巾拂尘。”《红楼梦》第十八回写道：“又有执事太监捧着香巾、绣帕、漱盂、拂尘等物。”

拂尘还叫“尾尘”，是用旄牛（牦牛）尾制成。后汉徐淑《又报夫秦嘉书》写道：“今奉旄牛尾拂一枚，可以拂尘垢。”

笤帚，家家皆有，司空见惯。看上去，它平凡、无华，其貌不扬。但是，它能驱除污秽，净化环境。因而床上灶边，庭院磨坊，角落厕旁，街头广场，乃至高级的餐厅，华丽的宾馆……处处不可或缺。

扫帚：春扫败絮，夏扫污泥，秋扫枯叶，冬扫残雪。在讲求卫生，净化环境中，多得帚之襄助，功莫大焉。

秤

“踏着秤锤硬似铁，八两原来是半斤”(《续传灯录·法慕禅师》)两句佛门禅语，言之不谬。因为古代老秤——一斤等于十六两，半斤岂不正好八两。

“秤”，传说是轩辕黄帝所发明。而见之于文字可凭者，是孔子选编的《尚书·舜典》：“协时月正日，同律度量衡。”迄今至少也有四千一百年以上。因为《尚书》是记载上代以来之书，即中国上古历史和部分追述古代事迹著作的汇编。

作为衡定物体重量器具的秤，古代则是指使用大型权器的等臂大天平，自唐以来又专指提系杆秤，以及大的重秤、小的戥秤等，统谓之“衡定”、“权器”。

“衡定权器”简谓权衡，“权”指秤砣，“衡”指秤杆。“权衡”原指提毫秤，后泛指一切秤。《庄子·胠箧》写道：“圣人不死，大盗不止……为之斗斛以量之，则并与斗斛而窃之；为之权衡以称之，则并与权衡而窃之。”大意是说：如果圣人不死，大盗便不会停止偷窃，虽然是借重圣人来治理天下，却大大增加了盗贼的利益。制造斗升来量，却连提斗也盗窃去了；制成戥秤来称，却连秤也被盗走了。

《孟子·梁惠王》写道：“权，然后知轻重。”这里的“权”由秤砣代指秤。是说，一件东西要用秤称了，才晓得分量的轻重。“权”，在这里亦可作动词“称”讲，俗谓“约”，如“约一斤肉”。

东汉末张揖《广雅·释器》说：“锤谓之权。”“锤”俗谓“秤锤”或“秤砣”。我国现存最早的秤砣，有“战国秦权”。可能就是在山西左云县出土的秦始皇二十六年铸制的铁权。

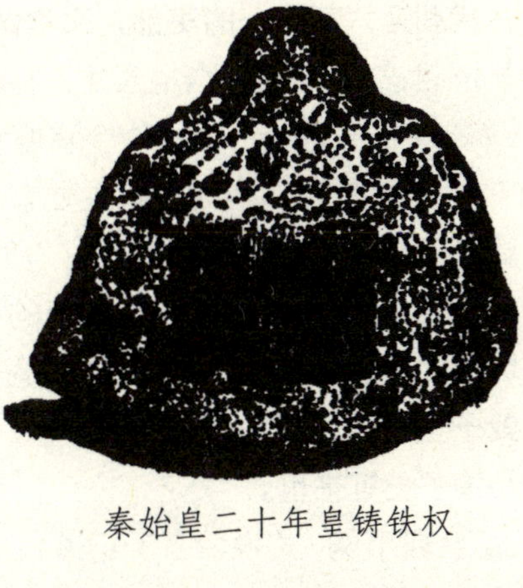

秦始皇二十年皇铸铁权

《考工记·玉人》记载一只周代玉制的秤砣，谓之驵琮：“驵琮五寸，宗后以为权。”《注》解：“驵，读为组，以驵系之，因名焉。郑众云：以为驵琮以起重。”即是说，琢制秤锤用的玉谓之“驵琮”。秤锤不但有铁制、铜制、石制，还有玉制。

有权之秤必有毫。“毫”，即秤纽，或谓“提系”，位于秤钩或秤盘与秤锤间的手提支点。近秤钩或秤盘的为初毫，也叫头毫；其次为中毫，也称二毫；再次为末毫，也叫“三毫”。如今市场常用者都是两毫秤。只有头毫、二毫而无三毫。

衡，既专指秤杆又代指全称。《墨子·经说》："衡加重于其一旁，必捶（锤）。"是说，秤杆的一端即秤钩或秤盘上放上某种物体，其另一端必须加秤锤而找平。以锤悬于杆上的位置，读出斤两厘毫。

周代还谓衡器为"衡石"。《礼·月令》仲春之日"日夜分，则同度量，钧衡石，角斗斛正权概。"

《管子·七法》也说："尺寸也，绳墨也，规矩也，衡石也，斗斛也，角量也，谓之法。"其中的"衡石"，指的是秤，度量衡中权衡重量的规则法度，标准模式之一。

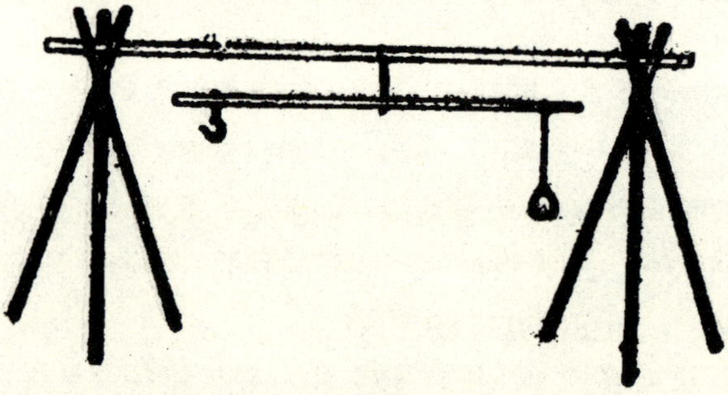

秤

"秤"，古时还写作"称"。汉代许慎《说文解字》记载："称，铨也。"清代段玉裁《说文解字注》解："铨者，衡也……铨，所以称物也。"《汉书·王莽传》记载："考量以铨。"是说，要想知道其重量，当以秤去约一约。

《国语·吴》写道："不智，则不知民之极，无以铨度天下之众寡。"是说，昏聩之君主，看不到百姓的动向，那他就不能衡量（分析）全国的形势。

古代朝廷六部之一的吏部，又称做"铨部"。专管铨选，即，量才授官。《宋史·选举志》记载："在朝廷则当量人才，在铨部则宜守成法。"铨部又叫"铨廷"。

《魏志·张普惠传》："令依今官度官秤，计其斤两广长，折给请俸之人。""官度官秤"，是标准的库平。当时的秤主要有"市秤"、"戥秤"。

戥，既是名词又是动词，如，"放上戥子戥了戥"。就是放在戥子上称一称。戥子是一种称微量物品如金银、药品等的小秤。《红楼梦》第五十一回："麝月便拏（拿）了一块银，提起戥子来问宝玉：'那是一两的星吗？'"

戥子也写作"等子"，宋代李廌《师友谈记》载："子之文，铢两不差，非秤上秤来，乃等子上等来也。"

《清会典事例·关税禁令》记载："（雍正）八年题准，天津关向来收税一两，加戥耗一分八厘；船料一两，加戥耗五分八厘。""戥耗"，是指用戥子称量的差额，旧时税收上额外索取的一种方式。

清代吴荣光《吾学录·权量》说："权之属曰法马、曰秤、曰戥。"

“法马”今写作砝码，是用在天平上称量物品时衡定物重的标准。因天平类型的不同，所用砝码的质料和规格也各不同，如分析天平用的砝码，重一克或大于一克的，常用黄铜制成；一克以下的，常用铝合金制成；丝状小砝码，又称为游码，常用白金制成。清代翟灏《通俗编·筹马》说：“交易者以铜为法，衡银轻重，谓乏法马，皆属计数之意。”

砝码，俗名又叫“仐子”。明代朱国祯《涌幢小品·妬妇》记述“俗语法马为仐（乏）子……谓兑架天平。”

“兑架天平”，是又一种称量金银的秤。“兑架”，即兑换金银之架秤。明代王圻《三才图会》中有天平图。天平的出现大抵是在公元前650年左右。

春秋战国时期的楚国，是南方一个十分强大的诸侯国，属“五霸”、“七雄”之一。据《管子》、《战国策》记载，楚国盛产黄金，是当时各诸侯国中唯一使用黄金作货币的国家。又从考古发掘资料证明，楚国流行的黄金货币“卢金”、“陈爰”、“郢爰”、“专爰”，爰即爰金，也叫“印子爰”、“饼金”，都是中国古金币名，方形，上面铸币名。“爰”又是古代一种重量单位，也可能是货币单位，说法不一。“陈”、“郢”等字是地名。出土者以郢爰较多。

鉴于黄金价值昂贵，因而在商品交换中，于它的重量测定就务必要求精确。**天平、砝码就是为适应黄金货币的流通而产生的。**

金银货币流通时，必须经过成色鉴定和秤衡重量，叫做“秤量货币”。如中国旧时的纹银、银锭。《皇朝文献通考·钱币考》记载：“凡一切行使，大抵数少则用钱，数多则用银。其用银之处，官司所发，例以纹银。凡商民行使，自十成至九成、八成、七成不等。遇有交易，皆按照十成足纹（银），递相折算。”

旧中国部库征收租税、出纳银两所用的衡量标准叫做“库平”，清代康熙时制定。光绪三十四年农工商部和度支部拟定划一度量衡制度，规定库平作为权衡的标准，库平一两等于今之三十七点三〇一克。

1954年在长沙左家公山战国墓中发掘出土的一套天平、砝码，是我国目前发现的唯一保存（藏于湖南省博物馆）较为完整的一套楚国衡器，为研究我国古代衡器的发展和经济状况提供了珍贵的实物凭据。这套天平与砝码，制作精细。天平杆为木质扁条形状，长二十七厘米，正中钻有一小孔，孔内穿丝线作为手提处。杆的两端内侧零点七厘米处，各有一小穿孔，内穿丝线，用来系天平铜盘。砝码用铜铸成，环形，共九个，最大的一个重一百二十五克，最小的一个重仅零点六克。九个共重二百五十点五克，为当时的一斤。

战国天平的发现，说明早在两千多年以前，我国就已利用杠杆原理制造衡器。我国最早的科技文献《墨经》已经有记载关于天平的原理。

三国时，流传一则“曹冲称象”的故事。《中国人名大辞典》介绍：“曹冲，操子……幼时智意所及，有若成人。孙权致巨象，操欲知轻重，访之群下，咸莫能出其理。冲曰：“置象大船之上，而刻其水痕所至，称物以载之，则校可知矣。”大意是说，吴国孙权给魏国一只大象，曹操想知道象的重量，询问很多能人，都无法衡知。曹操的儿子曹冲说，我有办法：把象牵入大船中，刻记其船下沉的吃水线，然后将象牵出，装上称过的其他物品，加以比较就知道了。这船，可谓为世界最早的“水上衡”。

北齐人魏收《魏书·张普惠传》记述：“惟高祖（拓拔宏）废大斗，去长尺，改重秤，所以爱百姓，以薄赋。”说的是5世纪80年代，北魏人张普惠向魏文帝拓拔宏上疏，为民请愿，说只有从度量衡入手，减轻对人民的苛捐杂税，才能筑固统治地位。“重秤”即斤两大的秤。

清代光绪三十四年所定之衡器又有一种“重秤”，专以权衡重物。其形体是仿效英国磅秤。在刻度上，既有我国华斤，又有英国磅数。《清续文献通考》有介绍。

下面，介绍一些关于权衡戥秤计量单位的演变史话：

“千钧得船则浮，锱铢失船则沉，非千钧轻，锱铢重也，有势之与无势也。”这是韩非子所言《功名》。是在打比方说：假若一只船上装载三万斤货物，只要得当所适，得时所宜，则载运万里，安恙无事；否则，倘若不得时，不合宜，就是哪怕仅仅装上几两重的东西，那船也是要沉没的。船之所以浮或沉，不是因为装载物的轻与重，而是因其情势如何，是得时还是背时。

钧，是古代衡重的称量单位。一钧等于三十斤，千钧合斤三万。虽然如今已不再用钧作重量单位，但在日常，人们在比喻万分危急的情况下，还常常用“一发千钧”来形容。语出《汉书·枚乘传》：“夫以一缕之任，系千钧之重，上县（悬）无极之高，下垂不测之渊，虽甚愚之人犹知哀其将绝也。”是说，若用一根头发，或单根丝线，吊挂着三万斤重的物体，而且上面悬在天顶九霄，下面垂于地深九泉，这样的局面，就是呆茶傻人也会知道那三万斤物体是要坠断发丝掉入深渊的。

唐代韩愈《与孟尚书书》中呼吁：“其危如一发引千钧”，也谓之“一发韦（吊）千钧”。

形容重量之大还常用“万钧”。《汉书·至言》记载：“雷霆之所击，无不摧折者；万钧之所压，无不糜灭者。”是说万钧之力可将“万物”压得稀烂。

更有比钧还大的重量单位——石。一百二十斤为一石，恰合四钧，就是《汉书·律历志》说的“三十斤为钧，四钧为石。”

“引”，既是度量单位，又是重量单位。元代有茶引，明清有盐引。每引规定斤数，历代不同。宋代李心传《建炎以来系年要录》建炎二年记载：“开至成都，遂大更茶法，官买卖并罢，仿政和都茶场法，印给茶引，使商人即园户市之。茶引钱每斤，春七十，夏五十，市例头子在外。”

不同时期，不同地区，引斤不同。宋初实行引法时，盐以席论，大席二百二十斤，小席一百一十六斤，或以囊（三百斤）为计量单位。元明清三代，按引征税，始以引计量。

笏，也充作过重量单位。五十两为一笏。五代南唐刘崇远《金华子杂编》记载：“众情危惧，共请主人，愿以白金十笏赎之……五百两银，不时齐足。”白金即纹银。是说用十笏银子赎人，很快凑足五百两。一笏之银，相当于南唐以后的一锭。

“锭”，旧时用之金银币，铸为一定之形，一定之重，金定名“锭”。其轻重略有定律，如十两、五两。元代以前，锭还作“铤”。《北齐书·陈元康传》记载：“赏元康金百‘铤’。”“锭”还作“定”，《金史·鄯阳传》记载：“杀一人者赏银一定。”

《孟子·梁惠王》记载：“虽万镒，必使玉人雕琢之。”是说，这里有块璞玉，虽然价值黄金万镒，但也必须经过加工琢磨方能成为有用之宝物。“黄金万镒”是多重呢？《注说》：“二十两为镒。”但在《孟子·公孙丑》：“于宋，馈七十镒而受”后《注》说：“古者以一镒为一金，一镒是为二十四两也。”

“镒”，古代又作“溢”。《战国策·秦》写道：“黄金万溢”。一溢二十两；万溢，合二十万两黄金。唐代训诂学家颜师古介绍说：“改周一斤为制，更以溢为金之名数也。”这是说，周代以后一溢为一斤。

“金”，古人用重量计算货币单位。以一斤为一金，或以一镒为一金，因时而弃，后也谓银一两为一金。《史记·索隐》说：“秦以一溢为一金，汉以一斤为一金。”

《汉书·食货志》还记载：“朱提银重八两为一流。”这“流”原来是公元9年新莽时期的银两重量单位。

“墨辟疑赦，其罚百锾。”(《尚书·吕刑》)“百锾”是多重呢？其说不一。《尚书》说：“以百锾为三斤，每锾当十一铢又五十二黍”（百黍曰铢，即十一铢半强，半两不足）。后汉贾逵、东汉郑玄认为：“谓锾为六两又大半两（六两十六铢）。”汉代许慎也说：“云北方以二十两为三锊。”《尚书·孔传》说：“谓锾为六两。”

上面许慎说的“二十两为三锊”，“锊”也是重量单位。“一锊”重六两又大半两。三锊恰当二十两。在《周礼·考工记》记载的“戈重三锊”后《注》说：“今东莱称或以大半两为钧，十钧为环，环重六两大半两。”

《南史·武陵王纪传》还记载两种重量单位“篮”、“饼”：“黄金一斤为饼，百饼为篮，至有百篮”，如此算来百篮黄金该合十万两。

“圭”，《说苑》记载：“十粟重一圭，十圭重一铢，二十四铢重一两。”

“铢”，等于一两的二十四分之一。但其说法不一。《礼·儒行》注说：“十黍为参，十参为铢，二十四铢为两”；一说“九十六黍当一铢”。汉代刘向《说苑·辨物》记载：“十六黍为一豆，六豆为一铢，二十四铢重一两”；还有说“十黍当一铢。”《荀子·富国》写道：“割国之锱铢以赂之。”后注：“十黍之重为铢”；更有说：“一百四十四粟当一铢。”汉代刘安《淮南子·天文》写道：“十二粟而当一分，十二分而当一铢，十二铢而当半两。”

至此，才点出古代制定重量基本单位的依据，斤两同尺寸一样，是源于“黍”。即是说，古时度量衡定制，皆以黍为单位。一千二百粒黍子重为十二铢，二十四铢为一两。《孙子算经》卷上介绍：“称之所起，起于黍。十黍为一累，十累为一铢，二十四铢为一两。”后来，因各代各诸侯国衡器不一，使得铢两换算混乱，如上所述，莫衷一是。

作为重量单位的“钱”，出现较晚，大约始自宋代初期。明末清初之学者顾炎武的札记《日知录》中有介绍，顾以为古算法二十四铢为一两。“算家不便，乃十分其两，而有钱之名。此字本是借用钱币之钱，非数家之正名。”是说，铢与两，二十四进位，日常算来很不方便，所以有人将二十四铢，用十均分，其十分之一则是一钱，十钱合为一两。经查，“二铢四合一钱（币）”，621年业已出现。

《唐书·武德》四年记载：“铸开通元宝，径八分，重二铢四垒（累），积十钱重一两，得轻重大小之中。所谓二铢四垒者，即一钱之重。后人以其繁而难晓，故代以钱字。”就是顾炎武《日知录》中的《以钱代铢》，原是直径八分，重量二铢四垒的金属钱币，十枚为重一两。那么，一枚钱币所合十分之一两的重量，后人谓之重量单位——“钱”。

“两个半斤八两，各家归去不须嗔。”（《永乐大典戏文·张协状元》）是说这两个人，都有不是，谁也不要怨谁。原来的旧制，十六两为一斤，《汉书·律历志》说：“二十四铢为两，十六两为斤。”

鉴于十六两为一斤，在市场交易中，两与斤的换算不如十进位便捷，所以有人编了一帖《斤两法》，俗称《流法歌》。分为“斤求两”、“两求斤”两种：

“斤求两”：是将斤数化成两数，用十六的倍数编成口诀：“斤如求两身加六。”如二斤化为两，则以六的二倍加上二十，等于三十二两。

“两求斤”的口诀：“减六留身两见斤。”如三十二两化为斤，则从三十二两中减去六的二倍，即得二斤。

如果把两化为斤，可以将两除以十六，编成口诀，如五两化为斤，其口诀为“五,三一二五”，即 5÷16=0.3125 斤，如此等等。

斤两法的口诀，见于宋代杨辉著《乘除通变算宝》及元代朱世杰著《算学启蒙》中。

一斤为十六两的旧制，现已废除。1959 年 6 月 25 日，国务院颁布斤两改为十进位制。

附表：

历代两、斤的重量标准（时代、一两合克数、一斤合克数）：周十四点九三、二百二十八点八六，秦十六点一四、二百五十八点二四，汉十六点一四、二百五十八点二四，新莽十三点九二、二百二十二点七三，后汉十三点九二、二百二十二点七三，魏十三点九二、二百二十二点七三，晋十三点九二、二百二十二点七三，南齐二十点八八、三百三十四点一零，梁、陈十三点九二、二百二十二点七三，北魏十三点九二、二百二十二点七三，东魏、北齐二十七点八四、四百四十五点四六，北周十五点六六、二百五十点五六，隋（开皇）四十一点七六、六百六十八点一九，隋（大业）十三点九二、二百二十二点七三（转自范文澜《中国通史简编》修订本第二编第五四三页）。

锁

“铁打心肠一枝花，我是主人好管家；主人一来我开心，不是主人不理他。”这则谜语的谜底，就是每家每户必不可少的护门“铁将军”——锁。

追溯我们的祖先，过着穴居生活的原始人，为了安全，有时要搬推巨石，用来堵挡洞口，掩护门扉。显然，这些掩洞护门的石头，是不能称之为锁的，因为它们所防备的不是小偷，而是野兽。

锁，是一种必须用钥匙方能开脱的封缄器。它是伴随着私有制的出现，社会上产生了盗贼、流氓或仇敌等，是为种种防范，应“安全感”的需要而诞生的。

汉代以前概无“锁”字，本写作“琐”。“镂玉为环曰琐”。《后汉书·仲长统传》记载：“古来绕绕，委曲如琐。”说的就是一种用玉石雕镂的环，衔接不绝的玉琢连环琐。后来，琐链以钢铁为之，便由“琐”改为“锁”。

锁，古还写作“鏁”。这个会意字表示，用金属链环封缄门户，闭禁巢穴。“巢”，引申为门户居室。“鏁”，锁于门户也。

“九流之津涉，六艺之钤键。”（晋代郭普《尔雅序》）“钤”，锁之又一古称。宋代邢昺《疏小尔雅》云：“键谓之钥。言此书为六艺之鏁（锁）钥。”是说《尔雅》这部书，是我国最早解释词义的专著工具书，为考证词义和古代名物的重要资料，后世经学家常用以解说儒家经典“六艺”；或可说，是学习“六艺”的一把入门钥匙。

锁与钥匙，统称“锁匙”，古又称“管籥”。《隋书·天文志》：“北二小星，曰钩钤；房内钤键；天之管籥。”是说房北有两颗小星，即我国古天文志上的钩星、钤星，属房宿。以此借喻：房内的锁与匙，好比天星的钩与钤。“天之管籥”，即天上之锁匙。

“管籥”与“键闭”与“锁匙”，其义相近。《礼记·月令》载：“孟冬之月，修键闭，慎管籥。”后三字是说管理好宫廷各处关门闭锁之事务。

“管”，专指钥匙。如《左传·僖公三十二年》：“郑人使我掌其北门之管。”即令他掌管北门钥匙，引申为看守北大门。

“籥”，统指锁匙。《尚书·金縢》：“启籥见书”，启籥，即用匙打开锁。

“镀环故锦縻轻地，玉筦不动便门锁。”（唐代李商隐《玉高》）“玉筦不动”即无人来开门。“筦”，钥匙也。

键，原指门闩；锁簧，又专指钥匙。

键闭，古代锁簧与锁筒的合称。东汉郑玄注释：“键，牡也；闭，牝也。”何谓牡、牝？唐代孔颖达解说：“凡锁器入者谓之牡，受者谓之牝。”键，是为牡，即钥匙之另一称谓。

“深夜垣扉罢扃键。”（明代高启《凫藻集》）“扃”，自外关闭门户用的门闩。《礼记·曲礼》：“将入户，必视下，入户奉扃，视瞻毋回。”“扃”，又作“关闭”解。南朝宋国人颜延年《阳给事诔》：“金柝夜击，和门昼扃。”是说夜晚巡逻打更，白天关门睡觉。“昼扃”，白天关门；“金柝”，古代军中司夜所击之器，即“刁斗”。犹同民间古时夜里巡更报时敲打的梆子或锣鼓。

“秦楼十二玉梯横，紫府千门夜不扃。”（宋代黄通《自为诗》）写秦楼榭馆（妓院），花衢柳陌，紫府千门，昼夜开放。“夜不扃”，即夜不锁门。

扃键，又作关锁囚禁。《新唐书·和恩赵皇后传》：“妃既囚，扃键牢谨，日给饲料。”写皇妃被幽禁，关锁冷宫，睡凉炕，吃冷饭，严加管制。

扃镭，多指加在箱笼上的锁。《庄子·胠箧》写道：“将为胠箧探囊发匮之盗而为守备，则必镊缄腾固扃镭，此世俗之所谓知也。然而巨盗至，则负匮揭箧担囊而趋，唯恐缄縢扃镭之不固也。然则乡之所滑知者，不乃为大盗积者也？”庄老夫子，真是妙语连珠，所言极富哲理。他是在说，为了防备撬门压锁、开箱、捣柜的小偷，就捆紧绳索，关紧锁钮，这是世俗上所谓的聪明。但是，大盗一来，便背起柜子，举起箱笼，挑起囊袋而走，那贼还唯恐绳索锁钮之不够牢固而半途散开呢！那么以前所谓的聪明，不就是替大盗储聚的吗？

《庄子·胠箧》篇的“扃𫔎”，既指锁匙，又特指箱笼门户挂锁的地方——门鼻子、钌铞儿。“固扃𫔎”则是说，不但有一把结实撬不开的锁，还要装上牢固砸不断的门鼻钌铞儿。

我国最早的锁，大约出现于夏禹时代。那是一种很别致的“挂锁”，或刻成豺狼虎豹状，或雕成魑魅魍魉形。由于它们没有簧舌，不能把门锁住，只是挂在门上，以恶煞凶狠的形象，借其把小偷吓走。这种别出心裁的标挂，只好称做象征性的锁，因为它没有“机关”。

何谓机关？《汉书·兵技巧》解释，“技巧者，习手足，便器械，积机关，以立攻守之胜者也。”换句话说，就是“开为机，闭为关”；或者说：“机所以发，关所以闭”。“凡设有机件而能制动的器械，皆称为‘机关’。”

据说，在秦始皇的陵墓入口处安装有自动控制的“机弩”，也叫“窝弓”。是用机械发射的弓箭，力强可又击远。其种类很多，大者或用脚踏，或用腰开，有数箭并发者称连弩。《周礼·司弓矢》中分弩为四种：“夾，庾、唐、大弩。”

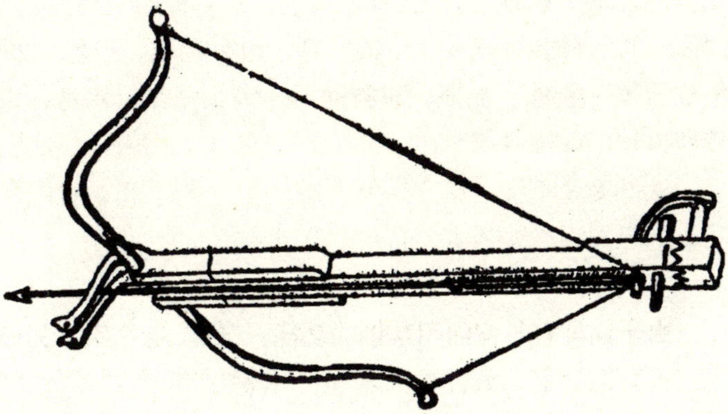
弩

秦后的不少帝王墓葬陵寝，或军机兵器武库，或庙宇殿堂的入门处，多有安装类似的机关。当有人迈入门槛，脚踏槛下暗设机关，自动引发，或从左右两旁射出利箭，或劈头盖脸飞来砍刀，或施放浓雾毒烟，或跌入翻板陷阱。庙宇大殿则有二鬼把门，各手执一块四字木牌。不速之客开门踏上机关，左鬼伸出右手：“你可来了”，右鬼伸出左手“拿的是你”，以此吓人，防入私自进殿。

这种种机关，很有些像当今的守门机器人，或电子报警锁。从广义上讲，也可称之为锁的另一种结构形式吧？

那么是谁第一个给锁装上机关的呢？传说是两千五百年前春秋鲁国人建筑巧匠公输班，就是民间传说中的“鲁班造锁”。

据出土文物及文字记载，我国古锁是靠两片板状弹簧的弹力作用为机关，一般用黄铜铸成。古称“广锁”，亦称“片簧锁”。尽管如今看来，结构简单、安全性差，但在二千七百多年前，有这样的发明已是难能可贵的了。

鲁班发明簧锁有凭借吗？很可能是根据“关楗”二字。楗通键，闭门的横木，即封门的木闩。只是室内闩门防止外人入内。而一旦家人外出，防止外人入室可怎么办呢？根据门闩和闩孔这牡牝原理，发明了簧锁。你看那广锁的造型图及锁门的状态，都宛同闩的插门向左向右，横向平行或启或闭。

后人引《老子》：“善闭，无关楗而不可开”，比喻事物中最关紧要的部分，把对于事物发展起决定作用的因素，谓之“关键”。如《文心雕龙·神思》：“神居胸臆而志气统其关键。”

广锁，在我国使用两千年。或许在今天已经成为古董，可是在乡间农舍或城中里巷，有的人家还在应用。冷眼乍看，饶有古趣，堪称“国粹”。

也许是因那簧锁的形体别致，我国有不少器物还是仿照广锁的造形制作的。如在山东河北的一些地方，有一种石锁，为武术爱好者练功所用，以锻炼四肢之膂力。在民间，有一种装饰锁多为白银所制，也有金质、玉质，如同项链，挂在幼儿的脖子上，俗称银锁、金锁、玉锁、麒麟锁，统谓长命锁。寓意，发育健壮、长命百岁。那锁的造型也和广锁相似。

从郑虔《闺情》诗“银钥开香阁”一句推想，我国及至唐代，锁的制造已相当精巧，不但用铜、铁制造，而且亦有以金银为之。

由于锁具有封缄幽闭禁锢的功能，“锁”这个字，另赋许多含义：

有禁锢之义，如杜牧的名句：“铜雀春深锁二乔”，“多下珠帘闭锁窗”；有封锁之义，如古诗“关河空锁祖龙居”；有幽闭之义，如宋代周邦彦《锁寒窗》：“桐花半亩，静锁一庭愁雨”；有加锁禁入之义，如宋代刘克庄《真州北山》：“遥怜钟阜诸峰好，闲锁行宫九十年”；有为难皱眉之义，如王逢《江边竹枝词》：“翠锁修眉八字山”；有拘系束缚之义，如《汉书·叙传》：“贯仁谊之羁绊，系名声之韁锁”、“名韁利锁”……

锁，还用做拘捕罪人的工具。古时的“手械”、“枷号”，都是锁的意思。锁枷又叫枷锁。元代李文蔚《燕青博鱼》唱道：“遇着晁盖哥哥，打开枷锁，救某上山。”“桎梏”是枷锁的另一称谓。《庄子·德充符》记述，“孔丘之于至人，其未邪？彼何宾宾以学子为？彼且蕲以諔诡幻怪之名闻，不知至人之以是为己桎梏邪？”

铐，如同今天的锁，是一种拘手的刑具，古谓“手械”。《隋书·刑法志》写道：“死罪将决，乘露车，著三械，加壶手，至市，脱手铐及壶手焉。”

镣，是锁脚的刑具，称做“脚镣”。《明史·刑法志》说：“镣，铁连环之以絷（拘）足，徒者带以输作，重三斤。”是说犯人脚上锁着三斤重的脚镣。

我们往往在某犯人被逮捕的通讯上，看到“锒铛入狱”一语。“锒铛”，也是一种锁，由来已久，或可说是“锁”字的另一起源。

《说文解字注》记述：“汉以后，罪人不用纍绁，以铁为连环不绝系之，谓之锒铛。遂制锁字。”是说汉代以后，逮捕犯人，不再用绳索捆绑，而是用铁索链锁身。“索链”后写作“锁链”。

《后汉书·崔寔传》：“董卓以是收烈（崔烈）付郿狱锢之，锒铛铁锁。”是说后汉末董卓废少帝立献帝，自为太师，凶暴滋甚。于192年董卓主持在今陕西眉县渭水北岸填建城堡，名郿坞，号万岁坞。墙高丈余，周一里余，广聚金银珍宝，囤积粮谷，设监牢，名“郿狱”。董卓将郡守九卿崔烈拘禁，锁上手脚，投入郿坞监狱。

“锒铛”二字同锁字的演变一样，原都不是金字旁，而是从王，原为“琅珰”。《汉书·王莽传》：“以铁锁琅珰其颈。”唐代训诂学家颜师古注释：“琅珰，长锁也”。

宋代科举制度有“锁院”一说。殿试前三日，主考官到学士院锁上院门，然后陪同考生赴殿对策。其锁院日期因各地路途远近不同而分别在六、七、八月间。

《日下旧闻考》引证《雅坪散录》说：“宋解试，诸路并以八月五日锁院。而福建则用七月，川广则用六月，以道远故也。”

锁院制度明清沿之，略有不同的是，试官入院后，即封锁内外门户，以严关防，杜绝舞弊。明代剧作家汤显祖《牡丹亭·耽试》一折，描写杜丽娘梦中和书生柳梦梅相爱，醒后回忆：“道英雄入彀（进考场）恰锁院进呈时候。”

锁院又作“锁厅”。《宋史》有记载：“凡命士应举，谓之锁厅试。所属先以名闻，得旨而后解。”是说1077年宋代始立宗子锁厅考试法。《诗话总龟》还有一则发奋攻读至老的故事：“黄通累举不第，年六十，犹欲锁厅。”是说老书生黄通，几十年来，连连赴考，屡试不中，锐志不泯，六十岁还进考场应试。

“锁”字作为封闭代词，还用在外交政策上，如日本1639年颁布《锁国令》，严禁与外国通商，仅许与中国、荷兰做有限贸易。从此，日本“锁国”达二百年之久，直到19世纪中期才开锁。

伞

伞，是我国所首创，古谓之“华盖”。晋代崔豹《古今注》说：“华盖，黄帝所作也。与蚩尤战于涿鹿之野，常有五色云气，金枝玉叶，止于帝上，有花葩之象，故因而做华盖也。”是说：上古时，我国中原各族的共同祖先轩辕黄帝，打败扰乱各部落的炎帝后，炎帝的儿子蚩尤又来扰乱，黄帝亲率各部落在涿鹿，击杀蚩尤。战场上空总有一朵五彩祥云，罩在黄帝的战车上。后来，黄帝据此做了一把平顶彩色华伞，中间支起一木柄，上有罗圈形圆框，框顶包以黄布，四周围垂五色丝帛（青、赤、黄、白、黑）。五色代表五方五土，即中华民族象征；华盖，表示对华夏各民族的庇荫保护。

《器物总论》写道："华盖乃张帛为之，有颜题黄屋，天子盖也。""盖"，即华盖的简称。

自黄帝至明朝，三千多年的"张帛为盖"，一直成为达官显贵的装饰品，是士大夫权势的象征物。帝王将相出巡时，都有"长柄扇"，"黄罗伞"，左簇右拥，乘坐的车辇上，张着伞（盖）表示"荫庇百姓"。官位、职务的不同，"罗伞"的大小、颜色都有严格的区分。

按照崔豹解释，华盖（黄罗伞）象征黄帝永远置于五色祥云之下，以示"久祚万世"，国泰民安。后来渐渐演化，罗伞既作仪仗，显示权威；又为帝王蔽日、障尘、避雨；后来还暗充武器（在黄罗伞顶端，嵌有不裸露的金属利矛）。

民用尖顶伞，传说是两千多年前建筑工匠祖师鲁班的妻子云氏所创制。这位贤妻看到丈夫终日在济南大明湖建造楼阁亭台，栉风沐雨，心里挂念。忽一傍晚，大雨滂沱，鲁班妻去送晚饭，鲁班正在建造一座凉亭，云氏受亭子能避雨的启迪，便仿照尖顶亭，用竹条编成亭盖的形状，绷上布帛，制成一把不能收拢的伞，当时叫盖。

《史记》记述的"劳不坐乘，暑不张盖"；《孔子家语》中的"孔子将行，命从者持盖。"这"盖"就是伞的古称。可见，孔夫子时代，伞已成为人们外出的必备之物。

盖，原本是古代车上遮雨蔽日之篷。其杠谓之桯，杠上有柄，谓之达常；达常之上有盖斗如繖顶，谓之部；部出盖橑如繖骨下覆者谓之弓。

还有一说，伞是由"笠"演变的。笠，就是用箬竹或棕皮等编成的"笠帽"。《诗经·无羊》就有"何簑何笠"的记述。有人模仿雨帽，编个大笠，装上长柄，用手擎着避雨，可以省去簑衣，称为"簦"。《辞源》注释说："簦笠，皆所以御雨也。大而有把，手执以行谓之簦，小而无把，首戴以行谓之笠。"《说文解字》也是这样记载的："簦，笠盖也"。

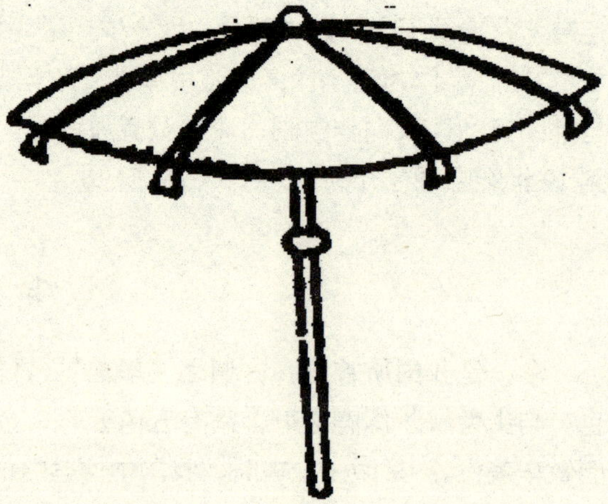
盖

西汉司马迁《史记·虞卿传》记

载："虞卿者，游说之士也。蹑跻檐簦，说赵孝成王。"意思是，战国时吴庆，于公元前240年左右，去赵国进说孝成王，建议联合楚魏，迫使秦国讲和。长途跋涉，轻装以往，所以脚上穿的是草鞋，手中执的是一把伞。

那么，盖、笠、簦，为何改称"伞"呢？这中间还有一个"散"、"繖"的过渡。

原来，当人们看到落在"盖"上的雨水，很快集聚流淌在盖的周围，散落地下，这种现象被称做"雨散"。又因盖骨上绷以丝帛，便把雨散的"散"字加个"系"旁，写成"繖"。在古代文字规范中，又依从"繖"字的谐音，按照《汉书·艺文志》归纳的六种造字条例，由象意的"繖"，改作象形的"傘"，今又简化作"伞"。您看这个"伞"字多么像是一个行人手里擎着的一把打开的伞！所以说，这个字简化得十分贴体，又谐音、又会意、又象形。可收拢可张开的伞，至迟在晋代业已出现："收拢如棍，张开如盖，甚为活络。"《晋书》"遇雨请以繖入"的记载，是说，雨天外出请你打伞。这伞就是《太平御览》中说的"张帛避雨"的雨具。所以伞的外号又叫"张帛"。"张"字有二义：一是将伞打开，一是手打着伞。

"画屏风自展，绣伞盖谁张。"这是白居易在状写绣伞与画屏两相媲美。由此可见，伞，发展到唐朝，不但有油布伞、油纸伞，而且还有了做工精巧的绣花伞。

由于伞能避雨遮阳，引申为庇荫："大庇天下，远托护荫。"伞还当做恩德的象征，所以大清年间，有些县官卸任离职，巧立名堂，使令黎民百姓为其联名送一把伞，名曰"万民伞"，以表庶民百姓在县官的荫护下，安居乐业。

"光华闪壁见神鬼，赫赫炎官张火伞。"这是唐代韩昌黎《游青龙寺》两句。"火伞"，即火中之伞，又称"伞中之伞"。因为古人把炎热之烈日，叫做"火伞"。为遮蔽火伞（烈日）而张之伞，谓之"伞下之伞"，或称做"伞下张伞"。清代赵翼《瓯北诗钞·苦热》也有火伞即烈日的记述："火伞当空气益炎，避炎何处觅深严。"

世界上第一跳伞人，来自14世纪70年代的中国。

相传，元代末期有个叫刘伯温的进士，辅佐朱元璋推翻元朝，建立大明江山。明太祖朱元璋听信丞相胡惟庸的谗言，说刘伯温要谋反，于是设计陷害。洪武四年某天的一个雨夜，在一座耸立的危楼顶间，以大宴群臣为名，暗藏杀机。酒席过半，刘伯温察觉有变，借故离席。楼下门卫，阻其外出，他急中生智，转身上楼，找到一把雨伞，从窗口张伞跳下，安全逃生，隐居山林。

再往上溯，《史记·五帝纪》还有远古夏禹跳伞的记述："舜乃以两笠自扞而下，去，得不死。"是说，我国第一个奴隶制国家的缔造者夏禹，曾经用两把大笠伞作为护御，由高崖飘然落地，逃去，免却一死。这当然也是“降落伞”的运用。迄今，已有四千余年了。

车

“车如流水，马如游龙”是《后汉书·马后纪》状写马后过濯龙门所见的景象，此情此景，足以说明汉代的车子已是相当的多，五代唐后主李煜《望江南》词更有描述：“还似旧时游上苑，车如流水，马如龙，花月正春风。”成语“车水马龙”就是源自于斯。

车子，是何时出现？又是谁人发明的呢？

段玉裁在《说文解字注》说：“车，舆轮之总名也，夏后时奚仲所造。”《荀子·解蔽》也说：“奚仲作车。”

奚仲，姓任，黄帝之后。夏代的车正（掌管车务的官）居于薛（今山东滕县东南）。但《汉书·古今人表》又说“黄帝作轩冕之服，故谓之轩辕”。“轩”，轩车也，说是黄帝发明一种前顶较高而有帷幕的车子。

车的发明人，一说奚仲，一说黄帝，各有文字在案，如何作结呢？《左传》给予折中，说：“奚仲为夏禹掌车服大夫，然，则非奚仲始造车也。”《释名》说：“奚仲时，车制始备，合乎勾股曲直之法。”《说文注》进一步说：“古史考云，少昊（上古东夷族首领）时加牛，夏禹时奚仲加马。”这里说的是，车的初始于黄帝时代，用牛拉车，到夏禹时的奚仲，改进车的形体，使其规矩，车同轨（两轮之间距离，古制八尺），并开始驯马拉车。

车的发明家是凭借什么灵感造出车来的呢？传说是“飞莲造车”。说黄帝看见一个采莲姑娘，手里捏着十几片荷叶，被骤风吹落，圆圆的荷叶在大路上飞滚，宛若车轮，受此启迪而发明了车。

其实，这是误传。原本不是“飞莲造车”，而是“飞蓬造车”。西汉刘安《淮南子》有记载：“圣人见飞蓬转而知为车。”

何谓“飞蓬”？宋代陆佃《埤雅》解释：“蓬草之不理者，叶散生，遇风拔而旋。”飞蓬亦即蓬草，枯后断根，遇风而拔起空中，翻飞旋转。还一种解释：蓬，其花似柳絮，秋后聚着堆儿，随风飞舞旋转。由此生发开去而断想，黄帝看到飞蓬旋转，启动了他的睿智，发明轮子，造出车子。

“车”是个象形字，繁体写作“車”，横过来成“卌”状，篆体写作“⊕”，中间一横是车轴，两边两竖是左右两个车轮。两轮之间谓之车棚，古称“舆”。一车两轮，

“两”是车的单位，一乘车叫一两，后改“辆”，总称为车辆。但是，古人也曾用“轮”的个数作为车的单位，如古文中的“车轮五百”，就是二百五十辆车。而《拾遗记》中的“轮十乘”，却又不是五辆，而是指十辆车，后来公认凡“轮必双”。再其后，独轮车三轮车，又有别裁。

车的发明者是黄帝也好，奚仲也罢，总之是我中华民族最先发明的。车，发展到殷商已臻完备：由车架、车轴、车轮三部分构成。架车用的直木或曲木，压在车轴上，伸出舆的前端，叫辕。商朝的车都是独辕，辕在正中（汉以后出现双辕）。辕前的一条横木叫“衡”，衡的左右有用铜包镶的轭，是用来套住马颈的“人”字形曲木。轴是辕后方的一条横木，用以穿轮轴端还安上青铜制的轴头，叫“害”（同辖），用以预防车轮的抽脱。在辖上还闩有青铜制的辖（扁平长方形，上有辖首，插在轴端的孔内）。车厢叫做“舆”，为半圆形或簸箕形，战国时改作方形或长方形。乘者由后面上车。

战国儒家经典《孟子·梁惠王上》说：“明足察秋毫之末，而不见舆薪。”大意是，孟子在向梁惠王解说作比，譬如有个人来告诉大王：“我的眼光敏锐得能够察看秋季天上正在飞翔的鸟儿身上的细毛，但是，却看不见眼前的一车子木柴。你能相信吗？”“舆”，本指车厢，这里是代指车辆。

“喧喧蹄毂走红尘，南北东西暮与晨。”这是唐代进士罗邺《帝里》两句。“毂”，也是车辆的代称，指车轮子。车轮中有向四方放射的直木，叫做辐，一般是十八条，也有三十条的。如《老子》说：“三十辐共一毂”。所以毂与轮同义。

车辐凑集于毂，叫做辐辏（凑）。还被用来比喻人或物的集聚之处。如西晋陆机在骈文《辨亡论》中说：“异人辐凑，猛士如林。”是说人才济济，文武荟萃。

考古学的术语中有“车马坑”一词，是指古代贵族大墓旁边埋葬车马的附葬坑，盛行于商周时代。

1953年在河南安阳的大司空村，发掘出一座殷代的车马坑。由于埋藏过久，偌大的一批出土文物很难观察全貌。考古工作者根据甲骨文的记载，结合现场遗迹，尚可鉴证。这批车马，原是同其他珍贵物品一样，都是死者生前使用的人和物，被作为殉葬品，埋在这里。

《诗经·大叔于田》记述“执辔如组，两骖如舞”。说的是郑庄公的兄弟共叔段坐着三马一乘的车，到郊外去打猎，描写车梳两边驾役的马，跑得如何整齐，如同舞蹈一般。

按周礼的车服制度，一车驾几匹马，不是按车载负荷之轻重随意增减的，而是表示森严的官阶爵位。如当时的齐景公“有马千驷”。表明他有一千辆车，四千匹马。一车驾四马，官位最高。

《论语·颜渊》中说的“夫子之说，君子也，驷不及舌”，就是《说苑·谈丛》中的“出言不当，四马不能追也”。我们今天也常在指某事的决断，出言不能反悔时，便说“一言既出，驷马难追”。“驷马”，是坐上驾着四匹马的车去追。

皇帝出游狩猎所乘专用猎车，也由马驾，三国魏文帝改称蹋虎车。就是《晋书》中的猎车驾四马，天子校猎所乘之车。

《孙子·谋攻》记载有“修橹轒辒”，是一种四轮战车。较之以前，车子有了很大改进，单辕改为双辕。但仍不是用于生产，而是战争工具。这种车，用“一排大木为之”，上蒙以生牛皮，车中可客十人，往来运土填堑。还有一种战车，衡木较长，两端向上翘起，各横插一个铜矛，或在辔上安着利刃。

“轟”，这个字就是源于战车之众的隆隆声。左思《蜀都赋》中有“车马雷骇，轟轟阗阗”。“阗阗”，象声词，形容车马行驶等较大的声音。

古代还有一种卧车，叫辒车，见于陆贾的《楚汉春秋》：“上（皇帝）体不安，卧辒车中”。

《史记·李斯列传》记载有一种辒辌车，秦始皇“在外崩……居辒辌车中”。是说秦始皇在出巡中突然死在河北平乡，尸体安放在辒辌车中。这车本是冬暖夏凉的卧车，只因为秦始皇卧尸，后改为专指丧车。

古时还有一种车叫“辇”，是用人力推挽的车。秦汉以后被皇室所专用，皇帝坐的叫“帝辇”，娘娘坐的叫“凤辇”。

秦始皇统一六国后，颁发过“车同轨”的法令。有了车辆轮距（轴距规格）的统一标准，用起来自然合理。《景德传灯录》记述：“如何闭门造车？”师曰：“活计一物无。”又问：“如何是出门合辙？”师曰：“坐地进长安。”后人反其意而用之，“闭门造车”成了比喻只凭主观办事，不问是否符合实际，与原义相反。

《魏书·礼志》记述：“小行则御绀罽軿车，驾三马。”“軿车”，是汉代贵族妇女所乘坐的一种有帷幕的车。装有帷幕的“辎车”，“驷马安车”也是贵妇人所坐；有一种车则在轭上端装有铜铃，叫“鸾车”；也有用青铜装饰的车叫“路车”，都为贵族所用。到了汉代才有双辕的载人之车，左右各一辕。车制更趋复杂，坐车的等级更为严格。那时有所

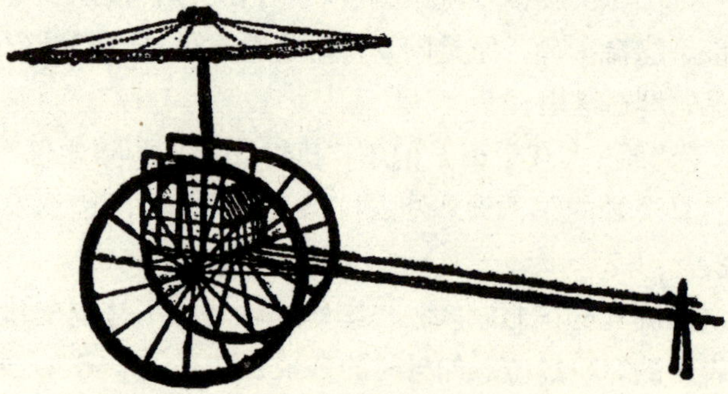

长河汉墓出土的西汉轺车

谓“轺车”，就是早期的双辕车，一马驾驶，无帷有伞，只载一人，多为低级官员所乘坐。司马迁《史记·季布传》介绍：“朱家迺乘轺车之洛阳，见汝阴侯滕公”。

《墨子·杂守》记载轺车的规格：“以轺车，轮轱广十尺……谓轺车。一马车也。”

轺车，后来又出现二马驾驶，并由武官乘坐指挥战争。《晋书·舆服志》记载：“轺车，古时之军车也。一马曰轺车，二马曰轺传。汉世贵辎軿而贱轺车，魏晋重轺车而贱辎軿。”说明轺车在魏晋以后逐渐改制革新。

轿　车

古时还有一种轿车，其形如轿子，车上有支穹形之布帐，旁设两辕，用一骡或二骡挽行，故又称做“骡车”。乘车时，须倒退入车厢而趺坐其中，如在轿内。

汉代的平民百姓所乘之车，是一种上无篷、旁有栏的鹿车，《后汉书·鲍宣妻传》写道：“妻乃悉归侍御服饰，更著短布裳，与宣共挽鹿车，归乡里。”令人不解的是，为何鲍宣也用鹿车？因为鲍宣是西汉哀帝刘欣的谏议大夫。居官显赫，应坐马车。书中写他与妻共挽鹿车想必是，由于他曾上疏抨击时政，指出“民有七亡而无一得”，“民有七死而无一生”，为民请命而被罢官革职，才落得与妻子推着小车回归故乡。

《赵熹传》：“因以泥涂仲伯妇面，载以鹿车，身自推之。”是说后汉赵熹的堂兄被人所杀，赵熹令嫂嫂用烂泥抹脸，污头垢面，是因乘坐无篷鹿车，以防陌生人所见。

为何人力手推车称之为“鹿车”？李贤注引《风俗通》解释：“俗说鹿车窄小，裁（才）客一鹿。”原来因为这辆小车上仅能容纳一鹿之面积而谓之鹿车。不过，《南史·东夷扶桑国传》确实记载有以鹿拉车：“有马车、牛车、鹿车。国人养鹿，如中国畜牛。”原来这里说的鹿车是在日本国，犹同我国的牛车。

牛车在我国起源很早。《诗经·无将大车》有描述：“无将大车，维尘雝兮！”大车，即是牛车。意思是说：不要扶着牛车前进，地上卷起的灰尘会眯了你的眼睛。

“处士车”也是用牛驾驶。“处士”，是从前称有文才而隐居不肯做官的人。一般来说这些处士都很贫穷，买不起马匹，只好乘坐牛车。也有人说，处士坐牛车以区别官宦坐马车，表示不同流合污。可是到了汉代，却兴起以乘牛车为风雅。那些达官显贵们也常常乘坐牛车了。《史记·水准书》记载：“汉兴，接秦之弊，丈夫从军旅，老弱转粮饟，作业剧而财匮。自天子不能具钧驷，而将相或乘牛车。”

甚至连佛家也把“修行法门”比喻乘牛车，名为大乘。《法华经·譬喻品》写道：“若有众生从佛，勤修精进，利益天人，度脱一切，是名大乘。菩萨求此乘，如彼诸子，为求牛车。”

南北朝时，出现了驾有十二头牛的大型牛车；五代时出现了三轮车；明代为了运输建筑材料曾经设计制造了八轮车。

岁月悠悠，从漫长的奴隶社会，到封建社会中期，车，主要是被用来供帝王出巡、贵族狩猎、两国交兵等用，而车被用来载客运货则是唐代以后的事。

独轮车的出现也很早。这种车由一人推动，在狭窄的小路上，用于运载最为轻便，比人力挑担、畜力驮裁，运输能量都要大过几倍。这种车的历史至少也有一千八百年。根据是，四川渠县蒲家湾无名阙（墓道外所立的石牌场）背面的浮雕，就镌有独轮车。该阙系为东汉第六代皇帝刘祜在位时所建。独轮车，在历代文史中，有许多别称，如“辘轳车”、“鹿车”、“鸡公车”、“跨车”。

学习用具

桌　椅

明代周祈《名义考》载："今之用桌椅，犹古之用几席。""几"，就是炕几，"席"，就是炕席。秦汉以前，没有桌椅板凳。那么，古人用什么当坐具呢？

"相悲各罢酒，何时更促膝。"这是梁代何逊描述与友人对面相坐，饮酒话别的诗作。这里的"促膝"，是说两人席地对面而坐，因距离很近，彼此膝与膝相促。

有一则字谜："二人坐土堆。"谜底就是"坐"。你看这个"坐"字，不正是"土"上坐着两个"人"吗？翻开《说文解字·十三》，可以看到，古代"坐"字的象形写法"㘸"、"坙"。"促膝"一词，最早见于东晋葛洪《抱朴子》："促膝之狭坐，交杯觞于咫尺。"今天我们仍常用"促膝"这个词，形容两人相近而坐，娓娓漫谈，诉说衷肠，叫"促膝谈心"。

那时人们席地而坐的方式有三：跪坐，是一种庄重顶礼的坐式。人们在祭祀时的合掌跪拜，晚辈面向长辈的请安叩首，都是源自跪坐。日本至今，民间还保留着这种坐姿，想来，也是我国跪坐的遗风吧。此乃其一。

其二，"跏趺坐"。佛教中修禅者的坐式，脚背放在大腿上。俗称盘腿大坐，分单盘双盘两种。白居易《居家出家》记述，这种坐式，可以令人减少妄念，集中思想，连妻子儿女的呼唤都听不到。有诗为证："中宵入定跏趺坐，女唤妻呼多不应。"

三是"箕踞"。规矩的坐法是：两脚向前，两膝相并，两腿伸直。自由的坐法是，两腿前伸，呈八字形，随意分开。这种坐姿很像簸箕，故称"箕踞"。

坐的姿势，男女有别。《韩诗外传》有一段记载："孟子妻独坐箕踞，孟子入室视之，白其母曰：'妇无礼。'"说的是，女人不该伸着两条八字腿坐着，应盘腿而坐。否则就是没有规矩，背逆妇道。

古时的坐席下面都铺垫一层竹编，叫做“筵”，所以把酒席宴会又叫“筵席”或“筵宴”。

“筵”，也指座位和席地而坐的坐具——“茵”、“墩”、“团’。“茵”，原指古代车上的席、垫、褥等；“墩”原指土堆、厚而粗的木头、石头等；“团”是圆形的器物。富人用“锦墩”、“绣墩”，皇帝独用“龙墩”。而一般平民使用“草墩”、“茵褥”。佛门寺院为了表示超凡脱俗，将禅坐或跪拜用的垫具叫“团”，因团是用菖蒲结编，又叫蒲团。就是许浑诗中的“吴僧诵经罢，败衲依蒲团”。“衲”，僧衣。

《辽史·帝纪·高墩》记载，辽代宫廷设有各种墩：“辽排班图有高墩、矮墩、方墩之列”。按官阶的高低规定坐哪一种墩。凡是有资格坐墩的官员，称为“墩官”。“自大丞相至阿札只，皆墩官也”。

宋代出现一种鼓形及覆盂形的瓷制坐墩。造型新巧，彩图环周，间有孔漏。这种古董在宋明清年间的古画卷上，偶尔可见，多为仕女，款款曼坐。

椅子脱胎于牀（床）。东汉训诂学家刘熙《释名·释牀帐》解说：“人所坐卧曰淋。牀，装也。所以自装载也”。

早在秦前就有一种交床：是可以折叠的轻便坐具。北宋李昉《太平御览》引《风俗通》说：“灵帝好交牀。”意思是，东汉建宁皇帝刘宏很喜欢“交床”这种坐具。

交床又叫“胡床”。为何？宋代程大昌《演繁录》介绍：“今之交床，制本自虏来，始名胡床，桓伊下马据胡床取笛三弄是也。”说的是交床原系来自我国西方（我国古时称北方西方为“胡”），所以叫“胡床”。东晋左江第一流的音乐大家桓伊，还曾握着蔡文姬之父遗赠的柯亭笛，下马坐在胡床上吹了一曲《三调》。也就是唐代大诗人杜牧“月明更想桓伊在，一笛闻吹出塞愁”这一绝句的典出。

为什么胡床又改称交床呢？那是由于隋朝的开国皇帝杨坚，是陕西人，当时称为胡人，因忌讳“胡”字而改称交床。其实改叫交床倒也贴切，交床就是两床交叉，呈“X”形，所以陶穀在《清异录·陈设门》中称赞它“转关以交足，穿便绦以容坐，转缩须臾，重不数斤”。

历史上还发生过皇帝用交床打人的事，史官记《五代史》里：“掷胡床以击之。”说的是五代后梁淄州刺史朱珍，由于刺杀降将李唐宾，梁太祖朱晃命武将把他绑起问斩，诸将叩头保救，太祖一怒之下拿起这小交床向朱珍打去。

这交床原来就是今天仍然被使用的马扎。在街头集市，那些掌鞋的、锯锅的、焊铝盆的、编筐织篓的仍然坐着这种马扎，可张可合，携带方便。

交床后演变为有靠背的“交椅”。宋代陶穀《清异录·逍遥座》记载：“相传明皇行幸频多，从臣或待诏野顿扈驾，登山不能跛，欲息则无以寄身，遂创意如此。”说的是唐代玄宗皇帝李隆基，经常出游，在郊野山峦，不能久立，想休息又无处可坐，所以护驾官员创制这种有倚背的交床。当时称为“交椅”，亦谓之“逍遥座”。

南宋嘉定年间，一位叫吴渊的进士，在交椅上设计装上荷叶托首，将逍遥座改名“太师椅”。张端义《贵耳集》介绍，交椅是一种有靠背和扶手的大圈椅。

关汉卿在杂剧《玉镜台》中还提到一种银交倚：“梅香，前厅上将老相公坐的栲栳圈银交倚来，请学士坐着。”“栲栳”，指弯曲如笆斗的圆圈物状。

倚子，即有依倚靠背的坐具，后因倚子多为木制品，遂改“椅”。

椅子，在宋朝以前只供男人使用，女人不许落座于椅。陆游《老学庵笔记》有言：“往时士大夫家妇女坐椅子、凳子，则人皆笑其无法度。”

再说桌子。本文一开头，提到一种“几”，即放在席上的矮桌，类似我们今天使用的茶几、搁几、炕几，都是桌子的类属，是矮或小的桌子，常用以放置烟酒糖茶等。但是你可曾知道，古代的“几”是放在席上用以倚凭身体的。

有一幅《太白醉酒》的画，李白醉卧在一张斜几上，那画上的“几”就是一种卧具。“隐几而卧”。《庄子·齐物论》还有：“南郭子綦，隐几而坐”的记载。

又据《辞海》“几杖”条注释：“居则凭几，行则携杖”，也说明“几”是一种卧具。

“几”供老年人坐卧时靠身，“杖”乃老年人走路时的手杖。后来把“几杖”二字演化为“敬老”的代词，即《礼记》说的：“几杖二者皆颐养身体之物，古人以之敬老之礼也。”

俎，古代祭器，设宴时陈置牲口的礼器，木制漆饰，如同有足的案。

案，也很古老。有两种三用：读书、写字、作画用的是一种狭长的高脚案，称为书案，也用来办公，谓之“公案”；商铺的货架，如肉案，饭店的红案、白案、案板；还一种是古时进食用的短足木盘。或曰：“有脚的托盘”。《订讹杂录》说，案，食器也；《史记》说：“持案进食甚恭”。

《左传·僖公三十三年》：“臼季使过冀，见冀缺耨，其妇馌之。”“馌”，即是用案去送饭。

俎

历史上称颂夫妇和睦，相敬如宾，为“举案齐眉”，故事中所举的就是这种“案”。《后汉书·梁鸿传》有专述：梁鸿（东汉人，《五噫之歌》作者）“为人赁舂（为人家做捣米的雇工），每归，妻为具食，不敢于鸿前仰视，举案齐眉”。双手将装饭食的案盘举得很高，表示相敬。

后来，“几”与“案”的统称，泛指“桌子”。《世说新语·雅量》记述：“欲与主薄周旋，无为知人几案间事。”这“几案间事”，就是指在办公桌上处理公文，或指官场纠葛、笔墨官司。当时把业务能力强、学识水平高、有才干的人叫“有几案才”，或叫擅长“几案”。《魏书·李宝传》说：“有几案才，起家司空行参军”；《邢昕传》还有：“既有才藻，兼长几案”的记述。

桌，古时写作“棹”，如清代顾禄的《倚棹录》；又写作“卓”，如《宋诗钞》的“两卓合八尺，一炉暖双趾”。

宋代的桌椅十分考究，尤其是坐椅。不单是为了坐用，还是一种炫耀豪华的厅堂装饰品，如金交椅、银交椅、龙凤椅。在《金史·皇太子卤簿》中，还记载一种“麒麟金浮图椅”。

明代的桌椅，渐由宋朝的浓饰重彩，走向简洁清秀。在历史上明式家具独辟一格。有“苏式广作”之号称（指苏州与广州制作的样式）。还有北京的“京作”。基本上以苏式为代表，多用紫檀、花梨、红木、杞梓、铁梨等质地坚硬、纹理细密、色泽光润的木材做成。明式家具的特点：主要在于造型大方，结构单纯简练，不用烦琐的装饰，充分利用木材固有的纹理色泽，做到既适用，又美观。现故宫尚保存有这种家具的实物。

清代乾隆、嘉庆以后，又兴起追求烦琐雕琢的形式，忽视桌椅的实用价值，强调装饰。桌椅挂有“桌帏”，又叫“桌衣”，饰以罗缎锦绣。

去过故宫的人，都见过“龙椅”，看上去雕龙镂凤，游客都想试坐一下，其实，坐上去还远不如今天平民百姓家里的沙发舒适。

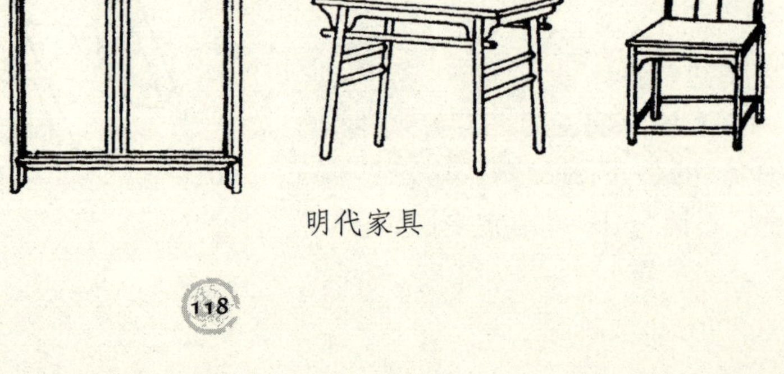

明代家具

算 盘

算盘，因以拨动盘上之珠子运算，故又称“珠盘”、“珠算”。珠算计数简便迅捷，为我国商界、财会界普遍施用的计算工具。很久以来，许多学校还将珠算列为一门课程，教授学生。

《周礼·地官司徒》记述：“保氏掌王谏王恶，而养国子以道，乃教六艺。”“保氏”是一种职掌教育贵族子弟的官员。“六艺”是古代学校的教育内容，即有六种课程：礼、乐、射、御、书、数。是说，三千年前的周朝就设学堂，开设数学课。

古人认为：数学，即数之学问，为算学之一科。别于几何代数而言，以真数论数之性质及关系。我国历史上的数学可分为四种：用心计算则为“心算”，用筹计算则为“筹算”，用笔计算则为“笔算”，用算盘计算则为“珠算”。

《汉书·律历志上》说：“数者，一十百千万也”。我国旧时儿童入学（私塾）的启蒙课本，就是从真数开始的。宋朝学者王应麟编纂的《三字经》，就有数的演进：“知某数，识某文。一而十，十而百，百而千，千而万。”算盘相邻的档与档之间就是这种表示。

数的概念是人类在生产和生活实践中，逐渐形成和发展的。在原始社会就出现了计量的需要，形成了自然数的概念。但作为一种运算科学，《后汉书》记载：“隶首作数。”“隶首”，乃是黄帝的使臣，可以说是我国第一位数学家。传说中的轩辕黄帝“创文字、作数学、定历法”。

《易经·系辞下》的“上古结绳而治”，就包括“结绳记数”，作为数的表达方式。为了备忘，“数大者于绳作大结，数多多结”。以绳之结的大小多少运算其结果。另一种表达方式，就是在陶器或墙壁上，刻画符号，如横为一，竖为十，“手”，代表二千。

据清代钱昕《十驾斋养新录》记述：“古人布算以筹，今用算盘。”指出算盘问世之前的计算工具是“筹”。

筹，《说文解字注》记述：“又谓计算（同算、筹码）为筹度。”筭筹，“用竹径一分，六寸长。二百七十一枚而成一握，此谓筭筹，与算数字各用。计之所谓算也”。即是说，筹是一种竹子制作的数码。《汉书·五行志》上说：“筹，所以纪数。”古时以刻有数字的竹筹计算叫计筹。《汉书·货殖传》：“运筹算，贾滇蜀民，富至童八百人，田池射猎之乐拟于人君。”

《老子》说的“善计不用筹策”。**“筹策”也是用竹制的筹码**。是说，头脑聪明，心算能力强，就可不必动用筹码计算。说明当时用筹已相当普遍。

在今天看来，筹显得非常简单。除用竹或木削制外，还有用骨、铜、铁等各种材料制成，每组筹码必须要求长短一致，粗细相同。我国首次发现的算筹实物，是 1971 年在陕西千阳县出土的骨质算筹，经鉴定是西汉年间所制，它是我国目前所见到的最古老的算筹。形状完好的二十一根，每根长十三厘米。另外，在河北石家庄还出土过一批东汉时的算筹，共九根半，也是兽骨磨制而成，长八厘米左右。

数字 / 形式	1	2	3	4	5	6	7	8	9
纵式	𝍠	𝍡	𝍢	𝍣	𝍤	𝍥	𝍦	𝍧	𝍨
横式	𝍩	𝍪	𝍫	𝍬	𝍭	𝍮	𝍯	𝍰	𝍱

算 筹

经专家研究，千阳出土的西汉筹，其运算方法大致有两种：一是纵式，一是横式。纵式表示个位、百位、万位、百万位……纵式与横式相间表示十位、千位、十万位……以此类推，纵横相间，逢十进一，倘若遇零则其位空档。多么大的数字都可运筹其中。运筹发展后期，还能用涂染红黑两色的筹，分别表示正数与负数，使运算领域更加广阔。在当时，这是最先进的计算方法。这种运算方法使用了大约一千五至两千年之久，此后出现了算盘。

清代学者钱昕，乾隆进士，治学颇广，擅长校勘考订。他对珠算做过考探，但未找到创制源头。他在《十驾斋养新录》中说："今之算盘，以木为珠，不知何人所造，亦未審起于何代？"

《辞海》说："运用算盘进行加、减、乘、除、开方等计算方法，明代已盛行。后来流传东南各国。"只是说明明代已盛行，而未交代创始于何代。

元代陶宗仪《南村辍耕录》有"走盘珠算盘珠"之喻，则元代已有之。元代刘因《静修先生文集》有五言绝句《算盘诗》。《元曲选》中收有无名氏所作《庞居士误放来生债》一曲："闲着手，去那算盘里，拨了我的岁数。"

北宋年间，著名画家张择端，留下一卷绢本《清明上河图》。全长二十尺。画中描绘宋代开封汴河两岸的景物，记录了当时的社会生活片断。就在画的左端，有一座医寓"赵大丞家"，室内的柜台放着一把算盘。日本国士馆大学教授、"珠算史研究会"会长铃木，在看了《清明上河图》后，认为图上画的算盘和现在中国所使用的算盘完全一样。如此说来，算盘的出世，当在 11 世纪上下的北宋，或还早于北宋。

明代景泰年间，吴敬《九章详注比类算法大全》中所描述的算盘的结构，和今天的算盘，大致相同。说明明代的算盘已经定型。不知何时何人，根据这种算盘的结构和功能编了一首谜语：“一宅分两院，两院子孙多，多的则比少的少，少的倒比多的多。”

《中国名人大辞典》记载一位珠算大师：“程大位，徽州人，字汝思，所著《算法统宗》，专为珠算而作。其法皆适于实用，性拙于属文，词多支蔓。”是说他研究珠算能力强，撰写文字能力差。程大位二十多岁在长江中下游经商，六十岁著《算法统宗》，1593 年刊行问世，成为最流行的珠算应用书。书内收五百九十五个数学应用题，全用算盘进行计算。该书因其甚为适用，一再重版，风行全国，流传日本及东南亚。

清代屈曾发还作《九数通考》十三卷，全书文字浅显，用算盘演算。其中歌诀和技巧，由于便于记忆，运算更加简捷迅速。

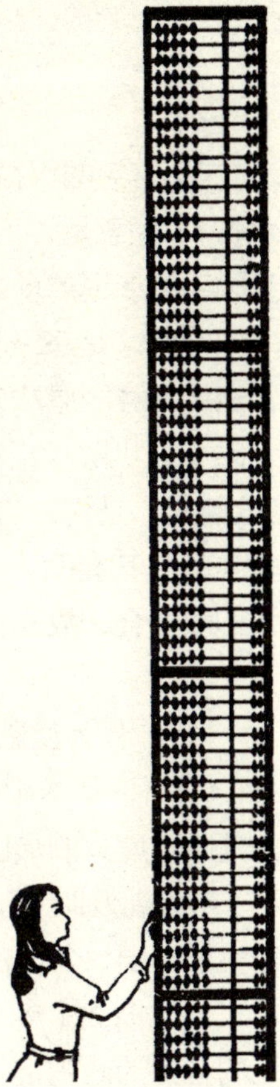

达仁堂算盘

据当代算盘收藏家陈宝定介绍：古老的算盘可分为三代：

早在结绳记事的原始时代。我们的祖宗就在一个盘子里装了一些沙子，在沙粒上记下各种不同符号。这种算盘称为“沙算盘”，可谓是算盘的第一代。

在一个固定的木槽小盘子里，放着一些黑白小圆珠，黑的代表五数，白的代表一数。这是算盘的第二代。

现代应用的七珠或六珠算盘是第三代。这一代的算盘各式各样。在陈宝定的房间里，桌子上、书橱内、床头、榻下，都摆满了各式各样的算盘。古代的、现代的、中国的、外国的，木制的、金属的、塑料的、骨头的，还收藏一支银戒指，面上镌有一把算盘。

普通算盘是上二珠下五珠，但在收藏家那里却有“上三珠下四珠”、“上四珠下四珠”的。还有一把长近二米，八十一档，五百六十七颗算珠的“开方算盘”。墙上还挂一张大算盘的复制品，长四米，四百档，一千四百颗算珠。

上海曾发现一张九十多档的算盘，当时被认为是全国最大的算盘。但在 1982 年又出现一架更大算盘，是天津滨江道达仁堂药店的一个用优质红木制作的巨型算盘，长三百零六厘米，共一百一十七档。据有关部门考证，这架算盘制作于清代。现已被列为文物收藏起来。

度　尺

“莫言短幅仅盈咫，远势固当论万里。”（元代戴良《九灵山房集》为何监丞《画山水歌》）大意是，不要说这帧画的幅度是这样的小，不足一尺，刚有六寸四厘八分，但是画中所展现的场面却是如此广远浩陌，已是逾越万丈千里。

“咫”，是三千年前的一个度量单位，一咫合周代尺八寸，合唐代以来历代工部的营造尺六寸四厘八分。因为“咫尺”的长度不过两拃，所以被比喻距离很近。唐代《唐女郎鱼玄机隔汉江寄子安》：“烟里歌声隐隐，渡头月色沉沉。含情咫尺千里，况听家家远砧。”是说，与那情人只隔一条河，连那对岸人家浆洗衣服的声音都能听到，可就是难以与其会面。类此情景，多是指人为的隔阂。甚至，只隔一道篱笆、一堵墙而俩人不能相会，故云：“咫尺之内，万里之遥。”

“尺”作为度量衡，是怎样出现又怎样演变的呢？

《史记·夏本纪》记载，昔日大禹治水，随身带着规矩和准绳等测量工具。只是不知其所带度具的形体式样和规范标准。

春秋战国时期，封建生产关系逐步建立，城市商业繁荣。手工业兴盛，促进度量衡空前发展，各国都有一套度量衡管理制度和不同的度量衡器具。

公元前 221 年，秦始皇颁发统一度量衡诏令，把七国各自为政的混杂的度量衡制度统一起来。还规定了严格的度量衡校定制度，由官府制发度量衡标准器，流传至今的不下五十件，精工铸造，量值准确。

西汉律历学家刘歆总结了先秦以来度量衡的发展，对度量衡三者的定义、单位名称、进位关系、标准器设计制造方法，以及管理制度都作了详尽的记述。

唐代的《唐律疏议》规定，国家度量衡事务由太府管理，每年八月校正度量衡，凡不按规令校验，私自制造不合规定度量器具的，都要处以杖刑（用荆条、竹板、木棍拷打屁股、大腿、脊背，俗称“打板子”）。

宋代以后各朝，基本上承袭唐代度量衡制。清代段玉裁《说文解字注》介绍，“度，法制也”，并引证《论语》曰：“谨权量，审法度。”《中庸》曰：“非天子不制度。”《孟子》云：“度然后知长短。”孔子编选

汉初铜尺

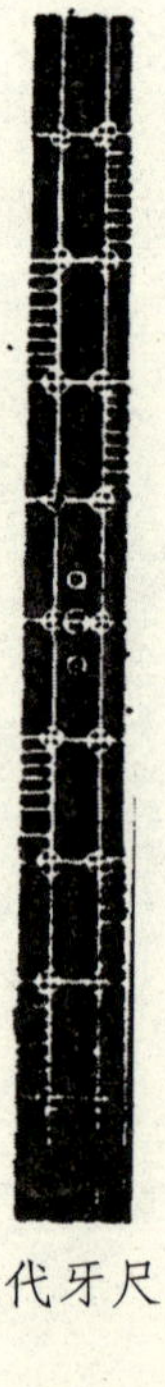
汉代牙尺

的《尚书·舜典》写道："同律，度、量、衡。"《释文》说："度，如字，丈尺也。"《晋书·律历志》曰："度以为尺，相传谓之汉宫尺。"

尺的出现，度的标准，有四种起源说：其一，要从"尺"的象形文字说起。尺，原初写作"巳"，它就像将手张开，大拇指和中指（或食指或小指）来测量某物的长度，谓之"拃"。象形字初始写作"㕥"，一拃为一个度量单位。后演变为"巳"，进而正楷为"尺"。

《大戴礼记·主言篇》记载："布指知寸，布手知尺。""布"，展开手指的意思，说明尺的起源，是由用手指丈量长度演化而来，谓之"指尺"。

宋代朱熹《家礼·深衣制度》记载："裁用白细布，度用指尺。"是说，用拃用指节为长度基准，量布裁衣。即以中指中间那一节手指的长度为一寸，十指（节）为尺。关于"指尺"，宋代章如愚《山堂群书考索·王制言古尺》一书中有详述。

《史记·夏木纪》里说的"身为度，称以初"，就是说古代人还曾用身体的某一部分作为长度标准。

其二，旧版《辞源》介绍："测长短之器曰度，测大小之器曰量，测轻重之器曰衡。量与衡由度而起，各国皆然。中国各地所用之度量衡，向多参差，清光绪末年议定划一：以纵累百黍之长，定为部尺，以部尺三百十六立寸之积，定为升；以部尺一立寸纯水之重，定为库平八钱七分八厘四毫七丝五忽。"

部尺，也称"营造尺"，俗谓"鲁班尺"。用金属象牙、骨、竹、木等制成。因是由封建时代中央官制六部之一的工部所制造，故名"部尺"。起初是用一种秬（黑黍）种子定尺的长度：一粒黍子的纵广为一分，百粒黍子的长度为一尺。所以部尺，又称之为"纵黍尺"。

鲁班尺，见《续文献通考·度量衡》记载："商尺者，即今木匠所用曲尺。盖自鲁班传至子唐，唐人谓之大尺，由唐至今用之，名日今尺，又名营造尺。"

"把酒循环饮，移床曲尺眠。"（白居易《雨夜赠元十八》）这是借用曲尺的形状，表述两只床相接成矩形（L 形）。也就是说，当年鲁班所用之尺呈矩形。《史记·礼书》说"规矩诚错。"唐代司马贞《索隐》解说："矩，曲尺也。"

"纵黍尺"是谁发明的呢？《宋史·律历志》有记载："照以纵黍累尺……瑗以横黍累尺。"是说，李照制定"以纵累百黍为尺"，即"营造尺"，胡瑗制定"以横累百黍为尺"，即"律尺"。

其三，明代朱载堉《律吕精义·審 度》则又说："相传黄帝命伶伦造律之尺，一黍之纵长，命为一分，九分为一寸，共计八十一分为一尺，是为律尺。"

其四，"尺度"，起于黄钟的管长。计算管长的方法有三："以黍粒横排，其长为一百分；纵排为八十一分；斜排为九十分。”换句话说，纵累之营造尺，长八十一分；横累之律尺，为一百分。纵黍尺即部尺，比横黍尺即律尺小十九分。

颖慧的古人，李照也好，胡瑗也罢，乃至上溯到五千年前的伶伦，他们是怎么想到用黍粒或纵或横的排列作为尺度的标准呢？

《几暇格物编》介绍：“黍，禾属而粘者也，以大暑时种之，宜植早田，叶细长而尖，实有赤白黄黑数种，今北人通呼为大黄米，其粒均齐无大小。故者人定分寸，度空径，皆用以为准，纵黍百，当营造尺十寸，横黍百，当营造尺八寸一分。”

“倾方寸以奉国，忘七尺以事君。”（南朝梁国沈约《齐太尉王俭碑铭》）这是说，王俭对君主十分效忠，剖出一颗红心献给国家，捐出一条身躯为皇朝尽瘁。“七尺”，代指身躯，这是古尺的度量，约合今五市尺。

古籍中还常有某人身高丈二的记载：春秋时期的孔老夫子，其身高也有九尺六寸，三国蜀汉大将关云长身高九尺，北宋人鲁智深身高八尺。若与今人相比，不知古度者，可谓巨人。

《谷梁传》说：“男子二十而冠，冠而列丈夫。”“丈夫”，是成年男子的通称，也是女子配偶的专指。“丈夫”一词的来源，就是指身高八尺的男子。《说文》记述：“周制八寸为尺，十尺为丈，人长八尺，故曰丈夫。”

有人因此相信，古人比现代人身高，事实并非如此。

考古学家曾测量过古代人的骨骼和尸体。五十万年前的中国猿人，身高不到一米七十；非洲发现的二百万年前的“能人”，身高不满一米六十；我国河北藁城发现的商代墓穴中的成人身高都在相当于今之五市尺左右；湖南长沙马王堆汉墓的完好女尸，身长也仅有四尺七寸。可见古人不比今人高，而是相反。

通过考古发现及历史文献记载，原来是古代的尺寸与今制不同，而且历代间也有差异。

春秋战国时一尺合二十二点五厘米；汉代一尺合二十三点一厘米；三国时一尺合二十四厘米；晋代一尺合二十四点五厘米；隋代一尺为二十九点六厘米，唐代一尺为三十厘米，宋代一尺合三十一点二厘米；明清两代一尺合三十二厘米；而今一市尺合三十三点三三三厘米。

我国现存最古老的尺，是收藏于中国历史博物馆的一支商代象牙尺。长度为十五点七八厘米，核今之市尺四寸七分三厘四毫。之所以如此之短，是合于古人的手长约十六厘米的缘故。

清代杂家钱泳《小录杂记》考证又说：“以清代尺为基准，以前各代的尺分别：相当周代尺的六寸七分，相当汉尺的七寸二分，相当晋尺的七寸六分半，相当宋尺的八寸七分……"

当代历史学家范文澜主编的《中国通史简编》载有1957年矩斋发表于《文物参考资料》上的《古尺考》，所云历代尺度于上述比较略有出入，摘列如下：

时代尺名	当今尺（米）
战国铜尺（北京历史博物馆藏）	0.230
西汉牙尺（北京历史博物馆藏）	0.233
新莽货布尺（据《货布》）	0.231
汉鎏金镂花铜尺（山东掖县出土）	0.236
魏杜夔律尺（《隋书》十五）	0.24185
晋后尺（《隋书》十五）	0.24532
赵刘曜土圭尺（《隋书》十五）	0.24255
宋骨尺（北京历史博物馆藏）	0.247
梁铜尺（北京历史博物馆藏）	0.2495
后魏中尺（《隋书》十五等尺之八）	0.27974
东魏后尺（《隋书》十五等尺之十）	0.3475
后周玉尺（《隋书》十五等尺之十一）	0.26749
隋万宝常律吕水尺《隋书》等尺之十三）	0.27396

由上各尺算来，古人身高，以汉尺为例，八尺之躯，不过只相当于今之一点七四米，至多是今天的中高身材。

为什么尺子的单位长度会越来越长呢? 据说，很可能是由于历代各朝在征收赋税时一代比一代苛重。封建政府课税，多是征收丝麻布帛等实物。而且历代统治者课税的实际数量，大都相沿承袭不变。表面上仍是要那么些尺，但是为了多收实物税，便采取通过延伸尺子的长度，从而增加税额的实际数量。

我国旧时海关收税还有一种专用标准尺，谓之"关尺"。一关尺等于零点三五八米，较今之市尺还大。

有着标准尺度的今天，人们还间或使用《史记》说的"身为度"。因为一个正常人的身体的各个部分之间大致保持一定的比例关系。比如，在商店有的顾客买袜子，只把袜底往自己的拳头上绕一下就知是否合脚，原来，拳头的一周等于脚的长度。

还可举出几多类此的比例关系：大拇指绕两周半等于手腕的粗；手腕的两周等于脖颈粗；脖子的两周等于腰粗；两肩的宽为头高的两倍；两臂平直伸开，左手指到右手指尖的长度等于身长；脚长的七倍亦约等于身长；心脏的大小和自己的拳头大致相等；正常人的半边脸部，只有自己的巴掌大；人的正常体重通常是身高减去一米的绝对值差数，如一个人身高一米六，那么这人的正常体重在六十公斤左右。

我国古代商人售卖布匹绳索时，还以“庹”为单位。把臂左右伸直，两手间的长度谓之一庹，约合今五市尺。

下面介绍古今尺码计量单位的历史演变。

度量的单位，最小的是“忽”，最大的是“里”。先秦古书《孙子算经》记载：“度之所起，起于忽，欲知其忽，蚕吐丝为忽。十叙为一丝，十丝为一毫，十毫为一厘，十厘为一分。”

“分”以上至“引”，谓之五度。《汉书·律历志》解说：“十分为寸，十寸为尺，十尺为丈，十丈为引，而五度審矣”；“十五引为一里”。

又，五尺为庹又为墨，七尺为仞，八尺为寻，十六尺为常。

忽，只有蚕丝直径的十分之一那么短，肉眼难辨。人们常用“忽微”表达极细极小，小到如《汉书·律历志》中说的“忽微，若有若无，细于发（头发丝）也。”所以，文人常用“忽”表示：忽略、不经意、迷惑、模糊不清、断绝、灭泯，等等。

短到肉眼看不清的“忽”，在尺上怎样表示刻度呢？唐代训诂学家颜师古为《汉书》作注引孟康的话说：“空积，若郑氏分一寸为数千。”是说“忽”，在尺上无刻度，把一寸分为千段，取其之一便是。而王先谦补注引李光地的话说：“忽微为空积者，自毫丝以下，非目力所分，虚积其算。”一忽之长，可用心思去断定，约莫估计而已。

原来，古人把“忽”理解为，在理论上是客观存在的实体，但由于无法“用手分割，用目審辨”，便把它当做虚渺之数，空积之意，难得实体；或可大致约略去认定一忽或几忽是多长，可会意，可言喻，不可手指目视。

丝，微量长度单位，蚕吐十忽合一丝，千分之一分。北周庾信《为晋阳公进玉律秤尺斗升表》写道：“分粟絫（累）黍量丝。”是说丝作为长度单位，是来源上面已讲过的分粟累黍。一丝等于一黍的千分之一，相当于一根头发丝的直径。

尽管一丝为一忽的十倍，仍然很短，用尺具难以度出。所以古代也用其形容微观：很细、很小、很少。如《资治通鉴》的“丝恩发怨”，唐代周彦晖的“丝雨带风斜”，陆游的“丝丝红萼弄春柔”。都是分别说明“细微的恩怨”，“毛毛的细雨”，“纤细的花丝”，形容细微之至。

毫，“忽”的一百倍，“寸”的千分之一。由动物细毛引申而作为微量长度单位。丝毫合用，甚言其微。《大戴礼·保傅》记述：“易曰，正其本，万物理，失之毫厘，差之千里，故君子慎始也。”毫，虽然仍是微量长度，但作为客观存在，摸得着，看得见。不过须经细心略理。《易经》揭示的“失之毫厘，差之千里”，虽然讲的是哲学，却是起源度量实践。

近代，毫与某一物理量的单位连用时，则表示该量的千分之一。如毫米即表示米的千分之一。其他常用的有毫克、毫安、毫伏、毫秒、毫亨利等。

厘，古作“氂”、“嫠”。小数名，单位的百分之一，长度尺的千分之一，地积亩的百分之一。也常用于表示“极言微小”。汉代张衡《西京赋》说：“剖析毫厘，擘肌分理。”是形容对某事或物的研究，观察、分析、解剖相当的精细入微。

分，长度起源的基本单位，一黍纵长为一分。百分为一尺。由此借以表示标准的意思。唐代窦臮《述书赋》写道：“明齐短长，闇结分寸。”是说对事物的自然理解，各有定数，各有规理。后来引申，代指说话或做事的恰如其分。

长度的一半谓之分，分开；有对折的意思。后来，泛指“一半”。如《列子·周穆王》中的“人生百年，昼夜各分”。分即百分之五十。

寸，尺的十分之一，也被古人视为长度的基本单位。《淮南子·主术》说：“夫寸生于粟，粟生于日，日生于形，形生于景，此度之本也。”

因分与寸是尺刻度之最小单位，故用分寸比喻微小。《史记·苏秦传》：“臣，东周之鄙人也。无有分寸之功。”是东周的抗秦游说家苏秦自谦地说，我没有任何功劳。

短于尺的寸，还表示物体、时间、距离的短。如“寸旬”、“寸阴”表示时间暂短；“寸眸”代指眼睛，引申为目光浅短；“寸禄”代指挣的钱少，经常短缺；“寸进”表示进步的缓慢；“寸木岑楼”比喻长短相差悬殊；“寸男尺女”代指父母膝下子女；“寸阴若岁”比喻本来短短的几分几时或几天，却好比那长长的一年。

墨，也是古代长度单位，“介于尺与丈之间半者日墨”，即五尺为一墨，二墨为一丈。《国语·周》写道：“其察色也不过墨丈寻常之间。”

何谓墨丈？《国语注》说：“五尺为墨，倍墨为丈。墨丈，就是两个五尺，合为一丈。”

介于墨、庹与墨丈之间的度量单位还有“仞”。孔子《论语·子张》有“夫子之墙数仞”；《例子·汤问》有“太形（行）、王屋二山，方七百里，高万仞”；《汉书·食货志》有“石城十仞”。这许多“仞”，都是长（高）度单位。

仞之长几何？后汉包咸《论语》注、郑玄《仪礼》注、王逸《楚辞》注、高诱《吕氏春秋》注，都说：一仞等七尺；而后汉赵岐《孟子》注、王肃《孔子家语》注，郭璞《山海经》注，又说一仞等于八尺；还有《汉书·食货志》注引汉代应邵说：一仞等于五尺六寸；《小尔雅·广度》则又说一仞等于四尺；清代陶方琦写有一篇专著《说文·仞字八尺考》说，一仞等周尺八尺、汉尺七尺、东汉末尺五尺六寸。诸说不一，有可能也是因历代尺规之不同所致。

由此而引申，仞，还作“测量深浅”解。《左传》昭三二年：“计丈数，揣高卑，度厚薄，仞沟洫。”是记载春秋时代鲁国昭公三十二年农历十一月十四为周天子修筑城墙时，有位叫士弥牟的人为工程制订方案，计算长度，估计高低，度量厚薄，约算沟渠的深度。

《祷经·閟宫》记载：“是断是度，是寻是尺。”“寻”，也是古代长度单位。其大意是说春秋僖公造祖庙，命人采伐木材，用锯拉木，测量木材长度，有的锯成八尺长，有的锯成几尺长不等。

“寻”，八尺之长。后来，凡物之长、广、高都叫寻。《方言》说：“自关而西秦、晋、梁益之间，凡物长谓之寻。《周官》之法，度广为寻。”如晋代左太冲《魏都赋》中的“硕果灌丛，围木竦寻”。这“寻”字则指高度。所以，如今在某些地区还有方言说：“一根扁担长一寻，一条桌子宽四拃。”

唐代柳宗元《梓人传》中的“所职寻引，规矩绳墨”，就是指木工度量长短之事。“规矩”，校正圆形方形之器；绳墨，指工匠用的墨线和曲尺。

丈，“十尺为之”。度量长度也谓之“丈”，如“清丈”、“丈量”。《汉书·枚乘传》记载：“寸寸而度之，至丈必过。石称丈量，径而寡失。”后称测量土地为丈量。如无名氏《谢金吾》写道：“差你丈量官街阔狭高下，一例拆毁。”是说叫你测量那公路街道的宽长是多少，对那些超街建筑，一律下令拆除。如同今天的拆除违章建筑物。

“常”，是长度的又一单位，十六尺为一常。既等于两寻那么长。《国语·周》说：“不过墨、丈、寻、常之间。”《注》说：“五尺为墨，倍墨为丈；八尺为寻，倍寻为常。”即两墨为一丈，两寻为一常，都在十尺上下。

引，十丈之长。今为市引的简称。一公里等于三十市引。旧版《辞源》介绍：“十丈曰引，其属于万国权度通制者，名公引。”

唐代唐彦谦《鹿门集·留别》记述：“鹏程三万里，别酒一千盅。”这“三万里”也是长度单位。约合四百五十万丈，四千五百万市尺，合公制一万五千米。即是一里等于一千五百尺。当然，诗中说的三万里，并非实数，而是虚指主人的朋友将要远别上任，今日畅饮相送。

里，其长度历代不等。按营造尺库平制计算，其里长为尺之一千八百倍。合万国权度通制之五百七十六公尺。1929 年制定一市里为一百五十丈，合公制五百米。

铅　笔

铅笔，开宗明义，铅做之笔也。有人却认为，铅笔一名，是以讹传讹。理由是铅笔非铅（化学符号 Pb）所做，而是用石墨（化学成分 C 为笔芯）。

其实，这两种说法，既对，也不对，都只是说对了一半。因为，近代之铅笔，确实是石墨所做，与铅无干。称为铅笔，名不副实。岂知，我国原始的铅笔，确实是用铅为之，“以铅书字”有过“铅条做笔”的古老历史。

公元60年前后，东汉明帝刘庄组织学者编写的史书《东观汉记》载：“曹褒寐则怀铅笔，行则诵读书。”此论翔实。因为该书是班固、伏无忌、崔寔、蔡邕等史学家编纂官修的本朝纪传。“东观”乃洛阳宫中之殿名，“曹褒”乃后汉建武博士曹充之子，自幼好学，博物识古，著作“演经杂论一百二十篇，撰写礼记四十九篇”。

《任昉表》也有记载：“人蓄油素，家怀铅笔。”任昉，其名在历史上有两人。一是后汉成都人，出为平原太守，官至尚书令；一是南朝梁国文学家，八岁能文，家虽贫，聚书至万卷，所著文章数十万言。从其“当时以表、奏、书、启诸体散文擅名”的记述，《任昉表》当作于5世纪80年代左右。“人蓄油素，家怀铅笔”，是任昉为范始兴作《求立大宰碑表》文中之颂词。“油素”，代指光滑的白绢，多用于书画，又作书写用纸的代称。表文中可能是说，这一诗书之家，备有许多文房四宝。

由此算来，东汉至南朝，铅笔的历史，至少相沿五百年。

“何必守章句，终年事铅黄。”（唐代陶翰《赠郑员外》）“铅黄”，即“铅粉、雌黄”。雌黄是矿物颜料。“铅，所以书界阑；黄，取以涂误字”。又因古人常用雌黄以点校书籍，故又称校勘为“铅黄”。唐代白居易《酬卢秘书》：“笔尽铅黄点，诗成锦绣堆。”是说，诗文写完后，还要下工夫斟酌推敲，刻意修润。

《西京杂记》卷三记载一种“铅椠”，也是古人用以书写的工具：“扬于云好事，常怀铅提椠，从诸计吏，访殊方绝域四方之语，以为裨补輶轩所载。”何谓“铅椠”？“铅”，用以写字；“椠”，古代用木削成以备书写的版片。是说西汉语言学家扬雄，刻意编著，治学严谨，经常带着铅笔，提着木版深入到国内边远偏僻异地专门采访，搜集民间各地的俗言俚语，以不断完善他的著作《輶轩》——《輶轩使者绝代语释别国方言》，简称《方言》一书。

《风俗通序》写道：“周秦常以岁八月，遣輶轩之使，求异代方言。”“輶轩”，古代帝王的使臣多乘的一种轻便车，后称使臣为“輶轩使”。

秦笔汉纸出现以后，文人得以挥羊毫洒宣纸，虽然文房四宝具备，已不再使用铅笔，但文人雅士仍习惯用“铅椠”一词，代指笔墨砚纸代指书写。如唐代大文豪韩愈《进无本师归范阳》中的“久不事铅椠”，是说，有很多日子，没写东西了。“铅椠”，亦指著作及校雠（音 chóu，校对）。

《翰苑新书》云：“人拾青紫，家怀铅素；求古文于孔壁，收行书于汲冢。”“铅素”，铅，铅笔；素，古无纸，用以写字的白色生绢。铅素、油素与铅椠都犹同今日之笔与纸，即古代之书写文具。

铅，为何能写出字来？盖因那铅，熔点低，比重高，延性弱，展性强。主要存在于方铅矿（pbs）及白铅矿（pbco3）中，经煅烧得硫酸铅及氧化铅，再经还原即得金属铅。“颜色灰白，爪之有痕。”所以用铅条，可在白净木版上划出银灰色线痕。故得以写字。

唐代李贺《金铜仙人辞汉歌》还以铅之易溶比做泪之易流：“空将汉月出宫门，忆君清泪如铅水。”清泪如铅水，即是“铅泪”一词的由来，是形容流泪如泻泉，犹如炼铅熔化成水浇铸之状也。古人偏爱“铅泪”一词，又见元代张雨《黄蜀葵》：“金铜仙人雨水立，铅泪恰如辞汉时。”

与铅同属矿物用为笔者，又有石笔，是专用于石板上书画所用。以化石或石笔石制之。滑石制者，颇软；石笔石制者，往往伤石板面，则宜用上等石笔石制之石笔为宜。制法：以锯截石材如筷，用半圆沟形之凿削之，再用木贼（一种灌木，茎粗糙）磨去棱角即成。用法：以石笔，书之石板。石板，青黑色的黏板岩之薄片，四周为框。犹同今天学校教室的黑板，石笔如粉笔。石板的规格，一般长一尺、宽八寸左右，随写随擦，若石板太滑，可用木炭磨洗。

石笔石，与滑石同类而质较硬，色白微绿，如叶如块，颇似蜡，故又称蜡石，以其制石笔，并可雕刻，制文具。

石板石笔，一直沿用到20世纪40年代。那时的小学生，几乎人手一套。以之练习写字：“人手足刀尺……”儿童教育启蒙多得石笔之功。

话又说回来，今日市售之铅笔，名不副实，是一种讹称。因为这笔之芯不是铅，而是与金刚石均为炭属的同素异晶体——石墨。其结构呈六方板状或片状，集合体为鳞片状，铁黑至钢灰色；条痕呈光亮的黑色，硬度1，比重2.25；有滑感；能异电；化学性质不活泼，耐腐蚀。通常产于变质岩中，是煤或碳质岩石（或沉积物）受区域变质作用或岩浆侵入作用的影响而形成。高纯度石墨在原子反应堆中用作减速剂；电工方面用以制作电弧炉、电池和弧光灯的电极，以及电机的电刷等；还可制造坩埚和机器的润滑剂、涂料等；是做铅笔的主要原料。

石墨，俗叫“黑铅”，古谓石涅、黑石脂、画眉石。在我国的被发现、开采以及使用都比欧美要早。

《明一统志》介绍：“南雄府土产石墨，出始兴县南五里小溪，长短巨细似墨。人或取以画眉，故又名画眉石。”

《本草纲目》说：“黑石脂一名石墨，一名石涅，此乃石脂之黑者，亦可为墨，南人谓之画眉石”。

毛 笔

“水复山重客到稀，文房四士独相依。”这是南宋大诗人陆游，因居处荒僻，无客来访，且又无处可去，幸好有笔墨纸砚相伴，借以逸乐。两句诗给人启迪的是，对于文人来说，尽管独居客稀，缺少宾朋与之长谈，但是难得有文房四士与之相依。闲来无事，弄墨舞笔，自是赏心乐事。

“文房”，指书房；“四士”，指笔墨纸砚。“文房四士”又谓之“文房四谱”。

宋代苏易简曾撰有《文房四谱》五卷。其中，《笔谱》二卷，《砚谱》、《纸谱》、《墨谱》各一卷。分别叙述原委本末及其故实，并附录有关辞赋诗文。宋代尤袤《遂初堂书目》也收有《文房四宝谱》。

“摆列着昭容阁文房四宝，传画出西子湖眉月双高。”这是明代汤显祖《牡丹亭》唱词两句。“文房四宝”，是文房四士的俗称。

“文房四宝出二郡，尔来赏爱君与予。”（宋代梅尧臣《宛陵集》）这是说，笔墨纸砚产于湖州、徽州。《辟暑录话》又说：“世言歙州有文房四宝，谓笔墨纸砚也，其实三耳，歙州本不出笔。”“歙州”，宋代以前称徽州。

古人有“四宝精英”之称，是指：湖笔、徽墨、歙砚（一说端砚）、宣纸。湖笔产于今之浙江吴兴县；徽墨产于今之安徽歙县；歙砚产于今之江西婺源县（端砚产于今之广东德庆县）；宣纸产于今之安徽宣城、泾县。

“文房四士，管城占先。”“管城”，是毛笔的古称，古又谓之“聿”、“弗”、“拂”、“毫”、“毛颖”、“不律”、“秦笔”；别名又称做“逍遥管”、“毛锥子”、“中书君”、“龙须友”、“尖头奴”，俗称“水笔”、“墨笔”。

关于毛笔的创始年代以及何人所首创，众说不一。

明代严敬《事物纪原》说：“虞舜造笔，以漆书于方简。”意思是：笔是我国父系氏族社会后期部落联盟领袖虞舜所创造，当时是以漆代墨写于竹简。传说《古文尚书》就是用漆所写。

《后汉书·杜林传》记载：“林前于西州得漆书《古文尚书》一卷，常宝爱之。”是说公元前40年，汉光武帝时，有个大司空名叫杜林，曾得到一卷用漆写的《古文尚书》，后传于卫宏。

虞舜造笔，用漆写书，迄今当有四十二个世纪的历史了。不过，一种较为普遍的说法是，毛笔乃秦朝大将蒙恬在湖州折柳，插中山兔毫而发明。蒙恬也因此而被尊为毛笔的始祖。

《中国人名大辞典》介绍蒙恬："恬始作笔，以枯木方管，鹿毛为柱，羊毛为被，所谓苍毫也。"《辞海》则说："传说他（蒙恬）曾经改良过毛笔。"晋代崔豹《古今注·问答释义》中也说：毛笔是"蒙恬始造，即秦笔耳……所谓苍毫，非兔毫竹管也"。

创制也好，改良也罢，毛笔在公元前210年前已问世无疑。从1975年在湖北云梦睡虎地十一号秦墓出土的三支竹笔来看，秦代所用的毛笔已经很像现代的毛笔了。但是，这还不是最早出土的毛笔。

1954年，在长沙左家公一座战国晚期的木椁墓中，发掘出一支毛笔，是用上好的兔箭毛制成的，笔杆为圆竹条，用细小的丝线缠住笔头与笔杆，外面涂漆加以固定。长沙古时属于楚国，发掘之笔便命名为"楚笔"。这才是迄今已知的我国出土最早的毛笔实物。由此而论，秦人蒙恬对毛笔的贡献，只能是改良罢了。

有关学者还认为，楚笔还不是最早的毛笔，从出土的新石器时代的器皿来看，上面的图案画得精细，没有毛笔是绘制不出来的。虽然现在还看不到新石器时代的毛笔实物，但可以不无根据地推断，我国新石器时代的人，就已懂得制造毛笔了。这个论断倘若成立，一下把毛笔的问世推到了我国的仰韶文化时期，因为那时制作的细泥红陶上，常有彩绘的几何形图案或动物形花纹。该文化遗址位于今河南省渑池仰韶村。据碳—14法测定，整个中原地区的仰韶文化，包括不同时代的各个类型，约为公元前5至前3000年。按折中法算，毛笔问世也有六千年了。此论近于虞舜造笔一说。

毛笔，古时为何有那许多称谓呢？

《说文解字》是这样记述的："聿者，所用书（写）之物也，凡言所以者视此。"是说古时称筆（笔）为"聿"。如《太玄·饰》中说的："舌聿之利，利见知人也。""舌"是说话，"聿"是写文章。"舌聿之利"，犹同能说会写。所以后来"聿"字上冠"竹（⺮）"头为筆（笔），"聿"下加"曰"为書（书），"曰"为说，"聿"为写，所以"書"字又作动词"写"解。《墨子·尚贤》中的"书之竹帛"，就是在竹简或绢帛上写字。

先秦时，国中无"笔"字。筆字的出现，《说文解字注》介绍：笔，"楚（湖南湖北等地）谓之聿，吴（长江中下游，东南沿海一带）谓之不律，燕（河北北、辽宁南）谓之弗"。秦始皇统一六国后，从各诸侯国的不同称谓中，采取楚国的"聿"字，加一竹头，统一称做"筆"，今简化为"笔"。简化得贴切，表示竹制笔杆、毛制笔头。

"刊落陈言，横骛别驱。"（《韩愈传·赞》）这是说大文豪韩愈的文章之所以精绝，是他几经删除文中烦琐芜杂的字："一人之精，文重思烦，故其书刊落不尽，尚有盈辞，多不齐一。"刊落就是删削之意。

刊，砍斫、削除，又当雕刻、改定讲。所以古人写字时案头还放着刀。一旦用笔在竹简上写字有误，则用刀刮去重写。谓之刀笔。

“刀笔”，又是以刀代笔。古时记事，最早是用刀刻于龟甲或竹简上。《淮南子·秦族》说：“然商鞅之法亡秦，察于刀笔之迹。”后称代人写文章叫“捉刀”，用毛笔、钢笔，写的文章好，也称“刀笔写手”。这是古语的沿称。

后称“讼师”为刀笔，“包揽诉讼，刀笔代书”。是说这种人的笔利如刀，笔可杀人。

宋代郭若虚《图画见闻志》的“赵光辅……攻画佛道，兼精蕃马，笔锋劲利，名刀头燕尾”。后人又用“刀头燕尾”，比喻锋笔的劲利。后又出现“蝇头燕尾”，则是说毛笔字写楷书的要领，起笔似蝇头，收笔似燕尾。

须知，并不是说古人处在捉刀刊刻的时代是因为没有毛笔，主要是因为没有纸。事实上，人们曾经从殷墟甲骨文中发现有已写好但未动刀刊刻的文字。

毛笔，顾名思义，用以书写的主要部位笔头，是用某种动物之毫毛制成。所以毛笔古称为“毫”。南朝梁国萧统编录的《文选》中，有晋代陆士衡的《文赋》写道：“或操觚以率尔，或含毫而邈然。”何谓“含毫”？

《晋书·束皙传·玄居释》写道：“含毫散藻，杂撰同异。”是说吮笔写作谓之含毫，换句话说，就是以口润笔。这里的“含毫散藻”，是说挥笔写出华丽的辞章；而上面的“含毫而邈”则是，用口将笔端墨汁吸出，而不再写作了。

“含毫”又谓之“吮墨”，《梁书·刘孝绰传》：“由此而谈，又何容易，故韬翰吮墨，多历寒暑。”“吮墨”，就是吸吮笔上墨汁，不再写作。而唐代李商隐《会昌一品集·序》中的“吮墨摛词，咏日月之光华”。这里的“吮墨”，则是指吮笔写作。“吮笔”又通“运笔”，犹同“挥毫”。

唐代杜甫《饮中八仙歌》：“张旭三杯草圣传，脱帽露顶王公前，挥毫落纸如云烟。”是说，被称为草书之圣的张旭，大醉之后，呼喊狂走，在王公面前大不敬地脱下帽子，笔走龙蛇，一挥而就。字体精绝，逸势奇状。“诗成珠玉在挥毫”。

毛笔为何又叫“管城子”？韩愈《毛颖传》解释：“秦始皇使恬（蒙恬）赐之汤沐，而封诸管城，号曰管城子。”所以黄庭坚《戏呈孔毅父》写道：“管城子无食肉相，孔方兄有绝交书。”诗中“管城子”指“笔”，“孔方兄”指“钱”（古之铜钱中间有方形孔）。

毛笔为何又谓之“逍遥管”？由于文笔爽利，“挥洒容数人，十手可对面”；“挥洒逍遥于天地之间而心意自得”。所以《西厢记》中，张生“只凭一只七寸逍遥管，退却孙飞虎围困普救寺的五千兵”。故，毛笔又叫“逍遥管”。

至于毛笔又称“毛颖”，见于“我行何所挟，万里一毛颖”。这是宋朝陈渊《默堂集》的杂诗两句。毛颖名称的来源，也是出自唐代韩愈的《昌黎集·毛颖传》：“以笔拟人，为笔作传”。后来遂以毛颖为笔的代称。

毛笔为何又叫“龙须友”？其典出自《云仙杂记》：“郄诜射策第一，再拜其笔曰：‘龙须友使我至此。’”是说晋国人郄诜，博学多才，威严公正，举贤考试名列第一，多得毛笔之助。

“多谢中书君，伴我此幽栖。”（苏轼《自笑》）“中书君”是毛笔的另一别称。唐代韩愈《昌黎集·毛颖传》解说：“以笔拟人，叫做毛颖，又称中书君。”“中书”原是宫庭内阁中掌管“撰拟、记载、翻译、缮写”的七品官职名。中书君执之毛笔谓之中书君。所以韩愈说：“以笔拟人”。

笔也可代称他物：“笔札”代指书信；“笔记”代杂识；“笔舌”代写和说；“笔受”代记录；“笔削”代修改文章；“笔耕”代文人的谋生职业；“笔触”代写作能力；“笔意”代写作风格；“笔法”代写作技巧；“笔墨”代表文章；“润笔”代稿酬；“妙笔”代文章警绝，等等。

古代练字，讲究笔锋。姜夔《续书谱》说：“笔欲锋长劲而圆，长则含墨，可以运动，劲则有力，圆则妍妙。”运笔时，能将笔之锋尖保持在字的点画之中者，叫“中锋”；能藏在点画中间而不出角者，叫“藏锋”；将笔之锋尖偏在字的点画一面者，叫“偏锋”。一般以“偏锋”为书法之病。

清代周星莲《临池管见》也说：“能将此笔正用、侧用、顺用、逆用、重用、轻用、虚用、实用、擒得定、纵得出、遒得紧、拓得开，浑身都是解数，全仗笔尖毫末锋芒指使，乃为合拍。”

唐太宗赞赏王羲之之字：“观其点曳之工，裁成之妙，烟霏露结，状若断而还连。”就是文士说的“笔断意连”或“意到笔不到”。欣赏字如观画一样。“离披点划，时见缺落，此虽笔不周而意周也。”妙！

五代残唐人梁荆浩著有《笔法记》，作者假托在太行山与一老叟的答问，论毛笔作画，有“气、韵、思、景、笔、墨为‘六要’。笔有筋、肉、开、气‘四势’，复有无形、有形‘二病’。”指出“水晕墨章”兴于唐代，并略评诸家山水画的得失，如吴道子有笔无墨，项容则有墨无笔。

我国毛笔的发展，可分为两个阶段。南宋以前，宣笔极负盛名——“落纸惊风起，摇空浥露浓。丹青与纪事，舍此复何从。”这是唐代耿讳对宣笔的赞誉。早在东晋时，宣州陈氏毛笔，为王羲之等所推崇。到了唐和北宋，宣州诸葛氏的毛笔已是名声大振。

白居易在宣城做太守时，写了一首《赞毫笔歌》："紫毫笔，尖如锥兮利如刀，江南石上有老兔，吃竹饮泉生紫毫。泉州之人采为笔，千万毛中拣一毫。"

"每岁宣城进笔时，紫毫之价如金贵。"这是说宣城笔以"紫毫"为上品。柳公权也曾向诸葛氏写过《求笔贴》。诸葛氏何许人？

诸葛氏乃诸葛高是也。此人系北宋年间制毛笔的能工巧匠，其家世代相传以制笔为业。《宣城县志》记载："诸葛笔见于右军帖。""右军帖"即王羲之写的《求笔帖》。因王羲之官至右军，人称"王右军"。他曾向宣城陈氏、诸葛氏求过笔。足见这诸葛高六百年前的祖先，4 世纪中叶就已造出工艺高超的毛笔了。

到了 10 世纪诸葛高这一代，由于他刻意钻研，对世传诸葛笔进行过较大改革。其显著的优点是：选料精细，笔锋健锐，刚柔得中，克服了当时一般毛笔圆熟少锋，书写无力的毛病。时人赞誉道："笔工诸葛高，海内称第一。"诗人林和靖试笔后说："难得宛陵笔，如麾百万师，横行纸上，所向如意。""宛陵"即宣城的古称。

北宋书法家黄庭坚得诸葛高毛笔后吟咏："一束喜从公处得，千金求买市中无。"

另一古老而著名的毛笔之乡：江西省进贤县李渡镇（原属临川县），所产李渡毛笔的历史，已有一千七百多年了。

传说，自秦人蒙恬发明"柳条笔"不久，便有制笔工匠陕西咸阳人郭解和朱兴即二人来到李渡一带传授制笔技艺，经过一代又一代相传，逐步形成了一套"整理排列凌毛乱麻，兼齐顿压，确定笔形"等制作工艺，毛笔质量越来越高。

晋代书法艺术家王羲之曾用过李渡毛笔，书法艺坛上那脍炙人口的《写经换鹅》，就是用李渡毛笔书就的。

"山阴道士如相见，应写黄庭换白鹅。"李白《送贺宾客归越》中的这两句，写的正是王羲之用李渡毛笔写《黄庭经》换白鹅的故事。

《晋书·王羲之传》记："羲之性爱鹅……山阴有一道士，好养鹅。羲之往观焉，意甚悦，固求市（买）之。道士云：'为写《黄庭经》，当举群相赠耳。'羲之欣然写毕，笼鹅而归，甚以为乐。"是说，王羲之自幼喜欢鹅，一天，他看见绍兴某寺院有一群白鹅，非常喜欢，便进入庙中索买，道士雅爱王羲之的书法，提出：只要羲之为其书写《黄庭经》一部，便以全部白鹅相送为报酬。于是王羲之就高兴地写与道士，换得一笼子白鹅。

唐代文学家王勃在《滕王阁序）中的"光照临川之笔"，赞的也是李渡毛笔。

清代乾隆皇帝弘历视察南昌时，看到李渡毛笔制作精湛，书写自如，即席在广临门外用李渡毛笔挥写"开天文运"四个大字。李渡毛笔也因此增色生辉，更加声名赫赫了。

李渡毛笔，论品类，有“狼、紫、鸡、羊、兼，五毫；论装潢，有黑、白、花、炕，四管；论笔锋，有红、绿、黄、白、青、蓝、紫，七色。”由于这毛笔，毫光毛齐，锋口有颖，软硬兼备，丰硕圆润，清锋朗顶，大由小摆，辗转自如，汲墨饱满，不开叉，不掉毛，书写流利。其佼佼者有——“写经换鹅”、“纯净紫毫”、“七紫三羊”、“书法妙品”、“百花争艳”、“进贤独秀”、“白云狼毫”、“羊毛小楷”、“极品纯净狼毫”、“墨宝”、“墨翰”等。

我国的宣笔为什么又叫湖笔呢?

那是因为——南宋后期，战争频繁，宣州制笔匠南迁浙江吴兴县善琏村，开设制笔作坊。因那时吴兴属湖州府所辖，所以那一带生产的毛笔统称为“湖笔”。

湖州一带所产的山羊，毛质优良，具有很好的锋颖，即羊毛前端有段透明的毛尖。用这毛颖制成的笔，具有笔锋尖锐、修削整齐、丰硕圆润、劲健有力等特点。但是，不是所有的山羊都具有这样的锋颖，只有杭嘉湖平原出产的羊才适于采颖。平均每只羊宜于制笔的羊毫毛也只不过二至三两。

《清异录》记述一则《退锋郎》的逸事：“后唐进士赵光逢遊襄汉溪上，见一方砖，类碑，上题：‘秃友退锋郎，功成鬓发伤。冢头封马鬣（毛），不敢负恩光’。砖后积土如盎，微有苔藓，盖好事者瘗（掩埋）笔所在。”后人把用久已秃的毛笔，称为“退锋郎”。文人因毛笔给过自己功名利禄，不忍随意扔掉秃笔，而将其埋葬起来。又称埋葬“退锋郎”之丘为“退笔冢”。冢，坟也。

“退笔冢”，地处湖北汉江中游，今襄樊市辖，传说是智永所遗：王羲之七世孙智永禅师，云游到笔祖“蒙公祠”，下榻潜心临书三十年，《真草千字文》写过八百本，用坏毛笔头五箩筐，将废笔埋丘，丘上立有“退笔冢”石碑一块。

书法家智永的盛名传开后，远近来到智永出家的山阴（绍兴）永欣寺面向智永求书的人络绎不绝，乃至把永欣寺的门槛都踏烂了。寺里僧人不得不用铁皮将门槛包上，所以，当时，永欣寺又有“铁门槛”之称。

毛笔是由杆（轴、管）和穗（毫、头）组成。笔杆多用拷红竹、凤眼竹、湘妃竹、花斑竹、苦竹等做成，有的还镶嵌各种贵重装饰，如犀牛角、象牙、翠玉、珊瑚、顶珠、玛瑙等。

“毫虽轻，功甚重。”优质毛笔对毫的选料要求极严，“千百毛中选一毫”。笔毫有：黄鼠狼毛的“狼毫”、野兔脊毛的“紫毫”、羊颈腋毛的“羊毫”、猫毛的“玉毫”，还有“鸡毫”、“石獾毫”、“山马毫”等。笔柱与笔被两毛相兼的称为“兼毫”。大书法家王羲之写《兰亭序》用的是“鼠须笔”；南北朝书法家肖子云专用一位老太婆以婴儿胎毛做的“乳毫”。

唐代韶州（现广东辖）时兴鸡毛笔，番禺时兴青羊毫。段公路《北户录》说：“番禺诸都多以青羊毫为笔，韶州择鸡毛为笔。”

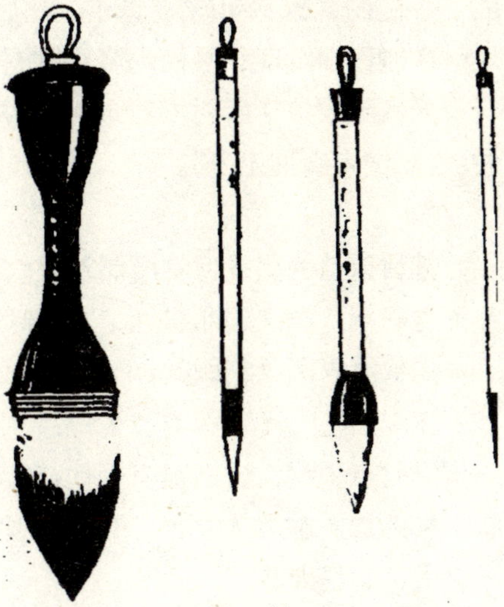
毛　笔

毛笔按大小分有四种：大楷、寸楷、中楷、小楷；按用途分有摺笔、屏笔、策笔、提斗、兰竹、点梅、竹筋等二百五十多种。都要经过选毛、梳、结、压、择等七十多道工序制成。

毛笔写字谓之书法，是中国的传统艺术之一。主要讲究执笔、用笔、点画、结构、分布、行次、章法。如执笔要指实掌虚，五指齐力；用笔要中锋铺毫；点画要圆满周到；结构要横直相安，意思呼应；分布要错综变化，疏密得宜，全章贯气等。

“法书”是书法的另一称谓，又代指名家的书法，或对别人书法的美称。北齐颜之推《颜氏家训·杂艺》写道：“吾幼承门业，所见法书亦多，而翫（玩）习功夫颇至。”

总之，一只妙笔，须备四德：一尖，笔尖不秃、锋颖针锐；二齐，捏扁笔头，修削整齐；三圆，笔头丰满、圆润似锥；四健，笔毛铺开，易于收拢，笔尖揿弯，易于回复。

墨

有笔则当有墨。按理说，当是笔先墨后，但两者孰先孰后，尚无定论。

墨最初产于安徽歙县，唐代称歙州，宋代改为徽州。所以近千年来盖称“徽墨”。用这墨写字，“不沾不涩，不滞不滑，落纸如漆，光泽乌亮，丰肌腻理，千秋墨迹清新，万载存真”，又称誉为“千秋光”。

徽墨是怎样产生的呢？

《论古书法纂》记载：“刑夷始制墨。”刑夷乃是公元前7世纪西周人。

相传，某天刑夷在河边洗手，看见上游漂来一块黑糊糊的东西，顺手捞起来一看，是一块尚未燃尽的木炭，便随手扔到水里，可是再一看那双刚洗净的手，被染得五指漆黑，引起他极大的好奇，于是他追到下游，复又捞起那根木炭，并带回家中，将炭捣研成末。妻子催他吃饭，他双手捧起那堆黑粉末，不小心，“哗”地撒在一碗麦粥中。他索性把粥一搅，用筷子在墙上画了几株墨竹，然后便把“墨粥”碗放在窗台上，凝成一个碗砣，蘸水可研成墨汁。此后，他便如法炮制，并且将其切割成圆形或条形墨块。在制作中发现，以松木烧炭制墨最好。

元代陶宗仪《南村辍耕录》则说："魏晋时始有墨丸，后有螺子墨。""墨丸"即墨锭："墨锭入砚细无声"。

魏晋以前的墨是何物所制?汉代桑钦《水经注·漳水》有述："石墨可书。""石墨"亦谓之石炭，原来碳即煤烟，"研煤为墨"。

清代潘永因《宋稗类钞》还说："上古无墨，竹挺点漆而书。"以漆为墨。

漆以后呢?《宋稗类钞》说："中古方以石磨汁，或云是延安石液。"

何时有墨呢?该书也有交代："至魏晋时，始有墨丸，乃漆烟松煤（煤在此作烟灰解）和为之。故晋人用凹心砚，欲磨墨贮沈（汁）耳……至南唐歙州李（奚）庭珪父子之墨，始集大成。"

李庭珪，原本姓奚，乃是唐朝末年河北墨工奚超之子，为逃避战乱，父子俩背井离乡来到安徽歙州。爷儿俩看到漫山葱郁，古松参天，溪水淙淙，是制墨的理想之处，便决定在这里重操旧业。砍下松枝，烧成松烟，精心研究制墨的技艺。他们制作的墨，坚如玉，纹如犀，名盖天下，被称"奚墨"、"庭珪墨"。奚墨因产于歙州，便有"天下之墨属歙州"的说法。

奚庭珪为何改姓李，又何以"奚墨"改"歙墨"，又称"徽墨"呢?

当时，五代南唐国主李煜，能诗文，善书画，嗜墨如宝。李煜用过奚墨后，将奚庭珪召到京都，封为"司墨"，赐姓"李"，并加封"奚墨"为"徽墨"（也有说徽墨一名始于宋朝）。从此，徽墨便名扬天下，曾一度出现过"黄金易得，徽墨难求"的盛况。

"司墨"即执掌造墨之官，亦称"墨官"。宋代江西诗派二十五人之一的晁冲之《晁具茨集·复以承晏墨赠法》诗云："江南墨官有诸奚，老超尚不如庭珪。""老超"即奚庭珪之父。

如此说来：刑夷制墨，不尽可信；魏晋有之，确凿无疑；墨史名家，首推诸奚。

墨因基本原料不同而分为松烟墨和油烟墨两大类。松烟墨称"松煤"，油烟墨称"桐膏"。明代麻三衡《墨志·权质》说："松煤不肤光，桐膏太骨露。要之，松煤则君子闇然，桐膏乃文士符采。"古墨法说："虬松取烟，鹿胶自揉，九蒸回泽，万杵力扣，光可照人，色不染手。"这说的是松烟墨制法。油烟墨常用的原料是桐油，辅以麻子油、菜子油、皂青油、豆油、公丁香、天然麝香、猪胆、梅片、冰片、金箔等。宋代何薳《墨记·桐花烟如点漆》说："潭州胡景纯专取桐油烧烟，名桐花烟。其制甚坚薄……每磨研间，其光可鉴，书画宝之，以点目瞳子，如点漆云。"

宋代，徽州所辖歙、黟、休宁、绩溪一带，制墨工匠更多，徽墨尤为出名。据宋代河薳《墨记·都下墨工》记载："崇宁（1106 年）以来，都下墨工如张孜、陈昱、关珪、关瑱、郭遇，皆有声称，而精于样制。"

宋代李孝美撰有《墨谱》、《墨苑》、《墨谱法式》三卷。《墨谱》卷有采松、造窑、发火、取烟、和制、入灰、出灰、磨试八图。每图有解说。今本只有采松、造窑二图及解说，其余有说无图。《墨苑》卷记叙著名制墨者十六家的程式，并有所制墨之图。《墨谱法式》卷介绍制墨方法，共二十条。

我国古代制墨名家很多。仅元朝陆友《墨史》记载，就有一百多家。除歙、徽二州外，河北易州，山西上党，陕西千阳、扶风、延州等地都有传统墨坊。

元代陆友著有《墨史》三卷。介绍历代精于制墨技术的人的事迹。自三国魏人韦诞起，至宋代周伯起止，共收录一百九十多人。还记载了西域、契丹、金等地墨的品种、质量、制法和制作者，附《杂记》一篇，记述有关墨的知识和故事。

明代陶宗仪《南村辍耕录》有《墨》一章，条末附历代墨工姓名。

清代，四大制墨家之一的胡开文，乾隆四十七年（1782 年），在安徽屯溪开设墨店。他继承了历代制墨家的技巧，工艺又有独创。他的墨："坚如玉，纹如犀，色泽黑润，香味浓郁，舐笔不胶，入纸不湮"。1915 年曾获得巴拿马万国博览会金质奖章。如今的安徽屯溪徽州墨厂，就是在胡开文墨店基础上发展起来的。

"天下之墨推歙州，歙州之墨推曹氏"。说的是今天上海墨厂原名"徽歙曹素功"的墨。创始于清代初年。曹氏，安徽歙县人，顺治秀才，回乡借明末著名制墨家吴叔大的墨名，墨模制墨，掌握了我国悠久的制墨工艺，子孙世承，专为权贵名流定版制墨。曾为曹寅定制"兰亭精英"，为刘墉定制"柳订仙舫"，为李鸿章定制"封爵铭"，因此名声大噪，居清代"制墨四大家"之首。

一锭好墨，具有"质地细洁、色泽光润、胶水不重、舐笔不胶、入纸不洇、浓而不滞、淡而不灰、香味浓郁、防腐防蛀"之特点。历史上墨之精英有：古钱、天琛、天瑞、千秋光、紫玉光、封爵铭、豹囊丛赏、兰亭精英、柳订仙舫，等等。

墨锭造型千姿百态。高级的墨锭上，雕刻有图画诗词，描金着彩，既可使用，又供赏玩，尤其是仿古藏墨，雕刻精妙绝伦。光是上海墨厂就积聚百年来各种木刻墨模一万余副，版模作品有各种人物、亭阁风光、花卉鱼虫等，书法则"正草隶篆"各体皆有，有一幅"枕雷阁"墨模，系清代作品原版，已成为文物珍品。

选购墨锭，辨别墨的好坏，除了观察制作图案是否精美，涂色敷金是否纯正外，一般有四种办法：辨色、辨声、辨形、入研。辨色就是辨别墨的色泽，以紫色为最好，黑色次之；辨声是将墨锭在桌上轻轻扣放，发出的声响以清脆响亮为佳，重浊不清者为差；辨形是以挺直干燥为好，弯曲霉湿为差；入研以声清为好，磨研至尽而香不泥。

套　墨

有一种集锦墨，是装饰美观的成套丛墨，以几锭、十几锭为一套，其中御园图多至六十四锭。黄山图套墨共十锭，每锭墨的两面都精印着雄伟秀丽的山峰，尽收了黄山三十六大峰的胜景。集锦墨的形状、名称、图案各具特色，有的如画卷，有的像古钱，有的似琴，有的类钟，有的则干脆做成亭台殿阁状，或是神话中的八仙，形态逼真，构图巧妙，雕工精良，配以锦盒，被文人墨客视为互相馈赠的绝好礼品。屯溪徽州墨厂生产的黄山图、西湖图，歙县徽墨厂生产的八仙等，都是名牌集锦墨。

墨，还是文字书籍的代称：“墨本”代指碑帖，“墨首”代指上官对下属的命令，“墨妙”代指文章精美，“墨版”代指印书木版，“墨客”代指文人，“墨启”代指呈给皇上的奏启，“墨敕”、“墨制”与“墨诏”代指皇帝的亲笔手令，“墨庄”代指书房，“墨义”代指儒家经文试士，“墨楮”代指文房四宝，“墨对”代指以书面回呈皇帝的垂询，“墨选”代指八股文选本，“墨戏”代指随兴写意画，“墨宝”代指珍贵的书法原本。

“墨癖”，是指专门搜集天下之墨锭。《僧德洪题跋》记述：“司马君实无所嗜好，独蓄墨数百两，故世称为墨癖。”

“梦随图去凭青鸟，愁逐书来点墨鸦。”“墨鸦”二字比喻书法拙劣。又见明代高殷的《高太史集》：“醉题高壁墨如鸦，一半欹斜不成字。”

比喻写字笔画丰肥而无力的书法为“墨猪”，见唐代张彦远《法书要录·笔阵图》：“多骨微肉者，谓之筋书，多肉微骨者，谓之墨猪。”宋代李洪《芸庵类藁论书》：“竞作墨猪无健骨，谁知笔髓贵丰筋。”

砚

砚台，简称“砚”，亦谓“墨海”，磨墨之具。古用瓦为砚，叫“瓦砚”，后常以石为主，叫“石砚”。

汉代《说文解字》说：“砚，谓石滑也。”清代段玉裁《说文注》解释：“砚，谓石性滑利也。江赋曰：‘绿苔鬖髿乎研上。’”《说文注》又说：“研与砚同，按字之本意，谓石滑不涩。今人研墨者曰砚，其引申义也。”

宋代苏易谱《文房四谱》说，上古轩辕黄帝曾得一玉石，琢为墨海，上刻“帝鸿氏之砚”。这仅仅是传说，黄帝创造文字，笔墨纸当时皆无，怎会有砚？无砚有诗：“帝鸿墨海世不见”。后人遂称砚为“墨海”。

汉代出现瓦砚，不是以泥瓦烧制，而是取房上瓦代用。《汉末未央宫瓦砚记》载述：“汉魏未央宫铜雀台等诸殿瓦，瓦身如半筒，面至背厚一寸弱，背平可研墨，唐宋以来人即去其身以为砚，俗呼瓦头砚。”

《文房四谱》中说：“古瓦砚出相州魏铜雀台，里人掘土，往往得之，贮水数日不渗。”这段话是说，在今河北邢台一带的宋朝当地人，经常挖掘到三国魏时铜雀台遗留的瓦砚。

至于《米芾画史》说的：“晋唐皆凤池砚，中心如瓦凹，故曰砚瓦。笔因凹势锋圆，故其书画皆圆。”“砚瓦”是否为“瓦砚”，一说是，一说否。“二说相反，未知孰是。”

《辞源》说，“砚瓦”即“瓦砚”。唐以前多用瓦砚，后来虽通用石砚，犹称砚瓦。砚，也作“研”。唐代贯休《禅月集》有以《砚瓦》为题的诗作：“应念研磨苦，无为瓦砾看。”

《邵氏闻见录》则说：“砚瓦者，唐人语也，非谓以瓦为砚。盖砚之中心，隆起如瓦状，以不留墨为贵。”这里“砚瓦”一词乃指“砚之中心，隆起如瓦状”，即石制砚台也如此称谓。

贫寒之士，或初入学堂者，多用瓦砚，用泥塑砚胎而入瓦窑烧制。讲究习字书画者，则用石砚。唐代诗论家司空图《司空表圣诗集》有：“夕阳照个新红叶，似要题诗落砚台”句。这“砚台”则分辨不出是瓦砚，还是石砚。

砚，以石制为佳。石质又分优劣，所以我国历史上有“四大名砚”：端砚、龙尾砚、洮河砚、澄泥砚。前三为石质，后一为泥砚。

居四砚之首的端砚，产于广东肇庆东郊的端溪斧柯山。溪水如带，清泉潺潺，夹岸草木葱茏。生产砚台的坑洞，星罗棋布于云雾飘拂的山峦中。

端溪的砚台，颜色凝重端方，质地湿润细腻，花纹隐约浮现。巧色妙纹，便于加工成艺术珍品，使名砚增色，质地细润，最适于研墨贮墨。端砚作为书写工具，主要特色是：雕镂精美，出墨快，蘸笔圆，细而不滑，坚而不燥，发墨不损毫（笔），备受墨客称赞。

唐人李贺说：“端州石工巧如神，踏天磨刀割紫云。”宋代进士程俱曰：“帝鸿墨海世不见，近爱端溪青紫砚。”苏东坡曰：“永宜宝之，书香之托。”诸般颂词，端砚受之无愧。

斧柯山之砚石有："上中下岩之分，南北壁之异，东西洞之目，新旧坑之别，水旱岩之殊。"名堂可谓颇多，故事却也不少。

唐代，端州有个梁秀才，寒窗苦读，实指望科举成名，但却年年落榜，年过五十，仍是个白衣秀士。郁郁成疾，不久别世！临死时对儿子说：孩儿啊，我要走了，只是一心盼望你能发奋读书，长大了榜上有名，我只留下那几箱书和一方砚台……说着从枕下拿出一方与其相伴大半生的端砚，儿子双手接过。父亲又有气无力地说："你的功名都在这砚台上，切记，切记……"老人流了几滴泪，闭上眼睛，撒手去了。

孤儿在樵耕中苦学，历十年寒窗，十八岁上，考中举人。梁举人仍锲而不舍，大比之年，怀揣端砚进京赶考。时值三九，试场上所有考生砚台的墨汁都结有纹丝冰凌，只得连连用嘴哈气暖砚，耽搁答卷。唯独梁举人的砚台，池润墨饱，不冻不涩，满腹经纶，挥笔而就。三场试毕，举人中进士。此功告成，多亏端砚之墨暖。原来梁举人使用之砚，乃是用端溪斧柯山之石凿成，非同一般之砚石。佳话传开，端砚名声鼎沸，一时成为文人墨宝。

龙尾砚又称歙砚，产于安徽、江西两省交界的龙尾山一带。龙尾砚石料分罗纹、金星、银星、金晕、银晕、豆斑等数十种。

"罗细无纹角浪平，米丸犀璧浦云泓。午窗睡起人初静，时听四风拉琴声。"这是苏东坡偶得一龙尾砚，用之研墨，喜悦之情，犹如觅得知音。

龙尾砚的特点是：石质坚密细腻，色泽深沉含蓄，纹理清新妍丽。龙尾砚具有三大长处：发墨多快，蕴墨经久，耐磨耐用。

砚工们依据石料的天然纹脉，精心琢成一方方多彩多姿的美砚。如"耕云砚"，是用金星眉子石雕成，砚面呈现一畦水田，田头卧一耕牛，牛鼓动田水，那密密的眉子纹便天然地形成了水面上的涟漪；几条深色的罗纹，间杂其中，形成了远山倒影；而无数颗闪烁的金星，宛同映入水中的点点星光。

又有一方"骤雨砚"，利用石面上碧绿与苍青两种颜色，构成了乌云骤起之态。乌云下面有几颗曳尾金星，几若暴雨淋漓直下。以假乱真，情趣盎然。

南唐宫廷还设有专门执掌营造歙砚的官员。宋代欧阳修《文忠集》说："南唐有国时，歙州置砚务。造工之善者，命以九品之服，月有俸廪之给，号砚务官，岁为官造砚有数。"

洮河砚产于甘肃临洮，简称"洮砚"。宋代赵希鹄《洞天清录·古砚辨》中说："除端歙二石，惟洮河绿石，北方最贵重。绿如蓝，润如玉，发墨不减端下岩。然石在临洮大河深水之底，非人力所致。得之为无价之宝。耆（老人）旧相传虽知有洮砚，然目所未睹。今或有绿石砚，名为洮者多。”

澄泥砚，是澄结细泥，烧炼所成之砚。

宋代张垍《贾氏谈录》记述：“绛县人善制澄泥，缝绢袋至汾水中，逾年而取之，陶又为砚，水不涸。”

宋代苏易简《文房四谱》记述略为详尽：“山西绛人善制澄泥砚。缝绢袋于汾水中，逾年，泥已实囊，干而切之，成砚形，入窑烧之，故唐人砚品，以虢州澄泥为第一。”

除四大名砚外，小有名气者还有辽宁本溪金坑、桥头一带青紫云石的“桥头砚”，也叫“辽砚”。这种石材是粘板岩，属于水成岩。红色带绿线的叫紫云石，青地带红花的叫青云石。刻出的砚，颜色美，润如玉，保水耐磨。尤其雕砚，如“龙吟虎啸”，“寿山福海”，既实用又赏目。

金星宋砚，产于江南庐山脚下，有十一种稀有的优质砚石材料：金圈、金线、银线、金晕、木纹、冰纹、鱼子纹、眉子纹、金花纹、金花浪纹、水波浪纹等。相传晋代田园诗人陶潜辞官隐居柴桑时，偶得金星石，如获至宝，自雕为砚，研墨挥毫，写下了千古名篇《五柳先生传》。上海书法家任改评曰：“金星宋砚，遐迩驰名，青晖王质，吐雾生云，文房良佐，艺苑奇珍，行家赞誉，异口同声。”

砣矶砚台，产于长岛，始于北宋熙宁（11 世纪 70 年代）。石有枯、润两种，得之涧水中者优佳。只是因为石在大海之中，采之不易，才长久未能与四大各砚并驾齐驱。清代乾隆皇帝曾为之手书：“驼基（砣矶）石刻五蟠螭，受墨何须夸马肝；设以诗中例小品，谓同岛瘦与郊寒。”“马肝”，端石的别名。“岛”指贾岛，“郊”即孟郊，均为唐代诗人，二者文才齐名，故有“郊寒岛瘦”之评。这里把砣矶石与端石比较，如同贾岛与孟郊的文章，无以分晓上下，只是各有千秋罢了。

南朝至宋代，有一种圆形瓷砚，谓之辟雍砚。砚下有多足座，砚面中心稍隆起，周边有棱。以其圆形而周边环水如辟雍，故名“辟雍砚”。辟雍砚大都用青瓷或白瓷制成，砚面不施釉，以便于研墨。

辟雍砚

辟雍，亦作“辟廱”、“辟雝”、“璧雍”。这一词，本为西周天子所设大学之名。《礼记·五制》说：“大学在郊，天子曰辟雍，诸侯曰頖宫。”据蔡邕《分明堂月令论》介绍，辟雍之名乃“取其四周水，圜如壁”。东汉以后，历代皆有辟雍，故以此造型制出辟雍砚，寓意才学高深。

制砚台的材料，除瓦质、泥质、石质外，还有：陶砚、漆砚、铜砚、竹木砚、象牙砚、水晶砚、炭精砚等，皆“因料取势，独具匠心”。

更有一种“铁砚”，以铁铸造。《新五代史·桑维翰传》记述：“初举进士，主司恶其姓，以为桑、丧同音。人有劝其不必举进士，可以从佗求仕者，（桑）维翰慨然，乃著《日出扶桑赋》以见志。又铸铁砚以示人曰：‘砚弊则改而佗士。’卒以进士及第。”成语“磨穿铁砚”，比喻学习刻苦，或源出于此。陆游有感慨之句，《寒夜读书》：“韦编屡绝铁砚穿，口诵手抄那计年。”

砚台和毛笔因长久使用，必将受墨渍而呈现花纹，谓此纹络为“墨花”。唐代李贺《紫石砚歌》有：“纱帷昼暖墨花春，轻沤漂沫松麝薰。”

砚台用时过久，亦须洗涤。一般临湖面河，都到户外水中去涮洗，因墨汁被洗染水乌黑，而称洗砚处为“墨池”。古代著名书法家洗笔砚的墨池有多处。据《太平寰宇记》记述，浙江“绍兴墨池”，相传为晋代王羲之涮笔洗砚之处。

宋代曾巩《元丰类稿·墨池记》中说，江西临川有王羲之学书洗砚的墨池；明代《一统志》记载，河南陕州有汉代书法家张芝洗砚的墨池。后来，“墨池”则泛指学书写字的地方。故有唐代骆宾王的诗句：“雪明书帐冷，冰静墨池寒。”

记述砚的史书，宋代米芾撰有《砚史》。记砚二十六种，辨端歙二石甚详。其中《用品》条，言石理当以发墨为上；《性品》条，论石质刚柔；《样品》条，述历代砚之形制。

宋代高似孙撰有《砚笺》四卷。首卷记端砚。二卷记歙砚，各附以诗文，原有砚图四十二式，已佚。三卷记诸砚品，共六十五种。四卷录前人之为诸砚所作诗文。此书备采各家之说，叙述详而有据。清代曹寅刻入《楝亭十二种》。

宋代唐询撰《砚谱》二卷，今已佚。今存宋人李之彦，明代沈仕等人所撰之《砚谱》各一卷。

清代高凤翰也写有一部《砚史》，四卷。记砚一百六十五方，拓为砚图一百一十二幅。作者平素喜爱砚台，家之所藏皆手琢，自为铭词。

“以文为业砚为田”。砚田，是指旧时读书人依赖文墨为生计，因此，把砚台比作田地。见苏轼《久旱已而甚雨》：“我生无田食破砚，尔来砚枯磨不出。”刘禹锡则写有：“使君滩头拣石砚，白帝城边寻野蔬。”

古人还把学习借指为“砚席”，即砚台和坐席。见《晋书·刘弘传》：“少家洛阳，与武帝同居永安里，又同年，共研（砚）席。”《北史》还记有：“与诸子游处，每同砚席，情契甚厚。”后引称同学为“同砚”。

“砚滴穿池小，书衣种楮多。”“砚滴”，即与砚相佐的用作滴水于砚的器具，也叫“水注”。张邦基在《墨庄漫录》卷二中说：“禹余粮石，形似多怪，魂礧百出，或正类虾蟆，中空藏白粉，去其粉，可贮水作砚滴。”“禹余粮石”，即石的一种名称，可供玩赏。

砚滴也作“水注”。古称酒壶为注子，水注之名本此。其式方圆不一，图为卧瓜水注，汉时器。见于宋代龙大渊《古玉图谱·文房部》。水注又叫水丞。两者之区别在于水注有嘴，水丞无嘴，是一种贮砚水的小盂，亦名“水中丞”。《古玉图谱》中有一种“古玉如意足水丞”。

“窗竹影摇书案上，野泉声入砚池中”。“砚池”，即指凹形砚，后也指砚端低洼贮水处。

纸

举世闻名的中国四大发明之一——纸张，原本脱胎于养蚕漂丝。

汉代许慎《说文解字》记述：“纸，絮一苫也。”

“苫”，是一种草编之帘状物，可用来覆盖；“絮”，指丝棉纤维一类。是说：纸，是丝帛一类的片状纤维制品。

清代的段玉裁，为汉代《说文解字》作注的第十三篇中说得更确切：“纸，丝滓也”，加批：“滓者，淀也”。

西汉时，民间纺织、养蚕、缫丝就已普遍。把蚕茧煮了以后，铺在帘子上浸到河里，然后用棒子砸成丝绵，把丝绵揭下来，帘上便留下薄薄的一层纤维。人们发现这层制丝绵所剩的副产品，晒干了，揭下来就是一张很薄的丝绵纸，可用来包东西、苫东西、写字。于是就有人用废丝绵造纸。

纸，古时写作“帋”，从“巾”。意思是，自从棉布出现后，人们改用破布造纸。布字从“巾”，纸字把“系”换成“巾”，成为“帋”。

千百年来，人们传说“蔡伦造纸”。蔡伦，东汉永元年间作过宦官，当过管理宫廷用品的尚方令，元初年间被封为“龙亭侯”。《后汉书·蔡伦传》关于造纸一节记载：“自古书契，多编以竹简，其用缣帛者，谓之纸。缣贵而简重，并不便于人。伦乃造意，用树肤、麻头、敝巾、渔网以为纸。”就是说，蔡伦看到人们用丝织品和竹木简做书写材料，丝帛昂贵，竹简木版笨重，于是他采用树皮、麻头、破布、旧渔网等物，把它们捣烂成浆，然后把纸浆薄薄地摊到细帘上，漏去水分，干燥后便制成纸张。于公元105年奏报朝廷，时有“蔡侯纸”之称。

其实，经详加考证，纸并非蔡伦发明。他的功绩只是在于对造纸技术的重大改进。

推翻蔡伦发明纸这个千年定论的根据如下：一是1957年5月，在西安市东郊灞桥砖瓦厂工地上，发现了一座古墓。在墓穴发掘出的文物中，有一叠浅褐色的纸，共八十八页。最大的方形纸，边长十厘米。这叠纸在墓中，被压在包着一块麻布的铜镜下面，出土后，从纸上看到有麻布的布纹和铜锈绿斑。据考古研究，这座古墓不晚于西汉的后元年间。

这纸因出土于灞桥而名为“灞桥纸”，经专家们鉴定其原料为大麻、苎麻等纤维。这是世界上最早的植物纤维纸。

二是1933年在新疆罗布淖尔地下；1974年在甘肃居延汉代遗址金关故地，都曾发现过西汉麻纸。

三是《汉书·外戚传》说：“籍武发箧中，有裹药二枚，赫蹄书。”意思是西汉末年，皇宫里曾经用一种叫“赫蹄”的东西包裹药物，并在“赫蹄”上面写着字句。何谓“赫蹄”？颜师古注释：“赫蹄，薄小纸也”，是西汉末年流行的一种小幅薄纸。

可见，纸的出现不是在东汉而是西汉。西汉的“灞桥纸”，较东汉的“蔡伦纸”推前两百多年。由此算来，我国造纸的历史该有两千一百多年了。倘若从以丝絮绵帛造纸说起，那年代就更为久远了。

造纸工坊一角

但是，蔡伦对造纸术的贡献仍是丝毫不能泯灭的。他研究成功用树皮、破布、麻头、旧渔网造纸，比灞桥纸薄而均匀，表面平贴，有一定韧度，适于书写。而且造纸原料广阔，造价低廉，使纸的生产迅速发展。所以人们依然永远铭记蔡伦的伟大功绩。

继蔡伦造纸一百年后，我国又出现一名造纸能手——东汉书法家左伯，山东掖县人，善写八分书，有名于时。对蔡伦纸进行改进，所造纸质量精美，南齐肖子良《答王僧虔书》说："左伯之纸，妍妙辉光。"

纸的出现，淘汰了笨重的竹简木牍和昂贵的缣帛丝绢。

由于书写找到了好材料，东汉以后便出现许多书法名家。东晋的王羲之，博采众长，精研体势，一变汉魏以来的质朴书格，成为妍美流杨的新体，其子王献之，有破体之称，更加俊秀豪洒。到唐朝，书家蜂起：欧阳洵那"劲险刻厉，自成面目"的欧体；颜真卿那"正楷端庄雄伟，行书遒劲郁勃"的颜体；柳公权那"骨力刚健，结构劲紧"的柳体；张旭与怀素的字，"逸势奇状，连绵回绕"，人称"颠张狂素"，无愧"狂草大家"。

纸的出现，促进印刷术的发展，带来了唐代文化的空前繁荣，涌现唐五代作家两千两百人，撰写诗文六万七千三百篇。

纸张中对我国文化影响最为深远的当推宣纸。

宣纸，产于安徽省的宣城、泾县、宁国、太平等地。因各地所产之书画用纸，都在宣城集散，所以名为"宣纸"。后来，江西等各省各地所产相类的纸，也叫宣纸。

《古今图书集成》记载，唐朝时，宣纸的发源地在安徽省歙县和绩溪交界的龙须。所以宣纸在唐时也称"龙须纸"。

宋代起，宣纸生产又移到皖南的泾县、宣城等地，于是宣纸又称为"泾纸"，泾县从此成为我国宣纸的主要产地。

宣纸是谁发明的呢？传说，宣纸问世于东汉。纸圣蔡伦有个高徒叫孔丹。他为了不忘师父的恩德，用自己造的纸画了一幅蔡伦像，挂在墙上，一年不到，这纸就由白变黄变黑，并且一片片剥落下来。孔丹见了，心里很不好受。他想：要是能造出一种经久不变的纸来画像，该有多好！于是，孔丹瞒着纸坊老板，搞起试验来了。过了半年，不仅试验没有结果，反倒让纸坊老板晓得了这件事，以浪费原料并耽误正活为由，把孔丹解雇了。

孔丹并不气馁，乘此机会到各地纸坊取经。伙计们好心地劝他："你这样单身外出，要吃大苦受大累的。"孔丹说："不怕。不吃苦，难攀高。"

光阴荏苒，一晃三年。由山西至山东，又由河北跑到河南，最后直奔江北江南。一天，孔丹来到江南宣城一带，在一条山麓溪边，突然发现有棵大树倒在溪面上，光滑滑的树干上，有一层雪白的东西，像一张薄薄的纸。孔丹弯下腰去，剥了一点捏捏，既像棉花一样柔软，又像皮革那般纤韧。这是什么东西呢？如果用它来造纸，那该多好！孔丹四处张望，想找个当地人来问个明白。

孔丹看到百十步外有间茅屋，里面走出一个龙钟的白发老奶奶。他赶忙上前，深深地作了个揖，想问老奶奶那树上长的是什么东西，可是这老奶奶耳聋听不着。正在这时，一个背着竹篓的山里姑娘走过来。老奶奶指着她对孔丹说："客官，你有话，就对我孙女说吧。"孔丹走到姑娘面前，"请问大姐，那儿倒在溪面上的一棵大树上，有一层雪白的东西，是什么啊？"那姑娘一听孔丹此番问话，满脸涨得通红，什么话也不说，就躲到老奶奶身后去了。老奶奶一见姑娘这样子，便手搭凉棚打量孔丹。看了好一会儿，眉眼全舒展开："是个年轻人哪！"只见老奶奶轻轻拉了拉身后的姑娘，姑娘含羞带笑地对孔丹说："客官，请不要见怪。这地方就我和奶奶住着。我从小没了父母，十六岁那年，奶奶要我嫁到山下村子里去，我舍不得丢下奶奶，说什么也不肯。奶奶便说：'那你就等吧。不过等到有一天如果有个男人来问这溪面上倒伏的檀树时，你就非嫁给这个人不可！'想不到今天，你……"说到这里，姑娘低下头，又不好意思起来。听了姑娘这番话，孔丹心想，这些年，吃尽千辛万苦，还不是为了要造出一种好纸来！如今刚有了点苗头，怎么能轻易离开呢？眼前这姑娘，品貌也端正，添上这么个好帮手，兴许还能早点把这种纸造出来呢。孔丹便说："我是个造纸工，大姐不嫌我是个纸呆子，大姐怎说我就怎依。但请先告诉我，这到底是什么东西？"

老奶奶终于明白了，便在姑娘的搀扶下，和孔丹一起来到溪边。老人指指姑娘说："她生下来的那年，恰巧这棵檀树倒在溪面上，所以就给她起个名字叫檀姑。这檀树泡在溪里，日晒雨淋，天长日久，树皮就脱离了树干，变成现在这个样子了。"孔丹听了很高兴，造专用纸的办法有啦！

当晚，孔丹和檀姑，朝天一炷香，结成夫妻。第二天，孔丹采集檀树皮和蓼草一起浸润，然后再把它晒干、揉制、蒸煮……经年，孔丹终于造出了好纸，因地得名，就叫它"宣纸"。至今还流传着一种名叫"四尺丹"（二尺宽四尺长）的宣纸，就是为了纪念孔丹而得名。

千百年来，宣纸仍是以皖南山区的青檀树皮，辅以优质稻草代蓼草为主要原料。青檀皮纤维柔实增加了宣纸的韧性，稻草又增加了宣纸的绵性，而生产中的自然漂白又使它从本质上涮净了污秽，这都是宣纸所以绵韧雪白的原因。复杂的生产技术使宣纸的质地密如蚕茧、薄如卵膜、细软如绫、纹理纯净，宣纸便有了它独特的薄、细、轻、软、韧、白的性能。

薄密则利于润墨，且层次清晰；轻细则利于润笔，且经揉不损；软韧则利于湿作，且方便裱托；白净则利于染色，且适于加工成各种花笺用纸。尤其是由于青檀皮所含的有机物质，使宣纸能防蛀防腐。

“有钱莫买金，多买江东纸，江东纸白如春云。”这是宋代诗人梅尧臣对宣纸的赞赏。因宣州在长江东南方向，故称江东。江东纸之好：“白如雪，柔似棉，拉力大，墨韵强”；“滑如春水密如茧”。

我国古代的一些珍贵史料和水墨名画真迹，多是以使用宣纸而得以保留至今。所以宣纸又有“纸寿千年”之誉。

宣纸还有“纸中之王”一称。不只是质量居纸中之王位，而且每张纸的尺码之巨，也是古法造纸之王：最长的宣纸每张有十六尺，谓之“丈六宣”。

原来，宣纸起初列为贡品，为宫廷所御用。由于宣纸“雪白绵柔”，宫廷用其糊窗，糊后涂油，亮而抗雨。用普通开数的宣纸糊窗，纸小接缝多，不雅观。旨令宣纸作坊制成大张宣纸，遂出现“丈二宣”、“丈六宣”。

清代，虽已有玻璃，但宫廷多为小格盘肠窗棂，不宜安装玻璃。慈禧太后，又嫌白色纸不吉利，要求在窗上画些山光湖水等色调艳丽的通幅。画工临窗作画时，发现这纸不但洁白柔韧，而且走笔不滑、润笔清新、浑厚得体，遂为画工所爱。

其实，临窗作画，早在慈禧太后当政六百年前的元代就已有记载。

元代夏文彦《图绘宝鉴》记述：“蜀李氏工画，月夕坐南轩，竹影婆娑可喜，即挥毫濡墨模写窗纸上，明日视之，生意具足，自是人间往往效之，遂有墨竹。”

宣纸是国画艺术的重要工具，在某种意义上讲，没有宣纸就没有国画。如果在其他纸上作国画，即使有熟练的技法，也难获得理想的效果。因为，国画的艺术效果，不仅要运用毛笔的各种笔锋，通过顺、逆、拖、点、皴（涂出物体的纹理或阴阳向背）、虱（国画的随意点染）等各种笔法勾勒出对象的形态，而且还要利用宣纸的渗水性，使各种笔调的轻重浓淡，恰如其分地得到表现。这种笔、墨、纸互相配合而产生的艺术效果，形成了中国画特有的民族风格。因此，作为国画重要工具的宣纸，在我国民族艺术中，占据着十分重要的地位。

“写字则骨神兼具，绘画则神采风扬”。宣纸最能体现中国书法的艺术风格。再加上宣纸的“质地绵韧、洁白光艳、纹理纯净、折叠无损、抗老化、不变色、少虫蛀、历经百年而质地依旧”的优点。名家书法，才得以存真。

宣纸种类很多，达六十多种，大多归属为生宣和熟宣两大类。生宣纸根据原料配比不同，可分为特净类、棉料类、具有云彩花的净皮类。生宣吸水性强，墨色易于晕化，适合作写意画。生宣经过上明矾、骨胶、涂色、洒金、洒云母、涂蜡等工序，便成为熟宣。熟宣又有虎皮、槟榔、珊瑚、素宣、蝉羽、冷金、雨雪、玉版等等许多品种。熟宣质地有硬、滑之感，不受水、不渗水、吸墨慢，可适于反复渲染，适于工笔重彩画，画出来的线条工整缜密，结构准确鲜明，墨色凝重精丽。

此外，又有单宣、夹宣、二层贡、三层贡之分。还有介于生、熟二宣之间的宣纸，如高丽纸、皮纸、毛边纸等。

宋代唐伯虎之弟唐庚《内前行》记述一种“宣麻纸”：“内前车马拨不开，文德殿下宣麻回。”

宣麻，是专用于唐宋两代任命将相，用白麻纸写诏书，宣告于朝廷，谓之“宣麻”。宋代诏拜师相，仍沿旧称。《新唐书·百官志》有记述：“凡拜免将相，号令征伐，皆用白麻。”《翰林志》记载：“唐中书用黄白二麻为纶命。其后翰林专掌白麻，中书独得用黄麻。”北宋欧阳修《归田录》还揭示：“至和初，并用文富二公，正衙宣麻之际，上遣小黄门密于百官班中，听其论议”。

宣纸制造的用料也是不断发展的。早在唐代永徽年间，宣州和尚欲写《华严经》，先以沉香、楮树，取之以造纸。这时的宣纸，无异于传统的楮皮纸（桑皮纸）。到了明清两代，随着印刷和作画业的发展，在造纸原料方面，不再局限于檀皮纸，制造技术方面，也有较大的提高，如施以胶矾、染色、上蜡、砑光、洒金、描金、刻花、印花等工艺，都已具备了较高的水平。砑光，用卵形或弧形石块碾压或摩擦宣纸，使之坚实而发亮。

书　籍

图书一词，最早见于《易·系辞》：“河出图，洛出书，圣人则之。”传说上古三皇之一的伏羲氏时，有龙马从黄河出现，背负“河图”，有神龟从洛水出现，背负“洛书”。伏羲根据这种“图”、“书”画成八卦，就是后来《周易》的来源。

还有一说，大禹治水时，上苍赐给他以《洪范九畴》，是一部治理天下的大法，即《尚书·洪范》，也就是洛书。《全唐诗六十七·孝和皇帝轶歌》有：“天行应潜跃，帝出受图书”之句。

这一传说到了宋代又起了变化。宋代朱熹《周易本义》首列“河圈洛书”，以九为河图，十为洛书，实源出于陈抟，但刘牧两易其名，以十为河图，九为洛书。清代学者黄宗羲，对宋儒学说表示反对。其实，河图洛书并不是今天“图书”词的原出，而是另有其源。

图书，原指“地图、法令和户籍等文书”。最初，书籍同书契档案不分，后来才把书籍特指为传播知识积累文化的重要手段，逐渐形成独立的形态。今天，书籍的概念是："用文字、图画或其他符号，在一定材料上记录知识、表达思想并制成卷册的著作物。"

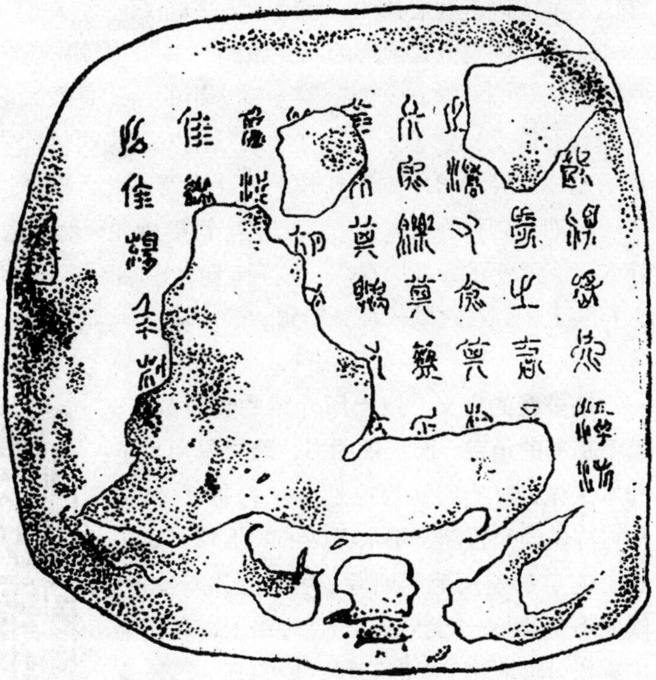
石鼓文

古代书籍用人工书写，写书用的材料和书籍的装帧形式也不断变化。

在文字产生以前，古人把他们了解的知识或见闻，编成生动有趣的故事和神话，或用精粹的语言，编成歌谣、谚语，便于记忆，适于背诵，易于代代相传，叫做"传说"。如文字出现以前的《盘古开天》、《大禹治水》、《精卫填海》、《黄帝战蚩尤》等，就是靠口述、耳闻、心记相传，一代一代直至文字出现，才被文人记在古书中，流传迄今。

《易·系辞下》记述："上古结绳而治，后世圣人易之以书契。"这是说，由于传说不能代替记忆，便出现了"结绳记事"。还有的部族把发生的不同事件，用不同的记号刻在木头上，由老年人讲每个符号所代表的事情，代代相传，这叫刻木记事。

公元前4000年左右，产生了最早的文字。从西安市东郊的半城遗址出土的陶器上，可看到有一些刻画简单的符号，便是最早的文字。

我国最早的"书"，出现在商朝，但不是写在纸上，而是刻在龟甲和兽骨上。这种书的发现是1899年的某天，一位古文字学者患病求医，在处方上有一味中药叫"龙骨"，药买到手一看，龙骨上刻有很多古文字，经过一番研究，才知道，哪是龙骨，应该是商朝的甲骨。从那以后，他收集甲骨达十多万片，研究甲骨文字的专门著作连连出版，并在我国社会科学上增加了一门新学科——甲骨学。

商周时代，还有青铜的书。青铜是铜和钨的合金，因呈青灰色而有此称谓。青铜器上的文字因是刻上去的，所以叫"铭"文；又因刻在金属上，故又称"金文"。西周晚期的毛公鼎上所刻的金文近五百字。

1965年末，在山西省侯马晋国遗址出土一千五百多件玉片和石片，上面都写有朱红色毛笔字，这就是春秋后期遗留下来的《侯马盟书》——“玉片和石片的书”。

还有一种用很大很大的石头做的“书”。唐朝初年在陕西省宝鸡市发现十个同样似高脚馒头状的石鼓，上面刻着十首一组的诗，是歌颂秦国君主打猎的。人们称这种刻文体为石鼓文。到了东汉，文学家蔡邕发现当时传抄书籍，因转手太多误抄不少。遂把一些儒家经典著作刻在石碑上，让大家以此为准，进行校正。称此刻石为《石经》。这一时期，刻石的风气盛行，把文字直接刻在天然山岩上的，叫做“摩崖”；把文字刻在方形大石上的，叫“碑”。曹操诗句“东临碣石”，“碣”，是把字刻在顶端圆形的长方石头上。刻石之风一直流传到明清。

按书籍的定义，以上所介绍的金石刻写，都不是书的正宗。而正规的书，最早是用竹子和木头做的。当时认为这是最好的书写材料。用竹片做的叫竹简，用木板做的叫版牍。简和版上的字都是用毛笔所写。在简上写字的时候，还要准备一把小刀，一旦写错了，用刀削去重写。竹木简，长的三尺，短的五寸。还有一种三面起棱的，可以竖着放在桌子上，是用来做私塾幼学课本的。人们把写好字的竹木简用麻绳、丝线或皮带，一根根编连起来，就成为书。我们今天的“册”字，就很像那时用一根根竹片编起来的“简”的形体。

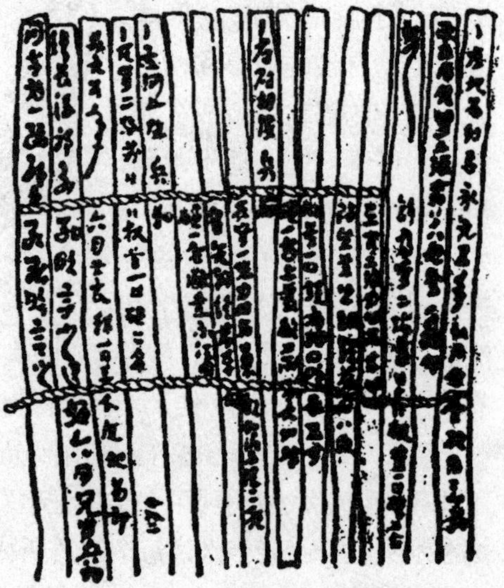

东汉永元五年的简册

为什么书又被称为卷呢？原来，我国丝织品问世以后，人们发现绢帛等织品，洁白、柔软、轻便、不漏墨，恰是书写的好材料。在西周时候，人们就开始用它书写。用各种丝织材料写的书叫素书、缣书、缯书，统称为帛书。由于帛书一般多是卷起存放，“卷”便成为书的计量单位，即杜甫笔下“读书破万卷”的“卷”。

纸的出现，为书写和印书找到了物美价廉的好材料。东汉出现的“写本书”，就是用纸抄写的。单靠手抄书，十分不便。到唐朝初年，发明了雕版印书。因用这种方法印书时，每印一张都要用刷子刷墨，印一张刷一张，所以后来人们便把印书叫印刷。“印刷”一词由唐代而一直用到今天。

宋代庆历年间毕昇发明了活字印刷术，在胶泥片上刻字，一字一印，用火烧硬后，便成活字。他还研究过活字排版。活字可以多次使用，比整版雕刻经济方便。元代王祯发明了木活字，古典小说《红楼梦》一百二十回本，第一次印刷就是排印的木活字本。

13 世纪末，又发明了用红黑两色的印刷术，也叫套印、套版。后来又发展到多颜色印刷。到明朝，很多小说还附印插图，进而专门印刷画册。到 17 世纪初已能印刷彩色的花卉书《花史》、《墨苑》，此后又出现了木刻水印。

说到书刊发行，早在东汉时候，洛阳已经有了售卖书籍的书铺，到唐代，书铺在各都市纷纷出现。

我国还是世界上最早建立图书馆的国家之一。周朝就有专门收藏图书的“盟府”。《史记》说：老子曾任周朝的图书“守藏室之史”，《汉书·艺文志》也说，“老子做柱下史，博览古今书籍”，“柱下”一词，后来专指老子或老子的《道德经》。都是在说，老子当过周朝的图书馆馆长。

孔子周游列国，得到百图宝书。楚左史倚相能读三坟、五典、八索、九丘。墨子说，他曾见过百国春秋。可以想象，当时图书馆之多，藏书之浩瀚了。所以秦朝以前，我国就已涌现出那么多的先哲师圣，诸子百家。《汉书·艺文志》根据西汉刘歆的《七略》，把儒家经典列入《六艺略》。另外在《诸子略》中把先秦至汉初各学派分为儒、道、阴阳、法、名、墨、纵横、杂、农、小说等十家。又著录各家著作“凡诸子百八十九家，四千三百二十四篇”。

《庄子·天下》记载：“惠施多方，其书五车。”是说战国时候，还是用竹木简写书的时代，就出现了我国第一个藏书家，名叫惠施。他藏的竹木简书册要用五辆车装运。由于他有五车书，学识又高，成为战国哲学家，后人便用“学富五车”形容学问渊博的人。

秦始皇焚书坑儒，已是妇孺皆知。那是公元前 213 年。秦始皇采纳李斯建议，下令焚烧《秦记》以外的列国史记，对不属于博士官的私藏《诗》、《书》等亦限期缴出烧毁；有敢谈论《诗》、《书》的处死，以古非今的灭族；禁止私学，欲学法令的以吏为师。为了镇压儒生以古非今、以私学诽谤朝政，第二年就将卢生、侯生等四百六十多名儒生，掘坑活埋在咸阳。

554 年梁元帝固江陵失陷，悲鸣“文武道尽”，将十四万卷图书，付之一炬。

南宋大汉奸秦桧，窃取大权后，不但查禁野史，还放火烧书，历时十一年之久。

清乾隆皇帝发布禁书令。从 1774 年至 1782 年，烧掉的书达一万三千八百六十二部。

封建统治者以烧书愚民，毕竟是愚蠢的政策。秦始皇烧书的结果是引火烧身。当秦传到二世不过两年，陈吴起义的烈火，将秦王朝化为灰烬。

汉武帝刘彻认识到“焚书逆道”，采取“建藏书之策，置写书之官”，提倡著书立论，把秦始皇焚书劫后散于各处之书，“尽皆摭拾，藏于秘府”。

家居用品

陶　器

陶器，广义上分为四类：土器、陶器、炻器、瓷器。《说文解字注》说：“土器已烧之总名，称瓦。”旧版《辞源》说：“制为瓦器也，曰陶。”

据传说中的“神农耕而作陶”，以及《史记》的“黄帝命宁封为陶正”等记载，我国陶器的历史已有五六千年了。

若按《上古史演义》介绍，土陶出现的时间还要往上推移：那是原始的人们，已不再茹毛饮血，开始用火烤炙食物，由于没有烹调炊具，捕捞网罗的鱼鸟野兽放在火上常常烧焦，有个人把鱼用黄泥裹住，放到火上去烧，打开一吃，味道比不裹泥的好得多。于是人们纷纷效仿。不知过了多久，在一个地方，鱼肉食物经泥封烧烤后却掰不开，只好用力摔碎，人们惊讶地发现，那层经过火烧的泥壳竟然硬似石片。后来这种碎开的瓢形泥壳被用来盛东西，还不怕水浸。于是人们认识到，能用火烧成坚硬似石的泥巴，不同于一般的土。人们便开始有意识地找到这种陶土，拌搅成泥，做成各种形状的器物。这时大约是新石器时代中期，距今已有七千年的历史，是中国文明发展史上灿烂的一章。

《左传》中记述的“昔虞阏文为周陶正”，说明周朝的宫廷机构中，就设有专职掌管陶器制造业的高级官员。

先秦古籍中的重要科学技术著作《考工记》记载着周期制造陶器的各种情况，把制陶工人叫做“陶人”。春秋战国时，国家对制陶业尤为重视。《孟子·告子》中有一段对话：“万室之国，一人陶，则可乎？曰，不可。器不足用也。”意思是，孟子问经济学家白圭：“譬如有一万居户的大国，只有一个人烧窑制陶器，这可以吗？”白圭回答："不可以的，若是那样，陶器怎么会够用呢。"作为教育家、政治家、思想家的孟子也过问起经济学的问题来了。当然，他们对话的主旨是战国立法。以制陶作比，这本身就说明"陶"在当时社会中的影响和作用之大。陶器，已成为春秋战国时的生活必需品。

彩 陶

"道人不惜阶前水，借与匏樽自在尝。"这"匏樽"，就是窑烧陶瓢，诗中在写一位游方道士，登门借瓢喝水。《礼记·郊特牲》中有陶匏的记载："器用陶匏。"

考古工作者常根据从地下挖掘出来的一些陶器的形制、烧结、花纹等特征，以区别出某一个时代的文化类型，进行断代研究。他们将陶器分成三个阶段——仰韶文化、龙山文化、小屯文化。

仰韶文化，指的是在河南省渑池县仰韶村发掘出来的陶器。以细泥红陶和夹砂红褐陶为主。细泥红陶上，常有彩绘的几何形图案或动物形花纹。这种陶器烧制于七千年前新石器时代中期，大多是些圆形的坛子。因为陶器上有彩色花纹，所以仰韶文化又叫彩陶文化。

彩陶，带有彩绘花纹的陶器。在陶坯表面用黑、红色颜料画上动物形或几何形花纹，烧成后，花纹即附着器表，不易脱落。在我国新石器时代的仰韶、马家窑、屈家岭、大汶口等文化，以及青铜器时代的辛店等文化中都有发现。有一种是陶器烧成后画彩，彩易驳落，或称"烧后彩绘陶"。

龙山文化，指的是山东省济南市龙山镇发掘出来的陶器。这种陶器烧制于五千年前的新石器时代晚期。全是黑色，没有花纹，质地比较薄，比彩陶精巧。

小屯文化，河南省安阳县小屯村发掘出来的陶器。除了彩陶、黑陶以外，还有一种是白色的陶器。

新石器时代晚期，大汶口等文化遗址发现一种用高岭土烧成的白色陶器，叫"商白陶罍"。陶质坚硬，烧成温度在一千摄氏度左右，器形和雕刻的纹饰与青铜器相似。这种陶烧制工艺到商朝已十分成熟。

商白陶罍

在西安半坡出土的陶器上，常常有一些简单的刻画符号，形状有点像文字，和陶器上的花纹有明显的不同。直到现在，这种刻画的意义还没有搞清楚。

战国时陶器上有一种文字叫陶文。一般只有几个字，大都是印文，也叫阴文。内容涉及人名、官名、地名、工名、吉祥语、制造年月等，与甲骨文、金文同为研究我国古代文字的宝贵资料。

科学工作者从原始社会遗址发掘出的文物证实，远在七千年前的黄河流域已烧造出素色陶、土陶、黑陶。在江南地区已烧造出印纹陶。

1983年，在甘肃省西和县的缆桥村蒲家坪，发现一处距今三千多年古寺洼文化遗址，该遗址共发掘出九座墓葬，在清理出的殉葬文物二百二十六件中，主要是以陶器居多。有陶壶、陶罐、陶盆、陶鬲。陶器多为素面，少数有纹饰。彩绘有黑、白、黄、红四色，绘成三角纹、钩状纹、圆点纹、灰弧线纹。这些陶器上还有“父”、“个”等符号。

1974年从陕西传来了20世纪最为壮观的考古发现的消息：守卫秦始皇陵的陶制兵马俑从地下挖出来了。三个俑坑，面积达二万多平方米，约八千个兵马俑，全是陶质的。所有陶俑、陶马，与真人真马大小比例相仿，塑造精巧，富有质感。尤其是头部的塑造，更是惟妙惟肖，通过肌肉纹理、眉、眼、口、鼻的细腻处理，展现了陶俑非常丰富的表情。就凭这些，足以说明秦代的制陶工艺，已经达到炉火纯青的地步。

炻器，介于陶器与瓷器之间。成炻温度在一千一百至一千二百五十度之间，炻器无吸水性，敲击时音粗而韵长，如紫砂、沙锅、耐酸陶瓷等都属炻器。

紫砂，以陶都江苏宜兴所产最为著名。因此地特产一种红色沙、紫色泥。用这两种沙泥和成的朱砂紫泥，红中发黑，故将用这种原料烧成的紫色陶器称为宜兴紫砂。这一传统产品已有两千多年的历史。

传说公元前473年，越国政治家范蠡辅佐勾践灭掉吴国之后，功成身退，带着西施到宜兴丁山隐居。当他看到这里的人们都会制陶，就从事起制陶业来，从此改号陶朱公，经商致富。后人把“陶朱公”三字作为富商的代称。

还有另一个传说，早年一天，有个游僧经过宜兴丁蜀镇，边走边吆喝：“卖富贵土，卖富贵土。”当地居民都觉稀奇，人们只是朝着游僧观望。听他又大声招呼：“贵不欲买，买富如何？”几个老头便尾随游僧，走进一座黄龙山，几位老头看到那山中土，果然紫色霞光，是为宝土。这山左右的村人，便先后用这土捏制烧造各种陶器，便是宜兴紫砂的源起。

还有说明代正德年间，宜兴县东南四十里的金沙寺，有位不知名的和尚，常与制陶工人交往，有兴致时，精选些紫砂细泥，用工规整，捏造各种难度大、内部空腔的壶、盂、瓶等坯形，放在窑里烧成。陶工效仿，从此，紫砂技艺世代相传，名手辈出。

紫砂器皿作为一种工艺品把玩欣赏，既不耀眼，又不俗相；紫而不姹，红而不嫣；

绿而不嫩，黄而不娇；灰而不暗，黑而不墨，历来被紫砂爱好者誉为“妙色天错，烂若披绵”。如此“雅气名陶，天下无类”的绝美佳作，自然引起历代文人墨客为之赋诗作唱，如欧阳修“喜共紫瓯吟且酌”；周高起“荆南土俗雅尚陶”；梅尧臣“紫泥新品泛春华”。

秦汉时期，由于征战防御和宫廷营建的需要，高温陶制品得以发展。《魏略》中说的：“大秦国出赤、白、黑、黄、青、绿、缥、绀、红、紫十种流离。”“流离”即是琉璃。

江苏省六合县马鞍红庙南岗的一个西汉早期墓葬群的出土文物中，有大量的青瓷瓿、釉陶瓿、彩陶酒杯、荷叶形陶匙等。其中青瓷瓿耳部饰有人面纹，腹部有水波纹，造型优美，釉色如翠，是我国早期原始青瓷向东汉晚期及六朝青瓷过渡的佐证。

概言之，东汉末期至魏晋南北朝时期，青瓷的出现，完结了由陶向瓷的四千年过渡。

瓷　器

至少在七千年前，我国就出现了制陶技术；三千年前的商周时代，出现了原始瓷器；经过近千年的过渡，到了距今一千九百多年的东汉，出现了成熟的瓷器。

东汉中期许慎编纂的《说文解字》中，没有“瓷”这个字。最早见到载有“瓷”字的书籍，可能是西晋文学家潘岳撰著的《笙赋》：“倾缥瓷以酌酃。”“缥瓷”就是在瓯越（今浙江温州）一带制造的青瓷，是由半陶半瓷发展为瓷器的“头生胎”原始瓷。瓷器的特点是，单位体积重量比陶器大，坯质白色有透明性，窑烧温度比陶器高，烧结充分，结构致密、坚固，断面光亮，无气孔，不吸水。

东汉末年至三国魏晋，随“以青瓷为首章”进而开拓出白瓷，继而出现彩瓷。但公认的精美之瓷器则是在唐朝。《浮梁县志》载：“唐武德中，镇民陶玉者，载瓷入关中，称为假玉器具贡于朝，于是昌南镇名闻天下。”浮梁是唐代县名，1960年并入景德镇市。可见一千三百多年前的景德镇就能制造出绝美的瓷器，被当做假玉向皇帝进贡。

瓷器制造鼎盛时期是在宋代，出现了风格独具、闻名于世的五大瓷窑。

定窑：窑址在今河北省曲阳县涧滋村、燕山村。因古代属定州所辖，故名。唐时已烧白瓷，至宋而著名。宋代定窑除烧造乳白色瓷器以外，兼烧黑、酱、绿釉瓷器。器皿装饰以刻花、画花、印花为主。北宋后期，曾一度烧制宫廷御用的瓷器。

汝窑：窑址在今河南临汝，宋代属汝州，故名。宋代元祐初年曾继定窑之后为宫廷烧造瓷器。胎骨为香灰色，釉色近于卵青。这是汝窑的一部分，烧瓷时间虽短，但质量很精致，古窑址至今尚未发现。在临汝南乡，有另一种青瓷，釉色较龙泉窑微深而带葱绿，胎骨浅灰色，有印花、刻花两种，图案有花卉、水波、鱼及禽鸟，这是汝窑的另一部分，专烧民用瓷器，烧瓷时间长，生产数量大。现称“临汝窑”。

官窑：相传北宋大观、政和年间，宫廷自置瓷窑烧造瓷器。南宋时置窑于修内司，在今杭州凤凰山，沿袭旧制仿烧，也叫修内司官窑。该窑址迄今皆未发现。后又于郊坛别立新窑，在今杭州乌龟山，也叫郊坛下官窑，窑址范围甚大，1956年作了部分发掘，郊坛下官窑烧造的青瓷，胎薄，呈灰、褐、黑三色；施釉厚，以粉青色釉最佳，晶莹润泽，犹如美玉；釉面多有纹片；器口及底部露胎处，呈灰色或铁色，称为“紫口铁足”，造型亦极优美，是南宋瓷器中的优秀作品。

哥窑：相传南宋时有章姓兄弟两人在龙泉烧造瓷器，兄名生一，所烧者称哥窑；弟名生二，所烧者称弟窑，所谓龙泉窑一般皆指弟窑。传世的所谓“宋哥窑”，胎薄，色黑如铁，通称“铁骨”。釉面多有疏密不同的纹片，称为“百圾碎”。口沿显釉淡薄，显出胎色，圈足底亦露胎，故也有“紫口铁足”之称。传世“宋哥窑”经过化验分析，胎釉组成接近江西瓷器，而在龙泉窑址中未发现。在大窑和溪口两地，发现一种黑胎青瓷，釉作碧翠色，造型与龙泉窑相近，和南宋官窑类似。有人以为它可能就是传说的哥窑。

钧窑：窑址在今河南禹县，古代属钧州，故名。北宋、金、元都烧造。钧窑利用氧化铜、铁呈色不同这一特点，烧成蓝中带红或带紫的色釉。红、紫色泽如玫瑰、海棠，非常艳丽。胎骨灰白色，釉细而润。其中佳品，底部刻有数目字，均出自禹县钧台窑址，是北宋末为宫廷所烧。除禹县外，邻近的临安、郏县、登封、新安、汤阴、安阳、鹤壁，以及河北磁县等瓷窑，都仿烧钧窑瓷器。

“白如玉，明如镜，薄如蝉翼，轻如浮云，声如鸣磬”；若云中之月，似雾中之花，“只恐风吹去，还愁日炙销”……这是人们对景德镇薄胎瓷的赞誉，不为过奖。

“九秋风露越窑开，夺得千峰翠色来。”赋诗赞赏浙江余姚上林湖畔的越窑瓷器之秀美，赛过千峰翠色。釉色青蓝微黄，渐及漫漶微山湖畔。

北宋景德年间，皇帝赵恒派钦差赴新平镇监制的瓷器上都标有“景德年制”字样，一时皆称“景德瓷”，这便是景德镇名的由来。嗣后渐次成为“天下窑器所聚”的集散地。到元、明、清益加兴盛，“瓷都”之声不胫而走，蜚声寰宇。如今，景德镇瓷器，已形成一个完整体系：地质勘探、矿山开采、陶瓷机制、窑炉安装、直接制瓷、瓷用化工乃至陶瓷科研、教育考古等。

元代利用含钴和铜的矿物颜料，在瓷器胎体上，进行纹彩装饰，烧出前所未有的

“釉里红”、“釉下青”等花彩瓷器。

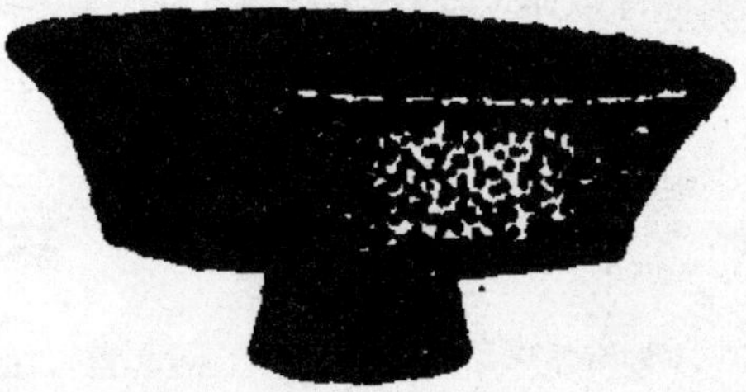

枢府瓷

元代景德镇还烧造一种卵白釉瓷器。因有的器内印有“枢府”二字，故称其为“枢府瓷”。典型器为“折腰”式碗盘，内壁满印缠枝团花。由于卵白釉是一种石灰碱釉，呈乳浊状，致使花纹不甚清晰。但这种釉易黏着，烧成范围宽。元代中期以后，取代青釉而大量生产。

明清两代，彩瓷工艺兴盛。明代出现了三彩五彩，清代出现了粉彩、珐琅彩，并烧制出难度大的铜釉，有苹果绿、天蓝、黄、青、紫等釉色。无论造型、制胎、颜色釉、彩绘技法、绘制题材、烧制工艺等，都达到了艺湛瓷精的新高度。

“大邑烧瓷轻且坚，叩如哀玉绵城传。”瓷器，古代还是一种宫廷打击乐器。由于一件好的瓷器，剔透盈盈，胎骨坚致，轻轻叩击，便会发出一种珠玉金石之声。因音响悦耳，启迪古代音乐家，早在土陶时代就有一种乐器——“缶”（大肚小口的器皿）。《诗经·宛丘》记述过：“坎其击缶，宛丘之道。”《汉书·杨恽传》记述：“酒后耳热，仰天拊缶，而呼乌乌。”《正义》一书记述：“缶是瓦器，可以节乐，若今击瓯。”就是说，自古之“缶”到唐代称为“瓯”。《正义》的作者是唐代的孔颖达。“瓯”，原来是指陶或瓷制的盆盂。

唐朝段安节《乐府杂录》还有击瓯的故事：“武宗朝，郭道源为凤翔府天兴县丞，充太常寺调音律官，善击瓯，率以邢瓯、越瓯共十二只，旋加减水其中，以筋击之，其音妙于方响也。”

看来，唐朝改为瓯，很可能是由瓦陶制“缶”改为细瓷制“瓯”。郭道源，对击瓯有巨大创革。他选用的邢瓯和越瓯由唐代两个著名瓷窑所烧制。因每只瓯中所注水的多少不同，使瓯的发音高低不一，其有十二个音阶，阳阴各六，叫做十二律，可演“南北九宫十三调”。

瓯之乐为何至今已失传了呢？说来还有一段悲剧故事：改进击缶、发明击瓯的郭道源，晚年收了两个徒儿，一是义子赵象，一个是好友步假之女，乳名非烟。象、烟二人，师兄师妹，同窗习艺，互相爱慕，订约终身。非烟曾把一支自己击瓯用的犀角匙赠与师兄，以为表记。一天，赵象应召赴国都长安，参加大唐音乐家与少数民族乐队举行会演。恰在此时，他的家乡发生战乱，郭道源与步假死去。非烟被虏，某豪绅欲纳为妾，节女非烟，忠贞不贰，非赵象不嫁。在被软禁的朝朝暮暮，用哀楚的瓯声寄托凄情。赵象闻知非烟处境，假以退还犀用匙为名，得与非烟相见，并相约出逃。

由于计谋败露，双双被害。嗣后，某豪绅买通朝中显要，奏本朝廷，妄称“击瓯乃惑众之靡音”。昏君准奏，随即取缔。流传千余年的击瓯便也失传了。惜哉！

琉　璃

“玻璃春满琉璃盅，宦情苦薄酒兴浓。”（宋代陆游《剑南诗稿·凌云醉归作》）作者自注：“玻璃春，眉州（四川辖）酒名。”大意是写，用琉璃盅斟酒，饮罢一杯又一杯，酒兴是这样的浓；可是，对于做官的欲望，却恰好相反，是那样的淡薄。

琉璃盅，古作“琉璃钟”，用以盛酒浆，流行于汉代。《晋书·崔洪传》写道：“汝南（今河南辖）王亮以琉璃钟行酒。”

琉璃，属于铅（主要成分是氧化铅）釉陶器，是我国在陶瓷领域里的一项重要发明，已有三千五百年的历史。我国琉璃烧造与青铜冶炼，两者紧密相连，珠璧双双丰富了中华民族古代文明史。

偌若按山东《博山县志》记载：“炉神庙在洪教寺后，业（从事）琉璃者所建，祀古女娲氏，取义于炼五色石以补天也。”表明我国琉璃生产远古已有之。

炉神庙坐落在青州府益都县（今之博山）颜神镇，建于明代万历十三年（1585年）。它是从事琉璃烧造匠人为祭祀女娲所建，因为匠人们笃信女娲补天所用之五色石，就是传说中炉神所烧炼的五彩琉璃，所以烧造艺人称创造琉璃为“炉业”，供奉女娲为炉业之始祖。

古代“琉璃”二字，有五种写法：“流离”、“琉离”、“瑠瓈”、“琉瓈”、“瑠璃”，还称琉璃为“玻璃”。古代琉璃与近代玻璃混淆。

琉璃的五种称谓有四种含义：（一）天然矿物，玑珠如玉的宝石；（二）代指玲珑剔透凉爽清澈的境界（如月夜、天虚）或器物；（三）玻璃出现的初期，有人以琉璃代指玻璃，反之，还曾以玻璃代指琉璃；（四）陶胎铅釉的窑烧制品：或玩物、或摆设、或器皿、或坐具，而琉璃之大宗是用于建造中华古典式屋宇的构件。

琉璃，原是指一种天然所产矿石质的有色半透明体材料，写作“流离”，见《汉书·西域传》记载：“罽宾国出……珠玑、珊瑚、琥珀、璧、流离。”是说汉代西域罽宾国（今喀布尔河下游）出产天然琉璃。

汉代桓宽《盐铁论·力耕》又将琉璃写作“瑠璃”：“鼲鼦（灰鼠和貂，其皮毛很珍贵）狐貉采旃（毡）文罽（一种毛织品），充于内府；而璧玉、珊瑚、瑠璃，咸为国之宝。”北周武帝宇文邕还用瑠璃碗进餐。

从战国墓藏物中发现的彩色琉璃珠，已是花纹精美；据魏晋流传的《西京杂记》

说，汉高祖斩白蛇所用之剑匣也是琉璃所制。

宋代和尚法云《翻译名义集·七宝》还介绍，唐代称琉璃为玻璃，宋元以来又称琉璃为宝石，明清还称玻璃为琉璃。

据旧版《辞源》诠释："琉璃之名，始见于汉代《西域传》，字作流离。颜（师古）注云，今俗所用，皆销冶石汁加以众药，灌而为之，虚脆不贞，盖颜氏疑有自然琉璃，故云。魏晋以来，既多以供器用，如盘碗屏窗之类。诸书多谓其质脆而荧蔽。亦有有彩色者，是琉璃当即玻璃，而昔人多以为二物。《夷门广牍》谓药烧玻璃，轻而有气眼，与琉璃相似，此盖疑玻璃有真假二种，故其说如是。《稗史类编》亦但谓玻璃质厚于琉璃，不能证其所以异也。"是说古人把琉璃与玻璃混为一谈；把人工烧造陶胎琉璃与天然矿产宝石混为一谈。

"烟亘叠琉璃，危楼半空倚。"（宋代司马光《温国文正公集·碧楼》）诗中的"琉璃"，已不是上述天然宝石一类，而是指人工所造的以黏土、长石、石青原料烧成的陶胎釉制品，"乃正宗琉璃也"。

公元前2世纪我国已出现十色琉璃。唐代训诂学者颜师古注引《魏略》说："大秦国出赤、白、黄、青、绿、缥（青白色或淡青色）、绀（天青色，一种深青带红的颜色）、红、蓝、紫十种琉璃。"

汉代刘歆《西京杂记》记载一段轶事："赵飞燕为皇后，其女弟上琉璃屏风。"是说，西汉成帝刘骜之后妃赵飞燕的妹妹，身体也同姐姐一样轻盈，稍一纵身，便站在琉璃屏风上。同时也说明汉代有取琉璃为宫廷屏风之风。

晋代王嘉《拾遗记》也有琉璃屏风的记述："孙亮作琉璃屏风，甚薄而莹澈，每于月下清夜舒之，外望无隔。"望外无隔，似是玻璃?

人工烧造的琉璃制品，是以陶为胎，施以琉璃釉（主要成分是氧化铅），再入窑烧制成的一种工艺品。

根据历年各地古墓出土实物证明，窑烧琉璃制品的出现，可以追溯到殷周时代。在公元前四五百年即战国时期，我国已出现琉璃工艺，只是质料不纯，有时与料器混淆不清。

料器亦称"料制工艺"。其原料纯洁光滑类似玻璃，有各种不同的色彩。宜于制作各式小型的儿童玩具或日用品。其间有一种实用与陈设相结合的雕刻工艺品叫做"料器雕刻"。主要产地是北京和山东淄博，尤其是淄博市博山料器独具特色。以深浅两层不同色料密融合制成器形设计画面，精心雕磨，剔去外层画面以外的套料，以内层洁白的色料衬出外层深色的图案花纹，使花纹有浮雕艺术的效果。料器本身晶莹滋润，具有玉料的质感。

秦汉时期，琉璃制作工艺有了新的发展。对此，东汉史学家班固《汉书·西域传》有明文记述。同时也可以从山西省汉墓出土的绿釉陶壶等用具中得以证明。

北魏时期，窑烧琉璃工艺更进一步。北齐《魏书·大月氏传》记载："其国人商贩京师，自云能铸石为五色瑠璃。于是采矿山中，于京师铸之。"

螭　首

唐宋时代，重要建筑屋宇多用琉璃剪边，如用螭首、螭吻、蝉纹、蟠螭纹等做檐宇构件。房角突出，飞檐上翘。恰如东汉科学家张衡《西京赋》所云："飞檐辙辙。"意思是，那庙宇之琉璃飞檐向上高挑。

"且雨且冻山径滑，是谁作此琉璃变。"（宋代陶谷《清异录·地理》）"琉璃变"，是指烧造琉璃时，火候有差，则生变形，犹同烧造瓷器之"窑变"。

到了宋代，琉璃烧造制品被广泛用于楼台殿阁的装饰部位，所以在艺术作品中也屡有表现。元代王实甫《西厢记》第一本四折中唱道："梵王宫殿月轮高，碧琉璃瑞烟笼罩。"词中的"碧琉璃"指的就是用涂釉琉璃瓦建筑的庙宇。

琉璃瓦，即在陶质筒瓦、板瓦、脊瓦或檐头装饰物的表面，烧上一层薄而细密的彩色釉。

元明以来，山西、陕西等地成为琉璃工艺品的主要产地，山西的阳城、平遥、汾阳、文水，陕西的朝邑，河南的修武，以及北京、南京、山东等地区，也都出产过琉璃制品。

明清以后，烧造琉璃的技术更有发展，釉色及品种都有增加。釉彩从黄、蓝、绿三色发展到翡翠绿、孔雀蓝、紫晶、黛黑、月白等达十多种；产品从一般砖瓦发展到建筑装饰附件，由兽头、鸱尾、螭吻（类似龙头、龙咀）及室内用品的"绣墩"（或称"坐墩"）及其他器物，如民间实用的绿釉大小套盆等。清代宫内的雕浮琉璃花瓶和内画鼻烟壶更是驰名中外。

北京北海公园的琉璃九龙壁，香山公园的琉璃牌坊，以及山西平遥太子寺的九龙壁等，都是元明清各代留存下来的琉璃工艺的代表作品。

北京琉璃宗于"古建之乡"山西，那里的许多隋唐以来的古代著名建筑物，几乎都有琉璃装饰，浑厚晶莹，璀璨夺目，迄今山西的琉璃工艺相承未衰。山西有许多从事琉璃业的世家，如太原马庄的苏家，文水马东都的张家，平遥杜村的侯家，阳城东关的乔家，河津吕庄的吕家等，有的相沿迄今，仍从事祖传的琉璃制造业。

明清两代在修建北京和沈阳故宫时，那些五光十色、异彩纷呈的琉璃装饰物，便是指派山西的琉璃艺人制造的。当时为了节省运费，特在北京城扩建了规模可观的琉璃制品厂，使得许多山西琉璃艺人入京难返，以致终生在厂里劳作。就这样，他们成了北京琉璃厂的一代宗师。

1983 年，在北京门头沟区三家店水闸以北的永定河岸边的龙泉务村发掘出土大量辽代琉璃制品。

在距地表一米以下，有厚达一点一米的瓷片堆积层，经鉴定，是辽代瓷窑生产过程中产生的废品。随后，又在堆积层的瓷片中发现了四件琉璃制品。从目前的瓷片和琉璃制品收集情况分析，辽代龙泉务瓷窑不仅能烧制瓷器数十种，而且已能烧制三彩琉璃制品。这一重要发现，回答了考古领域中长期以来关于“辽三彩”烧造地址不明的课题。对于研究我国陶瓷史和辽史有重要价值。

无独有偶，也是 1983 年，在北京公主坟复兴路北端挖电缆沟时，发现两处古窑址残壁和大量建筑构件，其中有白琉璃砖、绿琉璃砖、素面长方形薄砖、宝顶、檐椽、筒瓦、板瓦，以及白、黄、绿、青、褐、黑等多种釉色的器物残片。在这些遗物中，还发现在生产上述琉璃等制品时用的窑具，诸如匣体、支条等。从这些出土物的质地看，多属北京西山产的石质黏土烧成，与门头沟琉璃窑过去烧造的琉璃制品胎质非常近似。根据出土文物的造型、釉色、胎质等工艺特点分析，这里应是元代的一个烧造琉璃和陶瓷器的窑址。这一考古发掘证明，当时的宫殿、庙宇已大量使用各色琉璃建筑构件。

如今，北京西山脚下有一处具有近百年历史的琉璃村。走进这座古老的村庄，还可以看到琉璃制造的过街楼牌，名曰“二官阁”，俗称“登阁”。这个村子大部分居民的祖辈都是乾隆年间随着琉璃厂从城里迁徙而来的手工艺人。

最初，元代世祖忽必烈建造大都（北京）城，为了装饰宫殿，“凡屋之檐脊，皆饰琉璃瓦”，特在京城开设了琉璃厂窑；明朝永乐年间，重修北京城，再建宫殿，琉璃制品仍是重要的建筑装饰材料；直到清代康熙年间，这些官办的琉璃厂窑皆改为“官督民办”。元明清（中期）三代的琉璃厂皆设在北京城南，今和平门外琉璃厂一带。后因此地已成为闹市区，不宜在此烧窑，而九龙山下又盛产制造琉璃的原料黑格土，于是在乾隆年间，琉璃厂便由城南迁往该地，一直延续了两百年。昔日“琉璃厂”成为清代以来北京的一条街道名，相沿迄今，琉璃厂益加古朴。清代李文藻著有《琉璃厂书肆记》，记载了当年琉璃厂的情景。

前面提到过在我国古代，琉璃曾与玻璃混为一谈。那么，玻璃在中华文明中的历史渊源又是什么样的呢？

古往今来，玻璃有四种音同字不同的称谓：汉代东方朔《十洲记》写作“颇黎”；唐代李贺《诗歌编》写作“玻瓈”；《旧唐书·波斯传》写作“玻瓈”；而“玻璃”一词，最早见于南朝末期陈国人顾野王的《玉篇》。

不过顾野王《玉篇》所谓的玻璃，不是指人工所烧造之玻璃，而是指天然水晶石一类，有各类颜色，也曾与“琉璃”翠玉玛瑙混称。

其实，远在石器时代，我国的先民就认识了天然玻璃，那是从火山喷出岩浆而结晶的。古人用它充当武器和工具。后来被视为天然珠宝玉器一属，用作头面首饰。

由火山喷出之岩浆遇冷而急凝，不及结晶所形成的致密的玻璃质岩块，称为“天然玻璃”，总称“火山玻璃”。因性质与流纹岩同，故又名“玻璃流纹岩”，主要分为黑曜石、松脂石、浮石三种。

我国古代，称人造之五色透明玻璃为“烧料”，而称有（套）色玻璃为“套料”。清代赵之谦《勇卢闲诘》介绍：“套者，白受采（无色玻璃着上颜色）也。先为之质，曰地。地则玻璃、车渠、珠珍。其后尚明玻璃，微白，色若凝脂，或若霏雪，曰藕粉。套之色有红有蓝、有绿黑白……更有兼套曰二采、三采、四采、五采，或重叠套，雕镂皆精绝。”

制造玻璃技术是不是中国的首创发明呢？回答是肯定的。前面讲到的琉璃，即陶胎外涂烧的那层莹晶透明的结膜，便是玻璃的滥觞，只是配料成分与国外、与当代有异而已。探究历史，“高钡含量玻璃”还是中国所特有，由此可资证明：中国也是世界上玻璃的自创发明者。

肥　皂

人类临水洗涤衣物的历史，若与肥皂的问世相比，不知要早几千几百年。

《诗经·葛覃》已见有洗衣服的文字描述：“薄污我私，薄浣我衣；害浣害否，归宁父母。”说的是有德行的妇女，勤俭朴实，讲究卫生。衣服不在于华丽，而在于干净。什么衣裳要洗，什么不要洗，都要及时清点，就是回家探望父母，也不必穿着华丽的新衣，只要穿一件新洗的衣服就行了。

《吴越春秋》中的浣纱女，是指在浙江苧萝“若邪溪畔洗纱”的美女西施。《公羊春秋》中也有“临民之所漱浣也”的记述。

“浣”，古字“瀚”，作“洗濯”、“洗涤”解。唐代制度，官吏每十天休息、洗沐一次。所以每月上、中、下三旬，又叫上浣、中浣、下浣，每月三浣。

《舆地志》记述：浙江青田的长寿峰，有条浣纱溪。相传南朝宋国诗人谢康乐（谢灵运）入此溪，见二女浣纱，调侃：“我是谢康乐，一箭射双鹤。试问浣纱女，箭从何处落。”二女答曰：“我是溪中鲫，暂出溪头食。食罢又还潭，云踪何处觅。”话音刚落，二洗衣女不知去向。

那时没有肥皂，他们用什么做助洗剂呢？聪明的祖先，自有聪明的办法。生活中，由于洗涤去污的需要，促使人们寻找、创制各种有效的助洗物。

《礼记·内则》记载：“衣裳垢和灰清浣。”说明早在周朝，人们就知用草木灰做洗涤剂。进而又发现了天然碱类，如含碳酸钠的“碱土”，碱土指示植物的藜科“碱蓬”等。碱蓬可烧灰提碱。

“何如觅皂角，浣濯暑服腻。”这是元代方回在《桐江续集》中所写：你要把衣服洗得干净吗，最好是用“皂角”。何谓皂角？皂角也叫“皂荚”。

最迟是在南北朝以前，有一位慧眼识物的人，在黄河流域高达三十米的皂角树上，发现了状似豆角的荚果，富含胰皂质，取荚捣碎后，用以“洗垢涤腻”，效果良好。不但可用以洗手洗脸、沐浴洁身，以及洗一般衣服被褥等棉织物，而且可以用它洗涤丝绸及贵重家具，既洁净，又不损光泽。

皂荚树也叫“皂角”树、鸡栖树，有好几种。高达三十米的多刺皂荚树，有粗壮分支的刺，叶为羽状复叶，夏开黄色小蝶形花，结荚长扁如刀，但洗涤效能远不如另一种开白花的荚短而肥厚的皂荚。

还有一种开红花的“肥皂荚”树，亦称“肥皂角”。比黄花“皂荚”树矮十米，且茎干无刺。荚果宽长圆形，肥厚，熟时呈暗黑色。种子大，亦为黑色。产于我国长江流域及福建、广东、贵州等地。各种皂荚果肉不但可供洗濯，而且还是一味中药：荚有小毒，主治痰多咳喘、中风口噤、癫痫；子，主治肠燥便秘；刺，主治痈肿疮

皂　荚

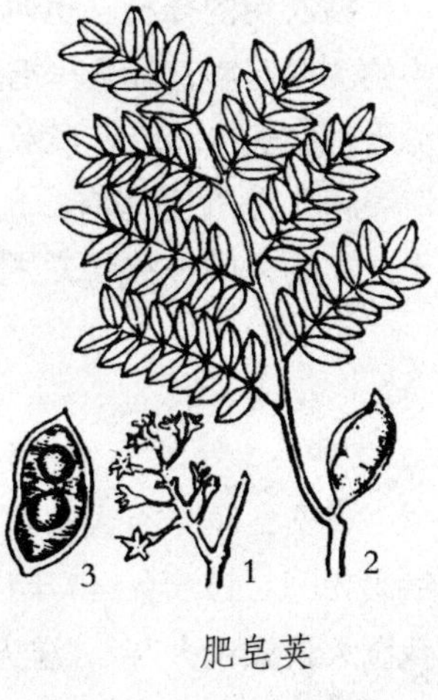

肥皂荚

1. 花枝 2. 果枝 3. 果的纵剖面

毒。远胜于寻常之皂荚。

使用皂荚的历史，至少也一千五百年了。南北朝时，皂荚曾作为商品销售。《南齐书·刘休传》中记载："休妻于宅后开小店，亲卖皂荚。"《辞源》也有注释："是以皂荚盥濯，在南齐已通行。"其时正值5世纪80年代。又，西汉史游《急就篇》中还有"半夏皂荚艾橐吾"的诗句。足见古人对皂荚的认识之早和应用之广。

古代还用无患子作为助洗剂。无患子亦称"油患子"，产于我国各地。是一种落叶乔木，结球形核果，直径两厘米，黄棕色，果皮可代肥皂，种子可榨油制肥皂。

此外还有锦葵科的"木槿叶"、"茶子饼"等，都是古代用于洗涤的助洗剂。

肥皂商品出现前，民间普遍使用"胰子"，是用猪、羊等动物的胰脏浸于酒中，首先为妇女们于冬季用以涂抹脸和手，使之润泽，以免皲裂。《红楼梦》第三回中说的"腮凝新荔，鼻腻鹅脂"，"鹅脂"，即当时上等的胰皂，号称是鹅油所做，亦称"鹅胰"。

碱被大量应用后，猪胰脏与碱配伍，一道捣烂，捏成条、方、球或椭圆等形的块状物，作为洗衣洗脸之用。可以说，这就是我国最古老的造皂术，广泛流传于民间，尤其河北、山东两省。

"长安一片月，万户捣衣声"；"秋夜捣衣声，飞渡长门城"。这是北朝（北周）庾信《夜听捣衣》诗。"捣"与"捣"同，是古代洗衣服的一种方法。秋分一过，"天河斜调角，家家忙棉袄"，浆洗衣服被褥，妇女们夜以继日，万户捣衣。

尤其临河傍池的农村，妇女洗衣服时蹲在水畔，下面垫有搓板石，衣服浸水后放在石上，放些草木灰，或皂荚泥，或抹胰撒碱，搓揉一遍，用特制的棒槌捶打。搓了捶，捶了搓，如此往复，好不热闹。

捣衣用的棒槌，也叫"杵"。班婕妤的"于是投香杵"和储光羲的"秋山响砧杵"中的"杵"字，都是代指浣洗衣服。台湾省高山族民间还有一种"杵舞"，流行于日月潭附近。长杵而单者舂米，短棒而双者捣衣。

唐代潘庭坚写有一部《捣衣》，又名《秋水弄》、《秋杵弄》。最早见于明代嘉靖十八年的《风宣玄品》，抒写妇女为当兵远征戍边的亲人捣洗寒衣时的怀念之情。

火　柴

火柴，早年有人叫它"洋火"、"洋取灯"。清朝兴隆时期，外国人曾作为"贡品"纳入我国。19世纪40年代，丧权辱国的《中英南京条约》签订后，外国资本家乘机在我国大量倾销火柴，"洋火"之名不胫而走。似乎，火柴确是地地道道的舶来品。其实不然——

早在6世纪60年代的北朝北周时代，我国就有了火柴，我国是世界上最先发明火柴的国家。古人谓之“发烛”、“火寸”、“淬儿”、“引火奴”、“取灯儿”、“自来火”。

火，“物在空气中，与氧气化合而燃烧，所生光与热之现象也”。火是“温暖、光明、进步”的象征；在古时，火是“神奇、吉祥、明灭”的征兆。《左传·宣十六年》说：“凡火，人火曰火，天火曰灾。”火，亘古自有。“霹雳雷火”，五行之一。

我国古代思想家、哲学家们认为，“世界上万物的起源和多样性的统一”，其奥妙就在于“木生火、火生土、土生金、金生水、水生木”，谓之“五行”，五者“相生相克”，产生万物以至运乎不穷。

蒙昧远古，人间不但没有火柴，而且不知火为何物。那时先祖生活状况又是怎样？《礼记·礼运》记载：“未有火化，食草木之实，鸟兽之肉，饮其血，茹其毛。”说的是：太古之时，人们不知用火熟食，生吃猎获的飞禽走兽，以血当汤，摄取盐分。“毛”，也当草木果实解；“血”，当禽兽动物讲。“茹毛饮血”，可理解为生食山货野果等动植物。

南朝梁国文学家萧统《文选序》中曾描述过我们远祖的住食：“太古之人，冬穴夏巢之时，茹毛饮血之世。”“茹毛饮血”也作“茹草饮水”。如西汉刘安《淮安子·修务训》：“古者民，草饮水，采树木之实，食蠃（螺蚌）蛖之肉。”

我国周代设有掌火之官叫做“火正”，《汉书·五行志》说：“古之火正，谓火官也，掌祭火星，行火政。”并且发布有关用火的政令，又叫“火令”。

传说五千年前，三皇五帝之一的炎帝，就是“以火名官”，谓之“火官”、“火纪”、“火师”。《汉书·五行志》又说，祝融和阏伯又是禹舜时的“火神”：“帝喾则有祝融，尧时有阏伯，民赖其德，死则以为火祖，配祭火星。”

我国人工取火的发明者，传说是燧人氏。当时的原始人已从雷光电炽击燃植物，烧死动物，尝过熟食之味美。他们认识到：火可熟食，以化腥臊；懂得从天火中留取火种。但是，一旦火源断绝，又得“茹毛饮血”。燧人氏钻木取火，反映我国在原始社会从利用自然火，进步到人工取火的一大文明。

《韩非子·五蠹》这样评述燧人氏的功德：“民食果蓏蜯蛤腥臊恶臭而伤害腹胃，民多疾病。有圣人作，钻燧取火以化腥臊，而民说（悦）之，使王天下，号之曰燧人氏。”

晋代阮咸《古三坟·太古河》也说：“燧人氏，有巢子也，生而神灵，教人炮食，钻木取火，天下生灵尊事之。”而周朝管仲《仲子》则把钻木取火的功劳记在黄帝名下：“黄帝钻燧以热荤臊，民食之，无腹胃之疾。”这可以理解为在黄帝为政的时代。“炮食”的出现，意味着茹毛饮血时代的结束，是我国又一伟大的古代文明。

燧，古代取火之器具。《礼记·内则》记载："左佩纷、帨、刀、砺、小觿（骨锥）、金燧；右佩玦、捍、管、遰、大觿、木燧。"是说身边佩带之物，其中有两种取火用具，一是"金燧"，即火镜，可取火于日；再一是"木燧"，钻木生热取火。金燧聚光生火，木燧摩擦生火，是我国古代光学和热学两门科学原理的最早应用，也是火柴的先驱。

由钻木取火而出现火镰，也叫火刀。《元曲选》收录李好古《张煮海》中有使用火镰的描述："家童将火镰火石引起火来，用三角石头把锅儿放上。"

有火镰必须有火石，也叫燧石。燧石是一种天然火石，主要由隐晶质石英组成。外观与玉髓相似，颜色暗淡无光彩，普通为浅灰或褐黑等色。通常呈结核致密块状，用铁锤敲击时能发出火星。

关于天然火石，还有一个凄美的传说。传说古时，桐柏山（今河南省桐柏县西南）下有个柏子国，国内百宝俱全，就是缺火。一个商人带来火种便当了柏子国王。用火者必须以粮食或猎物换取。一个叫红炎的猎人从狐狸嘴下救出一只凤凰，凤凰化作姑娘与猎人婚配。姑娘能取火施与贫民。国王知道后，杀死红炎，强抢凤凰。姑娘化作一团火，把国王烧死，大火在桐柏山蔓延三日。村人为怀念红炎夫妇，鞭尸国王。后来铁器一碰到山石，便熠熠迸发火花，人们明白这是凤凰姑娘留下的火种。桐柏火石就这样流传后世，闻名于今。

我国最早的火柴，当时叫"发烛"，其制法是取易燃的松木削成长条形的薄片，将其一端浸涂上硫黄。硫黄触及火种即行燃烧。古代人既把它作为取火物，同时又可以代替油灯、蜡烛在夜间照明。《委巷丛谈》记载："杭人削松木为小片，其薄如纸，镕（熔）硫黄涂其锐，名曰发烛。"

"火寸"一名何来？宋代陶穀《清异录·器具》中有交代："夜中有急，苦于作灯之缓。有智者批杉条，染硫黄，置之待用。一与火遇，得焰穗然，既神之，呼引火奴。今遂有货者，易名火寸。"

火柴何以叫"焠儿"？元代陶宗仪《南村辍耕录·发烛》中说："杭人削松木为小片，其薄如纸，镕（熔）硫黄涂木片顶分许，名曰发烛，又曰焠儿，盖以发火及代灯烛用也。"元代"焠儿"实则是宋代的"火寸"音讹而来。

南宋年代，杭州一带专门有制造"火寸"的作坊，上市出售。日本人早时把火柴叫做"磷寸"。是由我国"火寸"一名演绎而来的。

明时，"南曰火寸，北谓取灯儿"的引火物在城市中已普遍流行。冯梦龙《古今小说》记述："婆子道：'忘带个取灯儿去了。'"

"纤纤寸木药硝粘，引得灯光胜火镰。莫怪焠奴夸利用，缘它工省价还廉。"这是清代《光绪都门纪略·洋取灯》诗，概括了火柴在我国的变迁史。

火柴最早产于我华夏古陆，这一点是肯定无误的。只是没有得到进一步发展，未形成大规模的商品生产罢了。

1880 年，英国商人美查在上海建立了第一个火柴经营处，叫“燧昌自来火局”。十年后，瑞典人在上海开设了我国最早的火柴厂——“瑞商洋行”。

1894 年起，我国湖北建立了两家官与商合办的火柴公司——和盛昌火柴厂。在慈禧太后过六十岁生日那天（1894 年 11 月 7 日），我国出现了印有西太后半身像的火柴。

为了打破英商垄断，1896 年，湖南巡抚陈宝箴，委派绅士张祖同等人创办“和丰火柴公司”，集股银三万两，购地设厂于长沙北门外。厂内机器设备简陋，以手工操作为主，生产原料多取自本省，并在益阳、桂阳等地设立分厂。磷、硫黄等药料因当时国内较少，一般从英国、日本进口。

“和丰火柴公司”每日生产火柴约二十余箱。在十余个品种中以“双猕”红头火柴和“龙牌”黑头火柴最为畅销。红头销本省，黑头运外埠，颇有声誉。但是，当时外商火柴竞争能力强，市场上“洋火”充斥，和丰公司虽多方营谋，仍获利不大。

1906 年，长沙发生大水灾，“和丰”厂房全部被淹，损失巨大。浙江商人戚咏笙加入股银四万两，重修厂房，继续生产。从此，“和丰”就成为湖南、浙江两省商人的火柴企业。

贴在火柴盒上那各式各样的火柴商标即“火柴盒贴”，也叫“火柴贴花”，简称“火花”，在国外还称做“磷票”、“火柴标签”、“火柴画片”、“火柴贴纸”等，可算是一种艺术珍品。那方寸之地，绘画着各种戏剧小景、历史人物、名山胜水、花鱼鸟虫、体育杂技、文物古迹等，一枚小小的火柴贴花，往往从一个侧面反映出这个国家的政治、经济、生活、历史、地理、科学文化、风土人情等。和集邮一样，全世界有许多火花爱好者。

我国江苏省扬州市的季之光，竟收藏了十二万多枚火花，其中八万多枚是世界一百一十个国家和地区的，其余都是国内的。从我国第一枚《舞龙》火花起，收藏量名列第三，前两名分别为日本人和苏联人。有人曾将火柴贴盒的设计，誉为装潢美术之王。

世界上第一枚火柴贴花于 1837 年出现在奥地利首都维也纳。它比第一枚邮票在英国问世还要早三年。据传，我国的第一枚火柴贴花《舞龙》出现在 1897 年，也有说是 1894 年的慈禧太后半身像。

蜡　烛

“白日沦西河，素月出东岭。”

夜幕降临了，仿佛给人间披上了一层黑色的轻纱，又薄又匀。满天星河，晖光破碎；室内红烛，满屋生辉。所以《法华经》说：“日照昼，月照夕，烛照日月所不及。”可见在夜的天地里，人们是离不开蜡烛灯火的。“昼有天日，夜有烛火”，用光明驱逐黑暗，由来已久。

远古洪荒时代的北京猿人，就知道用天然火种驱散夜幕的黑暗；一万七千年前的山顶洞人已学会了钻木取火以迎接光明；四千九百年前我国三皇之一的祝融，被尊为火祖，推为炎官，奉为火神。《周礼》中记述的“火师监燎”，说的就是周朝有专职官员掌管皇宫中的照明。

蜡烛与油灯出现之前的照明方法，是点燃多脂的树枝：用嵩草、苇茎、松枝、荆条等捆扎成束，用时浇上动物的油脂，或插于庭院，或置于室内。夜行时，左手擎着火把，右手拿根木棍，时时拨去灰烬。

在室外点燃的叫爟火。据《吕氏春秋·本味》记载：“汤得伊尹，祓（古代为除灾去邪而举行的仪式）之于庙。”说的是古时用爟火为祭祀照明。后来演变为“炬火”、“火炬”。

在室内照明的叫爝火。庄子的《逍遥游》就有“日月出矣，而爝火不息”的记述。“爝火”，《吕氏春秋·求人》也称做“焦火”：“十日出，而焦火不息，不亦劳乎！”

前秦有“秉烛”一语。《古诗源》也载：“生年不满百，常怀千岁忧；昼短苦夜长，何不秉烛游？”李白也在《春夜宴桃李园序》中喟感：“古人秉烛夜游，良有以也。”

“秉烛”在这里不能理解用手拿着蜡烛。《礼记·曲礼》注释：“古来未有蜡烛，唯呼火炬为烛也。”所以这里的“秉烛”是夜行时手擎的火把，用以照路。

古人把月亮叫做玄烛。三国魏文帝曹丕《与繁钦书》写道：“白日西逝，清风赴闱。罗帏徒祛，玄烛方微。”

《宋史》记述：“泉台寂鱼取烛荧煌。”说的是以鱼为烛，称“鱼烛”。据《史记》载：“秦始皇葬骊山，以水银为百川江河大海，机相灌输，上具天文，下具地理。以人鱼膏为烛，度不灭者久之。”看来这“鱼烛”不是蜡烛，而是油灯，或谓之巨大火炬。

蜡烛，是指“以膏脂制成用以取明者谓之”。谁人发明？起于何时？一时尚难查考翔实。

《开元天宝遗事》记载一种“妖烛”：“宁王好声色，有人献烛百钜，似蜡而腻，似脂而硬。不知何物所造也。每至夜筵，宾妓间坐，酒酣作狂，其独则昏昏然如物所掩。罢则复明矣，莫测其怪也。”想来，这“莫测其怪”的“妖烛”应为蜡烛之属。

根据梁朝庚信的“洞房花烛明”和最早见于六朝的“蜡泪”一词的记载，蜡烛创应始于4世纪前后。

蜡，原本是指由高碳脂肪酸和高碳脂肪醇构成的酯所组成的可燃物质。按其来源可分为：动物蜡，如蜂蜡、虫胶蜡、鲸蜡、羊毛蜡、四川虫白蜡等；植物蜡，如巴西棕榈蜡、甘蔗蜡、米糖蜡等；矿物蜡，如褐煤蜡。唐代和宋代以前用蜂蜡（也叫蜜蜡、黄蜡）制蜡烛，元代以后开始使用四川白蜡制造蜡烛。

白蜡是我国特产，经济价值很高。历史上，我国是唯一产白蜡的国家。就是现在，世界上能引种繁殖蜡虫的国家也寥寥无几，即使引种，依然不能大量生产。因此，国外因白蜡珍稀，誉其名曰“中国蜡”。

白蜡虫是一种很小的介壳虫，它有一种奇特有趣的习性：雄的专事分泌蜡，称为“蜡虫”，雌的只管生儿育女，称为“种虫”。蜡虫靠吸白蜡树嫩枝的汁液泌蜡。初时蜡细如丝，继而凝聚增多，结成束束晶莹洁白的蜡花挂满枝头，远看犹如玉树琼枝。将蜡花采集下来，经过蒸煮便成为白蜡。

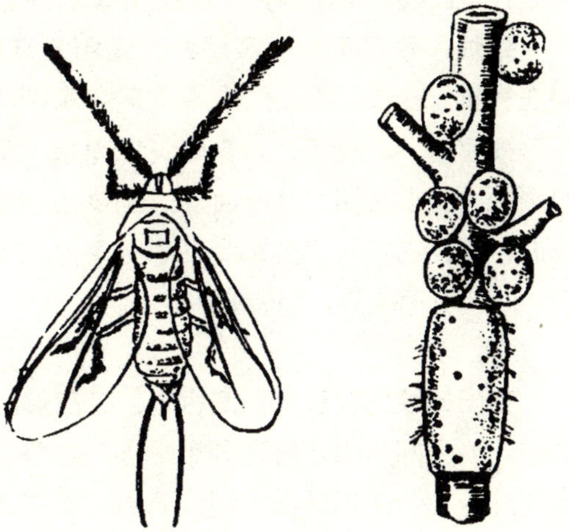

白蜡虫

白蜡树喜光、宜湿、耐涝。既可分散于田坎地边种植，也可成片培育。蜡树生长快，寿命长，经营得法可连续利用二百年以上。白蜡树还有一个优点，就是萌蘖分支性强，极耐修剪。采蜡、摘虫时反复砍取枝条，新枝随即萌发，百砍不凋。

我国生产白蜡的历史悠久。宋代周密著《癸辛杂识》一书，就对蜡虫的放养和管理作了详细的记载；李时珍在《本草纲目》中不仅阐明了白蜡的药用价值，而且对白蜡的地理分布也作了具体说明。

黄蜡，即“蜜滓也。蜜蜂腹部分泌蜡质，以为蜂房。制蜡者取蜂房，置水中煮而溶之，既冷凝结，是为蜜蜡”。色黄，故称黄蜡。

蜡烛，民间简称“蜡”。文词谓“蜡泪”、“烛泪”，如李贺有“蜡泪催蓝尽”；白居易有“烛泪粘盘垒葡萄”；又有“烛花”的称谓，如李煜《玉楼春》词：“归时休放烛花红”；陆游《遣兴》：“乌丝书罢烛花红”；还称“蜡炬”，如人们耳熟能详的“蜡炬成灰泪始干”，宇文虚的“堂中蜡炬生红花”；“蜡灯”，如李商隐的“分曹射覆蜡灯红”，苏辙的“床头一点蜡灯微”；亦称“蜡珠”，《南史》：“僧绰采蜡珠为凤凰”。

白蜡树

花烛，还代指结婚洞房。吴自牧在《梦粱录》卷二十“嫁娶”一节中说：“新人下车……数妓（伎）女执莲炬花烛，导前迎引。”何逊《看伏郎新婚》：“何如花烛夜，轻扇掩红妆。”

南朝的梁元帝，还专门写有《对烛赋》，文辞斐然：“烛尽落，烛花明……绿炬不翠，朱蜡含丹。”

蜡烛，除用于一般照明外，还用来点缀环境，烘托气氛。五代后周王仁裕《开天遗事》记述：“申王每夜宫中，与诸王遗戚聚宴，以龙檀木雕成烛拨童子，衣以绿衣袍，系之束带，使执画烛，立于席侧，目为烛奴。”还如，唐代冯贽在《云仙杂记》记有一段“蜡围”的场面：唐代玄宗时代吏部尚书韦陡举办家宴，使八个婢女手举一柱插有五只蜡烛的蜡台，站在宴席四周，叫做蜡围。

我国蜡烛的制作术，既古老，又高超。远在唐代就用虫蜡为原料，造出各种用途的蜡，如民间照明、宫廷御用、佛门寺院、饭铺酒肆、红白喜事、寿诞喜庆，都要装点花灯。由于使用场合不同，而蜡烛制造的用料、形状、个头、色泽亦不尽相同，各有讲究。宋代的蜡烛，尤其讲究装潢。双双对对的蜡烛上，描金绘彩，雕龙刻凤。还制有各种蜡台，蜡台古人叫做“烛奴”。

煤　炭

“鼎彝元赖生成力，铁石犹存死后心。但愿苍生俱饱暖，不辞辛苦出山林。”此乃明代永乐进士于谦对煤炭的生成、开采、用途的赞颂。煤炭作为一种能源，非柴草可比，但是其采掘却是十分不易，尤其在古代。

古代，煤还有许多称谓：“石墨”、“涅石”、“石涅”、“黑石脂”、“石炭”、“泥炭”、“大炭”；还别称“太阳石”；被誉为“阳光的仓库”、“黑色的金子”。

新版《辞源》诠注："煤，一种固体燃料。春秋战国时称石涅或涅石；魏晋唐宋称石炭；又称石墨。"

石墨与煤炭，今天看来，是两种矿物。但是北魏郦道元《水经注》却把煤叫做"石墨"。书中说："铜雀台北曰冰井台，上有冰室，室有数井，并深十五丈。藏冰及石墨焉。可墨可书。又燃之难尽，亦谓之石炭。"

唐代诗人杜牧曾有"东风不与周郎便，铜雀春深锁二乔"的诗句，如果赤壁之战周瑜失败。那么周瑜和孙策的妻子，小乔和大乔，就都将被曹操深锁在铜雀台里了。这样，藏煤的铜雀台，却又来藏"二乔"双娇。这就是后人说的"铜雀台藏煤又藏娇"的来源。

晋代文学家陆云《陆士龙集·与兄平原书》中也提到曹操在铜雀台藏煤："一日上三台，曹公藏石墨数十万斤。云烧此复消可用。然邺（今河北临漳县西南邺镇）中人不知。兄（陆机）颇见之不？今送二螺。"这是陆云给其哥哥陆机的信中说：某天到三台看到曹操在那里藏煤几十万斤。并介绍煤很耐烧，反复可用，可惜，邺中人却不懂。问其兄可曾见到过煤吗？随信捎去两块，见识见识。

"三台"，晋代陆翙《邺中记》介绍："魏武（曹操）于邺城西北立三台。中台名铜雀台，南台名金兽台，北台名冰井台。"故址在今河南省漳县西南。

古时还有把煤谓之"黑石脂"的。唐代宝历进士朱庆余《诗集》中有："洞房昨夜停红烛，待晓堂前拜舅姑。妆罢低声问夫婿，画眉深浅入时无。"这里用以"画眉"的，就是"黑石脂"，亦称煤制"螺子黛"，或称"画眉石"。

《明一统志》也有记述："南雄府土产石墨，出始兴县（辖境相当于今广东连江、滃江流域以北地区）南五里小溪，长短巨细似墨，人或取以画眉。故又名画眉石。"古时还用石墨做螺子墨锭，或用以描眉，或用于写字。见元代虞集《道园学古录》："赠君千黛螺，翠色秋可写。"

古人把煤炭和石墨混为一谈。而今天的概念：煤和石墨不是同义词。虽然都是矿物，颜色一样，且均能燃烧，而石墨矿绝非煤矿。古时却把今人所谓的"石墨"叫做"黑沿"；把"煤"则称之为"石墨"。

古时，"煤"的概念是："烟尘之凝结屋上者"。如《吕氏春秋·任数》中的："响者煤炱入甑中，弃食不祥。""炱"，煤气凝而成的黑灰，俗称"烟子"，也指黑色。"煤炱"，不是指燃烧煤炭之灰，而是指包括煤在内的各种燃料在燃烧过程中放出的烟灰积结物。

炭："烧木余焦也。"我国早在周朝业已使用。《礼记·月令》写道，秋季之月："是月也，草木黄落，乃伐薪为炭。"唐朝杜甫的《卖炭翁》，久已脍炙人口。

为了区分煤与木炭的称谓，大约在隋唐始，人们把煤称为“石炭”——

“铁盂汤雪早，石炭煮茶迟”诗两句，撷自五代前蜀高僧贯休《禅月集·寄怀楚和尚》。楚和尚——楚安，善画人物楼台，与贯休同代。两个和尚，一为诗人一为画家。诗中写的就是此二人于某年冬天，抖得松梅枝上的积雪，装于壶中，置于炉上，烧火煮沸，用于沏茶，促膝品茗，禅谈不已。诗中的“石炭煮茶”就是用煤为燃料，烧水以沏茶。

我国煤炭开采的文字记载，最早见于《史记》四十九《窦太后传》：“窦广国至宜阳，为主入山作炭，岸崩尽压卧者，独得脱。”是说，汉代孝文章皇后之弟窦广国进山监督采煤（不是烧木炭），遇到了煤窑塌方。只有他幸免于难。这则史闻发生于公元前170年上下的宜阳，不知这宜阳可是否今之河南宜阳县？

3世纪时，西晋文学家左思《魏都赋》写道：“墨井盐池，玄滋素液。”李周翰注解：“墨井，井中有石如墨。”这“有石如墨”的井，即煤井、煤窑。

《宋史·陈尧佐传》说：“徒河（一说徙河）东路，以地寒民贫，仰石炭以生，奏除其税。”徒河，汉置为辽西郡，即锦州一带，相传虞帝时已有此城。若是徙河，则日指黄河上游。《宋史》所说，是锦州（或青海甘肃某地）左近有煤矿，百民贫穷，靠开采煤以谋生计，奏请当时政府，对采煤者蠲免其税。说明宋代的经济政策是鼓励开矿采煤；或者是对贫困地区实行“以煤代赈”。

“煤”的称谓，在明代始有所见。刊载于1637年宋应星《天工开物》：“凡取煤经久者，从土面能辨有无之色。”该书《煤炭》一节中又说：“凡煤炭，普天皆生，以供锻炼金石之用。”说明当时已用煤炭冶炼金属。

明代大都（北京）神武门外宫城之背有座煤山。相传是明代永乐年间修建宫殿时曾在此堆煤若峦（足见当时用煤量之大），故曰煤山。后来经人工叠土为山，共形成五峰，仍名煤山，风景优美。秦征兰有诗为证：“煤山夏日树青青，高处晴霞五彩横。”

1644年3月19日，李自成率义军攻进大都。统治中国二百七十六年的朱家王朝覆灭，亡国皇帝崇祯（朱由检），吊死在煤山东麓的一棵树上。煤山曾易名万岁山，后又易名“景山”。清代康熙二十四年，在景山北上门设“景山官学”，为内务府三旗子弟书射的学堂。1950年辟为“景山公园”。

前面讲过曹操于“铜雀台藏煤又藏娇”，无独有偶，明代又有“煤山藏煤亦藏娇”的逸闻。

明代沈德符《野获篇·煤山梳妆台》记述：“今京师厚载门内，逼紫禁城，俗所谓煤山者，本名万岁山。其高数十仞（一仞八尺），众本森然。相传其下皆聚石炭，以备城不虞之用者。”本书篇名《煤山梳妆台》，是因为煤山上筑有辽国皇后萧氏的梳妆台。原是妃后嫔女所住之寓舍，深居简出。而山下则贮积石炭。岂不是山上山下又一处“藏娇又藏煤”的吗？

与煤共生的还有煤精与琥珀，都是贵重的矿产精品。

煤精，是一种特殊的煤，系由古代柞、桦、松、柏等硬质杂木，经汛水冲到低洼处，在高温下形成的黑色均一的结构体，夹杂于一般煤层中间。煤精具有体轻，质密坚硬，黝黑发光，富有韧性，没有纹路的特点。我国煤精主要产于辽宁抚顺。煤精常用来雕刻工艺品。

琥珀，《汉书》中又写作“虎珀”；《西南夷传》中写作“琥魄”；别名“江珠”。也是产于煤层中，所以琥珀又叫“煤璜”。

“似脂似玉，似胶似石”，这是说琥珀的色泽与形态，呈蜡黄或红褐，一般透明，非晶质体，树脂光泽，壳状断口，硬度二至二点五。入火则燃，燃之有香气。红者曰血珀，黄而晶莹者曰金珀，鹅黄而透明者曰蜡珀，深红间浅蓝者曰紫珀，酱色而明晶者曰玄珀。

琥珀是怎样生成的呢？

晋代张华《博物志·药物》援引《神仙传》说：“松柏脂入地，千年化为茯苓，茯苓化为琥珀。琥珀一名江珠。”是说，琥珀是地质年代中松柏树脂经过几番石化的产物。

宋代《陈承别说》又介绍：“琥珀乃是松树枝节茂盛时，为炎日所灼，流脂出树身外，日渐厚大，因坠其中，津润岁久，为世所渗泄，而光莹之体独存。”

“曾为老茯神，本是寒松液。蚊蚋落其中，千年尤可觌。”（唐代韦应物《咏琥珀》）写的是常常在琥珀的透明晶体内，可以看到栩栩如生的昆虫或花叶等动植物的遗体化石，令琥珀外射霞光，内蕴生气。这些动植物是怎样进入琥珀中的呢？

煤是树木的化石，石油是鱼鳖虾蟹的化石，大理石是微生物的化石，琥珀是松脂化石。《陈承别说》释谜：“其虫蚁之类乃入土时所粘者，二物皆自松出，而所禀各异。”

这种被包埋的古生物标本，形态完整，把玩观赏，令人爱不释手。透过琥珀之窗可以窥探几亿年前昆虫群落生活的一瞥。是生物学家研究古生物的绝好标本。

琥珀质量的好坏主要依其色泽来衡定。尤其又以含有昆虫花草且晶莹透明的血珀为上乘。倘若获有珀中蕴有小兽，则被视为极品。更有一种琥珀，颜色如猫儿眼一般，黄而微红，价值益高。据说明朝时曾有比黄金价贵五倍的琥珀，不知是何形体。

琥珀及琥珀中的生物成因，在西方直到 17 世纪中叶才由俄国的自然学家罗蒙诺索夫弄明白，比之我国迟六七百年。

筷子

筷子，古时称做“梜”、“梜提”、“筴”、“筯”、“櫡”、“箸”、“攲”。是我国首创，至少有五千年以上的历史，伴随火的应用而出现。

原始人在茹毛饮血时代，是抓食入口的。当人们懂得使用火以后，那灼热滚烫的饭菜，尤其是那稀粥汤羹，又如何抓得了呢？于是，便有人折取蒿杆木棍，用来襄助。

久而久之，人们惯于使用并熟练地掌握了这两根茎竿的夹食技巧。所以，筷子在周朝以前叫“梜”。就是《礼记·曲礼》中记载的：“羹之有菜者用梜。”用木代夹，故写作木字的“梜”。

梜，又称“梜提”。汉代郑玄为《礼记》作注：“梜，犹箸也。今人或谓箸为梜提。”

梜，又写作“筴”，以竹代夹。《释文》解说：“梜，《字林》作筴。”唐代陆羽《茶经器》介绍：“火筴，一名筯。”

“助”，是借助它物夹食。后来因为这“助”，多为竹制，所以不知是谁在“助”字上面加了个“⺮”头，成为“筯”。

《竹谱》记载，专有一种制作筯的竹子，就叫“筯竹”：“产粤西平乐府华盖山中，恭城、富川、永安、昭平等处皆有之。其小如筯，坚洁如象牙，作筯甚佳。”

《世说新语·忿悁》记载一个用筯夹鸡蛋的故事：“王蓝田性急，尝食鸡子，以筯刺之不得，便大怒，举以掷地。”如此性急气粗，可博一笑。“停杯投筯不能食，拔剑四顾心茫然。”这是李白《行路难》自况辞官还家，放浪江湖的感愤。“筯”，就是筷子。“投筯”，就是放下筷子。但诗中的放下筷子并非我们常说吃饱撂筷子，而是诗人在想到一个人的荣枯得失，不足为凭，认定时机，急流勇退，所以停杯投筯，若有所思。

“箸”，是筷的又一古称，就是《礼记》“饭黍毋以箸”的“箸”。《汉书·周亚夫传》有一则“箸”的故事：“独置大胾，无切肉，又不置箸。”是说在餐桌上盆子里，只放着一整块几斤重的熟肉，桌上无刀，而且也没有筷子（箸）。周亚夫是西汉名将，平定七国之乱有功，升为丞相。后以其子私买御物下狱，不食五日，呕血而死。

古人还用“无箸处”，形容富人饮食的奢侈无度。这一成语出自《晋书·何曾传》，写晋武帝时，太尉何曾，“生活豪奢。食日万钱，犹云无下箸处”。后人形容美味佳肴，尝遍吃腻，再无稀罕可食之物，世称“无下箸处”。

司马迁《史记·绛侯世家》，还写“箸”为“櫡”，以示木制之箸。《周勃世家》也称“箸”作“櫡”。筷子还叫“攲”，见于唐代高僧慧琳《一切经音义》注引《通俗文》

"以箸取物曰攲。"就是汉代许慎《说文》:"箸，饭攲也。"清代段玉裁注解:"攲，持去也，倾侧之意。"是说吃饭持筷时，必定斜着运用，因此把筷子叫做"饭攲"。

"箸"，为什么又改成"筷"呢？有其渊源：明人陆容《菽园杂记》云:"民间俗讳处处有之，而吴中为甚。如舟行讳住、讳翻，以箸为快儿，幡布为抹布。"

原来，古时商业贸易往来，以水路为畅，客商在船上一个航程往往就是经月累日，须在船上就餐。"箸"或"筯"，与"住"同音，有驻住不前的意思，很不吉利，是船上一大忌讳。所以把谐音"驻"、"住"不前的"筯"、"箸"，改为船行畅通、一帆风顺的"快"，后有人在"快"字头上加个"⺮"头便成"筷"字了。

我国周朝已经有用筷子的记载："羹之有菜者用梜。"但同时也有手抓吃饭的记述，也是载于《礼记·曲礼》:"共饭不泽手，毋抟饭，毋放饭。"意思是：抓饭时不要乱抓，不要把抓到手上的饭再放到饭盘里去。

但是，从"饭黍毋以箸"的记述看，周朝时已有筷子无疑。只是吃饭时，抓饭而不抓菜。因为《曲礼》写着:"有菜者用梜，无菜者不用梜。"

古代筷子的实物，是1962年在云南祥云县大波那发现一座罕见的铜棺墓，墓中出土圆柱形铜条三根，发掘者起初认为它是西汉中晚期的铜筷，根据放射性碳素测定的年代为公元前495年左右，这几根筷子的年代则可能要早到春秋周敬王二十五年。

亚洲某些国家受中国文化的影响，越南在唐代以前就学会使用筷子。不久又传入朝鲜和日本。明清以后，随着大批华侨的迁徙海外，筷子也被带到马来西亚、新加坡、印度尼西亚等国。据说，日本每年8月4日还有"筷子节"。

筷子随着时代的发展反映人们的生活方式的变革，旧时，宫廷御宴，鼎食人家，为夸耀其奢侈阔气，使用金筷、银筷、象牙筷、镶珠镶玉的乌木筷。

杜甫《野人送朱樱》的"金盘玉筯无消息"，说明唐代有用玉石雕琢的筷子。

曹雪芹《红楼梦》写道，王熙凤为取悦于贾老太太，故意给刚进大观园的农妇刘姥姥安排一双"四棱象牙镶金"的筷子，沉甸甸的，用它夹那剥了皮的鸽子蛋，滑溜溜的怎么也夹不起来，那左右不顺手的样子，逗得满座的人哄堂大笑，随后才又换用一双"乌木镶银"的筷子。

你听说过"筷子亡国"的故事吗？司马迁《史记·宋徽宗世家》有"纣为象箸，而箕子唏"一节。说的是：有人向殷纣王献了一双象牙筷子，引起了当朝良臣箕子的恐惧。箕子看出，象牙筷子必然要有与之相配的犀玉之杯；有了象筷玉杯，必然要吃旄牛豹胎；吃着这般奇珍异馔，必然要穿金镂之锦衣；还要住琼厦之高台……奢华无尽无休。箕子所怕所唏，不是害怕这双筷子，而是害怕这双筷子的发展会引起连锁之后果！果然不出箕子所料，纣王荒于国政、沉湎于筑园圃、造酒池、兴肉林……终究亡于酒色淫欲之中。

《汉书》中有："请借前箸以筹之。"是以筷子代替筹码，谋划军事。诸如：张良用筷为刘邦筹划如何击败项羽；韩凝礼用筷预卜进京平乱；赵达凭借筷子预测吴国兴亡盛衰。

唐朝中期，宫廷有"赐筯"之仪。《开天遗事》写道："宋璟为相，朝野人心皆归兽焉，时春宴，上（皇帝）以所用金筯赐璟。曰：'非赐卿金，表卿直也。'"筷子是直的，以筷之直，褒奖宋璟的耿耿忠心，公正率直。

五代时的后唐皇帝李从珂选择朝廷宰相，物色的几个人都各有其长，一时定夺不下选谁为好。他便把候选人的名字写在小块纸上团成阄，投入透明琉璃瓶中，然后由皇帝用筷子探瓶，夹出瓶外的那阄上所写之人便被封为宰相。

酒　具

酒具，随酿酒而产生，随饮酒而发展。不同的时代，不同的种族，不同的酒类，所使用的酒具，各不相同。

纵观历史，我国的酒具，不但古老逾越四千年，而且造型别致，华藻繁缛规范。可谓："兕觥其觩，杯盏金樽。"

我国最早的酒具叫"酉"。《说文解字》记述："为酒多用酎者，三重酒也。必言酒者，古酒可用酉为之，故其义同曰就也。"白居易："麴神寅日合，酉圣卯时欢"中的"酉圣"，即指酒，是说酒在酉里，酉中有酒。

酉中加水谓之酒。把酒装入酉中为之酒酉。

"酌"字的原意，就是用勺去酉中舀酒喝。后人把"酌"引申为斟酒、饮酒。《诗经·卷耳》曰："我姑酌彼金罍。"是说：我只好暂且回到家里，把金杯盛酒吃，吃醉了，心里就糊糊涂涂，不再长长地记挂着他了。"罍"，原是青铜酒具，也有陶制的。而在这里的"金罍"，指罍的堂皇。罍，有圆形或方形两种，小口广肩、深腹、圈足，有盖，肩部有两环耳，腹下又有一鼻。盛行于商周时期。郭璞《尔雅·释器》注说："罍形似壶，大者受一斛。"古时十斗为一斛，南宋以来改五斗为一斛。看来，罍，相当于今天的酒缸或酒坛子。

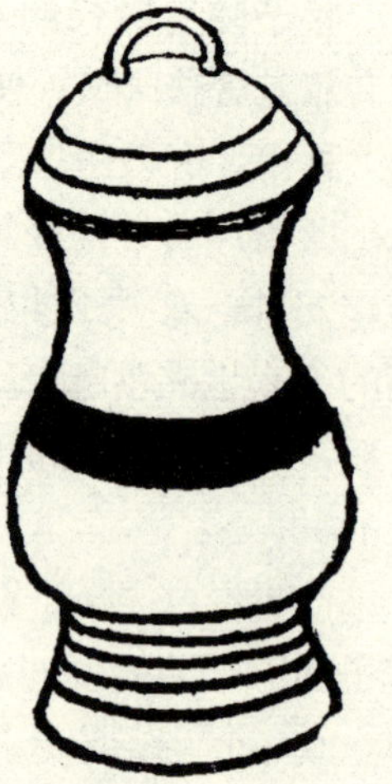

（周）彭女乙

类似于今天酒壶的器物，最初是“角”，青铜所制，形似爵而无柱，两尾对称，有盖，用以温酒，盛酒。出现于商代和西周初期。

角，“有画饰者曰角，无画饰者曰散”。清代冯云鹏《金石索》有专门考证，皆绘其图，摹其文字。

《礼记·礼器》记载：“宗庙之祭，尊者举觯，卑者举角。”看来这角的使用还有尊卑等级之分。角乃一般人使用，而高贵者则用觯。

觯，也为青铜所制，形似尊而小，或有盖。盛行于商代晚期和西周时期。觯又名为耑（端的古体字）。传于后世的有郐（徐）王义楚耑。器的形状与觯同。

古代承受觯的器皿叫“丰”。《仪礼·公食大夫礼》：“饮酒于觯，加于丰。”郑玄作注：“丰，所以承觯者，如豆而卑。”“豆”是一种食具，“卑”是低。丰的形体比豆稍低。

北宋欧阳修《醉翁亭记》形容宴饮尽欢的场面时写道：“觥筹交错，起坐而喧哗者，众宾欢也。”“觥”，盛行于商代和西周初期，亦为青铜所制。器腹椭圆，有流及鋬（酒器上的把手），底有圈足。有兽头形器盖，也有整器作兽形的，并附有小勺。《诗经·桑扈》描述：“兕觥其觩，旨酒思柔。”是说，拿着牛角般大的酒杯，其上面是弯曲的。“兕觥”，也叫“兕爵”、“角爵”，古时的一种兽形酒器。兕觥，唐代陆德明释其义：“《韩诗》云：容五升；《礼图》云：容七升。”

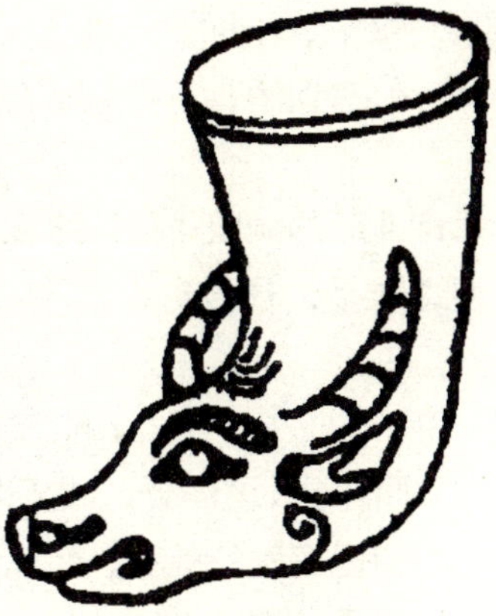
（周）兕觥

古文中形容筵席上频频举杯时，往往写作“觞觥交错”。“觞”，也是一种酒器，如《礼记·投壶》中的“请行觞”；延颜之《陶徵士诔》中的“念昔宴私，举觞相诲。”“觞”，都作酒杯讲。

后来，觞字又引申为向人敬酒或自饮。如《吕氏春秋·达郁》中的“管子觞桓公”，就是春秋时管仲在为齐桓公斟酒，或解释为管仲向齐桓公敬酒。“觞”亦可作动词使用。所以南宋范成大《宿胥口始闻雁》有“把酒不能觞”之句，这里的“觞”作动词“饮”解，是说：有酒却喝不下去。

古代有一种珍贵酒怀，叫“九霞觞”。据说斟上酒后，呈九色彩虹，被誉为传世之宝。《全唐诗》许碏《醉吟》提及：“阆苑花前是醉乡，踏翻王母九霞觞。”其实诗人也是耳闻入诗，并无眼见。

战国辞赋家宋玉《楚辞·招魂》描摹：“瑶浆密勺，实羽觞些。”“羽觞”，是形状如雀鸟，左右如两翼的酒器。另有人解释说，插鸟羽于觞，促人速饮。《汉书·外戚传》歌曰："顾左右兮和颜，酌羽觞兮销忧。"书后有注："羽觞，爵也，作主爵形，有头尾羽翼。"

孔子《论语·雍也》篇曰："觚不觚，觚哉！觚哉！"孔子是在说，酒杯不像个酒杯，这是杯吗！是酒杯吗！

老夫子为何发火？因为古代酒器觚，形状应是腹部作四条棱角，足部也作四条棱角，每器容酒二升。可是孔子看到一只圆形的觚，改变了规矩，认为名不副实，以此比喻社会，"君不君，臣不臣，父不父，子不子"，乱了名分。

为什么古时有"觚"的名称呢？那是源于"觚"与"孤"同音。"孤"，小而少。其含义，容酒少，比之角觞等都小，暗示叫人们少饮酒，不要沉湎之意。

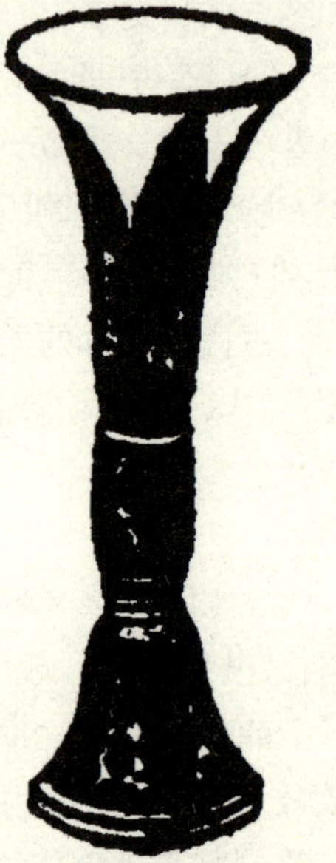
（周）趸觚

南北朝的鲍照《拟行路难》写道："奉君金卮之美酒，玳瑁玉匣之雕琴，七彩芙蓉之羽帐，九华葡萄之锦衾。""金卮"，即金杯。

"卮"，古作"巵"，能容四升的酒杯。《史记·项羽记》写道："项伯即入见沛公，沛公奉卮酒为寿。""卮"，又引申为支离其言，后人以"卮言"作为对自己著作的谦辞。如《诸子卮言》、《经学卮言》。

《礼记·礼器》："五献之尊，门外缶，门内壶。""缶"，是盛酒浆的瓦器，俗为瓦罐，小口大腹，也有铜制。质地以尊卑而分。唐代李商隐善饮，酒坛常满，他在《行次西郊作一百韵》中写道："浊酒盈瓦罐，烂谷堆荆囷。"瓦罐作酒坛。

《诗经·江汉》有"厘尔圭瓒，秬鬯一卣"的描述。大意是说，你立下功劳，我赐你玉璧和一坛黑黍米做成的酒。"卣"，是中型盛酒器，盛行于商代和西周，青铜制造，椭圆口、深腹、圈足，有盖和提梁。宋代《博古图录》及以后的金石书著中，记述这种礼器甚多。如商代的提梁铜卣、西周铜卣等皆是。

酒杯还有许多别名，"玉船"亦是。用玉石雕制，呈船形。见陆游《剑南诗稿·即席》："要知吾辈不凡处，一吸已干双玉船。"

古代哥们兄弟拜盟结誓，如《三国演义》开篇的"宴桃园豪杰三结义"，《水浒传》的梁山好汉结拜山盟等，要饮血酒。不但用青牛白马的血入酒，还有专门饮血酒用的酒杯，叫"敧"，古称"玉敦"，形状似小饭碗，两边有耳。《周礼·玉府》记载："若合诸侯则共珠槃（盘）玉敦。”

商周时代，还有一种三足的爵，也是古老的酒杯，又叫“尊彝”、“方彝”、“宗彝”。《诗经·宾之初筵》有：“彼酌康爵，以奏尔时。”是说，祭祀完了，主宾端着酒杯在安乐的畅饮，表明祭祀应时的意思。

《礼记·礼器》曰：“贵者献以爵，贱者献以散。”是说同在一个宴会上，礼遇不同，尊贵者使用“爵”，而卑贱者只配使用“散”。原来，“散”也是一种古代酒杯名称。“散”比“爵”容量大，“凡注一升曰爵……五升曰散”。

清代秀才王国维《观堂集林》说：“诸经之散，皆为斝的误字。礼有散爵，是杂爵之意，本非器名。”

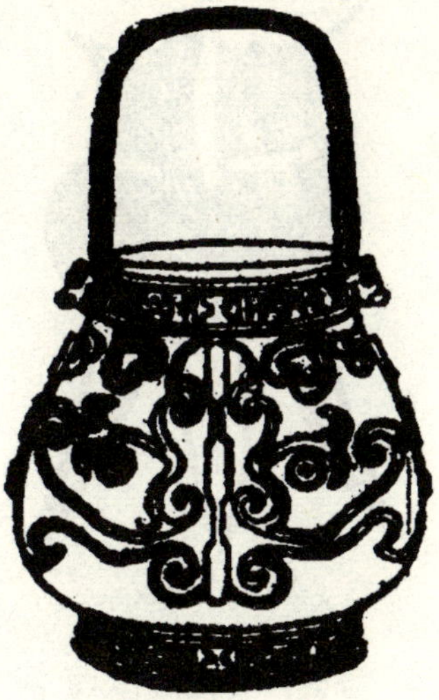

（周）双册父乙

“斝”，盛行于商代的铜制酒具。似爵而较大，有三足、两柱、一鋬（把手），圆口平底。《诗经·竹苇》篇也有提及：“或献或酢，洗爵奠斝。”是说：有时自主人敬酒，有时客人回敬酒，有时洗过了酒杯再吃，有时客人把酒倒在地下，表示不敢当。

“斝耳”、“斝彝”，都是斝的不同造型和不同使用场处。“斝”与“爵”与“醆”，原来是同类异形，各朝各有专称：周朝谓之“爵”，商朝谓之“斝”。再往前，四千年前的夏代谓之“醆”。

“醆”字，虽然今已废之，通用“盏”。但今天人们都熟悉“盏”字即是夏代的“醆”字，并非近代名称，而是历史悠久的古称。

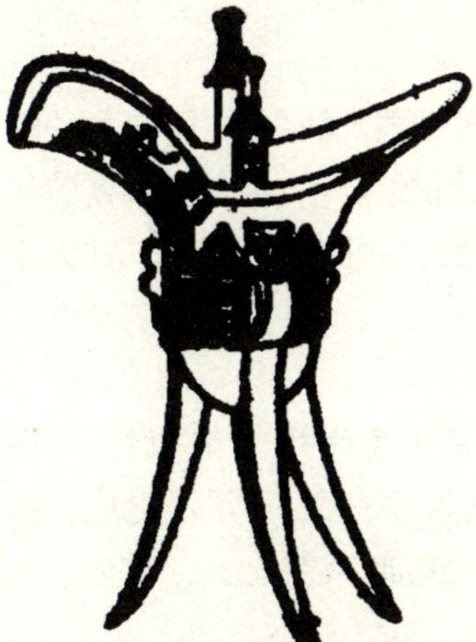

（周）父辛爵

盏，古时也写作“琖”、“醆”。分别表示玉制、角制，是一种浅而小的杯子。《广韻》中解释为“小杯”；《方言》第五中说：“盏，杯也，自关而东，赵魏之间或曰盏。”同时又是酒的计量单位，如一盏酒。杜甫在《拨闷》诗中写的：“闻道云安麹米春，才倾一盏即醺人。”“麹米春”，酒名。

汉代盛行一种“钟”，繁体字写作“锺”、“镗”，是圆形酒壶。《孔丛子》有“尧舜千钟”的记述。段玉裁《说文注》解释：钟是“贮酒大器，自钟而注于尊，自尊而勺于觯，后因称酒卮曰钟”。看来这钟相当于今天的大酒瓮。“瓮”，一种口小肚大的陶器。见宋代贺涛的

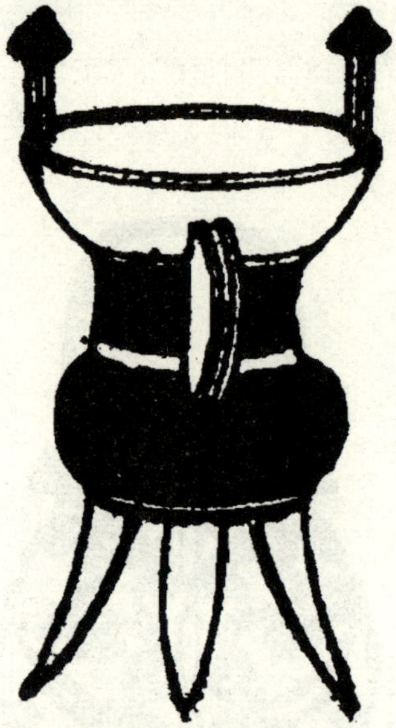
（周）青铜父

《六州歌头》："轰饮酒垆，春色浮寒瓮，吸海垂虹。"

晋代流行琉璃钟。《晋书·崔洪传》载："汝南王亮以琉璃钟行酒。"宋代陆游《老学菴笔记》还有"琉璃钟琥珀浓"的诗词。

"一尊易致葡萄酒，万里难逢鹳鹊楼。"（陆游《杂感》）古之"尊"，青铜制，鼓腹侈口，高圈足，作圆形或方形，形制较多。盛行于商代和西周。

"尊"也指某些形状特殊的酒器，如"牺尊"、"象尊"、"尊彝"、"尊俎"，统称酒肉之盛器，又代指宴席。《礼记·乐记》所谓："铺筵席，陈尊俎"，就是放餐桌，摆酒肉的意思。

古代有"象尊"，注家颇多：东汉初郑众谓象尊以象凤凰；东汉末郑玄谓以象骨饰尊；王肃谓以全刻象形，凿背为尊；玩谌、梁正谓画象以为饰。后世多倾向王肃之说。清祭太庙有象尊，铜制象形，尊加其上。

"尊"又作"樽"。见李白《前有樽酒行》："春风东来忽相过，金樽渌酒生微波。"苏东坡的《念奴娇》："人生如梦，一樽还酹江月。"

"尊"又作"罇"。《后汉书·章帝记》载："岐山得铜器，形似酒罇，献之。"

泛指精美贵重的酒杯为"玉樽"。见李白《献从叔当涂宰阳冰》："顾惭青云器，谬奉玉樽倾。"

"泰"，是古代酒杯又一别称。见《礼记·明堂位》："泰，有虞氏之尊也。"东汉郑玄注："泰，用瓦。"

"金樽美酒斗十千"；"李白斗酒诗百篇"。"斗"，古代酒器。《诗经·行苇》："酌以大斗，以祈黄耇。"大意是：用柄长三尺的大斗，是拿来祝颂人人长寿，活到鬓黄年老。一斗酒有多少？各辞书都无收藏。从古代戏曲和小说看，如同今之酒杯，其大小并无定制。"酒斗"，形状与量粮米斗相似，有大、中、小斗之分。"斗十千"、"斗酒"，一般是说饮酒有海量，并非实数。

汉代有古风，吊祭亡友，携带一斗酒、一只鸡，至坟墓悼念为礼。所以后人常用"斗酒只鸡"作为凭吊故友之词。如《后汉书·桥玄传》曹操祭玄文："俎没之后，路有经由，不以斗酒只鸡过相沃酹，车过三步，腹痛勿怨。虽临时戏笑之言，非至亲之笃好，胡肯为此辞哉！"

《吕氏春秋·权勋》记载："司马子反，渴而求饮，竖阳谷操黍酒而进之。""黍酒"，并非用黍米所造之酒，而是指“三升酒”。“黍”，先秦时酒品名。东汉高诱《吕氏春秋注》解释：“酒器受三升曰黍。”这“黍”字有两种用法，一是名词：酒器；一是量词：三升酒为一黍。

“一榼扶头酒，泓澄泻玉壶。”（白居易《长庆集》）“榼”，古代盛酒或贮水的器具，这里作酒杯解。“扶头酒”，是易醉的酒。西晋刘伶《酒德颂》有提及：“止则操卮执觚，动则挈榼提壶。”

壶的出现更早。新石器时代已有陶壶，深腹、敛口，但不是为了装酒，最初用于盛水装粮。商周时代青铜壶往往有盖，多为圆形，也有方形或椭圆的。到汉代，方形壶叫“钫”，圆形的又叫“钟”。后为盛液体的敛口深腹器的通称，如酒壶、茶壶、冰壶、鼻烟壶等。

《红楼梦》第三十八回有“自斟壶”：“黛玉放下钓杆，走到座间，拿起那乌解梅花自斟壶来。”清代翟灏《通俗篇·器用》有“自斟壶”的介绍。实际上，就是随手自斟用的小酒壶，形如酒注，去柄而安提梁，并非自动斟酒。

刘伶《酒德颂》“挈榼提壶”的“挈榼”，就是用手提着酒壶。隋唐年间，时兴一种“天鸡壶”，又叫“鸡首壶”，多系青瓷，也有陶质。是一种盘口有鋬的壶，壶嘴成鸡首状，故名。可用盛酒或贮水。始见于晋代，延续至唐。

汉魏以后，饮酒器皿，多称为“杯”，古写作“桮”、“柸”、“盃”。而且，酒的别称谓“杯中物”。如晋代陶潜的“天运苟如此，且进杯中物”；唐代杜甫的“忍断杯中物，眠看座右铭”。

唐代兴起用螺壳制造酒杯，谓之“螺杯”，见张籍《流杯渠》诗：“渌酒白螺杯，随流去复回。”宋代陶谷《清异录·器具》说，螺杯，不足为奇：“以螺为杯，亦无甚奇，惟数穴极弯曲，则可以藏酒，号九曲螺杯。”“螺杯”又简称“螺”。北周文学家庾信《园庭》诗：“香螺酌美酒，枯蚌借兰殺。”“香螺”即螺杯。

唐代内库有“自暖杯”，堪称一宝。据五代周朝王仁裕《开元天宝遗事》介绍，自暖杯，色青而有纹如乱丝，其薄如纸。杯足镂有金字，曰“自暖”。传说取酒注之，自然生温。不知是何原理。

唐代段成式《酉阳杂俎》第七八〇节记载藤花可作杯：“酒杯藤，大如臂，花坚可酌酒，实大如指，食之消酒。”想来，在这藤下饮酒，只带酒壶与菜即可，以藤花为杯，倘若豪饮而醉，可撷其藤果食之，就地解酒。这倒是个饮酒妙处，遗憾的是书中对这藤的产地没有详细说明。

“葡萄美酒夜光杯，欲饮琵琶马上催。”“夜光杯”，是“夜光常满杯”的简称，顾名思义，夜间发光的酒杯。汉代东方朔《海内十洲记》有写照：“周穆王时，西胡献昆吾割玉刀及夜光常满杯……杯早白玉之精，光明夜照。”

甘肃酒泉工艺美术厂的夜光杯，是从那终年白雪皑皑的祁连山顶峰，开采质地优良的玉石，巧磨细琢而成。它分为大、中、小高座怀、平底杯、爵怀、觞杯、盏杯等。有墨绿、鹅黄、羊脂白等色泽。三千年前的古老艺术之花，如今开放得益加灿烂，老圃育新技。

显影酒杯，斟满酒时，杯中浮现出秀丽多彩的景物，或蝴蝶，或仙女，随着酒的晃动，好似款款欲飞，飘飘欲来。酒被饮尽，景象消失。如此反复，永无差错。奥秘何在？原来是杯中凸透镜下放置的小画片，倒入酒后，折射成像。古人以为奇神，如今却是平常。

晋代有个杯弓蛇影的故事，见于《晋书·乐广传》：“尝有亲客，久阔不复来，广问其故，答曰：‘前在坐，蒙赐酒，方欲饮，见杯中有蛇，意甚恶之，既饮而疾。’于时河南听事壁上有角弓，漆画作蛇，广意杯中蛇即角影也，复置酒于前处，谓客曰：‘酒中复有所见不？’答曰：‘所见如初。’广乃告其所以，客豁然意解，沈疴顿愈。”汉代应劭的《风俗通·怪神》也有类似记述，是应郴请杜宣饮酒，杯中有形如蛇……大意相同。后人用“杯弓蛇影”比喻因疑虑而引起恐惧或致病；或用以形容疑神疑鬼、自相惊扰。

酒葫芦是一种有独特风趣的酒具。《水浒传》第十回《林教头风雪山神庙》中有十二处提到林冲的一只酒葫芦，或背、或挂、或用其打酒。

用葫芦盛酒别有妙处。《农桑撮要》有介绍：“悬瓠……秋乃可用，漆其里，匏苦瓠甘，酌酒，冬盛则暖，夏盛则寒。”是说，选择秋熟之葫芦，开个小口，掏净内中瓤子，将葫芦内壁涂上漆。用这葫芦装酒，冬暖夏凉。

元代睢景臣《高祖还乡》词写道：“王乡老执定瓦台盘，赵忙郎抱着酒葫芦。”

始于晚唐，盛行于五代至宋元年间的酒器有“注子”，用金、铜或瓷制成，另有注碗，注子可坐入注碗中，样式似同今天的瓷茶壶。

今天喝酒一般是：一壶酒几酒盅，盅是酒器中最小者。所以唐代高适《营州歌》有“虏酒千盅不醉人，胡儿十岁能骑马”之唱。与盅相对者叫“海”。就是用头号大碗喝酒，如“喝干一大海”。

汉代班固《西都赋》：“陈轻骑以行炰，腾酒车以斟酌。”何谓“斟酌”？执酒不满叫“斟”，深注叫“酌”。“斟”，如苏轼的“置酒乃独斟”；“酌”，如李白的“独酌无相亲”。酌，引申为酒，也泛指简单的酒席，如清酌、便酌。唐代王勃《圣泉宴》：“兰气薰山酌，松声韵野弦。”

茶　具

常言道：“好茶好水，还要好茶具。”这样沏出的茶，才能保持纯净明快的汤色，呷入口中，幽香不差。要不，宋代蔡襄怎么会在《茶录》一书中，用一半的篇幅论述茶器呢！

唐代文学家皮日休，嗜茶成癖。他的诗作中就有《茶中杂咏》：咏茶坞，咏茶人，咏茶笋，咏茶籝，咏茶舍，咏茶灶，咏茶焙，咏茶鼎，咏茶瓯，咏煮茶。这十咏中有六咏，咏的是茶器。

古时都是喝烹茶，还专设有“煎茶之灶”。白居易笔下的“趁暖泥茶灶”，说的就是趁着秋天在抹墙搭炕的时机，可别忘了砌一座小茶灶。

最早的茶具是用陶土所制的“缶”，小口大腹。茶具与酒具相差不多。到唐朝茶具已臻完备：“烹茶尽具。”

历来，茶具的选用陈规颇多。唐代以前多是用碗，比碗大的容器叫“海”。宋朝始，渐渐用浅而小的杯子，叫“盏”。后来用一种没有把柄的小杯子，叫“盅”。而这些碗盏杯盅各器皿中，还有诸般新奇花样。光在《红楼梦》第四十一回中就提到什么“晋代富商王恺珍玩”，又经宋代苏轼鉴赏，镌着“𤓰瓟斝”的耳杯；什么“形似钵而小”，有三个垂珠篆字，镌着“点犀䀉”的用犀牛角制的古代茶碗，什么“九曲十环一百二十蟠虬整雕竹根的一个大盏”；以及什么“鬼脸青花瓮”、“绿玉斗”、“海棠花式雕漆填金‘云龙献寿’的小茶盘”、明成化窑的“五彩小盖钟”、“一色的官窑脱胎填白盖碗”，等等，每件茶具，不是古玩，就是瑰宝。

茶具的制造，除由陶土烧制而用石料雕琢外，还有木杯，唐代出现金属茶具，当然是以“金杯银盏”为优，而到宋代，则以瓷器为时兴。尤其是景德镇的瓷制茶器，“白如玉，明如镜”的茶杯，造型玲珑。尔后，江苏宜兴用五色陶土烧成的紫砂壶可与瓷器媲美。就是人们说的“景瓷宜陶”。清代以后，玻璃茶杯，搪瓷茶杯，相继问市，当今还有保温杯……

唐代人就已经知道，不同的茶具，泡出的茶水味道不同。《十六汤品》记述，金银壶泡出的茶水谓之“富贵汤”；石壶泡出的茶水谓“碧玉汤”；瓷壶泡出的茶水谓“压一汤”；铜锡壶泡出的茶水谓“缠口汤”；瓦壶泡出的茶水似乎最差，被称之为“减价汤”。

其实，《十六汤品》这番论述有些缺乏科学根据，还是明代文震亨《长物志》说得好："壶以砂者为上，既不弃香，又无熟汤气。"如今看来，也是陶瓷茶具为佳。因为它与茶、与水不起任何化学反映，保温性能适中，沏出的茶水，色、香、味，葆其固有之特性。尤其是紫砂茶具益佳。它虽然无釉，但表面光洁，用得时间久了，经过长期摩挲，发出一种幽光，越发显得古朴雅致。其独到的特点是：透气而不渗水，也不起腻苔。内壁经久不刷也绝无异味；沏上的茶水不易凉，捧起来又不烫手；六月三伏，注茶越宿，不坏不馊。素有"聚香含淑，馥不涣散"之誉。

传说，从前有一个泥水匠修屋时，将一把紫砂小茶壶放在天花板内，完工后忘记带走，数年后再度修屋，发现了这把小茶壶，而壶内所泡之茶的色香味，丝毫未变。

说起紫砂壶，想到邵劭的《供春壶的故事》。这壶的创始人，名叫龚春。祖居江苏宜兴丁蜀镇。家境贫寒，但天资颖慧。十六岁那年，父亲带他去投师，学做紫砂壶。庙里师父知道这孩子聪明勤奋，却没有收留他。怕传了手艺，丢了饭碗。

龚春拜师受挫，矢志自谋出路。他常到庙里作坊偷艺，模仿着制作出许多精湛的茶具，但苦于创不出新路。某年的一个冬夜，他看到月光照在桃树虬树疤节上的投影，十分别致，看着看着，忽然眼睛一亮：这不是很像一把造型新巧的茶壶吗？决心要以桃木疤节为壶身，饰以桃花桃叶，以求推陈出新。因为在这以前的茶壶都是光坯。传闻苏东坡制作的提梁茶壶也未破格。所不同的仅仅是囿于在大小方圆以及花纹图案等变来变去。

工夫不负有心人，几经寒暑，龚春在选土兑砂、成泥干湿、捏制技巧、烧结火候等各工序，都达到了炉火纯青的造诣。

壶制成了：壶身酷似桃树虬枝的节疤，苍老遒劲；壶嘴和壶把都以桃枝相配。粗细相间，老嫩相衬。壶身两侧饰以怒放的桃花和修长的桃叶，自然天成，浑然一体，几可乱真。烧结火候也恰到好处，壶色紫中泛黑，黑中蕴红。色调古朴幽雅，格调非同凡俗。

老和尚闻知，刮目相看，连称："好壶！绝妙！后生可畏！"当即取名为"供春壶"。含义双关：其一，取桃花以供奉春神，"供春"也；其二，供春与制壶人"龚春"谐音。龚春制壶供春神。

据说，龚春还制有"荷莲蛤蟆壶"，用曲卷的荷叶为壶身、莲蓬为盖。奇就奇在盖顶上蹲着一只张着大嘴的癞蛤蟆。亦被誉为稀世杰作。

"紫砂国宝供春壶"，还有另外一种说法：明朝正德年间，宜兴出了一名制作紫砂茶壶的高手，姓龚名春，别名供春，他是我国古代最负盛名的民间紫砂艺人。

供春，本是宜兴显宦吴仕的家童，侍候主人在家乡金沙寺读书。当时，寺内有一老僧智静，擅于炼土制壶，成品极为精美。供春见了，就在空闲时仔细推敲老僧的制壶技法，并且私下取来老僧制壶后洗手沉淀在罐底的陶土做坯，由于勤学苦练，他终于掌握了制壶技巧。

供春制壶不用工具，完全依靠手指捏炼成型，所以茶壶烧成后，表面上的指纹还隐约可见。他还从寺旁大银杏树的树瘿（瘤）为造型借鉴，取法自然造化，所制之壶显得格外质朴古雅。有一次忽被主人发现，便叫他照样再做几把，一面又请当代名流加以鉴赏，同声赞绝，认为前所未有。从此，供春壶名声大噪。以后，供春离开了吴家，走上了专业制造茶具的生涯。

“供春之壶，胜于金玉”。据记载，一把供春壶，当时即“值金一笏”。即一把供春壶价值白银五十两。

1928 年，宜兴爱国人士储南强，在苏州地摊上无意中发现一把供春壶，但却被卖主当做破砖烂瓦摆在一边。储南强见了大为惊喜，立即以五百块大洋购回。后来英国皇家博物馆闻讯，愿以两万美金购买，储南强认为这是中华国宝，岂容外人染指，断然加以拒绝。储南强将这一国宝捐献给国家，现藏中国历史博物馆，供全国人民观赏。另外还有供春当年所制的两把茶壶，历经四百余年的代代辗转，也于新中国成立后，由供春的第二十代徒弟捐献给了国家。一把陈列在南京博物馆，另一把荷莲蛤蟆壶陈列在宜兴瓷陶公司的产品陈列室。

清代，紫砂茶具远销海外，受到外商欢迎。尽管售价十分昂贵，但仍有许多“洋人”不惜重金购买：“一壶重不数两，价重每一二十金，能使土与黄金争价。”紫砂茶具竟是如此金贵，一两紫砂一两金。

紫砂茶壶有高矮之分，这不仅仅是因为造型的多样，而是由其茶叶的特点决定的。高形的小口茶壶，适合沏红茶，因经过发酵的红茶，适于沏后焖泡，这样色味尽显：色深酽，味香浓。矮形大口茶壶，宜沏绿茶，因绿茶未经发酵，宜沸水冲沏而不宜焖泡。可见紫砂茶具的设计和制作，既重茶理又讲造型，相得益彰。

就广义而言，茶具不仅指茶壶茶碗，还应包括唐代皮日休《茶具十咏》中的“茶坞”、“茶灶”、“茶焙”、“茶鼎”，以及《茶录》中的“茶匙”、“茶铃”、“茶寮”、“茶人”，还有“茶船”。

“茶船”，亦称茶托，“以荐茶盏之具”。类似今天常见之茶杯下的小碟子。“茶船”一语，出自《周礼》：“彝下有舟，舟乃尊下台。”意思是：杯子下面茶盘作托，托台似船，故雅称“茶船”。

“茶人”与“茶寮”，即卖茶人与茶馆。我国卖茶的行业，早在两晋十六国时，就有“老姥提茶水叫卖于市肆”，谓之卖大碗茶。南北朝时期，我国喝茶清谈之风已兴起，当时供人饮茶的地方叫“茶寮”；唐宋年间，以卖茶为业的茶馆已很普遍，《南宋市肆记》记载杭州有“清乐茶坊、八仙茶坊、珠子茶坊”。明清两代饮茶之风尤盛，茶馆遍布大江南北。四川重庆，故都北京，茶馆之密集，全国居首。《古杭梦游录》还记载：“大茶坊张挂名人书画，所以消遣久坐也。”说的就是杭州的茶馆。

草 编

“结草为衣，黄冠草服；芒履草裙，蓬流草跋；苫草为庐，荆门掩扉；苴秸为席，藜床茵垫；蒲船苇索，编柳为车；草莱之具，草间求活；天造草昧，草创之时。”四言十四句，足以说明，人类的始祖，在万千年前尚未开化的时代，就依草而生。吃的五谷杂粮是草本；穿戴的衣裙鞋帽是草结，宿住的房屋席床是草苫，用的筐篓箕帚是草扎，代步的蓬车蒿船也离不开草……草编、草具之历史，可谓遥远。

周代，就有专门从事草编为业的人，谓之“草工”。《礼记·曲礼》记载：“天子之六工：土工、金工、石工、木工、兽工、草工，典制六才。”《注》：“草工……盖谓作萑苇之器。”意思是早在周代，“草工”已是社会职业的六大工种之一，以芦苇蒲茗等韧草，编织各种生活日用品。

草编和竹编，统谓之“薄器”。《荀子·礼论》记载：“陶器不成物，薄品不成内。”《注》：“薄器，竹苇之器；不成内，谓有其外形，内不可用也。”原来是指草或竹编制的不经用者。

周代还专设有掌管割草的人，名为“有薙氏”，简称“薙氏”。汉代张衡《东京赋》写道：“其遇民也，若薙氏之芟（除）草，既蕴崇之，又行火焉。”“蕴崇”，积聚之意。《孟子·滕文公》记载：“其徒数十人，皆农褐，捆屦织席以为食。”是说，他（许行）的徒弟有几十人，都是穿着布衣服，做做草鞋，织织席子，自用或交换，赖以谋生。

“芒鞵竹杖布行缠，遮莫千山与万山。”（苏东坡《次韵答宝觉》）“芒鞵”即是用草编结之鞋，又叫“芒屐”。《晋书·刘惔传》记载“惔少清远，有标格，与母任氏寓居京口，家贫，织芒屐以为养，虽筚门陋苍，晏如也。”是说，晋代相人刘惔，为人清明广远，被当时人誉为风范、楷模。他与老母住在今江苏镇江市，居于荆门柴院，以编织草鞋谋求生计，尽管家里很穷，但日子过得倒也安逸。

汉代以前，以编草鞋、织草篓、贩草席等草编为业者不乏其人，三国刘备就是其

中之一。《三国演义》开篇就介绍：刘备，字玄德，“幼孤，事母至孝；家贫，贩屦织席为业。”

可见草编作为商品很早已进入市场。所以，古人把福建的“墟”，江西的“圩”，四川贵州的“场”，华北、东北的“集”，概称为“草市”。其命名用意或因市场房舍用草盖成；或因最初的市场系以买卖草料、柴草、草具为主要交易，而名“草市”。

“草市迎江货，津桥税海商。”（唐代王建《汴路即事》）说的就是唐代的黄河南岸，开封一带的水旱商埠，车拉船载，将四野八荒的种种土产货物，源源地运销市场。

草编，从原料品种上看，可分“草、荆、柳、腊（白蜡树枝条）”四大类。其中因草制品种一类为最多，故称“草编”以代指四类。这些草类，除人们常见的麦草、高粱秸秆皮、芦苇、蒲草编织品以外，还有用玉米皮、马拌草、三棱草、茅草、荐草、山箭草、蔺草等编制的日用品、工艺品。选用柳条、荆条、蜡条编织各种器物，也各具特长。柳条制品还远销海外。

草编之既古老又为大宗的制品，首推席子。其历史究竟有多久，确切年代难以定夺。只知席子源于筐篓，其最初出现是与人们采集食物相关联。原始社会的初始阶段，人们还没有意识到要使用筐篮，因为他们居住的附近，到处都有可供采食的野果和植物的根茎，饥则垂手采而食之，饱则听之任之。即或带给幼童和老弱病人，凭借采集者两只手也可以携而送之。

随着人口的繁衍，驻地附近不能满足采食的要求，需要到较远的地方，甚至需要跋山涉水去采集。并且人们逐渐意识到除了就地食之果腹，还需储存，随之出现了如何携带食物的困难。特别是人们为了度过严冬或青黄不接的日子，更需要在食物成熟季节大量采集进行储存，单靠两只手到远地采集运贮，自然会更加困难。于是，元谋人、蓝田人或山顶洞人，开始动脑寻觅一种自然长成的可供盛装采集品的物件。不知是哪位慧眼独具，看到盘于树上的乌鸦和鹊雀的巢窝，得到了启发，将那巢从树上摘下来，用作盛器。渐渐地人们学着那巢的搭就，用枝条草茎模仿着编筐织篮，将采集的山货野果带回营地。

原始农业出现以后，条筐草篓用于播种、收获、囤粮等就更显得重要了。

新石器时代中期的仰韶文化时期，我们的祖先已发明了编织席子。这类编织品虽然因腐烂没有发现实物，但是在一些出土古遗陶器的底部往往留下了明显的痕迹，大概是制造陶器时用席做衬垫的缘故。当然席子的用途就是在当时也绝不只是这一个方面，它可以供人们睡觉，又可以晾晒粮食或用其遮阳避风避雨。

草编所用之大宗原料芦苇，属禾本科多年生草本植物，地下有粗壮匍匐的根状茎，夏秋开花，生长于池沼、河岸或道旁，分布遍及我国和全世界温带地区。芦苇除了用作编织材料外，还是很好的保土固堤植物；苇秆可作造纸和人造棉、人造丝的原料；花序可作扫帚；花絮可填枕头；根状茎称“芦根”，中医学上入药，性寒、味甘，功能清火，除肺热；主治热病烦渴、胃热呕吐、肺痈等症。

芦苇，“初生‘为葭’为‘虉’，长大为芦、成熟则名为苇。”

《诗经》中的“七月流火，八月萑苇”说的就是，七月的时候，天上的星星落向西方去了，到了八月里，芦草是很茂盛的，割下来，编席、编篓。

用苇草编结的绳子，谓之“苇索”。古代民俗，年节于门上装饰苇索，以祛灾除邪。汉代蔡邕《独断》说：“卑枝东北有鬼门，万鬼所出入也，神荼与郁垒居其门，主阅领诸鬼；其恶害之鬼，执以苇索食虎。故十二月岁竟（除夕），常以先腊之夜逐除之也，乃画荼郁并悬苇索于门户，以御凶也。”这可能是最早的芦苇编结物之一。

结草为衣，就是《尚书·禹贡》写的“岛夷卉服。”“卉服”即草编的衣裳。《吴越春秋》记载：“干将曰：昔吾师作冶，金铁之类不销，夫妻俱入炉中，然后成物。至今后世，即山作冶，麻绖蒌服，然后敢铸金于山。”是说春秋战国人干将，为楚王造剑，熔铁不销化，干将夫妇双双跳入炉中，乃成雌雄二剑。后人造剑必须披麻穿丧服才可熔炼成剑锋。“蒌服”就是一种用茅草编织的衣服，古时作丧服。

《隋书·徐则传》还记载一种用蒲草编的衣服：“草褐蒲衣，餐松饵术，栖隐灵岳，五十余年。”是说隋代郯地（山东辖）人徐则，穿草鞋蒲衣，寡欲无妻，吃野生树子，隐居天台山（今浙江境内）达五十几年。

用苧麻和蒲草编的雨帽谓之“苧蒲”。战国齐国管仲《管子·小匡》记载：“首戴苧蒲，身服袯襫。”是说，头戴斗笠，身披蓑衣。所戴所穿，均为草编。斗笠与蓑衣一直被穿戴至今，农村还时有所见。

结草为庐，古人所居。《后汉书·周燮传》写道：“有先人草庐，结于冈畔，下有陂田，常肆勤以自给。”三国时诸葛亮住的就是茅庐（草房）。《三国志·诸葛亮传》说：“先帝不以臣卑鄙，猥自枉屈，三顾臣于草庐之中。”

“莫踏苍苔破，茨门昼已关。”（元代许有壬《新秋即事》）“茨门”，即用茅草芦苇编造的门。

“荆门昼掩，蓬户夜开；室迷夏草，径惑春苔。”（南朝梁国陶弘景《寻山志》）“荆门”，用荆条苇草等编结的门，犹同柴门，也叫“荆扉”，晋代陶潜《归田园居》：“白日掩荆扉，虚实绝尘想。”北周庾信《枯树赋》：“沉沦穷巷，芜没荆扉。”

“青山修竹矮篱笆，仿佛林泉隐者家。”（元代缪鉴《咏鹤》）“篱笆”即用芦苇、荆条、蒿草等编结的起隔阻作用的栅栏，又称为“篛篾”、“筚篥”、“篱落”。

篱笆栅栏又引申为禁苑，文言谓之“籞”，《汉书·宣帝纪》：“池籞未御幸者，假与贫民。”又引申代指苑囿的墙垣，隋代卢思道《初学记·纳凉赋》记述：“积歊（热气上升）蒸于帘拢，流烦溽于园籞。”

草编之器物除用于衣、住，还用于行。

“水风浦云生老竹，渚暝蒲帆如一幅。”（唐代李贺《歌诗编·江南弄》）“蒲帆”，蒲草织成的船帆。唐代李肇《国史补》写道：“扬子钱塘二江者，则乘两潮发棹，舟船之盛，尽于江西。编蒲为帆，大者或数十幅。”

用芦苇或薄竹片编成的大缆索谓之“茭”，司马迁《史记·河渠书》有“搴长茭兮沉美玉”一句。大意是说用长长的绳子将美女坠入河中。“搴”，作拔取解。

除上述，草编之器物，古代还有以草、柳编结用其盛装播种之谷的农器谓之“蒃”；荆苕柳条编的盛土之器谓之“蔂”、“蔂垂”、“蔂梩”；以草绳缠绕剑之把柄谓之“蒯”、“缑”；编结蓬草为房屋谓之“蓬户”；草编筐子谓之“蒉”；草木围栏的篱笆和厕所谓之“藩溷”；藜草编的壁障滑之“莉芘”；藜草编的卧榻谓之“藜床”；用苇子编的渡水工具谓之“芦簰”；芦苇编的栅栏谓之“芦藩”；草编的祭祀盛物之筐谓之“葙馆”；草编的饲蚕用具谓之“苗”；用芦苇编结的盛衣草箱谓之“笥”……

席　子

吾人阳寿百年，一日二十四小时，当有四分之三举止，坐卧于席上榻间。尤其古时尚不知桌椅沙发为何物的岁月，文人墨客、官宦豪门、莘莘学子，更是如此。终日读书写字，吟诗作赋，公案文秘，会客筵宴，促膝交谈，皆是席地而坐……

秦汉时代，脱胎于床几的桌椅等坐具出现后，仍是不泯荐席茵垫下榻旅馆，赴宴酒筵，须臾不可无席——出席入席入座，座无虚席……

席，繁体写作“蓆”，又称之为“荐”、“蒻”、“筵”、“藉”、“箦”、“笫”、“箄”、“茣”、“茀”、“蓐”、“兹”，还称为“苴秸”、“俎秸”、“籧篨”……

《说文解字注》记载：“席，藉也……竹席曰筵。”《辞源》解说：“席，供坐卧铺垫的用具。用蒿秸织成的叫荐，以莞蒲织成的叫席。”

《诗经·行苇》中说的“肆筵设席，授几有缉御”，意思就是，摆设酒席，安排座位，坐的几案前，还有接连更替服侍的人。

“箦”，是竹席的古称。《史记·范雎传》写道：“详死，即卷以箦，置厕中。”大意是，范雎假装死了，魏齐就让人用席把范雎卷上，抬放于厕所中。

“笫”，本指竹编的床板，引申为席。《左传》襄公二七年记载：“床笫之言不踰阈。”是说，在席床之上，枕头之边所说的话，不能传至屋门之外。有“家丑不可外扬”之含义。

“荐”，草席。《说文》解释：“荐，席也。”繁体字“荐”与“薦”是两个字，今简化归为一个“荐”字。《楚辞·九叹》：“薜荔饰而陆离荐兮，鱼鳞衣而白虮裳。”“荐”，卧席也；“薜荔”，香草也；“陆离”，美玉也；“鱼鳞衣”，五彩如鳞纹之衣裙也。大意是写其所居之房间，床上地下如何清洁，被服如何芬芳，德体如玉，文采耀明。

遮蔽车身的席子谓之“茀”。《诗经·硕人》写道：“朱幩镳镳，翟茀以朝。”是说，美人般的姜庄乘坐的马车，周围用席子作幔遮掩着，直接入朝。

草席又称之为“苴秸”或“俎秸”。《汉书·郊祀志》说：“扫地而祠，席用苴祠。”是说清除地面的尘埃，铺上草席，列供而祭，跪席而拜。

“两床莞席一素几，仰卧高声吟《太玄》。”（唐代皮日休《苦雨杂言寄鲁望》）“莞席”是用仙草或莞草编织的席子。

“刈茅苫鹿屋，插棘护鸡栖。”（陆游《幽居岁暮》）是说割茅草编栅笆用以覆盖简陋的小屋，用带刺的荆条围栏鸡窝。“苫”，用茅草编结如席者，以覆盖他物。汉代《尔雅》释：“白盖谓之苫。”“白盖”即白茅苫。

古人居丧时睡的草垫也谓之“苫”。《墨子·节葬》：“寝苫枕块。”是说睡在草垫子上，头枕的是土块。

“苫”又写作“菅”。《左传》昭二十七年记载：“或取一编菅焉。”“编菅：苫也。”

“栉风沐雨，不以为劳，露宿草寝，维其常性。”（《宋书·安边论》）“草寝”，即铺席于室；或指睡于荒野，铺着草地，盖着苍天。

兹，简化写作“兹”。《尔雅·释器》说：“蓐席谓之兹。”《史记·周记》又说：“毛叔郑奉明水，卫康叔封布兹。”《集解》解释：“兹者藉席之名。”

《易经·大过》上的“藉用白茅”则是说用白茅编织草垫子，代替席子坐卧其上。《文选·游天台赋》：“藉萋萋之纤草，荫落落之长松。”李善为之注解：“以草荐地而坐曰藉。”

“朝吟噎邻里，夜泪腐茵席。”（苏轼《赠章默》）“茵席”，褥垫或褥子，也引申为铺炕的毯子。《诗经·小戎》中说的“文茵畅毂”，其“文茵”则是指一种长形卧车上的虎皮垫子。

古人称铺于蒸饭器物底下的席子，以防止蒸物坠漏者谓之“箅”。《世说新语·夙惠》记载：“炊忘箸箅，饭今成糜。”是说，本来想做蒸饭，可是忘了放箅席，把蒸饭煮成了稀粥。

农家晾晒谷物用的粗席子又谓之“簟”，如“地簟”即“地席”。《诗经·载驱》：“载驱薄薄，簟茀朱鞹。”原是说，齐襄公私下来会妹子文姜，他坐着车子驾着马，路上跑得很快的，用方格花纹的席子，遮着车后的窗洞，兽皮做的车身上面涂着红漆。

《诗经·斯干》说的“下莞上簟，乃安斯寝”。这“莞”与“簟”，都指的是席子。说的是，卧室的床铺下面铺着蒲草席子，上面又苫着凉席，便好安安静静地睡觉了。

蒲草编结的细密席子谓之“蒻”。汉代桓宽《盐铁论·散不足》说：“古者皮毛草蓐，无茵席之加，旃蒻之美。”古人是说更古之原始人，无草编之席，尤其是没有用细蒲草编的精密的席子，那时人们的睡卧倚坐的铺垫之物是猎取的兽类毛皮。所以《淮南子·主术》才说：“匡床蒻席，非不宁也。然民有处边城，犯危难，泽死暴骸者，明主不安也。”“匡床”，指方正安适的床；“蒻席”，指绵软细腻的席。

“寻云策藤杖，向日倚蒲团。”（唐代许浑《丁卯集》）“蒲团”，用蒲草编织成的圆垫，多为僧人坐禅及跪拜时所用。此团也属坐卧席具。

《后汉书·郅恽传》记有以菱角叶为坐席：“郑敬闲居……同郡邓敬因折芰为坐，以荷荐肉，瓠瓢盈酒，言谈弥日，蓬庐荜门，琴书自娱。”大意是说，后汉汝南郑敬与同乡的邓敬，闲来无事，会在一起，常常采摘荷叶包肉，葫芦装酒，在那长满蒿草的荆门柴院，又采来菱角叶子作席子，席地而坐。或饮酒聊天，或看书解闷，或弹琴自乐。后来，文人就以“芰坐”为席的典故，形容隐士生活的清闲。“芰”，菱角，两角者为菱，四角者为芰。“芰坐”，指芰叶作坐席。

历经千百年来，各地各族都出现许多编席巧匠，我国许多编席材料，创出许多编席技法。编结之席称优者则以：席形端正，编结致密，纹路美观，色泽匀净，平整光滑，沿道修整，厚薄适度，防潮隔湿，抗折耐磨，经久耐用等为上乘。

所编各席，以质料而论，有苇席、秸席、茅席、薄席、麻席、纱席、藤席、竹席，还有罕见的象牙席。

以产地而论，遍及全国。东北以秫秸席为大宗。而席之名牌产品则以浙江的温州、宁波鄞县；广东的龙门、高要；安徽的舒城；湖南的益阳；江苏的淮阴；山东的广饶等地编织巧手所生产的席子为佳品。

远在一千三百年前，浙江宁波西乡一带的溪沟边、湖荡畔，遍生一种叫“蔺”的野生植物，当地人称之为“灯芯草”。因为草细而坚韧，根白而有弹性，色清而有光泽，被当地的官府命名为“开宝天草”。又因那一带气温适宜，风调雨顺，加上河旁湖畔淤积而成的肥壤沃土所培植，开宝天草繁殖很快，长得十分茂盛。千百年来当地的人们就用它编织成席，负至市集，由行商收买转销各埠，营业称盛。

宁波西乡村民，把当地产的草席称为“滑子”。据《浙江通志》记载：“公元 1129 年 12 月，浙东制置史张俊与金兵战于明州（浙江的甬江流域及慈溪、舟山群岛一代的古州名）西门。俊见民间多织席，遣兵取之，以重席铺满于路，金人骑兵之马蹄践踏席上，皆蹄滑而仆倒，而败之。”以席子挫败金国骑兵，保家护城卫国，人民念念不忘席子之功，故爱称席子为“滑子”。

宁波草席主要产地在浙江宁波鄞县，草席生产已有一千二百多年的历史。据《鄞县县志》记载：“席业为吾甬（宁波简称‘甬’）著名工业、亦为一普遍之家庭工业，其原料尤为出口货之大宗，西乡石碶、栎社、黄杏林一带遍地种植。”所以，近年来，每逢春暮夏初，不但国内各地采购人员云集鄞县，而且间有国外专家到此考察。

温州和宁波还生产一种纱经席，即用棉纱线做经编织的席品。用席草织成的叫“白草纱经席”，用龙须草织成的叫“龙草纱经席”。此外，江苏吴县的望亭、浒墅关一带也盛产“纱经席”。

浙江还产一种麻经席，以席草作纬，黄麻绳作经织成。用两根短草对头衔接织成的叫“双草席”；用一根根长草织成的叫“单草席”。此外，又有“黄双”、“黄单”、“白双”、“白单”、“接草”、“统草”、“密筘”等品种。

折席，是宁波、温州地区的又一特产席品，它把咸草（生于沿海地区）劈开拧成细绳。多数折席的经纬都用成草，但也有以棉纱作经编织而成的。这种草席柔韧、细致、经久耐用。因可以折叠起来存放或携带，故名折席。

韩信的故乡——江苏淮阴，以产芦席著称。淮阴芦席按其规格、质量及用途，分茶席、纹席两大类。芦席紧密细致，质地厚实，具有光滑、美观、凉爽、耐用等特点。

山东广饶县马头一带，是我国有名的苇席产区之一。其生产苇席的历史悠久，产品质量高。如有的席子，扯着四个角，往中间倒上水，可以做到滴水不漏。席的规格按需要而定，有大致几十米长的铺廊席，有小到桌面大的附桌席。用来铺炕、床、地用的苇席，越用越明滑。马头苇席还能用不同颜色的草，编出画面，既美观又别致。

广东蒲席是广东高要的特产，以蒲草为原材料，纵横斜编，结密方正，草质细软，席间织有各种图案花纹，光泽鲜艳。蒲席拉力强，可折叠。

舒席，是安徽潜山县传统出口产品，舒席选料专用腊竹、水竹、斑竹或圆竹，将其剖成细篾，通过细剖、精刮、煮、晒，青黄二色搭配，色泽鲜艳，莹洁柔润，经久耐用，折叠不断，一般可用十几、二十年。在清代，因舒城曾将竹席向皇帝进贡，故历史上又称舒席为“贡席”。

舒城竹席分粗货（活）和细货活两种。粗货一般是指每寸用篾十一根以下的，细货是每寸用篾十二根至三十根的。篾越细，品质越好。最好的竹席，每寸可编入竹篾六十根。

南席，是“南昆竹席”的简称，产于广州龙门南昆山，是港澳同胞、海外侨胞和外宾颇为赏识的清凉席料。

南昆山盛产南竹，取其老竹破成很细的长篾，便可像织布那样，编织成柔软光滑、可卷筒重叠的精制睡席，席面可随意画上山水、人物、龙、虎、凤等各式图案，极是可人。又因那南昆老竹可防虫蛀，南席不仅经久耐用，而且用的年代越久，益发清凉舒适。

湖南益阳是著名的水竹凉席之乡，其产品，以条细如线，片薄如纸，色泽美观，折叠不坏，展开无纹，平滑柔软，收汗散热，经久耐用而驰名国内外市场。

益阳地处资水下游，位于洞庭湖畔，这里气候温和，雨量充足，适宜水竹生长。因此，用竹篾编织凉席，是益阳农民传统的家庭副业。尤其是毛竹湖一带，盛产质地纤细、坚韧柔软的水竹达四百亩。竹席厂就坐落在毛竹湖畔。

早在元朝初年，湖畔的农民就用水竹篾丝，精心编织水竹凉席，从古到今，质量过硬。

“台湾草席薄而光，入海藏身一枕凉。”我国台湾省编制草席的历史悠久，尤其是大甲草席闻名世界，驰誉环球。

据介绍，台中县有个大甲镇，镇外有一条清清潺潺的溪流，名叫大甲溪。溪流两畔，生长着茂密的水草——大甲草，学名蔺草。就是民谚说的“北有靰鞡草，南有大甲草”。大甲草具有柔韧、吸水之特点，是草编的优良原料。

一百多年以前，最早开始用大甲草编席子的是大甲附近的高山族妇女。其后汉族居民也很快学会。有史籍说：“道光中，大甲番妇始采蔺草织席，质韧耐久，可以卷舒，汉人多从之织，于是大甲之名闻远近，其上者一重（领）价至二三十金。大甲人以此为生，至今不替。”20世纪初期，从事这项手工业劳动的约有十五至二十万人，最高年产席子一百三十万张，远销日本、南洋群岛及欧美市场。

1936年，大甲草由台湾移植福州市郊。此后大甲草的种植和编织广泛传播于大陆，大甲草席也成了福建的手工特产。青青大甲草，领领大甲席，象征着海峡两岸兄弟的骨肉深情。

故宫珍宝馆收藏有一件稀世珍品象牙席，该席长二百一十六厘米，宽一百三十九厘米，以不足零点三厘米厚的象牙篾条织编而成。

据称，象牙席织成于雍正年间，是广州的牙雕艺人织成的，共有五件。1960 年故宫对文物定级时，该席仅有一件，被列为一级品，其余四件下落不明。几年以后，山东省博物馆从民间征集到一件，据收藏者称，乃是清朝末民国初，一个当铺老板购得转送给一个地主的，土改时该物被分，收藏者后来捐献给国家。据分析，该象牙席款式和故宫的一样，可能是八国联军侵华时被联军士兵盗卖，也可能是宫内太监盗卖出来的。以后，故宫在整理台湾竹席时又发现了一件混杂在其中的象牙席。至此，绝世珍品象牙席共发现三件。据研究，象牙席至今还能捆卷自如，大概是象牙篾条经过韧化的特殊处理吧！可惜这项技艺久已失传。

“象床瑶席镇犀渠，雕屏合匝组帷舒。”（南朝宋国鲍照《代白紵舞歌词》）据传“象床瑶席”，就是用象牙装饰的床谓之“牙床”，床上铺以“象牙席”，谓之象牙瑶席。

竹　器

“笋干伴壶语，客人笑灯前。谈起竹子经，通宵不得眠。”四句五言二十字，说的是竹乡某家主人，用自产的板笋玉兰烹肴下酒，款待客人，边饮边叙。当话题转到竹子，主人侃侃而谈，从点灯戌时，彻夜经宵，一直谈得日出卯时。谈也谈不尽竹子栽培的方方面面，说也说不完竹子利用的形形款款——“竹子全身都是宝，千般妙器竹制成”。

从远古，至当今，竹乡的各族黎民，就是这样守着竹子赖以谋生繁衍子嗣。一代一代，都与竹子结下了不解之缘。恰如谚语所说：“门前无竹，断了手足；房后无竹，生计不足。”

竹乡人，头戴竹篾笠帽，足穿竹板拖鞋，身披笋壳蓑衣；及坐竹椅竹凳，住宿竹屋竹楼，夜卧竹床竹席；饥时吃竹笋，渴时喝竹（叶）茶，打水用竹筒，吃饭用竹碗，疗病用竹罐，取暖以燃竹；武器用竹箭，狩猎用竹弩；逢河过竹桥，摆渡用竹筏。乃至日用杂品，儿童玩具，头上妆饰，室内摆设，件件是竹品。竹乡有山歌，把个竹的世界唱活了：

“烧竹枝，吃竹馍；挑竹筐，背竹篓；戴竹笠，披竹蓑；执竹笔……”写不完的竹，数不尽的竹。竹，竹，竹，衣食住行都离不开竹。

自古以来，在江南竹乡，每逢农历新年或喜庆、婚娶，往往贴上这样的对联：“多赏红梅添志气，广栽绿竹开财源”；“家有千棵竹，代代住新屋”；“竹子长成摇钱树，竹器制成聚宝盆”。

古人栽竹也有节日，宋代范致明《岳阳风土记》介绍：农历“五月十三谓之龙生日，可种竹。《齐民要术》所谓竹醉日也。”“竹醉日”犹同今之植树节。

“曾求竹醉日，更问柳眠时。”（陆游《葺圃》）竹醉日在五月十三，恰是柳树枝条下垂静止之时节。龙王生日，醉酒水活，届时栽竹，长势旺盛。

竹醉日也叫“竹迷日”。元代陈元靓《岁时广记》有《竹迷日》引宋代刘延世《竹迷日种竹》诗：“梅蒸方过有余润，竹醉由来自古云。”意思是，五月十三前后水土墒情湿润，古人认为是栽竹时节。

我们的先民对竹的利用，可追溯到远古。在浙江吴兴钱山漾新石器时代遗址出土文物中，就有数百件竹器实物：竹篓、谷箩、簸箕、竹席等。

“晓日提竹篮，家童买春蔬”；“欲分栏下苗，驰奴仍置篓”。这两句诗，分别为唐代白居易与宋代梅尧臣所写。“篮”与“篓”，是用竹子编结的盛物器具，篮有提梁，篓无提梁，其历史都极为久远。

《广雅·释器》解说：“篮，筐也。”《方言》解释“篓，篼也……篼小者南楚谓之篓。”唐代颜师古为《急就篇》作注：“篓者，疏目之笼，亦言其孔楼楼然也。”

周代的筐已有许多形体，当时人们以筐底区分，各有专称。《吕氏春秋·季春》记载：“具栚曲篴筐。”《注》说：“圆底筐谓之篴，方底篓谓之筐。”

《诗经·采苹》：“于以盛之，维筐及筥。”是说，拿什么东西盛菜啊？是用方的竹器，还是用圆的竹器？原来，古代用竹子编结盛物的器具，方的叫“筐”，圆的又叫“筥”，那是规矩。而今方的圆的都谓之筐，而且多为圆形。民间已不知筥为何物？古时还称圆筐为“篚”，也不为今人所悉。

还有一种装米竹器，谓之“筲”，容米一斗二升。孔子《论语·子路》中的“斗筲之人，何足算也”，是贬那些器量狭小，才识短浅的人，为“斗筲之人”。

《尚书·旅獒》记载：“为山九仞，功亏一篑。”是说，堆筑七丈（或理解为万丈）高的土山，最后由于只差一筐土而未能完，饱含惋惜之意。“篑”，是盛土器，也作“筐”解，或谓之“篑笼”。

《诗经·甫田》：“乃求千斯仓，乃求万斯箱。”是说，有这么多的五谷，须要找一千间仓廒（房）去贮藏，又要找一万辆车箱去装运。“箱”，原是指用竹制的、可藏物的、有底有盖者。又谓之“簏”。

竹编盛粮食的器具谓之“笹”、“篅”。西汉刘安《淮南子·精神》写道：“守其篅笹”。《急就篇》又有：“笹篅箯筥篼箅篝”的排句，《注》解：“笹篅”，皆所以盛米谷也，以竹木簟席。若泥涂之则为笹，笹之言屯也，物所屯聚也。组草而为之则曰篅，取其圆团之然也。”犹同今之粮囤、草囤。

“簸箕有唇，米不跳去。”（《景德传灯录》）“簸箕”，一种手工簸扬器，用竹篾或柳条等编成，颇似畚箕。用以簸扬谷物，清除糠秕。用草绳或竹篾编织的盛种子的器具谓之“畚”。也指用畚箕盛物，如畚垃圾。

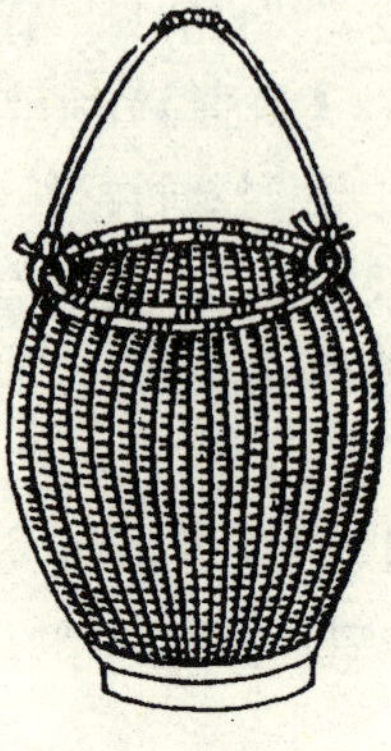
篮

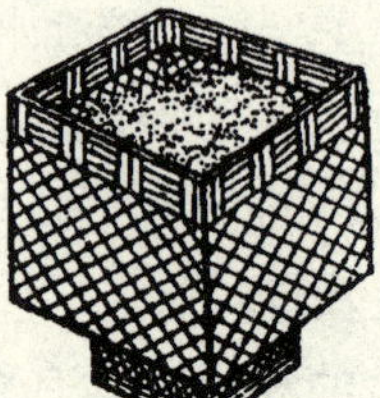
筐

篓

古代盛放衣物的竹制器具还有“笼”，统称“箱笼”。但两者造型又有严格区别。南朝梁国昭明太子萧统《文选》注：“凡竹器，箱方而密，笼圆而疏。”另有一种竹笼谓之“篣”、“䈉”、“篝”、“篰”。

又一种小竹箱子，叫做“箧”。《庄子·天运》：“夫刍狗之未陈也，盛以箧衍，巾以文绣，尸祝斋戒以将之。”是说用草做的狗还没有献祭的时候，用小竹箱盛着，用绣巾盖着，巫师斋戒来迎送。

用竹器盛饭，古人叫做“箪食”。孔子《论语·雍也》说：“一箪食，一瓢饮，居陋巷，人不堪其忧，回也不改其乐。”大意是，孔子赞扬其弟子颜回有修养。一竹筐饭，一瓜瓢水，住在小巷子里，别人都受不了那穷苦的忧愁，颜回却能够以苦为乐。

《孟子·梁惠王下》：“箪食壶浆，以迎王师。”说的是用竹篮盛饭，慰问军队。还有一种竹编的“箯”、“筲箕”，也是盛饭食器。

古代用以祭祀燕享时盛果品蜜饯的竹编食器谓之“笾”。周代还设置管理竹笾的官员，叫做“笾人”，执掌祭典。《仪礼·馈食礼》记载：“祝赞笾祭，尸受祭之。”“笾祭”，即以竹篓盛放红枣与栗子，用来祭祖。

又有一种类似笾的竹编祭器谓之“篹”，形似筥。

还有一种用以盛装枣栗，腶脩（捣碎加上姜桂的干肉）的竹器谓之“笲”。

古代朝廷用以传达命令、调兵遣将的凭证叫做“符”，多以竹木（后以金玉）为之。上写文字，剖开为二，各存其一，用时相合，以为征信。也叫“符节”。远古出征时黄帝发给将领的竹制凭证又叫“竹传”。由此引申，帝王的印信叫做“符命”。符书公文叫“符摄”。

最早的车也是用竹子制造，无装饰的车叫做“笨车”。南朝梁国人沈约《刘凝之传》写道“妻亦能不慕荣华，与凝之共安俭苦。夫妻共乘薄笨车，出市买易，周用之外，辄以施人。”其“薄笨车”即粗陋的行车。这段话是说，南朝宋国枝江人刘凝之，辞官乡居，其妻从其夫志。某天夫妇共坐无装饰的竹车，进城买回许多物品，除了自用之外，都分送给他人。

最早的首饰“笄簪”也是用竹制成，用以插定发髻。古时男女皆用。男子用以固定帽子（一种巾）。女子到十五岁为成行，要行加竹笄之礼。就是《礼·内则》说的：“女子……十有五年而笄。”头上加竹笄之女，从此有“成人之容”。

《汉书·韦贤传》记载：“遗子黄金满籯，不如一经。”“籯”即筐或笼的别称。是说，为人父母者，与其给子女留下满筐满箱满笼的黄金，不如给后代留下一部经书、一门学问、一种技艺。

古代装鸟的竹笼叫“筊”。屈原《楚辞九章怀沙》：“凤凰在筊兮，龄鹜翔舞。”意思是，一旦凤凰被囚在笼子里，那家鸡、野鸡便欢腾起来，幸灾乐祸。用以比喻：“圣人困厄遭难，则小人欢怒得志也。”

《红楼梦》有“打出樊笼”；《国际歌》有“冲破牢笼”。这二笼，都是源于竹笼之引申，代指束缚桎梏，渴望摆脱枷锁，恢复自由。宛若（晋）陶渊明《归田园居》以笼中鸟喻人：“久在樊笼里，复得返自然。”

竹子最大的功劳，是古人用以写字记事，传播文化。

“但恨功名薄，竹帛无所宣。”（晋代陆机《陆士衡集·长恨竹》）“竹帛”，“竹”指竹简，“帛”指白绢。因古代无纸，用竹简书写文字。《墨子·明鬼》载：“古者圣王必以鬼神为其务，鬼神原矣，又恐后世子孙不能知也，故书（写）之竹帛传遗后世子孙。”

宋代文天祥《文山集·过零丁洋》留下千古名句：“人生自古谁无死，留取丹心照汗青。”“汗青”，指的就是竹简。引申为书册、历史。汗青的语出，是源于古代，写字的竹简，须先用火烤青竹片，出尽水分（汗）成干竹板，既易写字，又不受虫蛀，故称为“汗青”。

春秋末年孔老夫子说的“读《周易》，韦编三绝”。《周易》就是写在竹简上用皮条编结起来的竹书。由于反复的精读翻动，把编结竹简的皮绳断了三次。

写于竹简的首尾完整的文字称为篇。如《论语》二十篇，一篇就是一卷；《诗经》三百篇，一篇就一首。所以简与篇两个字都是竹字头（⺮）。

古代思想家惠施外出讲学游说，随身携带的竹简装有五车，故有“学富五车”之说。西汉时东方朔一篇呈文写了三千支竹简，由两个人吃力地抬着进宫。

古时宫廷，从皇帝至大臣上朝时都手执一块竹制手板，叫做“笏”。奏事则写于笏板上，以防遗忘。如同今之备忘录或笔记本。后来只有大臣执笏，一直沿用到清朝始废。

竹制乐器有三千多年历史。《礼·乐记》记载："金、石、丝、竹，乐之器也。"其中的"竹"是指竹制管乐，如笙、笛之类。就是《周礼·大师》中说的竹"皆播之以八音"之一。

枕 头

子曰："饭疏食饮水，曲肱而枕之，乐亦在其中矣。不义而富且贵，于我如浮云。"(《论语·述而》) 孔子说：吃粗粮，喝冷水，睡觉时，弯着胳膊做枕头，乐趣自在其中。如果干那些不正当的事，而得到的富贵，在我看来好似浮云。

"曲肱而枕"，是因贫穷而无枕，并非孔子所处的时代没有枕头问世。那时不但有，而且已有各式各样的枕头。经孔子删定的《诗经》中就曾几次提及枕头。如《泽陂》中的"寤寐无为，辗转伏枕"；《葛生》篇的"角枕粲兮，锦兮烂兮"。从"角枕粲兮"可见周代不但已有四角方顶枕，而且很是好看。这种方顶长枕，在当今的农村仍有所见，经世流传达三千年。角枕还入唐诗，如白居易《苦热中寄舒员外》："藤床铺晚雪，角枕截玉寒。"

再往上溯，枕头是怎样产生的呢？在漫长的原始社会里，人们栖息时，冬穴夏巢，坐卧于地，为了防潮隔凉，用兽皮、枯叶、菖蒲等铺垫。

人在仰卧时，头与脊背不在一条直线上，颈椎、肌肉、神经，依然得不到休息，就必须想方设法，或曲肱而卧，或头下垫以兽骨、石块、草把、木墩……这些就是最早期的枕头。可以这样说，枕头的问世，是人类向猿猴揖别的产物；是文明与野蛮的又一分界。

《说文解字》解说"枕"："枕，卧所目（同'以'）荐首者。""荐"，凭借、起垫的意思。

早期的枕头，多是木制。所以枕字从木。汉代出土的漆制品中，有内胎为木、麻的漆枕。1957 年在河南信阳长台关一个战国楚墓里，出土了一张保存完好的木床，床上有竹枕。

枕头的发明，原本是为了人类的息卧睡眠所用，但实际上，枕的存在，其意义并非局限于休眠，还有好多用途。

古代有"以卧石床垫石枕"，治疗热病的记载。《南史·宋武帝纪》写道："帝素有热病、并患金创（金属利器对人体所造成的创伤），末年尤剧，坐卧常须冷物。后有人献石床，寝之，极以为佳。”在此之前，唐人贾岛《长江集》给一位和尚的赠诗：“禅定石床暖，月移山树秋。”僧侣穿纳衣睡石枕，以示清乐。

“抱琴看鹤去，枕石待云归。”这是清末杨度的一副隶书对联。原始人枕石是自然选择，清末人枕石则是文人的怀古。

石枕，由于枕之过硬，会使人多梦易醒，所以古人用以为“警枕”，切莫贪睡。醒后起身，发奋攻读，或著书立说，或齐家治国。

警枕，原本以圆木为之，睡时容易惊醒，以戒鼾眠。《资治通鉴·后梁均王贞明五年》记载：“镠（钱镠）自少在军中，夜未尝寐，倦极则就圆木小枕，或枕大铃，寐热辄欹（倾斜）而寤（醒），名曰警枕。”是说，我国五代时，吴越王钱镠，怕自己睡熟，误了军机大事，特地做了一个圆枕头，睡熟了，头就从圆木枕上滑下来，猛然警觉。

木质圆枕，实际是一个木球，当人仅是躺下休息似睡未熟的时候，大脑里还保持一个兴奋点，以支配人的头部在木球上保持平衡。一旦睡熟，兴奋点消失，头就失去了平衡，从球枕上落下来，起到警觉的作用，促人少眠多作。

南宋学者王应麟《困学纪闻》卷五载有司马光“警枕读书”的故事：“司马文正公（司马光）以圆木为警枕，少睡则转而觉（醒），乃起读书。”由于他刻苦学习，勤奋著述，废寐忘食，不舍昼夜，以十九年的心血，写成了《资治通鉴》二百九十四卷。卷帙浩繁的不朽著作，多得警枕之襄助。

警枕，古代称做“颎”。《礼记·少仪》曰：“茵、席、枕、几、颎、杖。”东汉经学家郑玄注释：“颎，警枕也。”

《晋书》中说的：“日昃忘食，枕戈待旦”；“枕戈待旦，志枭逆虏”。都是说他们心在军国，不敢安寐。“枕戈”，又是一种警枕。今人理解为时刻准备，迎击来敌。“枕戈”，也叫“枕革”，用牛皮制的箭套作为军队兵士们的枕头。

宋代科学家沈括《梦溪笔谈》介绍：“古法以牛革为矢服，卧则以为枕。取其中虚，附地枕之，数里内有人马声则皆闻之，盖虚能纳声也。”

“矢服”，古作“矢箙”，装箭的器具，又谓“箭囊”，用皮革或竹子等材料制成，始于周代。《周礼·司弓矢》记述：“中春献弓弩，中秋献矢箙。”矢箙属兵戈（兵器）之一，枕戈一词就源出于头枕皮革箭囊。

枕戈，古时还称做“枕干”，即头枕盾牌。干，盾也；干戈，盾矛也，泛指武器。《檀弓》记述：“子夏问于孔子曰：‘居父母之仇，如之何？’夫子曰：‘寐苫，枕干，不仕。’”后人用枕干而寐，表示复仇心切。枕干，也属警枕之列。

“偶然楼上卷珠帘，往往长条拂枕函。”“枕函”，乃中间可以放置物件的匣状枕头。

这两句诗见于唐代司空徒《司空表圣诗集》三《杨柳枝·寿杯词》之六。

“枕函”，也叫“枕匣”。《宋史·李光传》中写道：“尝寘匕首枕匣中。”是说枕头里藏着短剑。“寘”，置也。

明代还发现过“诸葛武侯鸡枕”——泥烧瓦枕，里面装有机械，人枕上可以听到准确的报时声，也有说是能听到远处的鸡啼声。《华夷考》有瓦枕的记述：“偶武孟得一瓦枕枕之，闻其中鸣鼓，一更至五更，闻鸡三唱而晓。武孟破之，其中有机局，识者谓之诸葛亮鸡鸣枕。”也叫“诸葛武侯鸡枕”。

《梦溪笔谈》还记载一种响枕，是个中空的硬壳，里面有共鸣腔，能与外界相同频率的发声体产生共鸣。

“翛然一榻枕书卧，直到日斜骑马归。”这是宋代陆放翁《老学菴笔记》的以书代枕，也可算作警枕的又一种，自勉读书。

《墨子·节葬》云：“寝苫枕凷”。“凷”，即“块”的古字。“枕凷”即枕块。古代居父母之丧时，用土块做枕头，表示悲痛至极。

《荀子·礼论》记述：“齐衰苴杖，居庐食粥，席薪枕块，所以为至痛饰也。”意思是：父母亡故，身穿缉边的麻布丧服，手持粗糙的竹杖，吃稀饭，住茅屋，卧柴草，枕土块，表示悲痛至极。

人类的一生，有三分之一的时间是在枕头上度过的，所以，如何利用枕头来为人类的健康服务，自然也就成为一个值得研究的课题。长期的经验证明，利用枕头来治疗某些疾病的设想是可行的，因而各种药枕就相继出现了。

药枕治病，有它独到之处。它可使药物通过皮肤接触和感受刺激，作用于神经、肌肉、关节，病人接受“药气”的作用，收到治疗效果。

药枕的种类繁多，各有千秋。常用的有菊花枕、五皮枕、五叶枕、绿豆枕、蚕屎枕、明目枕、茶叶枕、石膏枕、磁石枕、漆壳空心枕、治疗颈椎病枕等。

“东篱采来数枝霜，包裹西风入梦凉。半夜归心三迳远，一囊秋色四屏香。床头未绝黄金尽，镜底难教白发长。几度醉来消不得，卧收清气入诗肠。”这是元代马祖常写的《菊枕》。是说采摘霜后菊花做枕，不仅柔软清香，而且有祛风、清心、平肝、明目之效。以菊为主，再装入适量绿豆皮、黑豆皮的药枕，对高血压、鼻窦炎、中耳炎、目疾等引起的各类头痛，有一定疗效。

五皮枕，将晒干的橘子皮、柿子皮、西瓜皮、苹果皮、梨皮，各取适量，掺和入枕。由于有：橘皮的兴奋、止疼、祛风；柿子皮的清热、去烦；西瓜皮的解热、清暑；苹果皮的益气、降压；梨皮的降火、润肺等功效，五皮枕适用于神经衰弱、头晕头昏、心烦脑涨、呼吸不畅等。

因绿豆性寒，有清热解毒、防暑止渴、利尿消肿等功效。所以绿豆枕，对于头痛脑热，眼赤喉肿，有着消炎镇痛的作用。

李时珍《本草纲目》有“明目枕”的记载：“苦荞皮、黑豆皮、绿豆皮、决明子……作枕头，至老明目。”经常枕用，可治目雾昏花，眼赤流泪等症。

若将泡饮后的茶叶晒干，再加入少量茉莉花茶，拌匀装枕，效益颇多。它有治疗高血压、神经衰弱、头晕目眩、视物模糊、鼻炎、感冒、暑热、头晕、头痛等病症的功能。

将荷、竹、桑、柳、柿五种植物干叶装成“五叶枕”，枕之，可镇静、降火、清热。适宜于壮热头风、暑热头昏、耳喉肿疼、目赤模糊等热症。

唐代冯贽《云仙杂记》说：“益眼者无如磁石，用以为枕，可老而不昏。宁王宫中多用之。”《遵生八笺》介绍一种磁石枕，把磁石镶到木枕上，据说可以“明目益睛，至夜可读细书。”如今看来，就是用三氧化二铁（天然磁石）做枕，可以催人安然入睡，治疗失眠心悸，对神经衰弱者大有裨益，主要是因为磁铁矿石本身是一味中药。

《保生要录》还记载一帖治头风目眩的药枕方，其中有：蔓荆子、菊花、细辛、白芷、川芎、白术、防风、通草、藁本、羚角、犀角、黑豆、石菖蒲等。这些药性，大都是有祛风、清热、开窍的功用。

古代记述有瓷制冷暖枕，内中空腔，外有一个注水口，夏日伴睡时往瓷枕中注入凉水；冬季觉得冷时，可往枕中加入热水，枕上放块枕巾，便能安然入睡。

清代吴尚先《理瀹骈文》介绍：“槐木为枕，如天盖地式，钻空一百二十个”；再以川椒、桔梗、荆实子、菊花等三十多种中药各一两，共研末装入绢袋，再放入槐木枕中枕睡，可以“疗百病，延年益寿”，谓之“健身丁公枕”。

此外，古人还认为，把麝香放在枕内，可以避免做噩梦；头虚火重的人可伴睡荞壳枕、蚕屎枕；老年人可伴睡漆壳空心枕；小儿伴睡温凉不展的米粮枕。

传说唐代虢国夫人有一种宝枕——夜光枕，黑夜不必灯烛，光照一室通明。此说见于五代王仁裕的《开元天宝遗事·夜明枕》。在《唐诗纪事》的郑嵎《津阳门》篇中有描摹：“堂中特设夜明枕，银烛不张光鉴帷。”

宋代黄庭坚《山谷内集》提到一种香枕：“名字因壶酒，风流付枕帏。”“枕帏”，是采香花缝入囊内制成的枕。“帏”，香囊也，故又叫“枕囊”。见《山谷外集》：“风流彻骨成春酒，梦寐宜人入枕囊。”

陆游《剑南诗稿》写到枕囊：“余二十岁时，尝作《菊枕》诗，颇传于人，今秋偶复采菊缝枕囊，凄然有感。”

后蜀赵崇祚《花间集》中，多处提到"山枕"。如牛峤《菩萨蛮》："玉楼冰簟鸳鸯锦，粉融香汗流山枕"，顾□《甘州子》："禁楼刁斗夜初长，罗荐绣鸳鸯。山枕上，私语口脂香。""山枕"是二人枕的艳词。

《蔡邕赋》："长枕横施，大被竟床。"唐玄宗曾用长枕与文武大臣同睡。后人用"长枕大被"比喻兄弟相爱。

民族乐器

木　梆

宓羲造瑟，女娲做笙；黄帝刳角，丘仲制笛；伊耆土鼓，师延箜篌；幡绰拍板，阮咸成阮；伯氏吹埙，仲氏吹篪；伯牙抚琴，子期知音。华夏国乐，源远流长。

洪荒时代的原始人，已知八音之悦耳，或敲石片，或吹牛角，或鼓螺壳，或鸣竹管，或弹弓弦。鸣音种种，或作为寻找伙伴的传呼，或作为表达感情的即兴，或作为集合部众以抵御猛兽的信号。凡此音响，或可说就是当代乐器的滥觞。于是聪敏的原始人类创制出原始乐器，如石制的磬，土制的埙，木制的柷，陶制的缶，革制的鼓，竹制的箫，葫芦制的笙，丝弦制的瑟。一言以蔽之曰：就是宋代王应麟《三字经》中说的“匏土革，木石金，丝与竹，乃八音。”何谓“八音”？

《周礼·春官·大师》注解八音：“金为钟，石为磬，琴瑟为丝，笛管为竹，笙竽为匏，埙为土，鼓为革，敔为木。”译为今语是说：古人用金属、山石、丝线、竹篁、葫芦、陶土、皮革、木料，可制成各种乐器。

根据发音体与演奏方式的不同，大体可分为“气鸣乐器”，“体鸣乐器”，“膜鸣乐器”，“弦鸣乐器”。其演奏方式：气鸣乐器，多为合口用力呼吸，气流触拂乐器振荡发音，如笙竽笛箫，簧管喇叭；体鸣与膜鸣乐器，主要是敲击发音，如敲钟、击磬、打锣、拍板等；弦鸣乐器，多以竹木等制成音响，安上丝弦，或弹或拉以发音：“丝桐感人情，为我发悲音。”（汉代王粲《七哀》）

“擂柷振柝，拍板划节，鸣磬撞钟，叩钹击铙，敲锣打鼓”，凡此种种，归属体鸣、膜鸣乐器类，皆以激振物的整体或膜面发音。因制作所用质料、形态、结构、奏法等不尽相同而音色各异，风姿别致。

“鸣鼓而聚之，击木而召之。”（唐代柳宗元《郭橐驼传》）“击木”，是指敲打“木柝”。

“朔气传金柝，寒光照铁衣。”（乐府《木兰辞》）是写花木兰替父从军，十冬腊月在边寨月夜戍守营前，寒风呼啸中伴随着打更的声音。“金柝”，又叫“刁斗”，是军用铜器，三足一柄，白天用于炊煮，晚间用以巡逻打更。《集解》说：“以铜作鐎（煮锅）器，受一斗，昼炊饭食，夜击持行，名曰刁斗。”但《索隐》另解：“刁斗，小铃，如宫夜传铃也。”唐代高适《燕歌行》中“杀气三时作阵云，寒声一夜传刁斗”，这“刁斗”说的即是“小铃”。

“金柝”、“刁斗”、“小铃”，来自巡夜所敲的木梆，谓之“檬”、“柝”。原属“八音”中木制乐器。

还一种古老的木制乐器“柷”，又名“椌”。状如漆筒，中有椎（梁、柱），奏乐开始时，先击柷。《礼·王制》记载：“天子赐诸侯乐，则以柷将之。”但到结尾还奏另一种本制乐器“敔”。

“敔”，在雅乐结束时击奏。“敔”，形如卧虎，“背上有二十七鉏铻（栉齿状物）刻以木，以长尺栎（搏击）之。”“敔”又谓之“楬”，也是用以止乐的虎状木质乐器。《礼乐记》：“然后圣人作为鞉、鼓、椌、楬、埙、篪。”《释文》说：“楬，敔也。”都属木制打击乐器，类同梆子。

“柷敔”，又谓之“柷圉”。《诗经·有瞽》：“应田县鼓，鞉磬柷圉。”是说，先把木头做的大摇鼓摇了一摇，乐声便起来了，又把卧虎一般的圉打击了一下，乐声便终止了。

后来在秦腔、晋剧、豫剧中，常用一种挖空的木头做成的梆子伴奏，所以又叫“陕西梆子”、“山西梆子”、“河南梆子”。从而，由打更用的木梆，发展为舞台伴奏的乐器。

“拍”，也是一种乐器，用紫檀板四片，以弦合三片为一束，执一片拍之。

“拍板”，别名“捺瑟”，唐宋时拍板为六或九片木板，以两手合击发音。现今拍板常由三块木板分前后两组。前组两块，后组一块，用绳连接。奏时，以左手执后一

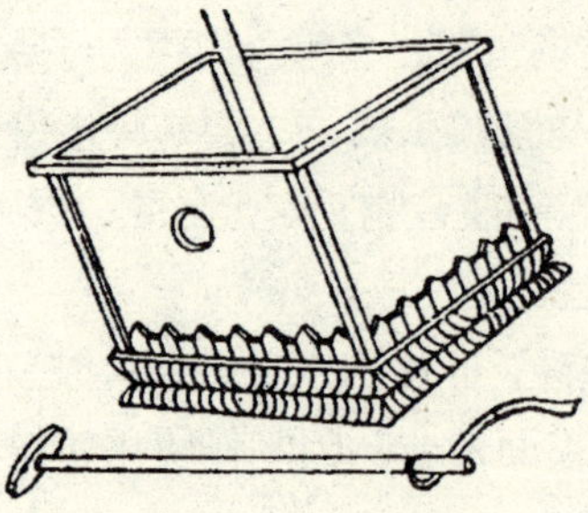
柷

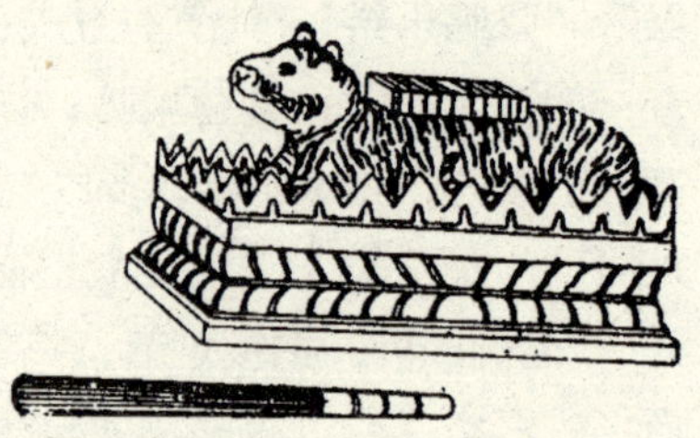
敔

块，使与前两块相碰发音。通常在民乐合奏及戏曲伴奏中，起击节作用。因拍板乃是唐玄宗时，梨园乐工黄幡绰善奏，而又称为“绰板”；又因多是用檀木所制，故又叫“檀板”。

“檀板轻声银甲缓”(《隋炀帝集》)；“昼堂檀板秋拍碎”（杜牧《樊川集》)。“檀板”，原是古代奏乐，用以打拍节的木制乐器。后来，“板”也代指戏曲的拍节、板眼。

近代民间还有演唱曲艺等打拍子用的“呱嗒板儿”，是由两块大竹板；或者用七块或若干块小竹板用绳连接而成，所以又叫“竹板儿”。打竹板说唱的一种曲艺又谓之“竹板书”。竹板书又叫快书：词儿合辙押韵，说时用竹板打拍，节奏较快。但是另有一种快书则用铜板伴说，如山东快书。

“松日明金像，山风响木鱼。”（唐代司空图《上陌梯寺怀旧僧》)“木鱼”，原本是佛教敲击的法器名。木鱼有两种，一为团状鱼鳞形，诵经礼佛时用之；一为挺直鱼形，粥饭或集众僧时用之。

五代残唐王定保《唐摭言》记载这样一个故事：古时候，有一个人游天竺寺，见到和尚敲击木鱼，连问几个和尚为何敲木鱼。都答不出，便去问天竺长老，长老说：“是为了警策众僧，时刻莫忘苦心修行。”那个人仍怀不解，又问，为什么偏偏要雕刻成鱼形？这个问题一时难住了长老，张了几下嘴巴说不出，只好去请教他的老师。老师告诉他：“你没注意过鱼的眼睛吗？鱼的眼睛总是睁着，昼夜都不合的，我们出家人应像鱼那样昼夜专事（注视）佛祖，才能得道升天。”

不知何时起，僧家木鱼成为艺人打击乐器。改鱼形为圆形，也有作长方形的，仍叫木鱼。如演奏广东音乐所用者，用小木槌击奏发音，清脆激越。民族乐队中，有按五声、七声或十二律排列成组的木鱼。

木制体鸣乐器还有木琴，由若干长短不一的短木条组成。原分四排，现多作两行排列。下排按C大调自然音阶排列，上排为其变音。用两根小木槌击奏，音响清脆，用于管弦乐队或独奏。亦有在木片下装设金属共鸣管者，发音更为嘹亮。

“多年松色别，后夜磬声秋。”（唐代姚合《寄无可上人》)“磬”是“八音”之一的石制乐器。《尚书·益稷》记载：“予击石拊石，百兽率舞。”“击石拊石”就是敲打石器以发清音。

最早的“磬”是用石、玉所雕制，形状如矩。悬挂于架上，击之而鸣。《尚书·禹贡》说：“泗水浮磬。”《书传》也说：“泗水涯水中见石，可以为磬。”是说山东的泗河水边所藏之石可以采来凿磬，但又有说安徽灵璧县北又有磬石山，在泗水之南。《尚书》所说“泗滨浮磬”，指的即此。北宋地理总志《太平寰宇记》也有记载，说磬石山所出之石可以制磬，击之，其声清亮，后世多开采供乐府凿磬之用。磬石山因此得名。

《周礼·考工记》说："磬氏为磬……已（以）上则摩其旁，已（以）下则摩其耑（端）。""磬氏"即制磬的刮摩工匠。

商代出现单一的特磬和三个一组的编磬，周代又有另种形体十几个大小相次成组的编磬。

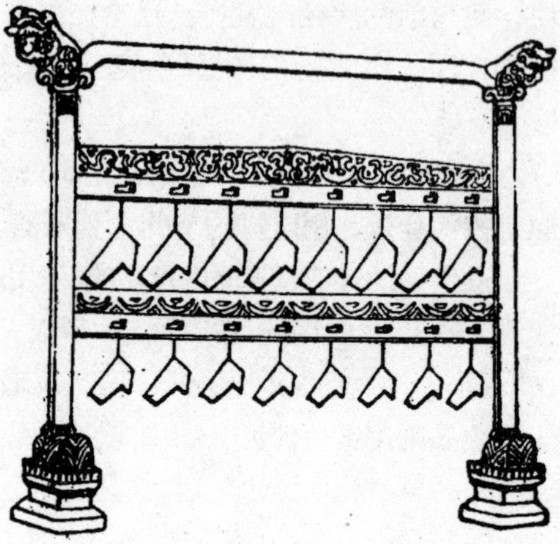
编 磬

挂磬的木架，古代称做"虡"或"簨簴"。挂磬便于用小木槌击奏，各时代形制大小不一，枚数也不同。清代徐坚《初学记》引《三礼图》介绍："凡磬十六枚同一簨虡，谓之编磬。"清代乾隆时玉制系列编磬，各枚大小一律，而厚薄不等，则音响高低不一。

周代不仅有专门的制磬工人，还设专事掌管石磬的官员，谓之"磬师"。《周礼·磬师》记载，磬师"掌教击磬、击编钟，教缦乐燕乐之钟磬。""缦乐"即"杂乐，杂声之和乐者也。"

磬，后来又出现有用金属铸制。宋代王黼《博古图·磬总说》："今兹之磬，非玉非石，乃铸金而为之。"

旧时庙宇用以敲击状如云板，召集众僧的鸣器也叫磬；佛寺中钵体铜乐器还叫磬。

钟 镠

"姑苏城外寒山寺，夜半钟声到客船。"（唐代张继《枫桥夜泊》）钟声，在日暮黄昏或夜静更深时，以其庄重而深沉的声音，给人以一种禅心所缘的感觉。"钟"，繁体写作"鐘"，又写作"锺"。古击乐器，青铜制，悬挂于架上，以木槌叩击发音。古代用于祭祀宴享。单独悬挂的称"特钟"，大小相次成组悬挂的为编钟。西周中期开始有十几个大小相次成组的编钟。"其口缘平而有悬纽者，或另命名为镈"。

《国语·周》说："细钧有钟无镈，昭其大也。"韦昭《注》："以镈为小钟。"而郑玄《注》则说："镈似钟而大，镈钟即鑮。"《说文》也说："镈为大钟。"原来，镈钟是对编钟而言，后者为编悬，而镈为特悬。编悬者十六钟为一簨，特悬者每钟一簨。

周代有掌管钟鼓之官员，谓之"镈师"，又作"钟师"。《周礼》记载："春官之属有镈师，掌金奏之鼓。"

悬钟之木还有专称，谓之“镈鳞”。《考工记》所说的“鳞属以为笱”，以及《明堂位注》所说的“饰簨以鳞属”，都是指镈鳞，即悬挂铜钟之横木，上刻鳞属，以金涂饰。

《诗经·关雎》中有：“窈窕淑女，钟鼓乐之。”可见，春秋时代，钟作为乐器已为人所悉知。

《管子·五行》记载说：“昔黄帝以其缓急作五声，以政五钟。”何谓“五钟”？即指“五色钟”：青钟、赤钟、黄钟、景钟、黑钟。

1984年文化部主持的“普侯乙墓编钟”复制研究成果验收会，各复制研究单位经历五年采用了各种现代科技手段，完成了全套编钟复制的配方、几何形状、纹饰、音响都与原件一致的要求。并在当天由湖北省博物馆与湖北艺术学院联合组成的编钟乐团进行了表演。

这套复制编钟，是仿照1978年湖北随州曾侯乙墓出土的荆惠王时代一套六十五件青铜制的具有十二律半音音阶关系的编钟。这套出土编钟被认为是我国已知最早的一套完整定调乐器。

普侯乙墓编钟上镌刻的两千八百多字的篆体铭文，证明了我国的七声十二律早在战国时就有了。每口钟都能发出相隔三度的两个音，而且有跨越五个八度的“钢琴音域”。

我国历代编钟都用青铜制成。而乾隆皇帝为了夸耀国富力强，用一万三千六百四十七两二钱黄金制成了十八只大小一样而厚薄不同的编钟。铸造工艺精妙绝伦，可谓巧夺天工。每只钟正中是音名，周围盘绕两条蛟龙，装饰着海波和云纹，其音律与现代音乐相同。

辛亥革命以后，末代皇帝溥仪的岳父荣源等人为支付清室的庞大开支，以金编钟及皇太后、皇后的金宝、金册等几十件金器作抵押，向盐业银行借款八十万元。后来，这大宗珍宝就变成了盐业银行的财产。军阀张作霖、阎锡山等人闻知，各自通过不同渠道向盐业银行探询金钟，一时风声很紧。盐行一面矢口否认，一面把编钟分装八箱，秘密运往天津，躲过了军阀和后来蒋介石的追寻。

锣，打击乐器名。形体似平圆形铜盘，用木槌敲击发响。初起，在军营中如同刁斗，用以打更报时，还可作盆为洗器，又可充当炊器。宋代赵彦卫《云麓漫钞》记载：“军中以锣为洗，正如秦汉用刁斗可以警夜，又可以炊饭，取其便耳。”

作为乐器的锣，无固定音高，类别也多。《清会典事例》记载一种云锣，又名“云璈”，（参见《元史·礼乐志》）也称“九云锣”或“九音锣”。“九”，是多的意思，实际上并不限于此数。通常以十面小铜锣编悬在一个有方格的木架上，摆放格式不一，如有的是：中四，左右各三。各锣大小相同，唯厚薄各异，故音响不同。十面锣，四正律六半律，与编钟相应。四周各为孔，以黄绒穿击于架，用小木槌击奏，各锣音高不同。亦有采用十三面、十五面、二十四面小铜锣者。后经革新，除铜锣面数增多外，在音质和工艺上，也有很大改进。

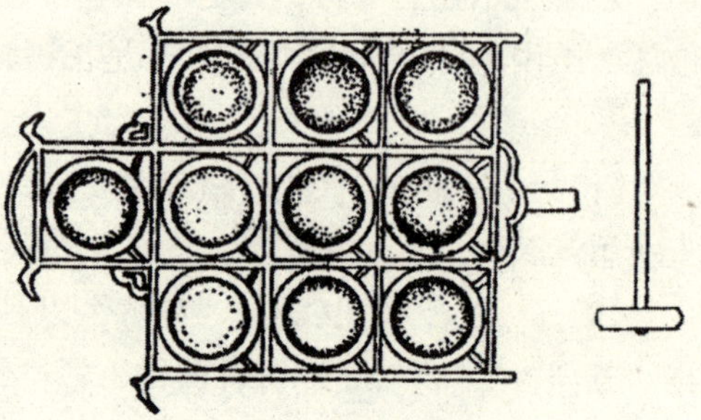
云　锣

流行于广东潮州地区有一种大锣，当地人谓之“深坡”。边缘较阔，悬于木架，用槌敲击，发音低深。常用于戏曲音乐及民间锣鼓乐中。

流行于潮州地区还有一种“斗锣”，形似“深坡”而较小，用硬槌敲击，发音强烈。常用于戏曲音乐及民间锣鼓乐中。

《锣经》即《锣鼓经》，是打击乐器各种谱式的泛称。用大锣、小锣、钹、堂鼓、板等乐器打击出不同强度，不同节奏的音响，以烘托不同情绪和增强气氛。如京剧的“慢长锤”、“急急风”、“四击头”等。记谱时一般用某些代字表示各种乐器的音响，如“大”表示鼓，“仓”表示大锣，“台”表示小锣，“七”表示钹，“扎”表示板，“乙”是休止符。这种特殊的记谱法，亦可同工尺谱参合使用。

在我国清代历史题材的艺术作品中，皇廷官吏出门，往往有“鸣锣喝道”的场面描写。

明代以前的官员出行，只有仪仗士卒前引传呼。就是《周礼·秋官·条狼氏》说的“掌执鞭以趋辟（避，躲向一侧）”。汉代以后，执鞭日少，喝道者一般仅用口传呼以代替“执鞭震响”。喝道的目的，一方面是为了“使行者止，坐者起”，另一方面是为了显示官吏的威严。

到了清代，由于城市人口日渐稠密，仪仗士卒仅用口呼喝，已不能使行人迅速回避，于是便加上鸣锣。鸣锣的响数，颇有讲究，乃是根据官吏职务的高低而定：州官、县官上街，仪仗鸣锣七下，谓之“打七棒锣”，如同喊七个字：“军民人等齐闪开”；道台或府尹上街，“打九棒锣”，意指九个字：“官吏军民人等齐闪开”；提督与巡抚上街，“打十一棒锣”，代表呼喝十一个字：“文武官员军民人等齐闪开”；若是“都统”以上官员上街，则打十三棒锣，等于发出十三字号令：“大小文武官员军民等人齐闪开”。封建等级制度之森严，从几棒锣声中可见一斑。

鸣锣，相传是由古代青铜编钟演变而来，在古杀场上，两军对垒也用来“击鼓助战，鸣金收兵”，“金”即指铜锣。然而更广泛的还是用于民间喜庆活动和歌舞戏曲中，相沿至今不衰。

钹，古称“铜钹”、“铜盘”，大者谓之“铙”，小者谓之“镲”，是合击铜制乐器。体呈圆形，中部隆起如半球状，其径约为全径的二分之一，中心穿孔以绳革贯之，两片为一副，相互叩击发声。

钹最初流行于西域，南北朝时传至内地。后被广泛应用于民间歌舞、戏曲、吹打乐、锣鼓乐中，并形成大小不同的多种形体。唐代十部乐中有七部用钹。

铙，宋代始出现，比镲晚。形制与钹相似，一般体大，唯中间隆起部分较小，其径约当全径的五分之一。大小相当的铙与钹相比，铙所发的音阶低于钹，而余音较长。

“羽旗承去影，铙吹杂还风。”（梁简文帝《旦出兴业寺讲诗》）“铙吹”，和响器“铙”无关，而是一种军乐，又谓“骑吹”、“铙歌”，是铙鼓吹奏乐的一种。

宋代以前的铙与今不同。比之铃而大，中空有短柄，原是行军乐器，铙口朝上，以槌敲击作响，盛行商代。《周礼·地官·鼓人》记载：“以金铙止鼓。”《注》说：“铙，如铃，无舌，有秉（柄），执而鸣之，以止击鼓。”

14 世纪上下，相传起源于山西绛县有一戏曲剧种“铙鼓杂戏”，也叫“锣鼓杂戏”。后来流传到附近的安邑（今并入运城）猗氏、万泉一带，有五六百年历史，鸣腔简单，以铙、锣、鼓、唢呐伴奏。一般认为保存了较多的宋元戏曲遗风。

鼓

“腊鼓鸣，春草生”。谚语在说，古俗每年十二月初八拂晓，村人毕集庄头，击细鼓，以为可以驱疫。即《荆楚岁时记》说的“腊岁前一日击鼓，以逐邪除秽，祓祛逐疴”。

鼓，是我国最古老的乐器之一，它在民族乐队中占有很重要的位置，历来被推谓“群音之掌”。即是说，鼓声常常在乐曲中起着指挥节奏、统一速度、渲染气氛的作用。

“我有嘉宾，鼓琴鼓瑟；鼓瑟鼓琴，和乐且甚。”（《诗经·鹿鸣》）是说，招待客人一处吃酒，一边叫作乐的人，弹瑟抚琴，声音十分和顺。这里的“鼓”，是表示琴瑟的受击处，即弹琴的意思。而《左传》庄十年的“战于长勺，公将鼓之”，则是擂鼓助战。“鼓之”是动宾短语，击鼓之意。至《诗经·击鼓》中的“击鼓其镗，踊跃用兵”，则是说军队里打着鼓，那声音是很响的，士卒一个个精神抖擞，大步向前。这里击的鼓，才是作名词解释。

鼓，体呈圆柱形，中空，两面蒙皮，击之发声，属八音革器，今谓之“膜鸣乐器”。大鼓谓之“鼖”、“鼛”；小鼓谓之“鼗”、“鞀”；军鼓谓之“鼙”；守夜的警鼓谓之“鼜”；鼓声谓之“鼕”；大鼓与小鼓合称谓之“鼓鼙”。

鼓，古写作“鼓”，是说，鼓源起于皮革。我们的先民，很早很早就从“空谷回音”，“腔洞击之轰鸣”，认识到“空壳扩音”的原理，古谓之“籁”。《庄子·齐物论》写道：“地籁则众窍是已，人籁则比竹是已，敢问天籁。”庄子是说：“地籁”，是众窍空穴中发出的风声，“人籁”，则是箫笛笙鼓奏出的乐声。请问天籁是什么？

“万籁此都寂，但余钟磬声。”（唐代常建《题破山寺后禅院》）大意是，一切来自天上地下人间空穴的万类声音，全都哑然，只剩庙宇中和尚敲击的晨钟暮鼓声。

灵长的猿人根据籁窍扩音的原理，用敲击树洞、竹筒、兽骨壳的声响，或招集同伴，或驱赶猛兽……这种被敲击物，或可说就是鼓的滥觞。渐渐，用兽皮蒙鞔某种空洞物以敲之；渐渐，烧陶为框，鞔皮以敲，谓之土鼓，这是已知最原始的鼓；渐渐，金属刃器出现后，又凿木为框，鞔以兽皮。鼓的形制渐渐增多。

商周时代，鼓类已臻完善，用途各异，有八面、六面、四面的各种鼓。汉代许慎《说文解字》记载：“周礼六鼓，靁（雷）鼓八面，灵鼓六面，路鼓四面，鼖鼓、皋鼓皆两面。”

“南渡桂水阙舟楫，北归案川多鼓鼙。”（杜甫《暮归》）“鼓鼙”，即用大鼓和小鼓合击，用以部队进军时鼓励战士。《礼·乐记》写道：“君子听鼓鼙之声，则思将帅之臣。”后来，又借“鼓鼙”一词，代指军事。

古代军队作战或行军，击鼓则进，鸣金则止，称为“鼓行”。《史记·项羽纪》：“今秦攻赵，战胜则兵罢；我承其敝；不胜，则我引兵，鼓行而西，必举秦矣。”“鼓行而西”就是把军队开向西线。

古代军事征战，兵卒出击，常以击鼓助战，并边进边喊。击鼓声，喊杀声，呼应四野，谓之“鼓噪”。《左传》成五年：“（子灵）请鼓噪以出，鼓噪以复入。”是说，宋国的公子围龟，在楚国当人质，回到宋国后，华元招待他，他请求击鼓呼叫而出华元的大门，又击鼓呼叫而进去，说：“这就是演习进攻华氏。”

趁敌在险地时鸣鼓而攻，谓之“鼓险”；急促的鼓声谓之“鼓严”；军营中杀人谓之“鼓下”；春秋时代屠夫屠宰牲畜必须敲击其屠刀，谓之“鼓刀”。

“遭遇不遭遇，盐车与鼓车。”（唐代杜牧《骕骦骏》）“鼓车”即载鼓之车。由于鼓轻，用马拉之，如同今之“大马拉小车”，后人用“鼓车”比喻大材小用。

"细缕缠钟格，圆花钉鼓床。"（北周庾信《和赵王看伎》）"鼓床"，即悬鼓的支架。

读历史小说，时常看到"擂鼓三通，大军起行"；"擂鼓三通，两军交战"，等等。所谓"三通鼓"，是否"通（嗵）、通（嗵）、通（嗵）"三下呢？唐代李靖《李卫公问对》解说，一通，即击鼓三百三十三下。三通鼓几近一千下。若将击鼓一下计为一秒，"擂鼓三通"约为一刻多钟。这样算来"关公三通鼓间，斩下蔡阳之头"，在时间上是可信的了。倘若是"通（嗵）、通（嗵）、通（嗵）"三下，不足一分钟的时间，就算是关公用刀神速，也是不足进攻所需之时间。

古代军队中还以鼓和角报时、报警、发号施令，谓之"鼓角"。《卫公兵法》说："军城及野营行军在外，日出没时挝（击、打）鼓千槌，三百三十三槌为一通，鼓音止，角音动，吹十二声为一迭；三角三鼓而昏明华。"

"五更鼓角声悲壮，三峡星河影动摇。"（杜甫《阁夜》）"五更鼓角"又谓之"五鼓"。北齐颜之推《颜氏家训·书证》介绍："汉魏以来，谓为甲夜、乙夜、丙夜、丁夜、戊夜；又云鼓，一鼓、二鼓、三鼓、四鼓、五鼓；亦云一更、二更、三更、四更、五更，皆以五为节。"旧时城市中筑造高楼以设置大鼓，谓之"鼓楼"，楼内日夜按时敲鼓向城民报告时辰。

周代设有掌管和教授金鼓之官员，谓之"鼓人"。《周礼·鼓人》记载："掌教六鼓四金之音，以节声乐、和军旅、正田役。"后来又称之为"鼓史"、"鼓吏"。

南朝宋国刘义庆《世说新语·言语》记载："祢衡被魏武谪为鼓吏，正月半试鼓，衡扬桴（鼓槌）为渔阳掺挝（击鼓的调子），渊渊有金石声。"是说，后汉人祢衡，为人"有才辨，而气尚刚傲，矫时慢物"。曹操贬其为鼓吏，在一次大会宾客时，曹操要羞辱他，令他击鼓。他操起鼓槌击出渔阳鼓调，音节悲壮，听者莫不慷慨，接着就"解衣裸体，击鼓骂曹"。

古代学院，用击鼓以召集学士进室启书听讲，谓之"鼓箧"。"箧"指书箱。后人用"鼓箧"代指"勤学"。

"桴鼓"，亦作"枹鼓"。原本不是鼓的一种，而是指鼓槌和鼓。《国语·齐》记载："执枹鼓立于军门，使百姓皆如勇焉。""桴"和"抱"都是鼓槌。

"师次辽阳而城池不守，桴鼓一震而元凶折首。"（晋代孙子荆《为石仲容与孙皓书》）这里的"桴鼓"则又作"战鼓"、"警鼓"解。又由于用桴击鼓，鼓即发声，后人用"桴鼓"比喻相应协同。《韩非子·功名》写道："至治之国，君若桴，臣若鼓。"用桴敲鼓，由同君之唤臣。

古往今来，鼓的家族成员众多，形形种种：

石鼓，可谓最古老的鼓，不知何种形体，而相传周王时，制石鼓十面。又有一种石鼓，上刻史籀所作的纪功颂，今存北京故宫博物院。这石鼓，原来是一种刊石石书，而不是敲击之石鼓。

土鼓，是原始人用土瓦做框，以皮革蒙面，敲打合乐。《周礼·篇章》记述："掌土鼓、豳籥。"是说，周人宫廷设有官员，专门掌管土鼓及豳人（今陕西旬邑彬县一带）所奏的竹苇乐器。

鼍鼓，因土鼓声音不够清脆洪亮，且易敲坏，便有人改为木框，蒙以兽皮。《诗经·灵台》记述："于乐辟雍，鼍鼓逢逢。"是说，周文王在宫里挨着次序敲起钟来，又在这天子读书的屋子里奏着乐；拿扬子鳄皮做的鼓打着，声音是和顺的。"鼍鼓"，用鳄鱼皮制成的鼓。

"湖日似阴鼍鼓响，海云才起蜃楼多。"（许浑《赠所知》）这里的"鼍鼓"，另有解释，指扬子鳄鸣音扣敲鼓声。宋代陆佃《埤雅·释鱼》引晋安《海物记》说："鼍宵鸣如桴鼓，今江淮之间谓鼍鸣为鼍鼓，亦或谓之鼍更；更则以其声逢逢然如鼓，而又善夜鸣，其数应更故也。"

雷鼓，古写作"靁鼓"，原是周代祭天神时用之。汉代郑众介绍，雷鼓造型奇特，不是上下两面蒙皮，而是蒙于四周呈八个鼓面。所以古有"雷鼓敲八面"之说。《旧唐书》与《宋书·音乐志》皆有记载。

灵鼓，祭地祇（地神）用之。《周礼·鼓人》说："以灵鼓鼓社祭"；"灵鼓，六面"。即有六个可供敲击之面。形制似上述雷鼓，鼓面在四周呈六面形，比之雷鼓少两个鼓面。

清代俞樾说："雷鼓与灵鼓皆以画缋（彩绘）为别。雷鼓画云雷纹，取于天象，故用其祭天神。灵鼓之灵，为霊之假字，故画以龙纹，龙为水物，故以灵鼓祭地祇"（地神）。

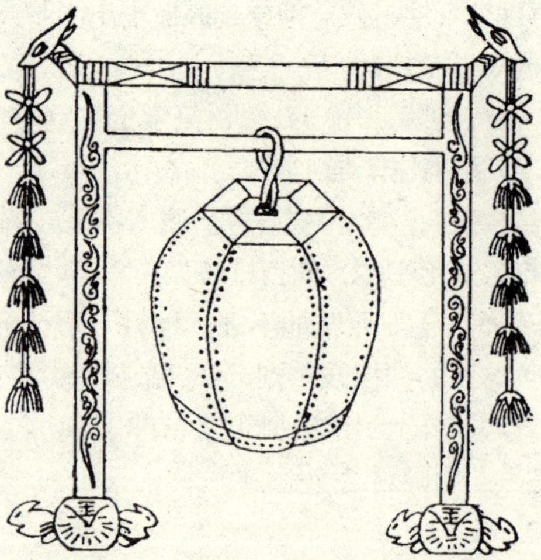

灵　鼓

路鼓，上古人祭鬼神所用的鼓。《周礼·鼓人》写道："以路鼓鼓鬼享。"又《注》说："路鼓，四面鼓也。"即，周围四面蒙皮以敲。

鼖鼓，是一种体形硕大的鼓，长八尺。其用途《周礼·鼓人》有记载："以鼖鼓鼓军事。""鼖鼓"，又谓之"贲鼓"。

贲鼓，《诗经·灵台》有描述："虡业

维枞，贲鼓维镛。”是说，周文王的宫殿里，竖着挂钟磬的直柱子，又摆着一面大鼓，挂着一口大钟，便可挨着次序敲打。

鼛鼓，即“皋鼓”，是又一种丈二大鼓。《周礼·诨人》介绍：“皋鼓，长寻有四尺，鼓四尺，倨句（器具曲折的形状，钝角形的叫倨，锐角形的叫句）磬折。”

鼛鼓，是类同上述皋鼓的另一种大鼓。其鼓之长，有一丈二尺。可谓大矣。《诗经·鼓钟》有“鼓钟伐鼛”。《周礼·鼓人》说：“以鼛鼓鼓役事。”原来这巨大的鼓是专用于征兵、劳务方面。

以上五种鼓就是《说文解字》记述的：“靁鼓八面以祀天；灵鼓六面以祀地；路鼓四面以祀鬼神；鼖鼓八尺以仪军事；鼛鼓丈二以仪役事。”此外，还有：

五色鼓，用于救日（古人迷信，以为日食是天狗吃太阳，所以每逢日食，便擂敲五色鼓以驱赶天狗救出日头）。《谷梁传》记载：“天子救日，置五麾（旌旗）陈五兵五鼓。”“五鼓”即五色鼓：东方青鼓，南方赤鼓，西方白鼓，北方黑鼓，中央黄鼓。

搏拊，又是一种似鼓非鼓的鼓。《尚书·益稷》记载：“戛击鸣球、搏拊、琴瑟以咏。”这种“搏拊”是用皮革做囤，内装糠秕，用以拍击发音。明清两代时所制之搏拊，形体如建鼓而小，鼓腰有环系绳，奏乐时，挂在脖子上，用手拍击。与建鼓同时用，建鼓击一下，搏拊拍两下，互相应和。

鞞鼓，古代用于祖神之鼓，属六鼓中雷鼓一类。《周礼·鼓人》说：“鼓人职掌六鼓，雷鼓鼓神祀之属是也。”“鞞鼓喧兮，从夜达明。风浩浩兮，暗塞昏营。”是说，昨天夜里，战鼓轰鸣，响了一宿，通宵达旦都是风声、鼓声混杂交响。这段词撷自《乐府诗集·胡笳十八拍》，是蔡文姬所写。“鞞鼓”，又是军中所用乐器。

钲鼓，也是古军乐器，鸣钲以为鼓节。《汉书·平帝纪》写道：“使谒者大司马掾（副官佐贰史）四十四人，持节行边兵，遣执金吾陈茂假以钲鼓。”《注》：“将帅乃有钲鼓……钲者，鐃也，似铃，柄中上下通。”

渔鼓，庙宇道士诵咏道情时所用的鼓击乐器，在长竹筒的一头，蒙以猪羊护心薄皮，以手敲打。明代郎瑛《七修类稿》专辟《渔鼓》一章。后来，渔鼓转入民间，仍是以大竹筒一端蒙皮而成。从前流浪艺人唱“道情”时，都要怀抱一枚渔鼓，配以简板，击节助唱。渔鼓虽然结构简单，声音却松弛文静，独具一格，属于鼓类中具备较好定音条件的品种，近些年这渔鼓也是在濒于消失中得以复苏的。

建鼓，古乐器。其形：“以大鼓穿径为方孔，贯柱其中而树之，柱上施华盖，顶饰金鸾，柱下有四足，饰以卧狮。”《仪礼·大射》中说的“建鼓在阼阶西。”（古俗，主人于宅院之东台阶迎西阶来客）即指此鼓。“建鼓”又称做“应鼓”。

应鼓，是一种古时“堂上击拊，堂下击鼓以应”之鼓，故名“应鼓”。《礼·礼器》

记载："县（悬）鼓在西，应鼓在东。"《礼·注》又说："小鼓谓之应。"

大鼓，用木或金属做鼓框，蒙皮，面径二尺六寸四分五厘，腹内置铜胆。框四周有铜环，平悬于鼓架。以槌打击发声。

《诗经·有瞽》写道："应田县鼓，鞉磬柷圉。诗中的"田"即大鼓；县鼓即周鼓。后又称县鼓为大鼓。宋代陈旸又谓后世大鼓即古之鼖鼓，但古时大鼓长过于面，横悬于簨上；今鼓，面过于长，平悬于架，与古制不同。

大鼓，又是大鼓书的简称，曲艺的一种。创始于清代，有京韵大鼓、梅花大鼓、梨花大鼓、西河大鼓，乐亭大鼓、山东大鼓、湖北大鼓等，总称为大鼓书。一般由一人演唱，一至数人伴奏。主要乐器为鼓、板、三弦。唱词多采用民间流行的历史小说、野史故事等编成。

定音鼓，鼓面蒙兽皮，周围装有螺旋，用以松紧鼓皮，调整音高。另有装置踏板者，调音更为便捷。鼓槌木制，一端裹毛毡或海绵，音色浑厚。常用于管弦乐队。

藤鼓，用藤条制作的鼓。传说，明代韩雍于宪宗成化年间，为镇压瑶族起事，用藤条造一面围长丈五的大鼓。清代阮元为此写《藤鼓》诗，收在《揅经室续集》中："断藤复段截，造鼓示创惩；中空冒以革，围量丈五绳。"昔日这面大藤鼓放置于肇庆府鼓楼。不知今还在否？

节鼓，古乐器，状如博局（围棋棋盘），中开圆孔，恰容其鼓，击之以节乐。北周庾信《春赋》有咏："月入歌扇，花承节鼓。"

堂鼓，又称"同鼓"。以木为框，两面蒙牛皮，置木架上，用木槌敲击。形制大小不一。常用于民间器乐合奏、秧歌及戏曲音乐。

板鼓，即"单皮鼓"，又称"小鼓"。鼓框用坚硬的厚木合成，面圆，直径约二十五厘米。中央开孔，直径约五到七厘米，称"鼓心"。亦有在鼓心旁再开一小孔（称"边心"）者。鼓面全部蒙猪皮或牛皮。演奏时，用单签或双签敲击鼓心（或边心），发音清朗。是戏曲及民间吹打乐中的重要乐器。

拨浪鼓，也作"波浪鼓"。一种带把儿的小鼓，来回转动时，两旁系在短绳上的鼓球击鼓作响。有两种用途，一是儿童玩具，一是古时卖丝线、胭脂等闺阁用品的货郎所执以代替呼唤吆喝之器，谓之"惊闺"。形如鼗而附以小钲，持柄摇之，则钲鼓齐鸣，使闺阁（绣女）闻知，以代唤卖，故称"惊闺"。明代冯梦龙《醒世恒言》写道："冉贵却装了一条杂货担儿，手执着一个玲珑珰瑯的东西，叫做个惊闺，一路摇着，迳奔二郎神庙中来。"

八角鼓，鼓身呈八角形，框用木制，宽约十七厘米，单面蒙以蟒皮，周围嵌响铃，饰有丝穗。演奏时用指弹击鼓面发出鼓声；摇震鼓身或捐搓鼓面则发出铃声。清朝乾隆年间在八旗军队中流行，后流传民间。清末以来，在北京、沈阳、济南等地很流行，是岔曲及牌子曲的重要伴奏乐器。据沈榜《宛署杂记·志遗》记载："刘雄初善击鼓，轻重疾徐，随人意作声；或以杂丝竹管弦之间，节奏曲合，更能助其清响云。"就是传说的北京刘雄击八角鼓，"擅绝一时"。

腰鼓，古今形制不同。古之腰鼓，据陈旸《乐书》记载："大者瓦，小者木，皆广首纤腹。"隋唐时，用于西凉、龟兹、疏勒、高丽、高昌，诸乐。奏时挂在腰间，用两手掌拍击。今之腰鼓，框用木制，长形，与长鼓刚好相反，两端小，中腰较粗，双面蒙皮，用于民间鼓舞，奏时用绸带系鼓，缚在舞者腰间，双手各执鼓槌，交替击奏，并伴有舞蹈动作。

花腔鼓，鼓框加彩绘的鼓。宋代范成大《桂海虞衡志》记载："花腔腰鼓，出临桂（广西辖属）职田乡，其土特宜鼓腔，村人专作窑烧之，细画红花纹以为饰。"

"道人劝我清明来，腰鼓百面如春雷。"（宋代苏东坡《惜花诗》）说的是一种细腰鼓。

太平鼓，用铁圈蒙羊皮或驴皮为鼓，形如蒲扇，鼓柄套铁环，长柄，也有呈八角形，鼓面绘有墨画或彩画。击鼓摇环，边舞边唱。

"画鼓拖环锦臂攘，小娥双换舞衣裳。"（张祜《闾员外席上观柘枝》）说明唐代已有"画鼓拖环"的太平鼓。清代王夫之《姜斋文集》中也有杂咏：《赞太平鼓》。

宋代崇宁、大观年间，京城内外街市，有鼓笛拍板演唱，称为"打断"。政和初年，官令禁止，民间乃改称"太平鼓"。明清年代，新春及元宵节，演出于街巷。太平鼓又谓之"腊鼓"。

腊鼓，太平鼓的另一种敲打方式，每年一进农历腊月，就有打着"太平鼓"的小贩串巷唱卖，并兼做加工裱糊旧鼓的生意。所以又谓之腊鼓。击的就是前面说的细腰鼓。

打腊鼓（太平鼓）虽然不需要繁难的技艺，却也有一套程式：打时用左手晃动铁圈作为节拍伴奏，右手用藤条缠布的鼓槌打击。击鼓者站丁字步或八字步，打出"云龙戏水"、"狮子滚绣球"等曲目。

铜鼓，铜制之鼓。《后汉书·马援传》记载："于交趾得骆越铜鼓，乃铸为马式。"宋代范成大《桂海虞衡志·志器》介绍："铜鼓，其制如坐墩而空其下。满鼓皆细花纹，极工致。四角有小蟾蜍，两人舁（抬）行，以手拊（拍）之，声全似鞞鼓。"

铜鼓，是我国南方一些少数民族所使用的重器（宝器、国宝）乐器。由用作炊具的铜釜（锅）发展而成。年代约自春秋中期至清末不等。用铜铸造，大小不一，最大的直径在一百厘米以上，最小的仅十余厘米，重量自数十斤，至数百斤。形体凝重，制作精致。鼓面有浮雕图案，中心为日光形，边缘有蛙、龟、牛、马等主体装饰，鼓身全部有花纹围绕，丰富多彩。

有人附会说，铜鼓乃三国诸葛亮创制，故亦名“诸葛亮鼓”。根据是贵州《三合县志》（今三都水族自治县）说，仲家（布依族）掘得铜鼓，便自刻字“孔明造”。又在贵州兴义征集的一面铜鼓上镌有“万历元年、孔明置造”字样。

我国记载铜鼓的史籍，最早见于《后汉书·马援传》；第一部介绍铜鼓的著作，是清初的《西清古鉴》。从春秋中期起，铜鼓历经了两千余年的漫长岁月。我国是世界上铜鼓实物最多、史料最丰富的国家，仅保存在我国文物机构中的古铜鼓就达一千四百多面，其中以广西收藏最多，有五百多面，被誉为铜鼓之乡。

迄今发现我国最早的铜鼓，出土于云南楚雄万家坝古墓中。

1984 年秋在我国台湾省台南县北门乡南鲲庙发现一面铜鼓，高四十六厘米，鼓面直径六十厘来，全部用铜铸制，呈古铜色。鼓面中心有太阳纹饰，四周环踞着立体青蛙（象征着古代人对大自然的图腾崇拜）。这面铜鼓是我国商周时代铸造，起源于荆楚（湖南湖北），后流入南方及东南沿海，谓之“金鼓”。大约于三百年前，由南鲲庙奉祀的主神“代天巡狩千岁”自大陆带到宝岛台湾。

铜鼓，原系统治权力的象征，或用以号召部众进行战争；或作为祭祀、赏赐、进贡的宝器。明代川南的“都掌蛮”首领阿大，自称“得鼓二、三，便可僭号（超越本分，假用帝王尊号）称王”。据研究表明，铜鼓的鼎盛阶段，是在战国至西汉初，即“西南夷”地区奴隶制繁荣的青铜时代。从云南“滇王”墓地出土的“杀人祭铜鼓”造像中，可窥见当年对铜鼓神化之一斑。

琵　琶

“浔阳江头夜送客，枫叶荻花秋瑟瑟”；“忽闻水上琵琶声，主人忘归客不发”；“千呼万唤始出来，犹抱琵琶半遮面”；“嘈嘈切切错杂弹，大珠小珠落玉盘”。撷取白居易《琵琶行》四句，让读者朋友感受琵琶的别样魅力。

琵琶，本作“批把”，也写作“枇把”，乳名“弦鼗”，别名“鼙婆”、“鞞婆”。

汉代刘熙《释名·释乐器》解说：“枇杷本出于胡中，马上所鼓也。推手前曰批，引手却（退回）曰把，象其鼓时，因以为名也。”

原来是说，琵琶一名本字“批把”，是来自奏演手法形象化的浓缩——推手向前，即向外弹弦谓之“批”；引手后退，向内拨弦谓之“把”。向内向外，推前退后，往复弹拨，谓之“批把”。后人因其字不雅，便将“批把”二字去掉提手旁（扌），冠上双玉头（王王），遂写作“琵琶”。

汉代应劭《风俗通·声音》介绍说：“谨按此近世乐家所作，不知谁也。以手批把，因以为名。长三尺五寸，法（效法）天地人与五行，四弦象四时。”原来古人造琵琶，用心良苦，其长“三尺”的“三”是象征“天、地、人”；又“五寸”的“五”象征“金、木、水、火、土”阴阳“五行”；“四根弦”象征“春夏秋冬”四时运通，往复不穷。

琵琶源出何处？《宋书·乐志》摘引西晋傅玄《琵琶赋》曰：“汉遣乌孙公主嫁昆弥，念其行道思慕，故使工人裁筝、筑，为马上之乐，欲从方俗语，故曰琵琶，取其易传于外国也。”原来是为了公主远嫁边疆而特为其仿效筝筑乐器制作而来，目的是以适应公主骑在远行的马背上怀抱而弹，以排解其长途跋涉的乏闷。

但是，**唐代《初学记》援引三国人杜挚的观点认为，琵琶兴于“嬴秦之末，盖苦长城之役，百姓弦鼗之。”**是说公元前210年，秦修万里长城时，已有琵琶。《辞海》也说，秦时已有长柄皮面圆形音箱的琵琶，名曰“弦鼗”。秦汉以来不断改进，发展为阮咸、秦琴、三弦、月琴等多种形制，其共同特点为圆形直颈，宋代以前统称琵琶。南北朝时又有曲项琵琶传入，类似“乌特”。隋唐年间盛极一时，有龟兹琵琶、五弦、忽雷等多种形制，其共同特点为半梨形曲项（颈），当时亦统称为胡琴。唐宋以来，在两种琵琶基础上不断改进，逐渐形成现今形制：音箱呈半梨形，以桐木板蒙面，琴颈向后弯曲、颈与面板上设“相”、“品”，张四弦，按四、五度关系定弦。演奏方法改原横抱为竖抱，改原用拨子弹奏为手指弹奏，技法日趋丰富，成为独奏、伴奏和合奏的重要民族乐器。四相十三品，后经改革，增至六相二十三品，能奏所有半音。

“梅卿马上弹鼗婆，鹍弦振枨金逻沙。”（元代杨维桢《铁匣逸编》）“鼗婆”，琵琶别名，又作“鞞婆”。《法苑珠林·妖怪》记述：“乃掘昨夜应处，果得老蝎，大如鞞婆。”是说，就是在法师说的那个地方，昨天晚间，果然捉到一只大母蝎子精，有琵琶那么大。

“攀钩落绮障，插捩举琵琶。”（南朝梁简文帝肖纲《玉台新咏·咏内人昼眠》）写的是摘下银钩，放下帏帐，收起拨子，挂上琵琶，拥衾睡觉了。“捩”，作为名词解，专指弹琵琶用的拨子。

隋唐间有一类琵琶，名为“忽雷”。唐代段安节《乐府杂录》记述：“文宗朝有内人郑中丞善胡琴。内库有二琵琶，号大小忽雷。郑尝（曾经）弹小忽雷。”

原始琵琶的雏形叫“弦鼗”，产生于战国之秦。3 世纪时有了四弦十二柱的直项琵琶、阮咸琵琶（就是当代的阮），同时出现了今之常用的曲颈琵琶。

6 世纪 60 年代南北朝周武帝时龟兹（又作鸠兹、屈茨、归兹、屈支、丘兹，在今新疆库车县一带）人苏祇婆善弹琵琶。随突厥皇后进入中国，将其弹琵琶的龟兹乐律“五旦七声”传入中原。五旦即“五均”，相当于黄钟、太簇、姑冼、林钟、南吕；每均有七声，以每一声为主，可构成一种调式，故五旦七声共得三十五调。这一理论体系后来演变而成隋唐燕乐二十八调。

隋唐时，琵琶已成为歌舞中的主要乐器，至此，已废拨子改用手指甲弹，谓之搊琵琶，较为普及且发展到独奏阶段。唐代诗人王维善弹搊琵琶，岐王（唐玄宗之弟李范）曾带他去为公主演奏新曲《郁轮袍》，声调哀切，满座为之恸怆摇荡：“悲秋风之动客兮”。

8 世纪 80 年代，即唐德宗执政年间，出现两位弹琵琶高手——康昆仑、段善本。某年，在求雨盛会中举行演奏比赛，二人分别在长安东西大街楼上。东街听众正在为康演奏的《羽调绿腰》喝彩之时，西街楼上忽然出现一位女子，她怀抱琵琶半遮面地说：“我也弹《绿腰》，移调《飘香》。”说罢，款款调理琴弦，由徐缓入疾驰，发声如雷，精妙如神。康昆仑听罢，自愧不如，下东楼，上西楼，跪倒女子膝下，愿拜为师。但等那女子更衣出见，原来是僧人段善本。这段逸闻，成为琵琶史上佳话一桩。

残唐五代，即 10 世纪中叶，后周有位历史名人叫做冯道，乱世中，曾向十位君主称臣（亦有说出任四姓十君的丞相）。史家评他：“君则兴亡接踵，道则富贵自如”，骂他是个“无廉耻”的政客。但是，他有个独生儿子叫冯吉，却是一个不爱荣华、志趣高雅的音乐家。《中国人名大辞典》记载，冯吉有三绝：“酒酣弹琵琶；弹罢赋诗；诗成起舞。”

《五代史补》记载，冯吉自幼善琵琶，和期望“子承父业”的父亲，发生了尖锐的矛盾。冯道认为：“百工之司，艺而身贱”，说他一个宰相的儿子，不想猎取高官厚禄，而偏要从事乐师这个“下贱职业”，实乃大逆不道。《五代史补》还说，每当来了客人，冯道大摆酒宴待客，却令冯吉立在庭中弹奏琵琶，待到曲终，还让人以“束帛”（古代的一种布匹赠赐品）赏给冯吉，并叫他像街头卖艺人那样，背着赏赐，上殿谢恩。想通过这种办法羞辱儿子，以阻止他再弹琵琶。谁知，冯吉不但“未能悛改”，反而“攻之愈精”，弄得冯道无可奈何。只是因为当时后周皇帝世宗柴荣，爱听冯吉弹的琵琶，“每令弹于御前，深欣善之”，才使冯道不敢对儿子施加重责。

据说，冯吉弹奏的琵琶，“以皮为弦”，声音洪亮，被柴荣称为“绕殿雷”。史说，柴荣是个有作为的皇帝，当时正致力于全国的统一事业。由此推想，他喜欢听冯吉的琵琶，不仅是因其技艺精湛，却是由于琵琶铮铮，能振奋人心，鼓舞斗志。

“阮咸”，原本是一位古人的名字，乃西晋陈留尉氏（今河南）人，竹林七贤之一,三国文学家阮籍的侄子，爷俩并称“大小阮”。阮咸为人性乖豪放，不拘礼法，妙解音律，善弹琵琶。**汉代的四弦琵琶流传到唐代时被改称为“阮咸”，就是因晋代阮咸好弹此器而得名**，从此两种形制不同的琵琶，便以“阮”与“琵琶”分流，成为两种弹拨乐器。《唐书》所说的“旧琵琶”大概指的就是“阮咸”。

唐代李匡乂《资暇集》另有见解，说“阮”，为阮咸所创造：“乐器有似琵琶而圆者，曰‘阮咸’……往中宗（唐中宗李显）朝，元宾客行冲，为太常少卿时有人于古冢（坟）获其铜铸成者献之。元曰：‘此阮仲容（阮咸，字仲容）所造。乃命工人木为之，音韵清朗，颇难为名，权为仲容姓名呼焉。’”

胡　琴

胡琴，又称“第二弦子”，是我国民间喜闻乐见的拉弦乐器的总称。唐代人称其为“嵇琴”。北宋时，它已在我国北方的少数民族奚部民间广为流传，称为“奚琴”。

奚族，原居辽水上游，柳城（辽宁朝阳古城名）西北，汉时为匈奴所破，保乌丸山，因称乌桓，北魏时自号库真奚，隋唐时称奚，晚唐时奚琴进入中原。

北宋进士沈括《梦溪笔谈·乐律》记述，神宗元丰五年，军营中已广泛使用马尾弓拉奏的奚琴。

宋代欧阳修《试院闻奚琴作》提到奚琴；《文献通考》还辟有《乐·奚琴》一章。原是一种“弦索乐器，剖桐木为琴体，二弦，在木杆上系马尾为弓，拉弦发声”。

宋代音乐理论家陈旸1099年编写的《乐书》说：“奚琴，本胡乐也，出于弦鼗，而形亦类焉，奚部所好之乐也。盖其制，两弦间以竹片轧之，至今民间用焉。”原来是说宋代的原始胡琴（奚琴）是用竹片在两弦之间摩擦发声而演奏七音。

根据文字和书中的图形，奚琴同今日的胡琴外形非常相似，只是奏法不同。胡琴在宋代已比较完善。到了元代，宴会上常用胡琴来伴奏，明清两代地方戏剧和曲艺盛行，促进了胡琴的改革，出现了京二胡和梆胡等。

古代泛指一切从域外传入的弦乐器为胡琴，故往往名同而器异。元代杨维桢《铁崖古乐府·张猩猩胡琴引序》记载：“胡琴在南为第二弦子，在北为今名，亦古月琴之遗制也。”这里的“胡琴”指的则是“月琴”；《元史·礼乐志》介绍：“胡琴，制如火不思，卷颈、龙首，二弦，用弓捩（扭转、拨）之，弓之弦以马尾。”此中“胡琴”又为另一种；而唐代段安节《乐府杂录》中说的"文宗朝，有内人郑中丞善胡琴，内库有二琵琶，号大小忽雷，郑尝弹小忽雷"，文中的"郑忠丞善胡琴"则是指善弹琵琶。

越千年来，胡琴在民间流传广泛，得到显著的丰富与发展，由于制作取材的不同，形制弓法的不同，形成了胡琴家族三系。高音系类：京胡、高音二胡、南胡、椰胡、板胡；中音系类：坠胡、中音二胡、四胡、马头琴；低音系类：革胡、大胡、低胡等。又按规格、质地区分，不下百十种，统称胡琴。

高胡，因多以广东人演奏与制作为双优，故又称广东高胡，琴筒用优质红木制成，一端蒙蟒皮或蛇皮，另一端木板雕饰窗花，两弦按五度关系定弦（如5·2等），发音清脆嘹亮，柔和优美，震颤缭绕。

以二胡为主的广东音乐，原是流行于广东各地区的一种丝竹音乐，后渐传至全国各地。广东音乐发源于广东戏曲中的伴奏音乐，以粗弦硬弓、发音响亮的"二弦"为主要乐器，辅以提琴（大板胡）三弦、月琴、笛子，在粤曲伴奏中称"五架头"，又称"硬弓"。约在1920年后，因受江南丝竹乐的影响才改用钢丝二胡为主要乐器，先后出现二胡、扬琴、秦琴的"三件头"和增加洞箫、椰胡的"五件头"，在粤曲伴奏中称"软弓"。传统乐曲有《雨打芭蕉》、《柳摇金》、《小桃红》、《饿马摇铃》等。

提琴，胡琴之一种，又名"大板胡"。据《清朝通典》介绍，以圆木为槽，上冒（蒙）蟒皮，空腹，竹柄贯槽中，柄端刻木为龙首，柄有小环，贯四弦于其中。槽面正平，设柱以承弦，竹片为弓，马尾双弦，夹四弦间而轧（拉、擦）之。

京胡，琴筒竹制，直径约五厘米，一端蒙蛇皮（当代也有改蒙化学纤维织品的）；二根弦，按五度关系定弦。演奏时发音刚劲嘹亮，为京剧的主要伴奏乐器（其他纳以二胡、月琴、三弦、笛子等），故名京胡。唱腔基本属于板胡体，以西皮、二黄为主要腔调。

椰胡，琴筒用半边椰子壳制成，面板为桐木。二弦，按五度或四度关系定弦。发音较二胡低沉浑厚，常用于合奏。

板胡，琴筒多用椰壳或木料制成，面板用桐木，琴杆用乌木或红木。二弦，按五度或四度关系定弦，发音高亢。因其是为梆子戏的主要伴奏乐器，故名又叫"梆胡"。也用于独奏或合奏。梆子戏为北方戏曲，包括秦腔的陕

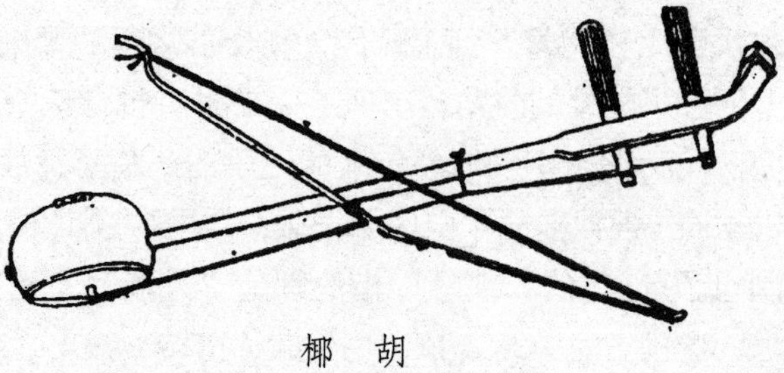

椰　胡

西梆子、豫剧的河南梆子，以及河北梆子、山东梆子等。

坠琴，又名“坠子”、“坠胡”。也属拉弦民间乐器，相传由三弦改制而成。可分蟒皮面和桐木板面两种：前者琴筒形如四胡而短，用铜或木料制成；后者形制如小三弦，常用两条金属弦或丝弦，也有用三条的。按四度关系定弦。可用于各种曲艺、戏曲以及民族器乐合奏与独奏。

二胡，是胡琴的又一品种。胡筒用木或竹制，直径约八九厘米，一端蒙蟒皮或蛇皮，二弦，按五度关系定弦。发音柔和优美。

《清续文献通考·乐》又把二胡叫做“二弦”。书中说：“二弦等于二胡，惟槽之前后均冒（覆盖）皮，出音较沉郁，中音部乐器。”

传统的二胡世世代代都是六方形琴筒，音色圆润悦耳，可就是音量较小。为了改革琴筒，二胡演奏家和制琴老师傅共同反复研究，试制成了一种前八方形、后圆筒形的琴箱，既保持了原来的音色，又加大了音量，且新颖美观。

无锡市西郊惠山天下第二泉旁，伫立一座中国著名民间音乐家，二胡演奏大师阿炳——华彦钧之墓。

阿炳的二胡名曲《二泉映月》，是他失明前在一次月明之夜，带着二胡到惠山二泉亭，触景生情即兴创作出来的。这位个性刚强的阿炳在长夜茫茫的风尘中，还谱成了二胡名曲《听松》、《寒春风曲》；还有琵琶曲《大浪淘沙》、《昭君出塞》、《龙舟》等。

我国胡琴史上另一位大师刘天华，被称为现代作曲家，民间乐器演奏家。刘系江苏江阴人，是文学家刘半农之弟，生于1895年，卒于1932年。生前曾任教于北平大学音乐传习所、北京女子高等师范学校音乐科和北京艺术专门学校。1927年创立“国乐改进社”。在创作和演奏上均有成就。所作二胡曲《良宵》、《光明行》、《空山鸟语》、《病中吟》等十首和琵琶曲《歌舞引》等三首，发展了二胡、琵琶的表现手法。又编有《二胡练习曲》四十七首、《琵琶练习曲》十五首。

四胡，有弦四根：第一、第三两弦与第二、第四两弦同音。弓子用双股马尾，分别纳于一二及三四弦间。演奏时，一、三两弦，二、四两弦同时发声。常用以伴奏大鼓等曲艺。

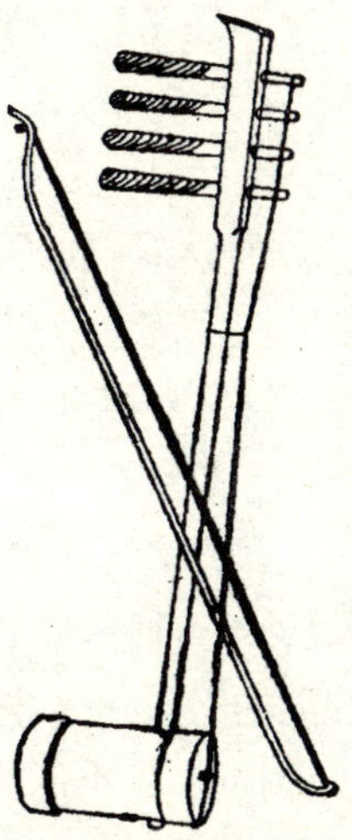
胡　琴

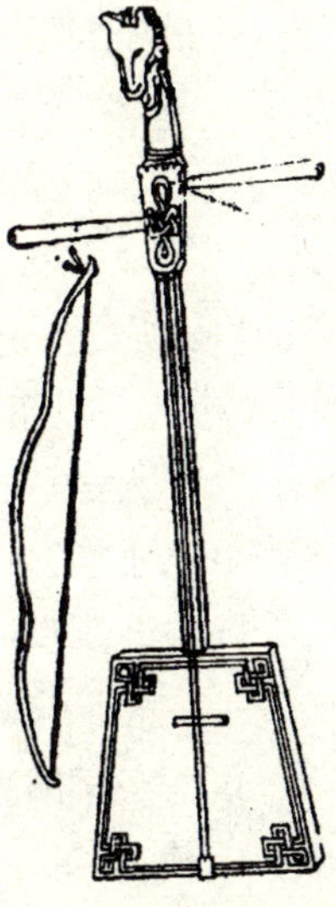
马头琴

马头琴，蒙古族民间拉弦乐器。蒙语称“绰尔”。琴身木制，长约一米，共鸣箱呈梯形，以马皮或羊皮蒙面。用马尾弦两束，按四度关系定弦，以马尾弓纳两弦间拉奏。发音圆润、低回婉转，音量较弱，可奏双音和泛音，是蒙古族最重要的独奏、伴奏、合奏乐器。

为何叫马头琴？传说从前有一个牧人，饲养了一匹红鬃烈马，日行千里，通晓人情。被王爷看中，强行抢去。烈马进王府，终日嘶鸣思主，挣断笼头，逃回牧人家中。王爷盛怒，派人射死烈马。牧人为怀念爱马，便用死马的腿骨为柱，头颅为筒，皮革为面，尾毛为弓弦，制成弦琴，又在琴杆顶端，按照烈马的模样刻了一个马头，因此得名“马头琴”。

革胡，又分四种：小革胡、中革胡、大革胡、低音革胡。系以胡琴为基础，参照小提琴等的发音结构改制而成。琴筒木制，蒙以蟒皮，初为单皮振动式，后经不断改进，定型为双皮谐振式。用杠杆式琴码，张四弦，定音各如小提琴、大提琴等。革胡保留了中国胡琴类乐器的基本音色和造型，发音坚韧洪亮，音域宽广。

击弦乐器有扬琴和古老的筑：

扬琴，又称“蝴蝶琴”、“扇面琴”。原流行于波斯等地，约于明朝年间由西域传入我国广东省沿海一带，后流行全国。音箱木制，形似扁平扇面，张铜丝或钢丝弦八至十档，每档两三根或三四根，用竹制双签（“琴竹”）击奏发音，常用以伴奏琴书类曲艺。后经改革，弦数增至十三到十八档，扩大了音域和音量，有的增设特殊附件，以便转调，或加踏板，以阻止弦音的自然延长。

四川扬琴，流行于四川的川西平原和川东、川南一带。约有二百多年历史。原来多为坐唱，现已发展为主角站唱，配角坐唱。分角色，类似戏曲的清唱，但也穿插第三人称的唱词交代情节。基本曲调有正调（大调）和月调（越调）之分。正调由六板头子、一字、快一字、舵子、二流、三板、大腔组成。月调为曲牌体。伴奏乐器以扬琴为主。

“高渐离击筑，荆轲和而歌。”此乃司马迁《史记·荆轲传》二句。写的是：公元前227年，战国末期，燕国太子丹派遣被尊为上卿的刺客荆轲去刺杀秦王（秦始皇），临行时，太子丹与荆轲好友高渐离等送至易水河边。高渐离击筑，荆轲随筑而唱：“风萧萧兮易水寒，壮士一去兮不回还。”后人以击筑为“变徵之声，士皆涕泣”。

所以北周庾信《思旧铭》写道：“壮士一去，燕南有击筑之悲。”后代文人常用“击筑”一词表示慷慨悲壮，视死如归！

筑，我国所独创的又一古老击弦乐器，起于商周，兴于春秋。清代陈元《格致镜原》记载：“筑，随调应律，唐代编入雅乐。”“雅乐”，是用于郊庙朝会时演奏的正乐。《论语·阳货》记载的“恶郑声之乱雅乐也。”讲的就是孔子在维护正乐，谴责郑国的越轨乐曲，破坏了传统的典雅的正乐。可见，古老的筑，在历史上是何等的受到器重。

《格致镜原》还介绍筑的形制："筑，形如筝，似琴，颈细而肩圆，十三弦，弦下设柱。"其演奏方法是以"左手扼之（按弦的一端），右手执竹尺，以击弦发音"。

古 琴

"呦呦鹿鸣，食野之芩；我有嘉宾，鼓瑟鼓琴。"这是《诗经·鹿鸣》第三节，描述三千年前，周天子宴请诸侯使臣的一个片断。大意是：听那很和顺的声音，是鹿在那里叫呢。招呼同伴，在野地里吃着芦苇。好比我们国王请来诸侯使臣，在一起宴饮听琴。琴上发出的声音，又和顺，又快乐，奏出的万般意境，令人心醉；琴音不仅悦耳，而且还令你怡性怡情。

这"琴"，就是我们称谓的"古琴"。"古"，是一个形容时间概念的俗称，因为今天的琴类很多，为了有所区别，而在年深亘久的"琴"上加个"古"字。名副其实。"琴"是我国最原始的乐器——"匏土革，木石金，丝与竹，乃八音"之一的"丝音"。"丝中传意绪，花里寄春情"。

东汉文学家蔡邕《琴操》说："伏羲作琴。"即世人传说的庖牺"削桐为琴，绳丝为弦"。《礼记》则说："舜作五弦琴。"《左传·昭二十二年》中的"六律七音"，传说是周文王在舜的五弦琴上加了一根文弦，称"六律"（黄钟、太蔟、姑冼、蕤宾、夷则、无射），即《益稷》中说的："六律、五声、八音。"周武王又加一根武弦，谓之"七音"，亦称"七声"："宫、商、角、徵、羽、变宫、变徵。"

琴从五弦，发展到六律七音，就是流传至今的古琴，又名"七弦琴"。

也有传说，古琴来自仙境瑶池，故名"瑶琴"。其实，这是无稽之谈，不足为凭。南朝（宋国）鲍照有《拟古》诗："明镜尘匣中，瑶琴生网罗。"确有"瑶琴"一名，但不是来自"仙境"，而是因为琴上镶嵌碧玉为徽，美玉谓之瑶，故称"有玉饰的琴"为瑶琴。

"君子无故不撤琴瑟"。古琴发展到汉代已是"家弦户诵"。琴的形状已和我们今天的古琴大致相同，基本定型。

琴的形状很别致，琴身为木质音箱，长约一百一十厘米，宽约十七厘米，尾宽约十三厘米。面板用桐木，底板用梓木刳成。开有大小不同的出音孔两个，称做"凤沼"、"龙池"。琴面张弦七根，奏时右手弹弦，左手按弦。有"吟、猱、绰、注"等手法。此外，主要部位有：龙龈、徽、岳山、承露、额、龈托、弦眼、轸池、嗉。

琴面有十三枚用贝壳、水晶、磁、金玉等嵌成的圆星点，叫琴徽，近岳山处为第一徽，近龙龈处为第十三徽，居中者最大，其余次第减小，是为演奏者左手按弦音品的标记。

古时琴徽“盖用螺蚌为之”。也有用珍珠、香玉、晶石。一方面是为着装饰华贵，而更主要的目的，是因为其有特异的作用：古琴的演奏者多爱在夜阑人静时，或于书房案头，或于庭间花丛，或于松间竹下，或于山巅泽畔，沐清风，浴明月，弹琴抒怀。贝壳碧玉为徽，锃亮熠光。由于弹奏时的颤动，徽光明灭，闪闪忽忽，与夜空之星月，交相辉映，琴声益加清幽：“琴清月当户，人寂风入室。”

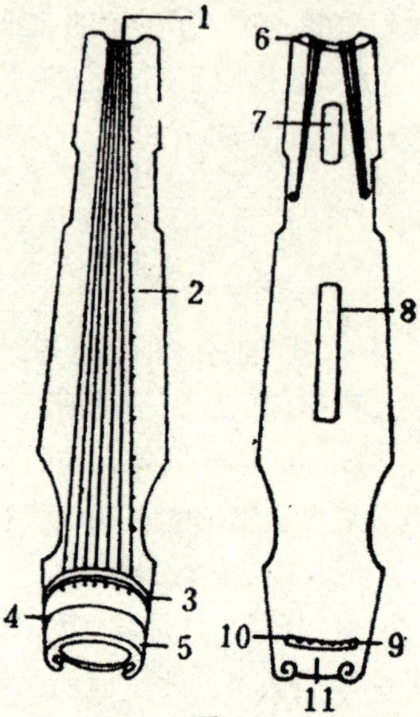

琴

1. 龙龈　2. 徽　3. 岳山
4. 承露　5. 额　6. 龈托
7. 凤沼　8. 龙池　9. 弦眼
10. 轸池　11. 嗦

古琴，别名“焦桐”。“岁晚琴材老，天寒桂叶凋。”这是唐代雍陶《孤桐》诗，是在喟叹，人老桐黄。因为琴大多都是用桐木所剖制，史称正当年的桐树为“琴材”。砍伐后只有躯干的某个部位适用。由于“琴材”难得，这才引出一段乐坛佳话：焦尾琴的故事。

《琴操》一书的作者蔡邕，在江边徜徉，忽听火暴之声铿锵悦耳，知是良木被烧。寻声，果见一渔夫正燃烧一块质量很好的桐木在野炊。聪耳辨音，慧眼识物。蔡邕匆忙抢下，制成一张琴，果有美韵。因琴尾仍有烧焦的火痕，故名之为“焦尾琴”。由爱琴而爱琴材。后人称琴为“焦桐”。胡宿《长卿》：“已托焦桐传密意，更因残札寄忠遗。”

“游丝飘酒帘，瀑布溅琴床。”“琴床”，就是安放琴的器具，装琴的布袋，谓之“琴囊”。宋代欧阳修《文忠集》说：“苏子瞻学士，蜀人也，尝于清井监得西南夷人所卖蛮布弓衣……遂以此布更为琴囊……为余家之宝玩也。”是说用蛮布做琴袋如何之好，已成“宝玩”。看来不是什么布都可做琴囊。后人又把“琴囊”为琴的代称：“驴肩双酒榼，童背一琴囊。”

“宴私移烛饮，游赏藉琴台。”“琴台”，即弹琴之所在。我国琴台有多处。《太平寰宇记·单州》载，在今山东单县，相传是春秋鲁国人宓子贱（孔子的学生，《宓子》一书作者）的弹琴处。又据《嘉庆一统志·邛州直隶州古迹》记述，在今四川成都市有相如琴台，相传是汉代司马相如弹琴处。司马相如是汉武帝颇为器重的文人，以精于辞赋，擅长弹琴而名噪一时。他做了官后，府上筑有专门用来弹奏古琴的亭台。

初唐四杰之一的骆宾王也提到琴台：“寻姝入酒肆，访友上琴台。”这“琴台”在何处？何人所留？也可能是泛指、无实处，也可能指的是武汉市汉阳月湖之畔的古琴台。

汉阳月湖琴台，远非上两处可比，是春秋时代俞伯牙、钟子期弹琴知音的故址。古代白话小说《俞伯牙摔琴谢知音》，便是由此演义而来。

关于知音的传说很多。“知音”，有两重旨意：一是指精通琴之音律。《礼记·乐记》记载：“是故知声而不知音者，禽兽是也；知音而不知乐者，众遮是也”。二是，称知己朋友为“知音”。

俞伯牙是在晋国做官的楚国人，弹琴技巧精绝。一年中秋乘船回国途中，船泊荒郊，伯牙抚琴，一曲毕，听河岸有一樵夫赞叹，伯牙邀其上船叙谈。原来砍柴人本是楚国著名乐师钟仪本家，善听琴中吉凶福祸。俞伯牙遂弹了几段请其品评——

《列子》记述了两人弹琴论曲的情景：“伯牙善鼓琴，钟子期善听。伯牙鼓琴，志在高山，钟子期曰：‘善哉！峨峨兮若泰山。’志在流水，钟子期曰：‘善哉！洋洋兮若江河。’”

《吕氏春秋》也记载，伯牙与子期，以琴会友，结为莫逆之交。钟子期死，俞伯牙痛失知音，将琴摔碎在子期墓前，从此，终身绝琴。有诗为证：

“摔碎瑶琴凤尾寒，子期不在为谁弹？春风满面皆朋友，欲觅知音难上难。”

两千五百年来传诵的艺坛佳话“知音之交”，就是由这两位楚国音乐大师的结谊中来。后来，知音的故事频出。如西汉《子虚赋》作者司马相如与卓文君的相识，就是以琴音结为百年夫妇的。虽然婚后“家徒四壁空，当炉酤酒，仍情谊相和，盟誓不变。是为知音之侣”。

博学有才辨，《胡笳十八拍》的作者蔡文姬，精通音律。传说其父蔡邕（东汉文学家）因上疏朝廷，论时政弊端，遭奸臣暗算。一次蔡邕在弹琴，文姬从其父亲的琴声听到噩耗之音，知其父死难临头。不久，蔡邕果然被王允抓捕，死于狱中。这就是流传民间的“蔡文姬，能辨琴”。

宋元之际学者邓牧，著书立说，大胆揭露封建君主：“以四海之广，足一夫之用；夺人之所好；取人之所争。”主张“废有司，去县令，听天下自为治乱安危”。宋代亡国后，他隐居余杭大涤山，写有文章三十一篇，诗十三首，自感“知音难遇”，故给书取名《伯牙琴》，隐喻亡国之悲痛。

“大声不喧哗而流漫，小声不湮灭而不闻。”形容古琴之音响效果，琴声悠扬，音域宽广，曲调多变，表现力极其丰富。无论是自然界的风、雨、阴、晴，还是人世间的喜、怒、哀、乐，皆可寓于琴音之中。古琴，居古乐队“堂上乐”之首席。

宋代欧阳修在《弹琴效贾岛体》一诗写得好："琴声虽可听，琴意谁能解。"是在说，抚琴，不只是满足于"悦耳"，而是能令人"移情"。琴音的感染力，能使"悲者生乐，乐者生悲"。谓予不信，讲个故事。

战国时代，齐国贵族孟尝君，屡闻雍门周琴艺精绝，能使悲者生乐，能使乐者生悲，心有疑窦，以为别人在胡乱吹捧。一天孟见到雍门周，用试探的口吻问："先生鼓琴，能令文（孟尝君本名田文）悲乎？"雍门周操琴而鼓，"徐动宫徽，拂羽角"（羽角，乃琴音中的羽声，最细而凄清悲凉）。须臾之间，只见孟尝君"泫焉承睫"，继之而"涕泣增哀"，曰："先生鼓琴，令文若破国亡邑之人也！"

汉代王逸《九思·伤时》说："且从容兮自慰，玩琴书兮游戏。"古代的琴与书相伴，读书吟诗抚琴。因我国古诗词，当时都是摇首吟唱，可用古琴伴奏，所以，作诗一定要有平仄音韵。读诗叫"吟诗"、"诗唱"、"诗歌"。更主要的是旧时文士，把弹琴引为风雅之事，是高尚的消遣。

清代进士袁枚《随园诗话》说："人无风趣官多贵，案有琴书家必贫。"其实，首句未必全对，后一句却是言之有中。贫寒之书生，的确是常有一张琴在侧。传统戏剧中的书生秀才，或赴考应试，或游山访友，在长途跋涉中都少不了在家童的书担上挂着一张琴。

古琴古时的另一作用，是书生寒窗苦读，案牍劳神之余，为了缓解精神的紧张，排遣困顿疲乏，常常焚香净手，操琴自娱。所以晋人陶渊明《归去来兮辞》中有："悦亲戚之情话，乐琴书以消忧"之句。

"小榻琴心殿，长缨剑胆舒。"说的是"琴与剑"，为古时文人随身之物。"琴剑事行装，河关出北方"。琴为心，剑为胆，比喻刚柔相济，儒雅任侠，被当时称之为"琴心剑胆"。电影《知音》中就有剑与琴的交织。

还有一种无弦琴。《晋书·陶潜传》中说得戏谑："性不解音，而蓄素琴一张，弦徽不具，每朋酒之会，则抚而和之。"是说，陶渊明本不懂音律，不会弹琴，但也在书房里特意挂上一把琴，琴上无弦无徽，史称"无弦琴"。每次饮酒时，还总是把这张无弦之琴，摩挲摆弄一番，以寄"琴樽"（樽即酒）。醉翁之意不在琴："无叹阻琴樽，相从伊水侧。"

古代文人，三五知己，宾朋相聚，缓拨七弦，静听流水，即或是不会弹琴，也要滥竽充数。所以古时，不会弹琴也备琴在案，作为陪衬，以示风骚。而陶渊明倒不是为了显示雅尚，而是诙谐。就像欧洲中世纪的爵士、贵族，即使不会击剑也要佩剑一样。

唐代张彦远《法书要录》说："辨才博学工文，琴棋书画皆得其妙。"是说弹琴、下棋、写字、绘画，皆为旧时文人雅士所攻习，称之为“琴棋书画”。明代汤式《笔花集·闻嘲》记述：“你歌舞吹弹，我琴棋书画。”

隋代哲学家王通《中说·礼乐》说：“文中子（王通）游汾亭、坐鼓琴。有舟而钓者过，曰：‘美哉琴意！伤而和，怨而静……非太公……即仲尼。’”可见，从周代齐国始祖姜子牙，春秋时代的思想家孔老夫子，西汉辞赋家司马相如，到蜀汉政治家诸葛亮、北宋文学家苏东坡，乃至再造共和的蔡锷，都是文韬武略的鼓琴好手。

其他拨弦乐器

“桂魄初生秋露微，轻罗已薄未更衣。银筝夜夜殷勤弄，心怯空房不忍归。”（唐代王维《秋夜曲》）“桂”，指月中桂树；“魄”，指月轮有影无光之处。写月圆之秋夜，凉意盎然，身着薄纱之宫女，自然感到冷寒。但是，尽管夜已深沉，天气冷凉，她还是孤意弹筝。为何不进屋去睡觉呢？原来是害怕一个人孤守空房，只好以殷勤弄筝之表面热闹，排解心中郁积之凄凉。

筝，拨弦乐器，我国首创。古有弹筝、档筝，久已失传。今之习见者，为“秦筝”，以战国时流行于秦地而得名。筝是谁人发明的呢？

筝

汉代应劭《风俗通·声音》说：“筝，谨案《礼·乐记》，五弦筑身也。今并凉二州，筝形如瑟，不知谁所改作也。或曰秦蒙恬所造。”是说筝，不知是谁由五弦筑改制，或说是由毛笔的创制者秦国大将蒙恬所改造或独创。

“汝不闻秦筝声最苦，五色缠弦十三柱。”（唐代岑参《秦筝歌送外甥萧正归京》）“秦筝”，相传秦人蒙恬改制，故名。南朝谢灵运也以秦筝入诗，《燕歌行》：“对君不乐泪沾缨，辟窗开幌弄秦筝。”

西汉史游《急就篇》注说：“筝，亦小瑟类也，本十二弦，今则十三。”另有一种“轧筝”，十根弦。

“好鸟疑敲磬，风蝉认轧筝。”（唐代杜牧《题张处士山庄一绝》）“轧筝”，流行于唐代，用竹片轧其弦发音。《清通典·乐》说，清代的轧筝改用木杆轧弦十根，小于筝。

唐宋时代教坊中，用筝均十三弦，唯有清代用十二弦，以寸余长的鹿骨爪拨奏。

一般的筝，音箱为木制长方形，面上张弦，每弦用一柱支撑，柱可左右移动以调节音高，按五声音阶定弦。

近代筝为十六弦。现经改革，增至十八弦、二十一弦、二十五弦等，能转十二个调。

箜篌，一作“空侯”，又作“坎侯”，有竖式、卧式两种，是我国所独创的古典拨弦乐器。

汉代刘熙《释名·释乐器》说，箜篌乃为上古人师延所作。《中国人名大辞典》记载：“师延，上古轩辕之世，官司乐。拊一弦琴，则地祇（地神）皆升；吹玉律，则天神俱降。听众国乐声，以審兴亡之兆，至殷纣时，被拘于阴宫，周武王兴师，乃越濮流而逝，或云死于水府。”

《辞源》解释箜篌：“延师所作，为空国之侯所存，故名空侯。”《史记·封禅书》记载：“祷词太一（天神名）后土（地神名），始用乐舞，益召歌儿，作二十万弦及空侯，琴瑟自此起。”

何又谓之“坎侯”？汉代应劭《风俗通》说，汉武帝时令乐人侯调（一作侯晖）依琴作“坎坎之乐”。“坎坎”，是象声词。意思是，公元前120年左右，汉武帝传旨命令一位名叫侯晖的琴师，按照古琴的发音原理，制作出另一种琴。后来因所造之琴能弹奏出有节奏的坎坎之音，又因造琴师姓侯，故名“坎侯”。

《隋书·音乐志》却说，箜篌出西域，西凉（甘肃西部）有卧箜篌，竖箜篌为竖琴前身。后汉时经西域传入中原。

《旧唐书·音乐志》又说，箜篌，依瑟制作，似瑟而小，七弦，用拨弹之，如琵琶。并介绍“竖箜篌，体曲而长，二十有二（三）弦，竖抱于怀，用两手齐奏，俗谓擘箜篌。”又有凤首箜篌，属竖箜篌之一种。

1969年，新疆吐鲁番阿斯塔那，唐墓二百三十号墓出土的绢画舞乐屏风上，画有乐伎竖抱弹拨箜篌，其形似瑟而小，七弦，与上引《旧唐书》所述相符。

晋代崔豹《古今注·音乐》收有一篇汉曲《箜篌引》的由来，又谓之《公无渡河》：“箜篌引，朝鲜津卒霍里子高妻丽玉所作也。子高晨起，刺（撑）船而櫂（长浆、划船），有一白首狂夫，披发提壶，乱流而渡，其妻随呼止之，不及，遂坠河水死。于是援箜篌而鼓之，作《公无渡河》之歌，声甚凄怆。曲终，自投河而死。霍里子高还，以其声语妻丽玉，玉伤之，乃引箜篌而写其声，闻者莫不坠泪饮泣焉。丽玉以其声传邻女丽容，名曰《箜篌引》焉。”

这段文言，大意是说：汉代有一人名叫霍里子高，早晨划船与于河，见一满头白发的醉汉狂夫（也有解释为疯人），披头散发，举着酒壶，在乱流中渡河，其妻在岸上喊他回来，狂夫不听，竟溺水而死。狂夫妻怀念老伴，乃抱箜篌，弹着悲伤的曲调，并自唱，“公无渡河，公竟渡河，公坠而死，将奈公何”，音甚凄切。妇人弹罢唱完，也投河而死。霍里子高回到家中，将这一惨状告诉其妻丽玉，玉为之泣惋，便操起箜篌，按子高描述狂夫之妇所弹所唱录谱成曲，名曰《箜篌引》，留传民间。

“锦瑟无端五十弦，一弦一柱思华年。庄生晓梦迷蝴蝶，望帝春心托杜鹃。”（唐代李商隐《锦瑟》）“锦瑟”，原指装饰华美的瑟。《黄帝书》介绍：因秦帝使素女弹奏五十弦之瑟，声调凄楚悲怆，帝不忍听，便破五十弦为二十五弦。但在这里，诗人有另意，暗指其亡妇死年二十五岁。“弦”、“柱”是系弦用，所以一弦一柱，历历往事，思华年。“华年”又代指其亡妻。第三句借庄子妻死，鼓盆而歌，表达诗人对妻子丝丝缕缕的回忆，又借传说中的蜀代国王望帝杜宇死后化为啼血杜鹃一典，写诗人与妻子死别。

瑟，我国所独创，相传为上古五帝之一的宓羲所作。

《风俗通·声音·瑟》记载：“瑟，宓羲作。八尺一寸，四十五弦。”

也有说，瑟为伏羲之女宓妃（溺死洛水，成为洛神）所作。

旧版《辞源》说：“瑟，古为五十弦，后改为二十五弦，弦各有柱，可上下移动，以定声之清濁高下也。”

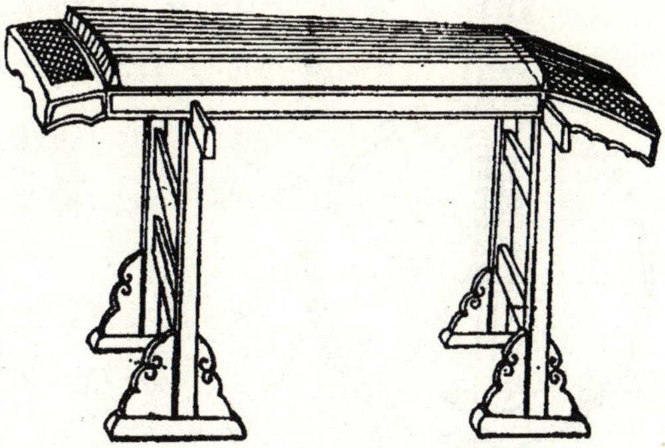

瑟

《楚辞·大招》中记载：“魂乎归徕，定空桑只。”是说你快快回来哟，定意楚国，我们一齐听那雅瑟之音乐。

“空桑”，是一种瑟名。《周官》云：“古者弦空桑而为瑟。”“空桑”乃楚国地名，出产一种善木，是制作瑟琴的好木材。因而将空桑作为瑟名。就是《汉书·郊祀歌》中唱的“空桑琴瑟结信成”。空桑作为一种特制的瑟，古代还专门在“夏至（节气）祀地奏乐，用空桑”。

“清风荡华馆，雅瑟泛瑶席。”（唐代孟郊《汝州陆中丞至同赋十韵》）“雅瑟”，是一种大瑟。晋代郭璞《尔雅·注》介绍：雅瑟，“长八尺一寸，广一尺八寸，二十七弦。”《礼图》也介绍“雅瑟”，长短与《尔雅·注》同，但所异，是二十三弦，常用者十九弦，其余四弦，谓之番。

瑟，至春秋时代较为流行。其形制，似古琴，但无徽位，通常为二十五弦，每弦有一柱。据1973年前后发掘的长沙马王堆一号汉墓出土的实物，可知瑟在当时是按五声音阶定弦的，由低到高，弦的粗细不同。

古时，瑟常与琴或笙合奏。乐曲有《瑟调》，其中载《善哉行》、《陇西行》、《折杨柳行》、《西门行》、《东门行》等三十八种曲，演奏所用乐器有：瑟、笛、节、琴、筝、笙、琵琶七种。

元代熊朋来撰著一部《瑟谱》，六卷。“是书大旨，以为在礼堂上伴唱者，惟瑟而已。自瑟教废，而歌诗者莫为之谱。”

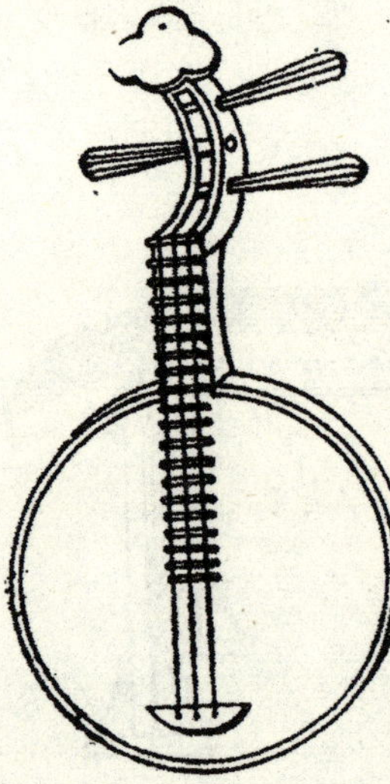
月　琴

月琴，古称阮咸。其形体，据《清通典·月琴》记载：正圆形，后也有改为八角形者。四弦，用拨子弹奏。以其形状如月，发音似琴，而名月琴。共鸣箱木制，圆形扁平，两面蒙以桐木板，形似阮咸，但琴颈较短。颈与面板上设品。原流行者为十品或十二品，张弦四根，分为两组，每组调成同音，按五度关系定弦。现经改革，品位增至二十三或二十四个，张弦三根或四根，不再分组调成同音弦。以拨子弹奏，发音清脆，用于独奏，伴奏和合奏。

三弦，又叫“弦子”。三弦一名始见于明代文献，系由秦代的“弦鼗”发展而来。

《通典·牙》及《文南通考》介绍，三弦，原是由唐代的“云头琵琶”、“龙首琵琶”、“直颈琵琶”演化而来。其形制，长柄、方槽、圆角、上蒙蛇皮，架三根弦，以指弹拨而发声。

近世三弦，常用者筒为木制，两面蒙蟒皮，柄长而无品，张弦三根，按四、五度关系定弦。分大小两种，大三弦原盛行于江南，用以伴奏弹词及丝竹合奏。现三弦已被广泛采用于独奏、伴奏和合奏。早年常用于盲人占卜算卦、艺人说唱西河大鼓等。

约16世纪中叶，中国的三弦传入日本，形成日本的拨弦乐器“三味线”。琴腹蒙猫皮或狗皮，用大拨子弹奏。常用以伴奏戏剧歌曲。

云南省弥勒、宜良、巍山地区彝族还有另一种大三弦，形似胡琴，弹弦发音。全长约一百三十厘米。琴身木制，筒面蒙以羊皮。有三根筋弦，一根弹曲调，两根伴奏，弦下端系很多小铁片，随弦振动发声。演奏时，斜挂肩上，边弹边舞，有时亦用于伴奏。

匏琴，隋唐时期的一种乐器。《新唐书》介绍：唐代我国西南地区，有匏琴，覆以半面葫芦，上加铜瓯，以竹为琴，长三尺多，头部弯曲如拱状，长二寸，以绦（丝线）系腹，穿瓯及匏本。

瓢琴，广西京族同胞所擅弹的一种拨弦乐器，也叫“独弦琴”。琴身桐木制，长形无底，张金属弦一根，一头系于琴尾，另一头穿过喇叭形瓢瓜，扎在插于琴头的小竹柄上。演奏时，左手控制小柄以改变音高，右手用竹片拨奏。音色优美清柔。

“乌特”，是6世纪南北朝时期传入我国的拨弦乐器，其名乃阿拉伯文wd的音译。唐代以前传入我国的“曲项琵琶”和盛行于欧洲文艺复兴时期的“琉特”，均源于乌特。木质结构，琴腹呈扁平半梨形，琴颈上端向后弯曲，颈上设品，面板上有圆形镂花音孔，装弦四五至十余根不等，常调成五六对同音双弦或再加一单弦。用羽管或指甲弹奏。乌特在许多国家均有其变体。

“火不思”，“乌特”的一种，流行于我国西北地区。又称“琥珀词”、“浑不似”、“胡不思”、“吴拨四”、“吴拨思”、“和不斯”、“和必斯”、“胡拨思”、“湖拨四”、“虎拍思”、“虎拨思”、“处拍思”，皆音转之异。《元史·礼乐志》、《清通典》、《续文献通考》均有记载。原出于波斯、阿拉伯。我国始于宋元年间。琴身长约九十厘米，头弯曲而颈长，无品，共鸣箱下半部蒙以蟒皮，张三弦，按四五度关系定弦。奏时，左手按弦，用右手拇指、食指弹拨或五指轮奏之。现流行于新疆柯尔克孜族中的拨弦乐器“考姆兹”（亦作“库木斯”）和云南纳西族的“胡拨”均为火不思的同类乐器。

“独他尔”，维吾尔族拨弦乐器。琴身木制，瓢形，琴杆较长，其上用丝弦缠有十三个品位。张二弦，按四度关系定弦。用手指弹拨，发音柔弱，用于独奏、伴奏或合奏。

“札木聂”，一作“占木聂”。藏族拨弦乐器。形制大小不一，琴身木制，共鸣箱似切开的葫芦状，蛇皮蒙面，琴杆较长，无品，张六弦，相邻两弦各为一组，分三组，按四度关系定弦，奏时斜挂腰间，用拨子弹奏，音色清脆响亮，用于歌舞伴奏或独奏。

“冬不拉”，一作“东不拉”。哈萨克族拨弦乐器。红松木或桦木制成。琴腹呈梨形，分平底和凸底两种，颈细而长，其上缠丝弦以分隔音位，张二弦；用右手弹奏，音量较弱。用以伴奏歌舞。现亦有大小型东不拉组成的乐队，可演奏多声部合奏曲。

“丹不尔”，维吾尔族弹拨乐器，又谓“弹布尔”，源于阿拉伯。琴身木制，瓢形，琴杆修长，缠丝弦以分隔音位。张钢丝弦五根，内二弦及外二弦调成同音，与中弦成五度关系。常用于独奏或伴奏。

“热瓦甫”，一作“拉瓦波”，清代称“喇巴卜”。我国维吾尔族、塔吉克族、乌兹别克族的拨弦乐器。琴身木制，共鸣箱呈半球形，以羊皮、驴皮、马皮或蟒皮蒙面。

琴颈细长，顶部弯曲，指板上缠丝弦为品（现亦有以铜或骨作品者），琴颈与共鸣箱连接处有两弯角。有三弦、五弦、六弦、七弦、八弦、九弦等不同形制。通常以最外一弦奏旋律，其余各弦作为共鸣弦。流行于新疆南部麦盖提一带者称“刀郎热瓦甫”，其共鸣箱较大；塔吉克族所用者琴杆粗短而无品，称“拉布卜”。现今常用者为五弦热瓦甫，定弦为dd—aa—d′，各弦均可奏旋律。用拨子弹奏，发音清脆。为维吾尔族、塔吉克族、乌兹别克族重要的独奏、伴奏和合奏乐器。

在祖国西南边陲的傣族山寨，广泛使用着一种古老的弹弦乐器——玎琴，其由来还有一个美丽的传说：古代的云南瑞丽，有一位英骁善射的傣族统帅邵阿丁，他弹玎的指法高超，能使莽林的大象汇集起来，他曾用铮铮的琴声指挥象群向敌营冲锋，打败了来犯的敌人。

玎，是傣族弹拨的丝弦乐器总称。意为弹拨之琴。主要流行于德宏、孟连两地区的傣家村寨。最初的玎，玲珑小巧，造型和琵琶相似，后来逐渐发展为玎胆和玎列两种。

玎胆，在孟连叫做“森”，琴长五十厘米左右，共鸣箱扁平，面板中部开有“品”字形三个圆形小音孔，指板无品。三根钢弦定音为G、A、D′，低音弦不弹旋律，只奏和弦。演奏时，左手持琴按弦，右手食指缠以削尖的鸡羽管，在音孔处弹拨，音色清脆，唯嫌音量尚小，多用于独奏。

玎列，外观像长柄琵琶，共鸣箱椭圆形，正面平坦，中央开有两个圆形音孔，背面拱起，是用一整块椿木和柚木挖空后，蒙以薄桐木板而成。指板上有竹制音品，使用四条钢弦，每两条同发一音，定弦为C^1、F^1。将琴斜置胸前，左手按弦取音，右手执拨弹弦。玎列有大、中、小三种，多用于民歌伴奏和器乐小合奏，是合奏中的主要乐器。近年来，玎列得到不断改革，增加音品，扩大了音域，并创造有专门的独奏曲。

吹簧乐器

我国第一部诗歌总集《诗经·何人斯》记述：“伯氏吹壎，仲氏吹篪；及尔如贯，谅不我知。”是说，哥哥吹着泥做的埙，弟弟吹着竹做的“篪”，哥俩心里很是亲爱，所以鸣奏的声调也合得上，俩人的情分很深。后人用“埙篪”二字比喻兄弟和睦。

“感平生之游处，若壎篪之相须。”（汉代祢衡《鹦鹉赋》）是说，诗人历来之所在所往，都是十分循规蹈矩，非常得体；比若兄弟，手足相随。“壎”，同埙，“箎”，同篪。

“壎”，是远古人吹奏的乐器。用陶土烧制而成，故又称“陶埙”；也有用石头、兽骨或象牙制成的。有球状和椭圆形等数种形体，音孔一至五六个不等；现代的埙有音孔五个以上。

汉代应劭《风俗通义·埙》、《通典·乐器》介绍，古代的埙，大如鹅蛋，形如秤砣，上尖、下平、中空。顶上一孔为吹口，前面四孔，后面二孔。

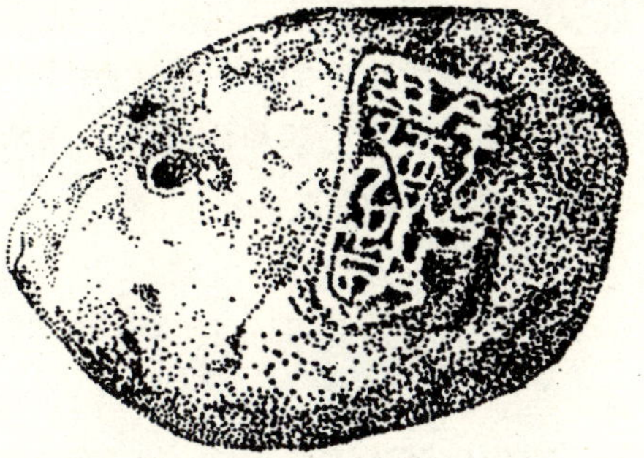

（战国）埙

“篪”，本作“篪”，又同“笹”，古管乐器。用一种篪竹制成，故名。单管横吹，专用于雅乐。即古代帝王祭祀天地、祖先，朝贺、宴享大典所用的舞乐。周代雅乐（六舞），乃儒家奉之为乐舞的最高典范；认为它的音乐“中正和平”，歌词“典雅纯正”。周后历代封建王朝取得政权后，都循例制礼作乐，歌颂本朝的功德。这种乐舞统称雅乐。

《管子·轻重》写道：“吹埙篪之风，凿动金石之音。”可见古代“埙篪”的奏鸣，是何等之铮铮悦耳。而且这两件乐器的搭档，又是多么和谐。

两周时期，乐器与乐理，已趋完善。埙，不独有陶制，还有石埙、骨埙。并且在甲骨文上出现了“和”、“言”乐器。

“和”不但是代指古乐七声音阶中的一个音级变宫，还特指古代两种乐器。一是敲击军乐类鼓，谓之“錞于”；二是古代小笙的一种简称。《尔雅·释乐》记载：“大笙谓这巢，小者谓之和。”

巢，是一种多管的大笙，古谓之“巢笙”。《尔雅注》说：“巢，十九簧。和，十三簧。”即是说，十九管的大笙谓之“巢”；十三管的小笙谓之“和”。而宋代李照制作更大巢笙，二十四声，目的是“以应律吕”。“律吕”即古乐理的统称。

“车旁侧挂一壶酒，凤笙龙管行相催。”（李白《襄阳歌》）“凤笙”，指的是古代传说，鸣笙能引来凤凰，据此制作“凤笙”。汉代应劭《风俗通·笙》转引《世本》解说：“隋作笙，长四寸、十二簧，象凤之身，正月之音也。”

南朝梁武帝肖衍曾为“凤笙”制曲，有“绿耀克碧雕琯笙，朱唇玉指学凤鸣”之句，故名《凤笙曲》。

“倾听凤管宾，眄望钓龙子。”（南朝宋国鲍照《登庐山》）“凤管”，即笙的雅称，用竹管做的凤笙。唐代杜牧《樊川集》也以“凤管”入诗：“云罍心凸知难棒，凤管簧寒不受吹。”“云罍”，比尊大之酒杯，青铜制，因边缘铸饰以云雷之纹彩，故名。唐代诗人杨希更有吟笙之作：“短长插凤翼，洪细摹鸾音。能令楚妃叹，复使荆王吟，切切孤竹管，来应云和琴。”

笙，周代八音中列入匏（葫芦）类乐器。1978 年从湖北曾侯乙墓出土的几支战国初期古笙，就是以葫芦作斗，木质笙嘴，竹制簧片。被专家认为是我国目前发现最早的笙，谓之“匏笙”。

《新唐书·骠国传》记载：“有大匏笙二，皆十六管，左右各八，形如凤翼……又有小匏笙二，制如大笙。”该书《礼乐志》又载《高丽伎》介绍：“又有五弦，义觜（嘴）笛、笙、葫芦笙。”

宋代朱辅《溪蛮丛笑·葫芦笙》撷引潘安仁《笙赋》进一步介绍：“曲沃悬匏，汶阳匏篆，皆笙之材，蛮所吹葫芦笙，亦匏瓠余意，但列管六。”所谓“曲沃”、“汶阳”，皆为春秋时代鲁国、晋国地名，该地特产一种葫芦，是制笙的好材料。

秦汉以来，古老的葫芦笙，在艺人手里，不断被改进，笙斗由匏作改为木制，后又改成铜制，簧片也由竹簧改为铜簧。

笙，一般有十四根或十七根簧管，音调清新刚健，婉转低回。但是音域较窄，音量也略小。

我国的苗、侗、水、彝、仡佬、拉祜等族民间流行一种“芦笙”。分大、中、小等多种类型。均由笙管、笙斗、簧片三部分构成。常用的装有用芦竹制成的笙管六根，外侧开有按音孔，下端装置铜簧，插入一长形木斗葫芦内，每管一音。在每两三根笙管上端，合套竹管作为共鸣管。小芦笙的管长约八九寸，大芦笙的管长可至一二丈不等。低音芦笙类中，有在大竹筒内装一细竹管发音者称为“芦笙筒”。现经改革，笙管数增至二十余根，每管上端均套有用薄铜皮制作的共鸣管，音域可达两个八度又五度。芦笙音色明亮，富有民族特色，民间尤其是苗族常用以伴奏芦笙舞。

匏　笙

古代簧管乐器中还有一种似笙而较大，管数又较多的“竽”，战国前已盛行。宫廷还设有专事管理竽的官员，谓之“竽师”。《同礼·春官》记载：竽师，“掌教吹竽、笙。”

东汉郑玄注引：“竽，三十六簧。”唐代大学博士贾公彦说：“竽，长四尺二寸。”汉代应劭《风俗通·声音》也说：“竽三十六簧也，长四尺二寸。今三十二管。”

1972 年，长沙马王堆一号汉墓出土的随葬器物中有竽，二十二管，分前后两排。

"疏缓节兮安歌，陈竽瑟兮浩倡。"（《楚辞九歌东皇太》）这是屈原在写，肴膳酒筵具备，又击鼓而歌以相和，那一边又陈列二十五弦琴瑟及三十六簧管竽，也应着鼓点，伴着歌舞吹奏起来。

战国末期《韩非子·内储》记载一则脍炙人口的"滥竽"的故事："齐宣王使人吹竽，必三百人。南郭处士请为王吹竽，宣王说之，廪食以数百人。宣王死，湣王立，好一一听之，处士逃。"是说，齐国宣王喜欢听竽，每次都要三百人一齐吹奏。有个根本不会吹竽的南郭先生跑来要求参加吹竽的行列，齐宣王很高兴地收下他，给他很多赏赐。后来宣王死了，他的儿子继承君位，称湣王，却喜欢听每个人单独吹竽，要求每人逐一吹奏，南郭先生只好逃跑了。后来用"滥竽"比喻无其才而居其位的人。

《梁书·与湘东王书》由此而写出："朱丹既定，雌黄有别，使夫怀鼠知惭，滥竽自耻。"今天人们常说的"滥竽充数"，即由此而来。比喻没有本领的人混进来冒充有本领；或比喻以次充好，有时也是自谦之词。

源自我国的吹簧乐器，"巴乌"也是其一。原是云南彝、苗、哈尼等族簧管乐器。管身竹制，有八孔（前七后一），上端装有铜质簧片。奏时横吹上端，使空气振动簧片而发音。音色柔美，音域一般为G—C^2。近来又有加键巴乌。通常用以伴奏舞蹈和说唱，也用于独奏。

唢呐，又名"锁哪"、"琐嗦"、"苏尔奈"、"金口角"是一种由二片簧合成，有固定音高的吹奏乐器。"唢呐"即波斯原名 Surnā 的音译。分唢头、管身、喇叭口。管口铜制，管身木制。原流传于波斯、阿拉伯一带。金元时传入我国，常用者八孔；也有管身正面七孔，背面一孔，左则一孔。发音浑厚响亮，是民间吹打乐中的主要乐器。几经改造，可分"喇叭"、"大吹"、"海笛"、"小青"等类别。

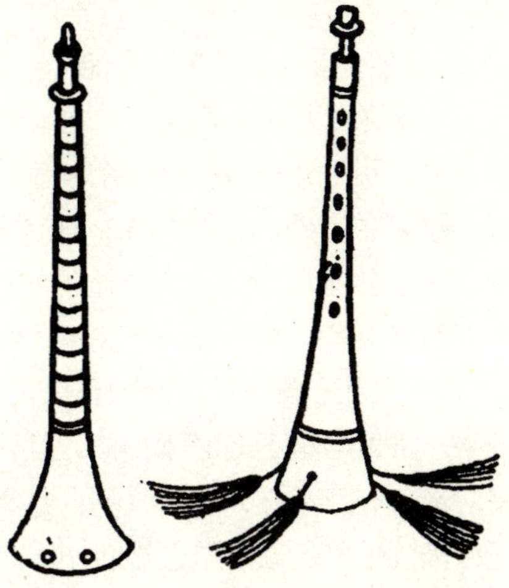
唢　呐　　　金口角

晋代陶侃《北堂书钞·表》记载："伏维武库倾荡，宿卫有阙，简选其差，可奉献金口角一双"，即赠送两只唢呐。或说"金口角"是唢呐的一种，形似喇叭，其两端以铜为口，故名为金口角。

我国对唢呐及其他口部呈碗形向外扩展的铜管器通称为喇叭。而明代戚继光《纪效新书·号令》写道："凡喇叭摆队伍，是要各兵即于行次，每哨一聚。"这里的"喇叭"犹同今之军号，俗称"号筒"。明代方以智《通雅·乐器》介绍，号筒，呈“筒状，管细口大，初用竹、木制成，后用铜制成”。

吹管乐器

排箫，是我国古代一种吹管乐器。由若干根长短不同的竹管编排，分无底和封底两种。无底者称“洞箫”，封底者称“底箫”。由于排箫竹管长短不同，形似凤翼，所以又叫“凤箫”，并拟想以凤凰的鸣声来制定排箫的音律。

古代箫有许多称谓，大排箫称做“言”，小排箫谓之“筊”。周公撰著的《尔雅·释乐》记载：“大箫谓之言，小者谓之筊。”各种排箫的总称谓之“言茭”。大排箫二十三管，小排箫十六管。

为何小箫谓之“筊”？宋代翰林院大学士邢昺回答：“小者声扬而小，故曰筊；筊，小也。”

“箾”，是排箫的又一别称。相传夏代以前乐曲“箫韶”，又叫“箾韶”。《左传·襄二九年》记载：“见舞韶箾者。曰：德至矣哉！”注《疏》说：“箾，即箫也。”《尚书》曰：“箫韶九成，凤凰来仪。此云韶箾，即彼箫韶是也。”看来这“韶箫”的历史已有五千上下年了。

“韶箾”，简称“韶”，相传是舜时的乐名，又谓之“韶乐”。周代贵族在祭祀四望的“六舞”中就有一支由九段组成的“韶乐”。

春秋时吴国的季札在鲁国见到“韶箫”的演出，叹为观止。而鲁国的孔老夫子周游列国来到齐国时，听了用排箫演奏的“韶”，竟被陶醉得忘乎一切，“三月不知肉味”，并称赞这是尽善尽美的乐舞。足见排箫的演奏音色之美，表现力之强，感人至深。

《元史·登歌乐舞》还介绍一种十六管排箫“编竹为之。每架十有六管，阔尺有六分……架以木为之，高尺有二寸，亦号排箫。”无旁出孔，阴阳各八。自左而右列二倍律（律，用三分损益法将一个八度分为十二个不完全相等的半音的一种律制）。十二个音律排列中，奇数各律称律，或谓阳律，六正律；自右而左列二倍吕（十二律排列其中，偶数各律谓之吕，或称阴律），六正吕。用木为椟（箱），中凹而虚以受管。管的下端参差不齐，两旁长，中央短，皆插于格内。

“千里胜形归俎豆，七州和气入箫笙。”（宋代秦观《淮海集·蓬莱阁》）写的是娱乐升平。排箫与笙不但形体相似，且皆以竹管制成。所以晋代戴凯之《竹谱》赞道：“箫笙之选，有声四方，质清气亮，众管莫伉。”是说，箫与笙两相搭档，鸣奏益彰，其他任何簧管乐器所难于与之相匹配。

古代传说，吹箫能引来凤凰，历史上有“凤台”的记载。唐代庐藏用《文苑英华·侍宴安乐公主》诗云："菊浦香随鹦鹉泛，箫楼韵逐凤凰吟。""萧楼"即凤台。

陕西宝鸡县东南有"凤女台"、"凤女祠"。北魏郦道元《水经注·渭水》记载："(雍)又有凤台，凤女祠。秦穆公时有萧史者，善吹箫，能致白鹄孔雀。穆公女弄玉，好之，公为作凤台以居之。"传说一天晚上弄玉及女婿萧史，在凤台吹箫，赤龙紫凤飞舞台前，夫妇二人分别乘龙跨凤而去。秦国人据此修祠于雍宫，名"凤女祠"。

"筝娘乞句留钿带，萧史求书展练裙。"(明代王彦泓《凝雨集·感旧游》)"萧史"，在此做夫婿解。因春秋时善吹箫的萧史，是秦穆公女儿的丈夫，"萧史"一词后人又作"夫婿"的代称。"萧史"又写作"箫史"。

洞箫与底箫的区别还有一标志：可从箫之山口(缺口，用唇贴近其处以吹气)处辨别，有节者为凤凰箫(底箫)，无节者为洞箫。

所谓排箫之"底"，是说，排箫原本皆用蜡蜜封底，别有一种不封底者，谓之"洞箫"。"洞"，"孔穴敞开也"。

《汉书·元帝纪·赞》："元帝多材艺，善史书，鼓琴瑟，吹洞箫。"是说西汉第九主皇帝刘奭，兴趣广泛，琴棋书画，皆为所好，吹得一口无底洞箫。

"望夫君兮未来，吹参差兮谁思。"(屈原《九歌·湘君》)"参差"又写作"篸篕"，即是指一种无底的排箫。是盼湘君归来哟，我正为你吹着洞箫，可知道是多么怀念你哟。

有一种萧叫鼻箫，是一种具有浓郁民族特色的古老乐器，用白竹做成，长约六十厘米，两头顶端各有一个小圆孔，距两端约十厘米处又有两个小圆孔。虽然全箫只有四个孔，却可以吹出七个音阶。为适应鼻孔运气吹奏，箫身很细，直径只有一厘米左右。

这种黎家世代相传的鼻箫，已流行一千多年了。是黎族同胞用来消遣助兴，特别是青年男女倾诉衷怀、逗趣传情、对歌取乐时常用的一种民族乐器。

贵州玉屏盛产一种水竹，用它制作的传统工艺乐器箫笛，闻名遐迩。

玉屏箫笛已有三百多年历史，其中尤以龙凤箫笛著称。它是依据前面讲到的传说，即春秋时秦穆公女婿萧史在一个月光溶溶的阑夜，吹箫引来呈祥的龙凤，夫妻二人分乘赤龙紫凤升天的典故来的。

玉屏箫有雌雄之分：雄箫略粗，雌箫微细。吹奏起来，雄箫脆雌箫绵，皆清音明朗，圆润柔和，音远流长。倘若在夜深人静之时吹奏，声随风飘，一里开外隐约可闻。玉屏箫曾两度荣膺国际手工艺品展览会奖章。与箫相类似的吹管乐器还有笛子。

"羌管一声何处曲，流莺百啭最高枝。"(唐代温庭筠《题柳》)"羌管"即"羌笛"。

“羌笛何须怨杨柳，春风不度玉门关。”（唐代王之涣《凉州词》）“羌笛”，原是我国古代西部民族之一的羌人所创制，长二尺四寸。《说文》载为三孔，《长笛赋》云其四孔。在羌笛之前，我国中原已有横笛，肇始于西汉初年。东汉人应劭《风俗通·笛》记述：笛，“武帝时丘仲所作也。笛者，涤也；所以荡涤邪秽，纳之于雅正也……其后又有羌笛。”

《辞源》解说：丘仲，“汉武帝时人，相传是初造笛子的人”。东汉文学家马融《长笛赋》则持有异议，认为庶士丘仲只是说笛子出于羌中，但没有说他是造笛的人。所以马融《长笛赋》又说：“近世双笛从羌起。”

中原之笛究竟是羌人传来，还是丘仲所创，仅就上述看来，众说纷纭，莫衷一是。但有一点是肯定的，公先前的西汉初年笛子已出现在中原。而且羌笛与中原古笛形制不同，前者大于后者。

《说文解字注》说：“笛，七孔筒也……七孔，长一尺四寸，今大长笛是也。”又说三孔羌笛与七孔长笛不是相沿关系，而别自一种：“羌笛三孔，言此以别于笛七孔也。”这里说的长笛也不是今天流行于管弦乐队的来自德国人改良的长笛。

《辞源》介绍长笛，又谓之“篴”，在汉代初期就已失传，“汉武帝丘仲因羌人之制，截竹为之，本为四孔，其后京房（汉代人）于后加一孔，以备五音，谓之长笛”，就是后汉马融《长笛赋》咏的那种。

“纵调文于雅笛，留神思于和笙。”（唐代李百药《笙赋》）“雅笛”，笛的一种。宋代沈括《梦溪笔谈·乐律》说：“笛有雅笛，有羌笛，其形制所始，旧说皆不同。”遗憾的是没有介绍雅笛的形制，雅在何处。

“城头画角三四声，匣里宝刀昼夜鸣。”（唐代高适《送浑将军出塞》）“画角”，也是一种古吹管乐器。有说创自黄帝，亦有说传自西羌。其形制如竹筒，本细末大，以竹木或皮革制成，后来也有用铜制造者。皆因其外表都加以彩绘，故名画角。古时军营中多用之，以警昏晓，振作士气。《北史·齐安德王延宗传》记载：“周（后周）武帝乃驻马，鸣角收兵。”

画角，又简称为角，或另有一种无彩绘的角，谓之“胡角”。原为竖吹，后渐为横吹。《晋书·乐志》记载：“胡角者本以应胡笳之声，后渐用之横吹。”角之鸣声，“高亢、激越、哀厉”。因此，古代文人多用画角入诗，状写其意境之悲凉或豪壮。南朝梁简文帝《折杨柳》中有“城高短笛发，林空画角悲”；杜甫《送王信州崟北归》又有：“壤歌唯海甸，画角自山楼。”

又有一种号角，叫“号子”、“招军”。是源自我国的一种铜制管乐。分两节，发音极为嘹亮。古时军队用作召集、开拔等信号。民间吹鼓乐中亦有用者。

“南山截竹为觱篥，此乐本自龟兹出。”（唐代李颀《听安万善吹觱篥歌》）“觱篥”，又名“悲巢”、“笳管”。本出龟兹（古西域城名，又作鸠兹、屈茨、归兹、屈支、丘兹，在今新疆库车县一带），后传入中原，以竹为管，以芦为首，状似胡笳，故又称“笳管”。

《南史·阮孝绪传》记载：“外兄王晏显贵，屡至其门，孝绪度之必至颠覆，闻其笳管，穿篱逃匿，不与相见。”“笳管”又谓之“悲篥”。

（北魏）骑马吹号角陶俑

悲篥，又写作“悲栗”，别名“葭管”。以芦为首，竹为管，因吹奏时凄楚悲怆，故名“悲栗”，意思是悲恐至极，令人不寒而栗。后人在“栗”上加“竹”字头，乃成为“篥”。明代徐应秋《玉艺堂谈荟》又写作“悲慄”。

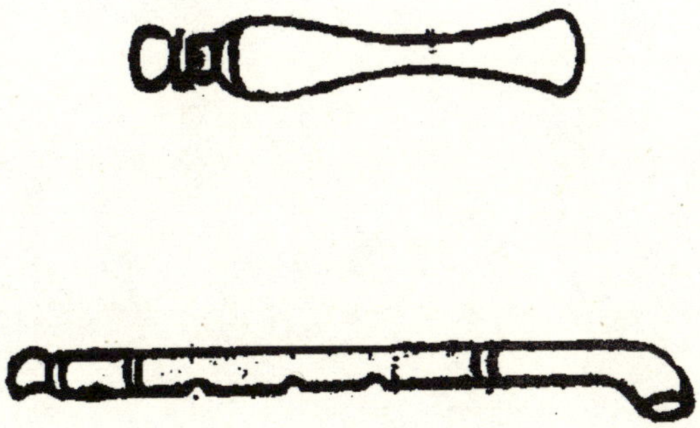

胡　笳

“胡笳动兮边马鸣，孤雁归兮声嘤嘤。”（《后汉书·悲愤诗》）“笳”，汉时流行于西域一带少数民族间。初卷芦叶吹之，与乐器相和，后以竹为之。魏晋以后，以笳笛为年乐，入卤簿（帝王出驾仪仗队）。又称胡笳。

胡笳，传说由汉代张骞从西域传入，其音悲凉。汉武帝时李延年因其曲造新声二十八解，以为武乐（颂扬武德的舞乐）。近代所传的胡笳，为木管三孔，两端施角，末翘而哆（张口），长约二尺四寸。清代奏蒙古乐曲也用此器。

“鸣葭戾朱宫，兰巵献诗哲。”（南朝宋国谢灵运《九日从宋公戏马台集·送孔令》）“葭”同“茄”。是说，吹着胡笳到达华丽的宫殿。

《乐府诗集》录有汉末蔡邕女蔡琰，即蔡文姬作《胡笳十八拍》。一章为一拍。蔡文姬善弹古琴，能为“离鸾别鹤”之操。

蔡文姬《胡笳十八拍》，以诗律骚体，写出她自身的遭遇，为乱军所掳，流入南匈奴，嫁与左贤王；后又被赎归汉，重嫁董祀，以及与一双亲生儿女分别的悲惨生活和矛盾心情。

综上所述皆为无簧管乐。**“管”，既是吹管乐器的统称泛指，又是一种专称特指。**

“石楼月下吹芦管，金谷风前舞柳姿。”（唐代白居易《追欢偶作》）“芦管”，顾名思义，截芦苇制作的吹管乐器，但大多数管乐则为竹管所制。芦管、竹管、木管、铜管，简称做“管”。

管，由来悠久。《诗经·那》已有记载：“鞉鼓渊渊，嘒嘒管声。既和且平，依我磬声。”大意是说：好兴旺啊！这许多祭祀的人啊！在祭祀行礼的时候，架上的大鼓打着，声音又深又远，又吹着清亮的管声。既和顺，又平稳，都和着玉磬的声音高低有序。

管，又谓之“筦”。《诗经·执竞》写道：“钟鼓喤喤，磬筦将将。”意思是，祭祀的时候，作起乐来，打着钟，打着鼓，又打着磬子，吹着管子，声音节奏是很和顺的。

管，又作“籥”、“笒”、“篞”、“篎”。《尔雅·释乐》解释：“大管谓之笒，中者谓之篞，小者谓之篎”。

休闲娱乐

花　卉

“将军战马今何在？野草鲜花满地愁。”无名氏所作元曲《马陵道·楔子》两句，是明代人凭吊公元前 341 年春秋古杀场的马陵之战故地。齐国田忌采用孙膑之计，大破魏军，就在这山花烂漫，卉草芳菲的幽燕马陵（今河北大名县）。

野花闲草，当是今日盆栽园植花卉的原始。其历史自当是在人类出现以前，按其生于地质古生代最末的二迭纪计算，盆植鲜花的历史当有两亿八千五百万年了。

当大片的绿色野草、山花、森林开始延伸时，猿人随同并依赖于野生植物的进化发展而发展着。人类栽培五谷，开拓莽林，依其大脑的聪颖和审美的天性，凭借一双慧眼、两只巧手，从大自然中，选择培养山花野草为盆花园卉。自此，“花卉”便成为人类的财富。

花，古字写作“蘤”、“苍”、“华”。原本是一种被子植物的生殖器官。分为“完全花”，如桃花；“不完全花”，如桑花；“两性花”，如番茄花；“单性花”，如玉米花；“整齐花”或“辐射对称花”，如茄花；“不整齐花”或“两侧对称花”，如益母草花；“不对称花”，如美人蕉；等等。广义的花还应包括裸子植物的孢子叶球。

地球上已知植物约有三十余万种，遍布于自然界。形形色色的供观赏用的花花草草，便是其中之部分，统称谓之“花卉”。

花与卉，古时又称为“芳”。晋代张协《七命》有“临芳洲兮拔灵芝”句，“芳洲”就是花草丛生的小洲岛屿。

“野草芳菲红锦地，游丝撩乱碧罗天。”（唐代刘禹锡《春日书怀》）“芳菲”指花草美盛芬芬。

战国辞赋家宋玉《风赋》："回穴冲陵，萧条众芳"。这里的"众芳"亦泛指花与草。

古人不但以草（五谷）为食，而且以草为衣。《尚书禹贡》记载："岛夷卉服。"是说东方有个岛国，以草编结衣裳。"卉服"又谓之"卉衣"。

"镂体卉衣，凭深阻峭。"（《后汉书》）是说我国西南少数民族，身上刺着各种图案（文身），穿着草衣，依据山高水阔而居。

草，古无此字，本写作"艸"，原出于"屮"。草木之萌芽写作"屮"，象形"屮"，幼芽向下扎根之后谓之木，象形"木"。泛称草为"艸"，即一"丛草（屮）也"。

汉代许慎《说文解字》记述："艸，百芔也"。"芔"，即今之"卉"字。

清代段玉裁《说文注》记载古代还有"茻（卄）"字："茻，众艸也。"按《经传》介绍，"茻"即今之"莽"字。

西汉扬雄《方言》介绍："草，南楚、湘江之间谓之莽。"又指草木深邃的地方。如屈原《楚辞·怀沙》："滔滔孟夏兮，草木莽莽"。"莽莽"，是形容绿草繁茂，无涯无垠。又见杜甫《秦州杂诗》："莽莽万重山，孤城山谷间。"

我国古人还以盆草供佛。宋代黄休复《茅亭客话·范处士》记载："蜀人每中元节（农历七月十五）多用盆盎生五谷，俗谓之盆草，盛以供佛。"

"花事匆匆弹指顷，人家寒食雨晴天。"（元代周权《此山集·晚春》）"花事"，指游春看花等事。古人每年阳春三月，踏青郊野，观红赏绿。已形成传统的时风。

春天到郊野，观赏花卉，谓之"踏青"。出游日期各代不一。秦味芸《月令粹编》引明代冯应京《月令广义》说："蜀俗，正月初八日，踏青游冶。"元代费著《岁华纪丽谱》则说："二月二日踏青节，初郡人游赏，散在四郊。"李淖《秦中岁时纪》又说："上巳（三月初三）赐宴曲江，都人于江头禊饮，践踏青草，谓之踏青履。"唐代以后都以清明节为踏青节。明清小说，每每有丽女游春，捻花郊野之片断。

游春捻花，由来已久；不独人间，还有天上；仙女思凡，持花红尘。《天女散花》的故事就是一例：

《维摩诘经·观众生品》记载："时维摩诘室有一天女，见诸大人闻所说法，便现其身，既以天华（花）散诸菩萨大弟子上；华（花）至诸菩萨即皆坠落，至大弟子便著不坠。"意思是说，与佛教创始人释迦牟尼同时的佛祖之一维摩诘的室内有一神女，见诸佛门菩萨弟子在听维摩诘讲授经法，为了考验这些出家人是否大彻大悟，脱离凡尘。便起身腾空驾云，撒下许多天上之鲜花。当花儿飘至各位菩萨上空时都坠落其身上；而那花荡至大弟子近身处，便停于头上三尺，旋游不落。从花儿的着身与不着身，可以验证：那些菩萨因为与凡俗红尘的孽根未断，所以修道不成，而花着其身；大弟子，一心向佛，世间红尘不染，花儿便不着其身。

所以，花也有可以迷惑人心的意思。还有以花比喻或代指美女的。故“娇花巧笑，眠花宿柳，醉卧花丛……”都属佛门之戒。

那么，佛门为什么还供养香花呢？

《金刚经·持经功德分》说：“在在处处，若有此经……以诸花香，而散其处。”这香花供养是表示虔诚的敬礼。

《北史·王邵传》介绍：“生无量寿国之时，天佛放大光明，以香花妓乐来迎之。”原来，佛门为“香界”、“香国”。佛国以香做楼阁，“处处苑苑皆香，其食香气，周流十方无量世界。”

“六欲诸天来供养，天花乱坠偏虚空。”（《心地观经·序品偈》）。成语“天花乱坠”就源出于此。本意是佛教传说：由于佛祖说法，感动了天神，所以各天神如降雨一般，抛洒许多各色香花，于天空中飘飘扬扬，缤纷乱坠。后来“天花乱坠”一词，变成贬义，比喻说话浮夸耸听，或以甜言蜜语骗人。

由此看来，养花、采花、赏花、供花、散花，其由来可算是天长地久。

花卉通常可分：木本、草本两大类。芸芸世界，奇花异草，千姿万态，四季不败。古人按照百花开放的时序，编成《二十四番花信风》，简称“花信风”、“花信”。

宋代范成大《元夕后连阴》：“谁能腰鼓催花信，快打《凉州》百面雷！”明代杨慎《咏梅九言》：“错恨高楼三弄叫云笛，无奈二十四番花信催。”

何谓二十四番花信风？

梁元帝《纂要》有记载：“一月两番花信，阴阳寒暖，各随其时，但先期一日，有风雨微寒者即是。其花则：鹅儿、木兰、李花、玚花、桤花、桐花、金樱、黄芳、楝花、荷花、槟榔、蔓罗、菱花、木槿、桂花、芦花、兰花、蓼花、桃花、枇杷、梅花、水仙、山茶、瑞香，其名具存。”

“花信风”，即“应花期而来的风”。宋代程大昌《演繁露》另有见解：“三月花开时，风名花信风。”是由小寒到谷雨共八个节气，一百二十日，每五日为一候，计二十四候，每候应一种花信：

小寒节三信：梅花、山茶、水仙；大寒节三信：瑞香、兰花、山矾；立春节三信：迎春、樱桃、望春；雨水节三信：菜花、杏花、李花；惊蛰节三信：桃花、棠棣、蔷薇；春分节三信：海棠、梨花、木兰；清明节三信：桐花、麦花、柳花；谷雨节三信：牡丹、酴醿、楝花。

花开花谢，寒往暑来，周而复始。那么，在嫩绿鹅黄、万紫千红之中，是谁领先报春呢?

明代杨廉《月湖集》回答:“万花敢向雪中出,一树独先天下春。”“一树”,指的是梅。“春为一岁首,梅占百花魁”。

本来,《群芳谱》说:“迎春花为春花之最早者,故名迎春。”那为什么这里说梅占新春第一芳呢?另有解释:“只因(迎春花)香韵输(给梅花)一着,故将魁首让梅花。”“水陆草之花,香而可爱者甚众,梅独先天下而春。”梅,不但开花早,而且花儿香:历代文人写梅香之句俯首可拾:“不经一番寒彻骨,那得梅花扑鼻香”;“疏影横斜水清浅,暗香浮动月黄昏”;“遥知不是雪,为有暗香来”;“零落成泥碾作尘,唯有香如故”。

梅花,是中国之花,是报春之花,被誉为“东风第一枝”。恰如南宋陈亮《五律·梅花》所咏:“疏枝横玉瘦,小萼点珠光。一朵忽先变,百花皆后香。欲传春信息,不怕雪埋藏。”

您看,那梅花,枝干横斜,凛然如铁,花朵素雅,幽香盈盈。古往今来,人们把它和松、竹列为“岁寒三友”;又将它和兰、竹、菊并为“四君子”。

梅花,原生于我国长江流域及西南山区,是我国传统名花之一,四川的汶川、丹巴、会理等高山区,如今仍有野生梅。如“扣瓣大红”等红梅就起源于四川的成都附近。

我国植梅已有三千多年的历史。在商代,梅果作为调味品,与盐同放在餐桌上备用。1957年河南安阳西北发掘距今三千多年的殷代墓葬内,出土的食器铜鼎中就装有梅核。

1972年在长沙出土的西汉轪侯一号、三号墓的陶罐中,也盛放有不少梅的果核,竹简上还有梅、脯梅、元梅等字样。

《诗经》:“摽有梅,其实三兮!求我庶士,迨其今兮!”“山有佳卉,侯子侯梅”等许多咏梅之句,据此,可以说梅花在我国已有三千多年的栽培历史了。

早在商周时期,梅花已作为礼品馈赐亲友。春秋战国时,爱梅之风,颇为兴盛。汉朝初期,已有许多供观赏的梅。《西京杂记》记载:“汉上林苑有侯梅、紫花梅、同心梅、丽友梅等”几十个品种。

南北朝时,扬州、南京都是植梅盛地。如今,在浙江杭州的超山还有八百多年前的宋梅。树龄更长者也出在浙江,天台山有一株隋梅,至今已活过一千三百多年的高龄。

“国色朝酣酒,天香夜染衣。”这“国色”与“天香”都是称誉牡丹花。色泽艳丽,玉笑珠香,华贵绝伦。“惟有牡丹真国色,花开时节动京城。”

《诗疏广要》记述:“牡丹品第一,芍药第二,故,世谓牡丹为花王,芍药为花相。”

宋代韩琦《安阳集·夜合》："直饶妖牡丹，须让花中王。"唐代欧阳修《洛阳牡丹记·花释名》写道："钱思公曰：'人谓牡丹花王，今姚黄真可为王，而魏花乃后也。'"

"姚黄"与"魏紫"是两种名贵的牡丹品种，均出于洛阳。"姚黄"为千叶黄色花，出于姚氏民家；"魏紫"为千叶肉红色花，出于魏仁溥家。姚黄为花王，魏紫为花后，相继开放。"姚黄魏紫开次第，不觉成恨俱零雕。"（欧阳修《绿竹堂独饮》）

唐代白居易居洛阳时写有《牡丹芳》："牡丹芳，牡丹芳，黄金蕊绽红玉房。千片赤英霞烂烂，百枝绛点灯煌煌。照地初开锦绣缎，当风不解兰麝囊。仙人琪树白无色，王母蟠桃小不香。宿霈轻盈泛紫艳，朝阳照耀生红光"；"秾姿贵彩信奇绝，杂卉乱花无比方"。因此，"花开花落二十日，一城之人皆若狂"。

牡丹也是原产我国特产花卉，唐代已有大量栽培，开元年间，盛于长安，是皇宫珍贵的花卉。在骊山辟有牡丹园。

唐明帝李隆基对牡丹颇为喜爱，一次，他在兴庆宫沉香亭前与杨贵妃赏花，命大诗人李白进《清平调》三章，供梨园子弟演唱。李白饮酒后挥笔写下："名花倾国两相欢，长恨君王待笑看。解释春风无限恨，沉香亭北倚阑干。"

"洛阳地脉花最宜，牡丹尤为天下奇。"洛阳牡丹奇中之奇在"焦骨牡丹"。这则奇闻在宋代一些笔记小说，如《异人录》、《清异录》、《闻见录》中都有记载，大意是：

唐代武则天当政年间的腊月某天，天寒地冻。这位女皇酒醉之后，忽然泛起赏花之兴，挥毫写了二十字诏书："明朝游上苑，火速报春知；花须连夜发，莫待晓风催。"百花众仙，慑于武后的权势，全部违背花期而破例开放。唯其牡丹仍然干枝枯叶，迎风挺立。武则天震怒，竟将牡丹发配，从长安贬到洛阳。刚强孤傲的牡丹，一到洛阳，即舒枝展叶，现蕾开花，光彩夺目，姹紫嫣红。女皇闻之，又传旨用火烧死牡丹。想不到，牡丹一经火烧，彤若烟云，染霞蒸天。这就是牡丹名种"焦骨"的由来。

其实，洛阳牡丹早在隋代已是有名。南宋王应麟《玉海》有记载："隋帝……诏天下进花卉，易州进二十箱牡丹，有赪红、鞓红、飞来红、袁家红、酸颜红、云红、天外红、一拂黄……"其中"紫根牡丹"较为名贵。

传说，各色牡丹花都是牡丹仙子亲笔绘成的。她每画出一幅牡丹，就把它的种子撒向洛阳大地，经过日精月华，便开出与画中相同的花朵。当仙子着完第一百种花瓣颜色时，无意中把一滴紫红色彩墨滴到了画稿上的牡丹根部，此后就出现了"紫根牡丹"。传说种种，都给洛阳牡丹增添了一层又一层的神秘色彩。

自唐代始，成都、广州等地每年春季百花盛开时节都举行花卉展销。

《成都古今记》记载："二月花市。"

《广东新语》介绍："花市在广州七门，所卖止素馨，无别花。亦犹雒（洛）阳但称牡丹曰花也。"

"当年走马锦城西，曾为梅花醉如泥；二十里路香不断，青羊宫到浣花溪。"宋代陆游就是如此这般地描述八百年前成都西郊青羊宫花市盛况的。

比之蓉城（成都）稍晚的羊城（广州》花市另有南国风情。"花城无日不花潮，嫩蕊繁芳处处娇，秋菊冬梅仍斗艳，春光又上木棉梢。""花城"，也指广州，因"四时花似锦"得名。

相传，广州迎春花市，创始于明代末年，迄今当有四百多年的历史。在这一刻千金的春宵，选一束合心的鲜花，以预兆新的一年幸福，包含对未来的憧憬。

"小楼一夜听春雨，深巷明朝卖杏花。"唐代就有以种花卖花为业者，史称"花户"。按唐代陆龟蒙《阖闾城北有卖花翁》说的"十亩芳菲为旧业"。一个花户经营十亩花田，规模不可谓不大。

宋代陆游《风俗记》写道："惟花户则多植花以侔利"。可见"花卉"作为商品由来悠久。

"离恨恰如春草，更行更远还生。"古往今来，诗人墨客，重花轻草；赞花的多，颂草的少。难得唐朝诗人白乐天，倒是替百草进了美言，在他的五律《草》中吟道："离离原上草，一岁一枯荣。野火烧不尽，春风吹又生。"

古书中对绿草格外垂青的还有：《诗经·四月》中的"山有佳卉"；《出车》中的"春日迟迟，卉木萋萋"等。"卉"，草的总名。古代还以"芳草佳卉"喻比君子之德行。南汉刘敓《秦州玩芳亭记》说："自诗人比兴，皆以芳草嘉卉为君子美德。"

《离骚》写道："何昔日之芳草兮，今直为此萧艾也。"不独花香，且草也香。李时珍《本草纲目》中的一千八百九十二种草药，乃至 20 世纪 70 年代的《中华大药典》所集五千七百六十七种草药，其中多数是草。草，不但治病，培育为五谷，还充作饲料、肥料、燃料，能造纸，做染料，用为编织，如今还供人们观赏。公园中常用紫藤、木香、凌霄、茑萝等各种蔓草缀成绿色游廊，用以遮蔽阳光，供人休憩。草对人类的奉献不可谓少矣！

《南史·孔珪传》记载："门庭之内，草莱不剪。"一千四百年后，当代科学家们呼吁，庭前院内，路边道旁，所生之草，别再锄掉，而且应在市内垦植草坪，既保护环境，又供人观赏。

"名擅无双气色雄，忍将一死报东风。他年我若修花史，合传琼妃烈女中。"（《山房随笔》）"花史"，即记载花卉之书。养花之著作，当代刊行最多，但在古代却不多见，主要有：

《群芳谱》，明代王象晋撰。作者是山东新城（今桓台县）人。万历进士。平日家居，督率佣仆在田园里栽植谷、蔬、花、果、竹、木、桑麻、药草等，积累实践知识，批阅文献记载和访问咨询，成书于天启元年（1621年），书目是按“天、岁、谷、蔬、果、茶竹、桑麻葛棉、药、木、花、卉、鹤鱼”等十二个谱分类。对每一植物，都详述形态特征。所述栽培方法，则大都采自他书，且典故艺文占的篇幅很多。

《花镜》，清代陈淏子（扶摇）撰，成书于康熙二十七年（1688年）。作者生平爱好栽花，书成时已七十七岁。全书六卷：卷一是栽花月历；卷二是栽培总论；三至五卷是栽花植草各论；卷六附载几种常见的玩赏禽兽鳞虫考。

《广群芳谱》，清代汪灏等受康熙皇帝诏谕，以《群芳谱》为基础，删去与植物栽培无关部分，另从宫中所藏图书上搜集大量材料补充，于康熙四十七年（1708年）改编完成，全书一百卷。

盆　景

“老翁真个是童儿，汲水埋盆作小池；一夜青蛙鸣到晓，恰如方寸钓鱼时。”唐代大文豪韩愈《昌黎先生集》在描述暮年自制盆景，又弄石，又剖木，又剪枝，又注水，那副勃勃兴致如同幼儿在嬉戏。

盆景做成了，别看它大不盈尺。在那方寸之地，几可以假乱真：峡湾的潺潺流水，蝌蚪游来，仿佛听到山峪的那边虫鸣幽谷，原来是“十里蛙声出山泉”。山水数百里，尽在小盆中。

“小中见大，缩垅成寸。”八个字道出了盆景之妙理。您看，那小小的盆盎中，高山耸立，绿水迢迢，虬枝横空，苍古入画，真个是：

一峰则太华千古，五岭莫愁千嶂外；

一勺则江湖万里，九华今在一壶间。

从古至今，盆景被称为“无声的诗，立体的画”。它以盆为纸，以树为笔，以石为砚，以水为墨，通过艺术处理，集中再现大自然的某个场景。它应用“咫尺千里”的国画手法，把诗情画意融合于盆中。欣赏其美妙之处，令人“抒情培气，养心益寿，陶冶灵性，其乐融融”。

古代，凡是上盆的植物，统称为盆景。近代，园艺家们把上盆的植物细分为盆植、盆栽、盆景。

所谓盆植，就是把花草树木种在盆子里。盆栽则不同，它是把精心挑选的树木经过艺术处理，不断加工修剪，严格控制水分、肥料和阳光，让树木花卉按照主人的意旨生长，或苍劲挺拔，或疏影横斜，或亭亭玉立。总之，它比盆植更胜一筹。至于盆景，简直是一种艺术品的创作，或说是“六成天然，四成加工”的妙手绝活——七情六艺巧编排。

盆景，从制作到管理，没有一定的艺来修养和园艺技术，是难以驾驭的。一盆理想的作品，从盆子、盆土、盆座、盆架，到树木花草、亭台楼阁、山石宝塔、架桥摆船等物的挑选，都非常考究。既要考虑各种物件的关系与布局，又要像撰文绘画那样，突出某个主题，体现某种境界。

一盆盆景往往需要很长的制作时间，甚至需要几代人的功力。例如，成都南郊公园的两盆金弹子桩头盆景，已是明代的艺术遗产，蕴涵几尽六百年。

首创于我国的盆景，起源于五六千年前原始社会图腾时代的“清供”。每当人们举行图腾崇拜仪式时，都须采集鲜花，置于瓦器中，陈放于图腾偶像前。后来，演化为每遇节序、祭祀等，多用清香、鲜花、膳食等为供品。如每逢农历新年，人们多选择松、竹、梅，放置于瓶瓯或盆盂中，由随意性逐渐讲究疏密直斜，谓之“岁朝清供”。

宋代林洪还撰有《山家清供》之作。我国传统的“岁朝清供”，之所以选择松、竹、梅、柏、山茶、水仙、万年青、百合花等，是因为这花木都含有“善颂善祷”的寓意。此外，旁边还放一些干果，如北瓜、香橼、佛手、金橘、核桃、红枣、菱角、花生、荸荠等，平衡构图，增加色彩，同时祈祷当年能获得果实累累的丰收。“布其德，兆其谋也”。

清供的演化，在花木粮果之外，又有石头加入。在山水盆景中有一种“石玩”。主要选用形状奇特、姿态剔透、色质俱佳的自然石块，另加点缀，如同天造地设。石玩盆景也是源于“清供”：

蒲松龄《聊斋志异·石清虚》写道：“邢云飞，顺天人，好石。见佳石，不靳重值。偶渔于河，有物挂网，沉而取之，则石径尺，四面玲珑，峰峦叠秀。喜极，如获异珍，雕檀为座，供诸案头。”这块顽石奇就奇在前后有九十二窍，“每值天欲雨，则孔孔生云，遥望如塞新絮”。石孔中有字：“清石天虚供”。即以石头为清供。

由于这些清供，造型美雅，逐渐成为书房、客厅等几案装饰品。作为盆景的形成，有据可凭者至迟不晚于唐代。

1972 年在陕西乾陵出土的唐代李贤的墓甬厢壁上就绘有二侍女手托盆景的一幅壁画。其中一女手捧假山和小树盆景，另一女手托绿树红果盆景。李贤，是唐高宗李治的第六个儿子，迫令自杀于 674 年，谥（追赠）为章怀太子。迄今已有一千三百多年的历史了。这幅壁画是宫廷生活的真实写照。不过唐代的“盆景”还只停留在单调的盆栽阶段。

宋代，盆景较为精进，尤为盛行。现收藏于北京故宫的两幅南宋著名《十八学士图》中的一条大理石案上就有一盆珍松，形态异常精巧。

元代，人称盆景为“些子景”。刘銮《五石瓠·盆景》记载：“盆景，想亦始自平泉、艮岳矣。元人谓之些子景。”何谓“些子”？

唐代贯休《禅月集·苦热寄赤松道者》：“蝉喘雷干冰井融，些子清风有何益。”“些子”就是“一点儿”的意思，也作“些子儿”。是说天气如此之热，有这一点儿风有何用。“些子景”就是小景的意思。湖光山水清风入盆来。

明代文震亨《长物志·室庐山斋》也有盆景的记载。明代以培养松竹为上品，陈设于几案为第一。在盆景中“羼入画理，揉以诗意”。

明代杭州有一位陆叠山，“叠山”二字乃是其号，却不知其名如何称呼。《中国人名大辞典》介绍：“陆叠山……以叠假山为业，堆垛峰峦，拗折涧壑，绝有巧思。时号陆叠山。”

“小树枝头一点红，嫣然六月杂荷风；攒青叶里珊瑚杂，疑是移银金碧丛。”清人玩盆景之风较明代更盛，就连康熙皇帝都自己动手创作，而且还写了这首《咏御制盆景榴花》。

关于盆景的著述，大都出自明清。例如，明代王象晋的《群芳谱》、吴初泰的《盆景》、清代的《广群芳谱》、沈复的《闲情记趣》等。而给盆景下定义的首推清代的刘銮。他在《五石瓠》中解说：“今人以盆盎间树石为玩，长者屈而短之，大者削而约之；或肤寸而结果实，或咫尺而蓄虫鱼，概称盆景。”

清代陆廷灿的《南村随笔》也介绍说：“择花树修剪，高不盈尺，而奇秀苍古，具虬龙百尺之势……栽以佳盎，伴以白石，列之几案……俨然置身于长林深壑之中。”

盆景按其取材和创作过程的不同，主要可分为树木盆景和山水盆景两大类。树木盆景以各种树木为制作材料，经过造型艺术加工，栽种在旱盆里，是自然界树木景象的艺术缩影。其形式不胜枚举，最常见的如曲干式、双干式、丛林式，等等。

山水盆景是将山石进行锯截、雕琢、拼接等技术处理后，布置在盆中。要求布局适当，配置得体，组合自然。对山石的选择要求种类、色彩、纹理相协调。石料主要有两类：一类是质地疏松，易于吸水，能生长苔藓的松质石料，如砂积石、芦管石、浮石、海母石等；另一类是质地坚硬，不易吸水，难以生长苔藓的硬质石料，如斧劈石、英德石、石笋石、树化石等。

“丹庭斜草径，素壁点苔钱”（刘孝威《怨诗》）；“宾阶绿钱满，客位紫苔生”（沈约《冬节》）。“苔钱”、“绿钱”，都是苔藓的别称。《广群芳谱·卉谱》说：“苔，一名绿苔、一名品藻、一名品落、一名泽葵、一名绿钱、一名重钱、一名圆藓、一名垢草。”

曲干式

双干式

丛林式

养山石的人，大都有这样一种感觉：每当瑞雪铺盖大地时，进到屋中看看桌上案边的山石盆景，那长满绿茸茸苔藓的山石葱茏翠绿，顿时令人暖意融融。恰如温庭筠《春州曲》所咏：“韶光染色如娥翠，黄石绿藓水媚容。”

山石上的一抹绿意，予人镇静、幽雅、悦目、赏心。笔耕之余，工作之暇，望一望苍山绿石，该是“聊将画图怡倦眼”的了。

年　画

有鱼有肉不是年，贴上年画才像年。

年画，是辞旧岁迎新年时张贴的画。是中国所特有的一种艺术形式，具有悠久的历史。世界上，从古到今，没有任何一个画种，能像年画这样，赢得如此广泛的人群喜爱。

年画是何时产生？又是怎样出现的呢？

明代朱谋垔《画史会要》记载：“画史于嫘。”就是说，画起源于嫘祖。嫘祖，是我国远古时期西陵氏部落人，迄今已有五千多年。

《吕氏春秋·季冬》记载的“命有司大傩”（古时腊月的一种仪式），《论语》的“乡人傩”，都是说上古时至汉代，每当腊月举行一种仪式，由黄门子弟化装成各种猎人和野兽，轻歌曼舞，追逐嬉戏，弹奏八音，表示出“一国之人皆狂欢”。这种场面，在出土文物和洞穴或城堡的壁画上都有所见，有人认为这就是原始的年画。

东汉蔡邕《独断》记载，我国最早的年画体裁是“门神”。《荆楚岁时记》说：“正月初一，绘二神贴门左右，左神荼、右郁垒，俗谓之门画。”这“神荼”、“郁垒”是何许人物？东汉哲学家王充在《论衡·订鬼》说：“沧海之中，有度朔之山，上有大桃木，蟠屈三千里，其枝间东北曰鬼神，万鬼所出入也。上有二人，一曰神荼，一曰郁垒，专善治鬼。”《独断》和《风俗通》二书中，也都有类似的载述。

民间传说：唐朝大将魏征日斩小白龙后，贞观皇帝李世民夜有所梦，恐惧不安。便令开国大将秦琼和敬德二人，披挂铠甲，彻夜守卫，果然生效，世民病愈。此后，李世民命画师画下秦琼与敬德的全副武装像，左秦琼、右敬德贴在门上。后来流传民间，用木版印刷，每年一换，贴于门，叫做“门神”。

门神也叫门画，年画由此脱颖。初始的年画，画面单调，技法平平。到了宋代才有长足发展，明代逐渐精湛，清朝达到鼎盛，形成了木版年画四大家——天津的杨柳青、山东的潍县、苏州的桃花坞和四川的绵竹。

杨柳青年画，产于水陆交通便利的天津市西南的杨柳青镇。创始于明代崇祯年间，清朝雍正、乾隆至光绪初为鼎盛期。以后因石印术兴起，逐渐衰落。每年农历十一月，年画批发商人，便在画市上，起棚搭铺，来自全国各地的商贩云集杨柳青画市采购，销往各地。

杨柳青年画，构图丰满、笔法匀称、色彩鲜艳、形象俏丽。多取材于旧戏曲、仕女、胖娃娃，寓喜庆吉祥之意。人物的头脸衣饰等重要部位，多以粉、金晕染，别具风格。

仰韶文化半坡类型的绘画

产于山东省潍县的木版年画，起源于清代顺治年间：相传有人从京城带回一对门神彩色绘画，乡民争相复制，由墨粉临摹，发展到刻黑线版敷彩，直至木版套色印刷，潍县年画由此兴起。作坊多设于西杨家埠、仓上等地。题材分吉利画、旧戏曲故事、神话传说等。形式有大贡笺、方贡笺、小横匹、福字灯等。初期风格受杨柳青年画影响，后来自成体系。特点是重用厚色，对比鲜明，线条粗壮，造型夸张，风格淳朴。盛行于清代中叶，清末逐渐衰落。

桃花坞木版年画，产于苏州市桃花坞。始于明代，盛于清朝雍正、乾隆年间。兼用着色和彩色套版，具有木板插图的传统风格。清代中叶的部分作品也受欧洲铜版画影响。画风细致，题材多样，讲求装饰，粗壮中藏纤细。

产于四川省绵竹县的木版年画，创于明末清初，以清代光绪年间为盛期。有“门画”、“斗方”和“画条”等种类。大都以木版印出的轮廓线，再填色、开相而成。造型质朴粗犷，色彩鲜丽，人物突出，清新明快。主要销行于西南、西北各省。

此外，广东佛山及河北武强的年画也小有名气。广东佛山木版年画，始于明代永乐年间，以清代乾隆、嘉庆至抗日战争前为盛，销行于南洋各地。有原画、木印及本印工笔三种，大多是门画，线条刚劲、粗放、简练，用色多大红、橘红、黄、绿等，颇有地方特点。

河北武强年画，也创始于明朝永乐年间。特点是：绘、刻、印紧密结合，“刀工木趣，笔情墨意”浑然一体，富有装饰性。古老的“对狮、对虎、花瓶”是著名的传统产品。

福建的漳州年画，以“黑底粉印”著称。即在黑底纸上用浓丽的颜色和金银粉套印出画面，具有金碧辉煌的艺术效果。

陕西凤翔县南小里木版年画的传世古版中，有一幅《小人图》颇具讽刺意味，八幅画从八个侧面抨击了当时社会中的八种自私行为。

第一幅《见了旋风竟作揖》，“旋风”，鬼的象征。取材于歇后语：“见了旋风作揖——认鬼不认人”，讽刺那种人妖不分，认鬼不认人的丑陋心灵。

第二幅《东吃羊头西吃猪》，讽刺那种丧失信念，没有立场和骨气，到处讨便宜的人。

第三幅《用钱买上皂角树》，讽刺那些要钱不要命，如果给钱什么事他都能干得出来的人。

第四幅《吹胀又捏消》，讽刺那种搬弄是非，挑拨离间的卑劣行为，以及那种信口开河，任意夸大事实的人。

第五幅《扶上杆儿掇梯子》，指扶植别人又半道拆台，也有讽喻“过河拆桥”的意思。

第六幅《爱钱钻钱眼》，蔑视那些爱钱如命、唯钱是从的财迷。

第七幅《得风扬碌碡》，民间有“说风就是雨”之说，形容那种捕风捉影、无限扩大事态的人。

第八幅《白地捏孤角》，“白地”，凭空的意思；“孤角”，方言，撤赃贻害的意思。揭露给青白无辜的人制造莫须有的罪名，栽赃陷害。

传统年画，多为木刻水印，颜色花哨，画面热闹。题材主要有四个方面：一为避邪逐疫；二示发财吉利；三表喜庆丰收；四是人物故事。

“画中要有戏，出口要吉利”是年画的独特之处。如《连年有余》，就是画有莲花朵朵表示连年，鲤鱼表示有余。《喜上眉梢》，画面便是鹊雀落在梅花树梢上。《大吉大利》，画面则少不了引吭高歌的大公鸡，或欢跳的红鳞鲤鱼。还有用鲜桃、仙鹤象征健康长寿；用牡丹、石榴表示富贵繁荣；春牛象征人丁兴旺；西瓜表示日子甜蜜；鸳鸯表示新婚美满；白头翁鸟表示夫妻白头偕老，等等。谐音里的诗情，象征中的画意，无一不具“吉庆”之意。人们要求好的年画：“既有看头，又有讲头”。

还有一类年画：人物豪犷、气宇轩昂，如钟馗、荆轲、秦琼、张飞、包文正等，虽然其画面黑脸虬，但在几千年的民间传说中，他们都是除霸安良的英雄，磊落

年画八幅一套之1

年画八幅一套之2

年画八幅一套之3

年画八幅一套之4

年画八幅一套之5

年画八幅一套之6

年画八幅一套之7

年画八幅一套之8

光明的化身，是人们心目中崇敬的保护安全偶像。

“一元复始、岁序更新。”人们都希望每年有个好的开端。每年“腊月二十五，掸尘又扫土”过后，家家都要把各种规格的年画（屏条、对画、中堂、窗顶、门画、福字画等）贴在窗棂门扉、屋墙四壁、箱笼橱柜、缸瓮灶台、猪圈马棚等处，再缀以五彩挂帖和大红对联，以及各种图案的窗花。处处花团锦簇，似桃红如柳绿，春色逼人。再加上姑娘的花衣，小子的花炮，灯笼供烛，窗明几亮，锣鼓喇叭，组合成一派万象更新的景象，把人们笼罩在“年”的红火气氛中。

彩　灯

在古代，每到腊后春前，便有彩灯上市，几乎家家都要买一只挂到门外窗前，以示迎时应节，图个喜庆吉利。宋代诗人杨万里笔下的“市上人家重时节，典钗卖剑买灯球”，写的就是宁可典卖家私，也要买灯张挂。

正月十五，夜有三绝：观灯、赏月、放烟花。其中以观灯为盛，所以元夜良宵又叫“灯节”。

《辞源》上说：“上元张灯，起自唐代。”但从萧刚《列灯赋》“斜晖交映，侧影澄泮”的记述推论，早在汉代就已有“上元燃灯”的民俗了。宋代洪迈《容斋随笔·上元张灯》也说：“汉家太乙，以昏时祠到明。今人正月望日（十五），夜游观灯，是其遗事”。这段文字说的就是汉武帝在元宵之夜，叠灯如山，备上牲礼，祭祠太乙星。而宋代的正月十五夜游观灯，是汉武帝遗传下来的。

公元前 187 年汉惠帝刘盈死后，吕后篡权，分封吕姓家族为王侯，诸吕控制南北军。忠于刘氏天下的汉初大臣周勃等人在公元前 179 年正月十五，扫除诸吕，拥戴刘恒代王即位，称汉文帝。由于文帝执行“与民休息”政策，博采众家，广布仁政，顺应潮流，减轻税赋和刑狱，使衰败的汉朝得以复苏、振兴。这就是史学家称道的“文景之治”。为了纪念扫除诸吕势力的正月十五，文帝诏令全国，张灯结彩，万民同庆。因此把这天定为灯节，娱乐清平。

也有说“灯节”起于隋末。隋炀帝为了粉饰太平，大业六年正月十五，于洛阳端门外，筑灯台，搭戏棚，通衢两厢沿街商铺，都要结彩张灯。是夜，妆演百戏，歌舞升平；火树银花，热闹非凡。就是《隋书》记载的：“每当正月，万国来朝，留至十五日，于端门外建国门内，绵亘八里，列为戏场，起棚夹路，从昏达旦，光烛天地，百戏之盛，亘古无比，自是每年以为常焉。”

五代后周翰林学士王仁裕《开天遗事·百枝灯树》写有这样一节：“韩国夫人置百

枝灯树，高八十尺，竖之高山，上元夜点之，百里皆见，光明夺月色也。”说的是唐代杨贵妃的一个姊妹被玄宗皇帝封为韩国夫人，她在天宝年间一个正月十五，把各式很大很大的彩灯，悬挂在一座高山峰顶的大树上，入夜，遥远的地方都能看得见。成语“火树银花”即源出于此。

“峭寒增酒价，微雨恼灯期。”**“灯期”，就是元宵节放灯的天数，唐代规定三夜，北宋增至五夜，明清两代最为鼎盛，延长到十夜：从正月初八到十七，“昼为市，夜放灯”，是一年中最为热闹的时候。**

唐代苏味道《观灯》诗：“火树银花合，星桥铁锁开。”这后句是说：战国时水利家李冰，建造一座七星巨桥，名曰“星桥”。每当入夜，桥头封锁，宋代以后每年只有正月十五夜，破例开放，通宵不禁。

花灯，品类万千，造型不一。据《朝野金载》载：唐睿宗二年，在长安福门外，有一挂“灯轮”，高二十丈，外披绮丽锦缎，饰以金银珠王，四周有五万盏袖珍花灯，回环围挂。

唐玄宗年间每至元宵，还筑有张灯用的彩楼，《明皇杂录》记载，彩楼高一百五十尺，楼上缀以什锦华灯，珠光宝气，装有自动八音，“微风一吹，锵然成韵”，分外引人。

《晁氏客话》有这样一段轶事：北宋元丰年间，有个鱼肉百姓的福州太守蔡君谟，为了娱乐升平，肆意玩灯，每到元宵节便下令每家点灯七盏，逼得穷人喊爹叫娘。当时有个叫陈烈的书生，为鸣不平，制灯一盏，长一丈多，上书三十四个大字：“富家一盏灯，太仓一粒粟；贫家一盏灯，父子相对哭。风流太守知不知，犹恨笙歌无妙曲。”城中百姓称快，传为历史佳话。

“只许州官放火，不许百姓点灯”是元宵节的又一件趣闻：宋代有个叫田登的州官，十分专横，不准老百姓说他的官讳“登”字，点“灯”只能叫点“火”。某年元宵节，照例放灯三日，田登四门贴出布告：“本州依例，放火三日”。人们看后笑他为“放火州官”。后来人们形容专横霸道行径所说的“只许州官放火，不许百姓点灯”一句，就是来源于这位“田登太守”。

“飞绕人间不夜城……霜蹄逐电去无声。”这是元代谢宗可写的《咏走马灯》。“走马灯”产生于宋代。这灯为什么会不停地转动呢？这是因为：走马灯的主要部分，就是会旋转的部分，是用半透明薄纸糊成圆筒形纸屏，屏围绘着彩图或写着谜语。圆筒内点着一支蜡烛将圆筒形纸屏装在可以转动的轴上，它的顶端装一个纸做的小风车，灯的底部漏空，以便透气、通风。当蜡烛点亮后，不但起照明作用，同时因其放出热能，使周围的空气遇热膨胀。热气流上升，顶上的风车就被吹得转了起来，从而带动纸屏转动。进入纸屏内的热空气跑掉后，外面的冷空气立刻补充进去。就这样，随着冷热空气的不断流动，使得走马灯不停地旋转。

观赏走马灯，一是看转，二是看画。灯的四周可绘上多幅连环画，如同电影拷贝那样。各画面形成一个故事，如魏延斩龙、李白醉酒；红娘递柬、黛玉葬花；水漫金山，魂断蓝桥；等等。

明代兴起“谜语灯”。将“谜条”分别排开贴在八角宫灯上，猜中者揭去谜条，制谜者再补上新谜。吸引一帮文人雅士，吟哦猜度。“灯谜”一词就是来源于此。由于灯谜难猜，好比老虎难射，故叫“灯虎”，猜谜又叫“打灯虎”。

正月十五猜灯谜，还发生过一起“元宵惨案”：那是明朝洪武年间的一个正月十五夜，太祖皇帝朱元璋乔装市民前去观灯，挤到人群里猜谜活，当他看到一帖“大脚妇人怀抱大西瓜”的画谜时，百思不解。回宫后，他便把这画谜说给皇后马氏。皇后一听，勃然大怒：斥责那制作灯谜的人：“竟敢嘲弄老娘我，那谜底不正是‘怀西妇人好大脚’嘛！”原来这马氏是淮西人，幼年不曾裹脚（明代女人自幼缠足，脚长三寸，谓之金莲）。朱元璋听后，龙颜震怒，当即下令，以“欺君犯上”之罪，将制灯谜那家，满门抄斩。据说还株连邻里、亲友及围观的众人，因为他们未向官衙报告。

“有灯无月不娱人，有月无灯不算春；春到人间人似玉，灯烧月下月如银。”这是明代大画家唐寅的诗作。写的是元夕良宵，皓月当空；诸灯毕具，灯色月华的情景。天上圆月扬辉，地上花灯放彩。难怪古人评说“谁家见灯能闭坐，何处闻灯不看来”。

倘若天公不作美，云遮月暗，雪霰霏霏，盏盏花灯披上一层素纱，再看那灯：笼烟罩雾，风韵绰约，还另有一番朦胧之美呢！

“上元灯火富豪夸，士女声喧竞丽华，谁解无私一片月，也曾随我到贫家。”这是清代周自部的《逛灯诗》。说的是元宵夜不论贫富男女，倾城出动。

灯节，尤为妇女所盼顾。在旧社会，礼教规定，闺女应“大门不出，二门不迈”，唯元宵节这天破禁，可以出门“履践街巷，赏景观灯”，谓之“逛城”。宋代女作家朱淑贞，因误嫁一个粗俗的小市侩，终日郁闷。某正月十五逛城后，填了一首《生查子·元夕》：“去年元宵时，花市灯如昼。月上柳梢头，人约黄昏后。今年元夜时，月与灯依旧。不见去年人，泪湿青衫袖。”看来，灯节还是青年男女私下约会的吉时良辰哩！

词人辛弃疾《青玉寨》中的“众里寻他千百度，蓦然回首，那人却在灯火阑珊处”，也是这种约会。遗憾的是，约期太长了：“牛郎织女会，佳期待一年”。

“吴台今古繁华地，偏爱元宵影灯戏；春前腊后天好晴，已向街头做灯市。”这是范成大的《灯市行》。昼为市，夜放行，苏州的灯市盛况跃然纸上。《津门杂记》说，天津“元旦春节至元宵，城庙内外，擎灯出售者，密如繁星”。

周密《武林旧事》灯品一节中说：“灯品至多，苏福（二州）为冠，新安晚出，精妙绝伦”。在灯海中，无与伦比者，例如：犀珀玳瑁的魫灯；下垂流苏的珠子灯；如演影戏的羊皮灯；百花万眼的罗帛灯。还有一种无骨灯，用灌水冲动灯内设置的机关，灯山上的各种人物景象都能活动自如。深闺巧妞剪纸灯，尤为精妙。更有一种趣灯，以绢撰写诗词，时寓讥笑，描画人物，藏头隐语，旧京诨言，戏弄行人。

凤穿牡丹灯

还有云南的料丝灯、南京的夹纱灯、江苏的麦稭灯、东莞的榴花塔灯、北京的福禄寿灯、供皇宫帝王嫔妃赏玩的鳌山灯……景物奇巧，格调不凡。

秧歌队舞的龙灯，那龙，绿眼紫须，红嘴黄舌，每节一灯，灯距五尺，最长有十五节，七丈五尺长。张牙舞爪，卧沙打滚，摆尾脱皮，“出沧海嬉骊珠”，九曲翻腾。

“更深夜阑，游人归宿”之后，杭州还有一遗风，《武林旧事·元夕》中说：“至夜阑则有持小灯照路拾遗者，谓之扫街。遗钿堕珥往往得之。亦东都遗风也。”由于元宵游人如织，摩肩接踵，在拥挤中必然有丢失珠玉耳环、金钗戒指等物品者。散场后，便有几多人家手提灯笼，沿街寻觅。

烟　花

“灯树千光照，色焰七枝开。”这是隋朝末代皇帝杨广观赏烟花时的即兴诗。说明 7 世纪初叶不唯有了烟花，而且制作工艺还相当精进，业已“色焰七枝”了。

传说烟花起源于寺庙。佛教有一种祈祷仪式，在夜里举行，开始时不点灯火，众僧侣跪在幽暗的佛堂诵经，突然放出紫色烟焰，以示佛祖踏着瑞气祥云降临。

火药未出现前，大约在 3 世纪时，我国就有了火箭的记述：是用松香做发火剂，推动火箭前进。据旧版《辞源》介绍：火箭，“古战守之具。箭端敷松香等引火之物，燃之以射人者”。

《三国志·明帝纪》有关于火箭的记述：“诸葛亮围陈仓，起云梯冲车以临城，郝昭于是以火箭逆射其云梯，梯燃，梯上人皆烧死。”

一经点燃便拔地腾空的“起花”，叫“钻天猴”，举世公认它是现代火箭的鼻祖。早在明朝嘉靖年间，我国就出现了世界第一个试图乘巨型“起花”上天的人。

12至13世纪，我国就发明了利用火药喷射使矢镞前进的火箭。唐代杜佑《通典》有“火箭”的专述。唐代韩愈《昌黎集》中也提到火箭：“峨峨云梯翔，赫赫火箭著。”

黑色火药又叫有烟火药，早在20世纪初我国就制造出用火药推进的“火龙出水”、“神鸭飞箭”，标志着中国国力的鼎盛。火药和火器于1225年以后从我国传入伊斯兰教国家（故阿拉伯文称硝石为“中国雪”），13世纪后期再西传，入欧洲。

显赫一时的中子弹，实际是改装了的小型氢弹。而氢弹是由原子弹引爆的，那原子弹又是由普通炸药所触发。看来，几乎一切火器的起爆都离不开火药。所以说黑色火药是从焰火烟花到步枪大炮乃至火箭飞弹等最好的导火索。

无火药时，边防报警用烽火。《墨子·号令》说：“昼则举烽，夜则举火。”即白天烧狼粪，烟直而聚，风吹不斜：“狼烟堡上霜漫漫，枯叶号风天地干”，“烟柱钻天，从遥远之地便可看见，战御敌”。所以那时把战争又叫“烽火”。有了火药以后，因火药系硝石（硝酸钾）制成，在战场交战中，有烟有火，所以近代又把战火叫“硝烟”，如“炮火连天，硝烟弥漫”。

宋代，我国发明一种“架子烟花”。在燃放时，要吊在两丈多高的木桩或特制的架子上，能随着火花的喷射，急剧变幻，向空中送出摹制的鲜花、龙凤、人物故事及亭台楼阁等物象，在空中构成幅幅画卷。引人入胜，美不胜收。古代傀儡戏中的“药发傀儡”，就是这架子烟花的表演。

南宋周密《武林旧事·元夕》记述：“宫漏既深，始宣放烟火百余架，于是乐声四起，烛影纵横，而驾始还矣。”还介绍了“邸第好事者，如清河张府……闲设戏烟火，花边水际，灯烛灿然。”说的是，庭院燃放烟花的盛况。

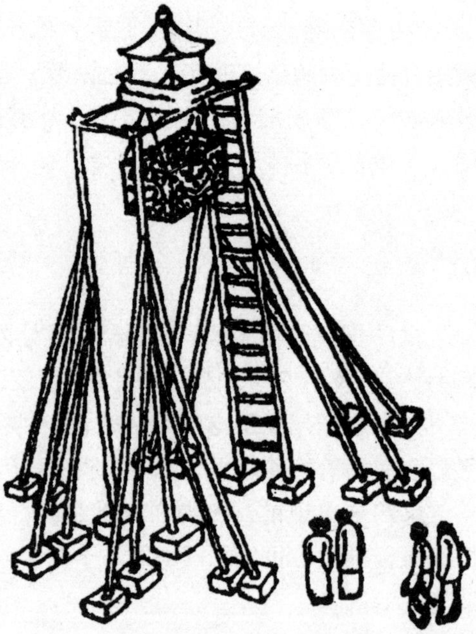

燃放烟花的架子

架子烟花在《红楼梦》五十四回也提到过：“就在院子内安下屏架，将烟火设吊齐备。这烟火俱系各处进贡之物，虽不甚大，却极精致，各色故事俱全，夹着各色的花炮……满天星、九龙入云”，等等。

清朝各代，烟花成为官宦权门之家争奢斗富的玩物。“豪商斗富，宦门争奢”；穷人只不过是“一肩明月，两袖清风”而已。

“烟花”亦作“烟火”，和诗词“烟火”、“烟花”的概念不同。唐代刘禹锡《竹枝词》的“山上层层桃李花，云间烟火是人家”，这“烟火”指的是山村农舍；李白的“故人西辞黄鹤楼，烟花三月下扬州”，这“烟花”指的是春天艳丽的景色。至于宋代词人辛弃疾《眼儿媚》中的“烟花丛里不宜他，绝似好人家”及黄滔的“塞上无烟花，宁思妾颜色”，这“烟花”指的则是歌女艺人，都不是指可燃放的烟火或烟花。

烟花，是烟燃烧药剂所发出的烟与花的总称。烟花的品种，南北各地成百上千累万。以“色泽、光亮、声响、造型”四佳为上。其佼佼者，如“鱼游清水”烟花，点燃后，炮筒飞上数十米高空，随着一声巨响，夜空撒满五彩缤纷的光焰，犹如一群金光闪闪的游鱼在星空中穿梭嬉戏。

“百鸟闹春”玩具烟花，点燃后，爆出几十个彩色光球，跳的跳，飞的飞，似朱雀，如黄鹂，还不时发出小鸟的啾啾啼哨；“满天红”烟花，燃放时，呼的一声，拔地而起，扶摇直上，如钢水四泻，熠熠闪闪，若“拂晓红日，晚霞彤云”，烧灼半壁天。

“梁祝化蝶”是一种地面盒子花，取材梁山伯与祝英台的民间故事。点燃后，伴随着烟雾，闪现出红、绿两只蝴蝶，起舞翩翩，宁“发不同青死同穴，比翼高翔”，蔚为奇观，注目感叹！

“二龙戏球”，一点火，一道闪光，随后爆出一声脆响，隐藏在纸管内的两条“火龙”，立即夺路而出，口中各自衔着一颗炫红彩珠，飘曳遁去。

“天女散花”，一经燃放，折叠在盒中的红、橙、黄、绿、青、蓝、紫七颗彩珠，撒满夜空。“谁持彩练当空舞？疑是霓虹下天来。”

“地舞鲜花”，燃放时，彩色花朵团团转，姹紫嫣红，群芳吐艳，眼花缭乱。

宜于室内燃放的“全家乐”，燃放后，一簇色彩斑斓的花蕊“嘶嘶”喷出，霞光万道，瑞气千条，满屋生辉，把欢乐的人们映得满脸红光。花将燃尽时，骤然响起噼噼啪啪六声脆响，表示“六合同春”。

“老鼠偷葡萄”，燃放后，那“老鼠”带着一身熊熊烈火，惨叫着逃窜的场景，十分逗趣，寓意“邪祟魍魉”一扫光。

还有一种点燃后可闻到香味的“玉兰”烟花，伴随簇簇银白色花朵的绽裂，散发出阵阵幽香，无人不为之称奇。

爆　竹

“桃符送旧岁，爆竹迎新春。”这一古老的传习，在我国由来悠久。据南朝梁人宗懔《荆楚岁时记》介绍：“正月初一……鸡鸣而起，先于庭前爆竹。”《甕牖闲评》也说：“岁旦燎竹于庭。”

爆竹，《通俗编俳优》一书中说：火药未出现以前，“皆以真竹著火爆之”。为什么古代出现这么一种风俗呢？

传说，很久很久以前，有个叫“年”的山怪，每到腊月最末的那天，就从深山老林中出来残害人类。因此，每到腊月除夕，人们便熄灯，全家人抱在一起屏息躲灾。有一次下大雪，“年怪”来到一个因为没有被子盖，正在灶间烧竹取暖的穷孩子家。空心的竹子，遇火受热后，竹筒内气体迅速膨胀而发出噼噼啪啪的爆裂声，吓得“山怪”惊慌逃窜。于是，穷孩子烧竹遇难呈祥的事越传越远，每到腊月三十晚上，家家都烧青竹，发出清脆悦耳爆烈声响。这便是爆竹名字的由来。

自从有了驱“年”的爆竹，人们不再恐惧地躲在屋里，而是半夜美餐一顿，然后走串各家。正月初一人们见面时都为昨夜免遭“年怪”之害而互相道喜，这个习俗后来就变成了拜年，流传至今。后人说的过年，就是躲过了“年怪”这一关。这个叫做“年”的怪物，在一些古籍中称为“山臊”，引为邪恶的象征。唐诗有“爆竹惊山臊”之句。

我国古代四大发明之一的火药问世后，最初并不是用于制造军械火器，而是做爆竹取乐，后来用于开山取石。三国时才开始用于战争。宋真宗年间，在开封设立了我国第一个兵工厂，叫做“广备攻城作”，内分十一目，其中“火药窑子作”则是专门制造黑火药的，这是世界上最先发明和应用的炸药。

火药是武器发射的能源，故在军事上又称为“发射药”。隋末唐初的孙思邈《丹经》载有用硝石、硫黄各二两，加入三个炭化了的皂角“伏火法”制成火药。

宋代按照“一硝二硫三木炭”的配方制成火药，而后用纸卷、麻缠、泥封，点燃引信使其爆响。这种“爆竹”首先出现在宫廷，作为典礼仪仗鸣放，故又叫炮仗。

南宋孟元老《东京梦华录》记述：“驾前呈百戏，每戏毕作霹雳一声”。“凡御前供奉皆曰‘仗’”，故称此为炮仗。宋代施宿《会稽志》还说：“除夕爆竹相闻，亦或以硫黄作爆药，声尤震厉，谓之爆仗。”即是说，“爆竹”与“爆仗”的构造不同，声响也别具。这种宫廷内的仪典逐渐流入民间，成为婚娶寿诞，年节喜庆的必需品。

南宋的灌圃耐得翁《都城纪胜·瓦舍众伎》一书中记述：“杂手艺皆有巧名，踢瓶、弄椀（碗）……放爆仗，火戏儿，水戏儿。”是说，放炮仗，在当时还是新奇的玩意儿，列为杂技。

来鹄《早春》诗中的“新历才将半纸开，小庭犹聚爆竿灰。”这“爆竿”就是爆竹的别称，是因成挂鞭炮，燃放时，都是用长竿挑着放，所以叫“爆竿”。

为什么现在又叫鞭炮呢？鞭炮也同“编炮”，“鞭爆”。旧版《辞源》注释：“编小爆竹成串，燃而放之，则声络绎。俗谓之鞭爆。”鞭炮也是大小爆竹的总称，编辫的为“鞭”，独头的为“炮”；小的叫“鞭”，大的叫“炮”。

湖南浏阳素称鞭炮之乡，有“十户九爆”之誉。早在清康熙四十三年（1704 年），浏阳便出现鞭炮制作作坊，到 19 世纪 70 年代，遂成一个庞大的手工业群，尤以该县的澄潭、大瑶、金刚等集镇最为兴盛，几乎家家户户，男女老少都有几道或全套制作手艺。

河北束鹿王口鞭炮，早在明朝隆庆年间（1568 年）就有专业制作。但发展缓慢，鞭炮的生产种类与数量，都远不及浏阳。

江西方载生产鞭炮，有六百多年历史。1983 年全县有一百多家花炮厂，四万多户城乡人家从事厂外加工。

明清两代，江西萍乡民间制作和燃放花炮之风盛行，作为本地风俗，载入了地方志。近年来，花炮生产大幅度上升。

湖北谷城也素称“花炮之乡”。北宋时期，谷城以制作爆竹为业就有一条街。明代以后，发展更盛，那些从全国各地到武当山紫霄宫、真武殿朝圣的斋公、香客路经此地，竞相购买鞭炮，沿途燃放。

此外，广东佛山、广西南宁等地的鞭炮也都享有盛名。

鞭炮的声响是怎样发出的？让我们解剖一个鞭炮看看：外裹一层或红或绿的彩色纸，这纯粹是为了装饰，里边是层层帛纸，响炮内层用牛皮纸，或缠以专麻丝。内心包的是用硫黄、木炭、白硝混合制成的黑色火药。当鞭炮外露的导火线（捻儿）被点燃后，内里火药随之被引燃，迅速燃烧，产生出热能，霎时间，气体急剧膨胀高达两千多倍……“砰”的一声，气团把鞭炮炸得碎片横飞。

好的鞭炮，以造型新颖，色彩艳丽，声音清脆，性能稳定，燃放安全为要。在百余种鞭炮中大体分为五大属类：

平头，是内销的大宗货，用小鞭平结而成，如“加花”、“顿边”、“红绿边”，有一百、二百、五百、一千、二千包装，多供儿童燃放，既便宜又安全；

寸金：是用小鞭大鞭编结，每隔十个小鞭编楔一个大炮，即民间俗话说的“十响一咕咚”。古时多用于典礼喜庆，如商店开张、结婚仪式、庆功贺喜、竣工剪彩等用；

牛口：也是用大小鞭炮掺杂编结而成，有“两千响”、“三千响”、“五千响”、“一万响”，燃放起来，宛如古战场的大鼓小鼓，“鼓行交斗、震天雷霆”，又好似崩瓦裂石，爆响连天。

雷鸣炮，有的地方叫“麻雷子”：是一种单响独鸣的巨声大炮，按个头大小分为三裁、五裁、七裁、九裁。三裁最大，长有五寸，腰围三寸。点燃后须离开现场，那轰鸣不亚于战场上的一尊小火炮；

双响，北方叫“二提脚”、“二踢脚”；也有大小之分。火药分装两截，点燃下截后发一声，升到空中后上截爆炸、又发一声。近年，鞭炮层出新秀，名目繁多。如与烟花结合的闪光炮、炮打灯、飞天十响、流星花炮、炮打三星、曳光响尾蛇、平地一声雷，等等，不胜枚举。

考究的鞭炮，全部以大红烫金装饰。也有内外全用红纸包裹，燃放后满天遍地一片红，谓之“满堂红”，寓意“红红火火”、“喜庆吉祥”。

还有一种喜庆鞭，内层用各种颜色纸卷成。多为白天燃放，爆响后，被炸得粉碎的纸屑，宛若五色花瓣，漫天飞舞，落英缤纷。尤其是遇有微风吹荡，那五色纸屑的抖动，就像满天飞舞的彩蝶，煞是好看。所以，这种鞭炮还另有一名：“地踏金钱”、“金钱遍地”。这种炮崩得越细碎越叫好，只为取其一个“碎”字，谐音“碎碎（岁岁）平安”、“碎碎（岁岁）有余”。

从前，每年一到腊鼓催年的农历十二月二十三，在一些地区的街头巷尾，就会传出一首欢快的童谣：“糖瓜祭灶，新年来到，姑娘要花衣，小子要鞭炮。”

南宋大诗人陆游也为之赋诗：“老人喜时节，良夕当爆竹。”可见燃放鞭炮不单是儿童年少，连老人也同样喜欢。所以，自古迄今，鞭炮成了欢度春节的必备年货之一。除夕夜半：“爆竹山呼，声闻四野。春雷滚滚，自夜至曙，不绝于耳。”所以舒绍言有诗云：“花爆聒新年，嘉名声声传，晴飞遍地锦，迅落霸王鞭。”绘声绘色，彼情此景，分外为古老的春节生色增辉。

爆竹声中一岁除，春风送暖入屠苏。

玩　具

玩具在我国的历史极为久远，有据可凭的是周朝楚国人老莱子的《戏彩娱亲》。《后汉书·艺文志》、《初学记·孝子传》、《艺文类聚·烈女传》等古籍中都有记载：“老莱子孝养二亲，行年七十，作婴儿自娱，著五彩斒斓衣，尝取浆上堂，跌仆，手摇‘拨浪鼓’，作顽童嬉戏状，逗得双亲捧腹大笑。”可见，周朝已有玩具“拨浪鼓”。

唐代王维《王右丞集》写道：“手持平子赋，目送老莱衣。”“平子”即屈原，“老莱衣”就是彩衣。老莱子手摇一种小鼓、鼓的两旁系有珠坠，来回转动，珠坠便击鼓发出“不浪、不浪”之声，称作“拨浪鼓”，也叫“不浪鼓”，后为货郎所用，又名“惊闺”。

“拨浪鼓”与“风筝”、“陀螺”、“不倒翁”、泥人“阿福”等，都是我国历史上最早的传统玩具。汉代以前就已出现，并作为商品行销于市。

清代进士赵翼《陔馀丛考》卷三十三介绍：“儿童嬉戏有不倒翁，糊纸作醉汉状，虚其中而实其底，虽按捺旋转不倒也。”清代吴伟业《梅村家藏稿》还收有一篇《戏咏不倒翁》。据赵翼考证，唐代已有不倒翁。《唐摭言》已有庐汪所赋的“酒胡子”即是此物。本为劝酒所用。《唐摭言》是五代残唐人王定保所撰，详载唐代遗闻佚事。

为何叫“酒胡子”？《唐摭言》介绍：不倒翁其形，像是一个“胡人”，用来劝酒。在宴席上，为了央客人畅饮，就在桌上旋转不倒翁——酒胡子，转定后，面对着谁，谁就得饮酒。

人们常用不倒翁作为讽刺巧于保持自己地位的人，是作为贬义来解释的，殊不知，“不倒翁”一词原本是个褒义词，而且在公元前的周代已有此物。

春秋年间，楚国的卞和一次游荆州的荆山，采得一块玉璞，外表看来是石，却有美玉包藏其中。卞和两次将这块玉璞呈献给楚王，楚王见是顽石，又听信谗言，便先后剁去了卞和的两足，逐出宫门。卞和叹息而去。楚文王继位后，卞和见无人识玉，怀抱玉璞，哭于荆山之下，楚文王得知后，觉得卞和之哭有因，便招来玉匠开凿这块玉璞。果然，凿开石头，中有美玉，命制成玉璧，名“和氏璧”。楚文王见卞和失去双足仍坚持真见，不禁赞叹道：“真是个扳不倒之翁也！”

20世纪60年代初，在北京故宫博物院保和殿的黄河水库考古展览会上，有一批制作精美的唐代小型瓷质玩具。这些玩具是从一个叫韩干儿的十五岁女孩墓葬中出土的。女孩死于唐宣宗大中六年。随葬玩具中有一乘牛车，白车褐棚，牛旁的御者是个令人喜爱的胖娃。最妙的是在车棚下还露出了乘车者的半副面孔，也是个圆圆的娃娃脸，瞪着一双小圆眼睛向外窥视。此外，随葬玩具中还有小狗、小兔、小羊、猴子、狮子和骑马的小猎人，都很生动有趣。又有一些静物，如小桶、小瓶、小罐等，都不过二寸高矮，颇为玲珑剔透。这些小瓷玩具，造型极为生动，轮廓虽然较为简单，但制作者力求形象简洁，抓住所塑对象的灵性特征，重点突出地采用夸张手法，非常传神。例如，塑造的小娃娃，是圆圆的胖脸上长着一对大眼睛，小鼻、小嘴，显得稚气天真，不由你不爱。动物也往往是头部较大、眼睛显露，然后突出地夸张它的耳、角、嘴部特征，着墨虽不多，但粗中有细，拙中藏巧。这些玩具都是852年前的杰作。

唐代小孩墓葬出土玩具，不止韩干儿一处。例如，在安阳梅园庄，也从一座唐代小孩墓里发现的一组小瓷玩具，有坐在椅上的娃娃和猫、狗、马、羊及小瓶、小桶等，多半是青釉的，也有黑釉和白釉的。河南、陕西等地博物馆，都收藏有类似的玩具作品，题材更为丰富。

河南安阳的北畿地方，发现过专烧小型人、马、犬、盒、罐等小玩具的窑址。另外，河南修武当阳峪窑也生产白釉小玩具、三彩小人。在陕西铜川有名的耀州窑址的发掘中，也有各种动物玩具。我国古代瓷器玩具的出现，既早，又好玩，而且大量生产。是我国古代文化的一个组成部分。

宋代大批出现泥制玩具。陆游《老学庵笔记·卷五》有一段记述："承平（指社会安定）时，鄜州（陕西辖境）田氏作泥孩儿，名天下，态度无穷，虽京师工效之，莫能及。"

泥人，以无锡阿福为代表作。有着多种造型。如阿福放羊、阿福打柴、阿福抱鱼、阿福唱歌……阿福成了勤劳、善良、忠厚、乐于助人、勇于自我牺牲的象征。

阿福，是江苏无锡民间传说中的一个惹人喜爱、经得起折磨的贤良的女孩子，受后母百般虐待，从不记恨，为了搭救后母所生的弟弟而被虎吃掉。乡亲们半夜打着灯笼火把，从半山坡把阿福的碎骨、衣片和染着阿福鲜血的泥土带回村庄。村中有个石匠爷爷，十分疼爱阿福，用村人带回的尸骨、碎衣和血土，精心塑造了一座阿福泥像，还上了颜色。认识阿福的人都说，泥像竟和阿福那孩子生前一模一样，于是家家户户都捏起阿福泥人来。后发展为玩具，销售全国，称誉九州。

明代王季重《游惠锡雨山记》写道："买泥人、买纸鸡、买木虎、买兰陵面具、买小刀戟，以贻儿辈。"可见明代的玩具制造，题材广泛，除泥制品外，纸制、木制、金属制等一应俱全。

书中提及的"兰陵面具"，本是南北朝和隋唐乐舞化妆道具，后发展为玩具。为何叫"兰陵面具"？是源于北齐兰陵王高长恭勇武而貌美，自以为不能使敌人畏惧，常戴面具出战。齐人以此作《兰陵王入阵曲》，模拟他上阵指挥、击刺的姿态。

其实，面具舞，我国汉代前已有之，称做"傩戏"、"端公戏"。还用葫芦瓢等材料制成面具，画出不同的面部形象。舞蹈动作夸张、有力，善于表现鲜明的性格特征。

唐代称假面具为"大面"，崔令钦在《教坊记》中称为"代面"。一般是用纸或木料等制成，其形象有人物、动物及神怪等。既做道具，又是儿童玩具。

元代以后，假面舞在衰退，假面玩具在兴盛。明代王季重所买的"兰陵面具"，是作为玩具“以贻（给）儿辈”玩耍的。

“七巧板”，是我国又一种古老传统的智力游戏玩具，它的构思奇妙，设计科学。用正方形薄板分截七块，剪成大小五块等腰三角形、一块正方形、一块平行四边形，用这七块，能纵横拼排成多种多样的事物图形。曾流传于世界各国。在国外称为“唐图”，意思为“中国的图板”。其“千变万化，以致无穷”，胜过当代欧洲之“魔方”。

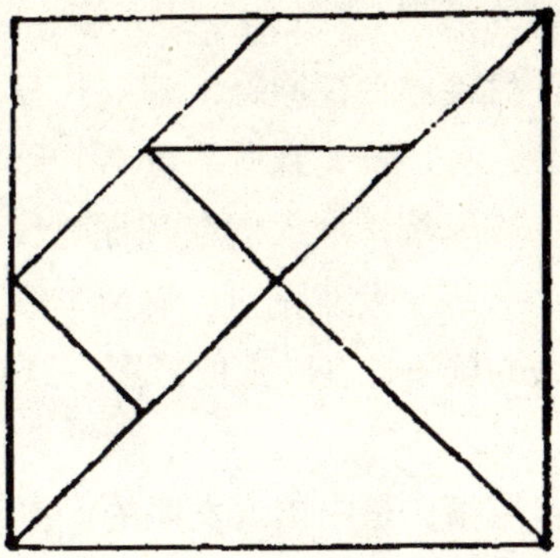

七巧板

明代刘侗《帝京景物略》记载一种玩具“空钟”：“空钟者，刳木中空，旁口，荡以沥青，卓地如仰钟，而柄其上之平，别一绳绕其柄，别一竹尺有孔，度其绳而抵格空钟，绳勒右却，竹勒左却。一勒，空钟轰而疾转……制经寸至八九寸。”

空钟，是一种古老的民间传统玩具。又叫“空筝”、“空竹”，俗称“地龙”、“地黄牛”、“嗡子”。因它外形似葫芦，又能发出浑厚的声音，天津人称做“闷葫芦”。

空竹，制作精巧者，以天津修竹斋生产的“刘海戏金蟾”最为驰名。葫芦轴选用坚硬有韧性的苦梨木或腊杆子，弄弯曲，两头凸，中间凹，以便接受绒绳的抖动。葫芦底选用粗大无裂缝的毛竹，在底头周围粘以苎麻。底头留有空隙，空洞的多少代表响声的大小。空竹不但是玩具，还是杂技场上的道具。

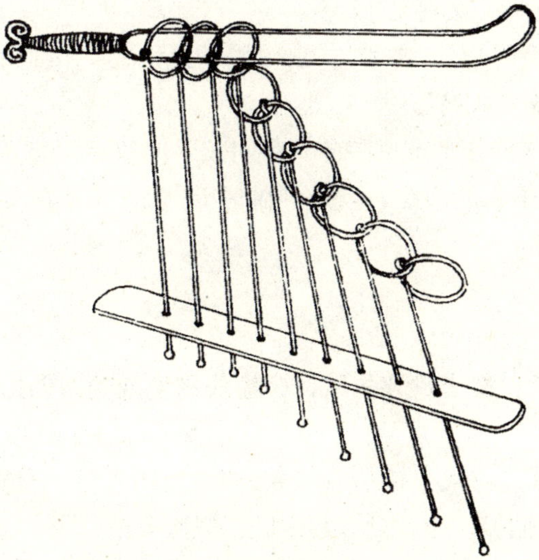

九连环

古老玩具“九连环”，也广泛地流传民间。《红楼梦》中描述：“谁知此时，黛玉不在自己房里，却在宝玉房中，大家解九连环作戏。”九连环，铜制如图。玩法，最熟练者须上下八十一次，才能将联结的九个圆环套入一柱；再经九九八十一次才能将九环全部解下。

风　筝

“有鸟有鸟群纸鸢，因风借势童子牵。”这是唐代元稹《有鸟》诗中，描写儿童放风筝的情景。“纸鸢”即风筝。“有鸟有鸟”是说天空中有许多许多的风筝，多得如群鹰在盘旋。平视原野，遍地儿童，仰望长空，满天风筝。下面写得尤为壮观：“风筝放出万人看，千丈麻绳系竹竿。天下太平新样巧，一行飞上碧云端”。

放风筝，是人们在孩提时代乐不可支的美事一桩，也是一种饶有风趣的户外体育活动。每年大寒刚过，春风乍吹之时，便可见到几多性急的孩子们，手里拿着风筝和绕线的桄子，在旷广的郊野，跃跃欲试放将起来。

风筝，是中国人发明的。在历史演变过程中还有许多称谓：“木鸢”、“木鹊”、“木雄”、“木鸡”、“绢鸢”、“纸鸢”、“鹞子”……而“风筝”一词出现较晚。

风筝是聪明的炎黄子孙最早利用仿生学（模拟苍鹰翱翔）的杰作之一。传到海外后，外国人受到风筝升高盘旋的启迪，发明了航天飞行器。

在美国华盛顿航空和空间博物馆的飞行器馆里，立着一块字牌，上面写着：“最早的飞行器是中国的风筝和火箭。”德国人曾叫风筝为“飞龙”，法国人则把风筝叫做“飞唐”。因为“龙”和“唐”，在外国人的心目中，都是中国的象征或代指。英国学者李约瑟把风筝列入中华民族向欧洲传播的重大科学发明之一。

风筝，因为最初是用木材制成，能在空中飞行，故称木鸢。《墨子》称做“木雝”；《抱朴子·释滞》谓之“木雄”；《应嘲》写做“木鸡”。

鸢俗称“老鹰”。它在空中准备捕捉林中的雀鸟或庭院的鸡鸭时，平伸双翅，静悬空中，谓之“盘旋”或“滑翔”。借用《庄子》的说法，就是“御风而飞”。风筝在英语中叫做 kiteflying，恰是汉语“鸢”的意思。

木鸢是何时何人发明的呢？

传说：墨子与公输般二人各自创制木鸢，墨子放飞失败，公输般制作成功。创始人应为公输般。

公输般是谁？《中国人名大辞典》记载，古代公输般有二人，“均为巧人”：一是春秋时鲁人，又名鲁班；二是“六国时有公输般，为木鸢以窥宋城，似两人”。

其实，木鸢的创始人，不是春秋时的木匠祖师公输般（鲁班），而是六国（战国）时的巧匠公输般。

唐代段成式《酉阳杂俎》有这样一段辨文：“今人每睹栋宇巧丽，必强谓鲁般（班）

奇工也。至两都寺中，亦往往托为鲁般所造，其不稽（考）古如此。”

《朝野佥载》云：“鲁般者，肃州燉煌人，莫详年代，巧侔（谋）造化。于凉州造浮图（修建佛塔），作木鸢，每击楔（柱）三下，乘之以归。无何（不久），其妻有妊，父母诘（询问）之，妻具说其故。父后伺得鸢，击楔十余下，乘之遂至吴会。吴人以为妖，遂杀之。般又为木鸢乘之，遂获父尸。怨吴人杀其父，于肃州城南作一木仙人，举手指东南，吴地大旱三年。卜曰：‘般所为也。’赍（赍，奉送）物具千数谢之，般为断一手，其日吴中大雨。国初，土人尚祈祷其木仙。六国时，公输般亦为木鸢，以窥宋城。”

自唐代开始，木鸢发展为绢鸢、纸鸢，首先成为宫廷和豪富之家纨绔子弟的玩物。

纸鸢，就是纸张被发明后，仿照木鸢的形体，用竹梃扎为骨架，以纸糊之。而那般富庶人家，则糊薄细的丝绢，又谓之“绢鸢”。

为何又叫“鹞子”？明代郎英《七修类稿》卷二十二中是这样说的：“俗称鹞子者，以鹞飞不甚高而翅挺直也。”“鹞子”是一种“雀鹰”的俗称，它的飞行与鸢相似，在盘旋时两翼挺直平伸不摆。

何以又谓“风筝”？明朝陈沂《询刍录》中写道：“五代李邺，于宫中作纸鸢，引线乘风为戏。后于鸢首，以竹为笛，迎风作响，声如筝鸣，故名风筝。”原来，有人在纸鸢上装有竹笛，放入空中，风吹笛鸣如弹拨弦筝之音声（如今，多数风筝上并无竹笛筝鸣，亦名“风筝”）。

明代以后，风筝才逐渐成为一种雅俗共赏，颇为大众化的娱乐玩物。“从宫廷贵胄、闺阁仕女，乃至市井布衣，均喜作放风筝之戏。”

《春明采风志》介绍一种大风筝：“一至丈二，折竹结架，作燕飞式，纸糊，绘青蓝色，飞达高空百丈余。”

还有一种专为夜间放飞的风筝，筝上垂挂红灯笼，再配上风笛，或带铜锣皮鼓，或带竹丝笙管，放升夜空，红灯与繁星互衬，发出的八音，如瑶池仙乐一般。有声有色，情景交融。时人称为“太平锣鼓”。

“夜静弦声响碧空，宫商信任往来风。依稀似曲才堪听，又被风吹别调中。”这是唐代高骈对夜空太平锣鼓风筝放飞时的描述。“宫商”，即五音的泛称，我国古代乐理的“宫、商、角、徵、羽”为五个音阶。简称“五声”、“五音”，引申为音乐的代指。

风筝的扎制，清代最为兴盛，“操此艺者多为旗人”，《红楼梦》的作者曹雪芹就是其一。他还写过一本《南鹞北鸢考工志》，集风筝的“扎、糊、绘、放”四种工艺之大成，书中还附有图谱。可惜，据说这部著作，原书已沦落海外，国内只保存了一部手抄本。

曹雪芹晚年居北京西郊，贫病交加，“举家食粥酒常赊”。为了养家糊口，为了买纸著书，为了周济穷苦，还自制各式风筝，并收一些残疾人做徒弟，传授扎制风筝技艺，使他们以制作风筝为业，到市场出售，赖以谋生。

曹雪芹还曾在风筝上题句自勉：“富非所望不忧贫”。诗以言志：鄙视贪官豪富，而以自食其力为乐。被后人称为“七字风筝”，一时传为佳话。

据说诗人陆游喜欢看放风筝。他的《剑南诗稿》中有一首《观村童戏溪上》：“竹马踉蹡冲淖去，纸鸢跋扈挟风鸣。”“竹马”，儿童玩具，当马骑的竹竿。是说，一群孩子在小河旁，有的骑竹马，有的放风筝，乐在儿童稚气中。陆放老翁“将谓偷闲学少年”。

我国古时，就有人发现放风筝能促进身体健康。清代沈复《浮生六纪》说：“纸鸢，放于清明前，引丝而上，义取张口仰视，宣异阳气，以泄内热，令儿童少疾。”是说，儿童放风筝时手牵着线，仰着头欣赏宛如蝴蝶起舞，似若春燕展翅的只只风筝时，引颈舒胸，排出浊气；肺腑扩张，深深地吸进原野的新鲜空气，心旷神怡，当然十分有益于身体健康了。

许多资料证明，风筝在古代，不仅是娱乐玩物，还是作为传递工具为战争服务的。

楚汉相争的后期，刘邦为了瓦解项羽的军心，韩信曾用牛皮扎制一个特大的木鸢，把张良绑缚其上，深夜，起飞于楚军上空。张良用管箫吹起凄凉婉转的楚国乡歌，引起了士兵们的唱和。“洞箫楚乐”，唤起项羽士兵思念父母妻子的乡恋，致使楚国的八千子弟兵土崩瓦解，才引出一段张良乘木鸢，一只“洞箫吹散霸王子弟兵”的故事。

韩信善用风筝为战争服务还有一例。韩与陈豨在未央宫起事欲夺取政权，密约陈豨先从宫中放出纸鸢，韩信在外据纸鸢方位而测量出未央宫的距离与走向，绘成地图，以便挖掘一条直达宫中的地道。未央宫是西汉宫殿名，故址在今陕西西安市西北长安故城西南角。已毁于兵燹。

雏燕与瘦燕

《独异志》记载：“侯景围台城，简文作纸驾，飞空告及于外。”是说，549年，南北朝梁国的台城（今南京鸡鸣寺南），被叛军侯景围困，梁武帝萧衍正困在城里，武帝之子梁简文帝萧纲制作载人的木鸢，由羊侃的儿子羊鹍暗藏在木鸢里，带着皇帝的救援诏书（实际是风筝中暗藏军书），放入空中送往城外，落在援军手里，而得救解围。

《新唐书·藩镇魏传》记载，唐代德宗时，节度使田悦起兵叛乱，下令杨朝光攻打临洺（洛）。城中守将张伾率兵固守多日，粮草将断绝，士无斗志。张伾欲向朝廷求援，又难以逾越敌军包围圈。张伾急中生智，命人扎了一只纸鸢放出，高百余丈，割断引线，从田悦营上飘过，叛军箭矢难以射下。后来风筝被援军拾得，交与河东节度使马燧，马燧看过风筝上的告急书，立即率兵出壶关，破卢疃，战双冈，杀朝光，驱逐田悦，临洛之围遂解。关键时刻风筝立了战功。

宋代有“神火飞鸦”的战斗故事。是说，在风筝上装上火药，导火线上缚一段燃着的香火，把风筝放在敌营的上空，燃烧爆炸，迫使敌军溃退，而后乘虚追击，获取胜利。

明代王逵《蠡海集》还有用风筝测风速风向实验的记载，为司空（气象）所用。

在公元初，我国就出现一位受风筝启发而插翅试飞的人。东汉班固在《前汉书·王莽传》中记载了这一趣闻。

西汉末年，有一个人自称能够飞行，“日翔千里”。王莽令他当众试验。他便在自己身上用大鸟翎作为两个翅膀，又在身上粘了一身鸢毛，并且装着机关。结果，他飞行了几百步远就降落着地了。虽然未能“日翔千里”，确也可算是人类的第一次飞行。他应该是世界上完成滑翔飞行的第一个人。

象　棋

“两国争强各用兵，列成方阵定输赢。马行出路当先道，将守绿营戒远征。乘险车攻收散兵，隔河飞炮下重城。等闲识得军情事，一着成功定太平。”这是明朝仁宗皇帝朱高炽的《对弈》。朱高炽的诗虽然写得不算高明，但棋下得还算高明。

棋，古无此字，本字写作“棊”、“碁”。是一种古代传统的文娱用具。《说文解字注》记载：“棊，竹部曰：簙，局戏也。六箸十二棊。”所谓“簙”，是一种古代游戏。“六箸十二棊”即是“六博十二棋”，共十二个棋子，六黑六白，两人相博，每人六棋。

我国古代棋弈最早的是围棋，简称为“弈”。如古文中说的“棋逢敌手无”、“僧招决棋战”、“久闲棋格长”、“天下棋峙”等。上述所引各语中之“棋”字，都是指我国古代围棋，不是我们本文所要讲述的象棋。

象棋，亦写作“相棋”，又谓之“象弈”、“象戏”，别称“橘中戏”，复称“宝应象棋”。为了与国际象棋相区分，在世界上独称“中国象棋”，是一种斗智的体育运动，棋制多变，着法玄妙，考其历史，由来已久。

《辞海》注解：“近代象棋，定型于北宋末南宋初。”至于定型以前的形成过程，起于何时？辞书只字未提。可见这是一桩尚未查明的公案。历代世人，其说不一。论点有七。

一说，上古父系氏族社会后期，部落联盟领袖虞舜有个弟弟的名字叫“象”，因为他强暴骄横，曾经图谋不轨，后来被舜监禁起来。仁慈的舜又担心象寂寞无聊，特地制了一副棋，供象运筹，以归顺其心。所以，“象所博之棋故谓象棋”。

一说，产生于商末周初。《隋书·经籍志》记载：“周武帝撰象经一卷。”武王起兵伐纣时，当时的军队编制，五人为一伍。东汉郑玄《周礼·夏官·诸子》作注：“军法百人为卒，五人为伍。”所以象棋中的兵与卒也是每方各五。五个兵卒又代表五种兵器，即古代称调的“五刃”。春秋左丘明《国语·齐语》说：“定三革，隐五刃。”三国吴人韦昭《国语注》解释：“五刃，刀、剑、矛、戟、矢也。”也有说“五刃”是指“弓、殳、矛、戈、戟”。后来，“五刃”一词成为各种兵器的泛指。

一说，产生于春秋。西汉人刘向《说苑》有“斗象棋而舞郑女”的记述。“舞郑女”，即《舞赋》中说的“郑国之舞”，挑选仪容齐美的十六岁少女，着同一服饰，“奋袂俱起而郑舞也”。《说苑》是记载先秦至汉代的史事。其中记载了郑国宫廷中，此处下象棋，彼处舞翩跹的君王生活。距今至少也有二千三百多年了。

一说，产生于战国。楚国辞赋家著作的《楚辞·招魂》有：“菎蔽象棊有六簙些”。是说，用美玉做的棋子共十二枚，六黑六白。局分十二道，两头当中名为“水”，又用“鱼”两枚，置于水中……两人对局。看来这不是象棋，而是古代的一种赌博。书中所谓“象棋”，可能是指用“象牙做的棋子”。“菎蔽”，是用玉包裹的“簿”。玩时，先掷采，后行棋，棋至河边，入水食鱼，以得筹多者为胜。

一说，是产生于西汉。楚汉相争，两军对峙。战争临进年关，军人思乡恋亲，兵卒厌战。足智多谋的韩信，为转移士兵的注意力，创制象棋供营中娱乐。以至现在象棋的河界上，不是还常常写有“两国交兵，楚汉相争”的八个大字吗。

一说，5世纪60年代，为南北朝的北周武帝宇文邕所做。说他编著过《象经》（今已失传）。

一说，象棋创于唐。据《佛祖历代通载》说：“唐文宗（李昂）开成已未年（839年）制象棋。”文中并注解：“昔神农以日、月、星、辰为天象，唐代进士牛僧孺用车、马、将、士、卒、炮，代之为棋”。

源头何所在？众说纷纭，莫衷一是。从最早的五千年前“尧舜说”，至最晚的唐代“已未说”。象棋的发明年代前后相去甚远，差距三千多年。

汉墓出土的文物里曾发现大小不一、刻有图案的棋子，最大的棋子刻龙雕虎，想来，必是棋局中的王位。

战国有一种六博象棋，双方各执六枚棋子，其重要的一枚称“枭”，枭将枭雄，是“勇猛的将领”，犹言魁首。两相对垒中以枭被吃掉为败。

宋代司马光曾制《古局象棋》：方阵，横竖各十九行，三百六十一个交点。棋子模拟东周列国的斗争形势布局。“周”犹同今之“帅”，一子黄色居中。七雄各国都有将、偏、裨、行人、炮、弓、弩，各一，刀二，剑骑各四，共十七子。七国按当时实际占据的地理定位，各子颜色不同。秦白居西，楚赤韩丹并列于南，魏绿齐青并列于东，燕黑赵紫并列于北。运棋时，周不动，七国有七人各相一国，人数不足时，秦可与他国“连横”，其他六国可结为“合纵”，以吃掉敌方之棋子至亡其国者为胜。

虽然说象棋到唐朝已颇盛行，但还不完备。从把下棋叫做“象戏行马”来看，那时是把“棋子”叫做“马”。牛僧孺《玄怪录》也说，王能“单马南驰”，御驾出征厮杀。说明，那时没有九宫，兵种也少，只有“将、马、车、卒”，谓之“唐棋”。

北宋的棋制，在唐棋的基础上，增加了“偏裨”二将，北宋哲学家程颢，有一首关于行棋的诗唱：“大都博弈皆戏剧，象戏翻能学用兵；车马当存周战法，偏裨兼备汉官名；中军八百将帅重，河外尖斜步卒轻；却凭纹楸聊自笑，雄为刘项亦闲争。”“纹楸”，代指棋盘。因古时棋盘多用楸木所制，亦称“楸枰”。

从诗中所述，与今棋相比，兵卒步法有异。宋代的兵卒是“河外尖斜”，过河后可以走斜步，左上或右上。

鉴于“王”是至高无上的国君，下棋者为了避免犯欺君之罪，便把棋中的“王”改作一方为“将”，另方为“帅”。

由于火药的发明，南宋军队中有了火炮装备，也反映到象棋里。双方各增加两“炮”，武将“偏裨”改为文官“士（仕）、象（相）”，划定九宫，将、帅仕（士）不许出宫，相（象）不得过河；兵卒的行棋也改过河斜走为向前直进或平行横走，不许后退，和现在步法一样。就是《辞海》中所说的“近代象棋定型于北宋末南宋初”。

从棋制的演变中可看出，象棋着法及布子脱胎于兵法。棋盘上，兵在前，炮居中，车马殿后，士象护驾，将帅运筹九宫，双方隔河，方阵交战，同孙子兵家战阵十分相像。

但从出土实物看却不是这般，而是早在北宋初就已完善，双方共三十二子，不但有炮，而且有帅。

1983年8月，在四川江油出土两副宋代象棋。据专家考证，这两副象棋乃是宋代开国皇帝赵匡胤输华山用过的那种象棋。

出土的两副棋子，各有三十二枚。其中一副的棋子，大小像五分钱硬币，边上有一小孔，可用绳子穿为一串。另一副有一分硬币大小，无孔。两副均为青铜铸造，一面是楷书将、士、象、马、车、炮、兵的凸字，背面是将士兵马的暗影图形，似浅浮雕。与现代象棋不同处有四点：一是铜铸，二是圆片，三是有象形图，四是可用绳穿为一串便于携带。

"河界三分阔，计谋万丈深。"这是在棋盘中间常写的十个字。也有写成："汉界三分阔"；"楚河万丈深"。关于"楚河汉界"的来历，出自公元前203年刘邦和项羽的楚汉相争。

公元前208年前后，六国都起来叛秦，楚怀王和各诸侯约定，先入关者为王。刘邦先于项羽入关，本应以刘邦为王。但是，当时项羽的势力占着上风，刘邦不敢为所欲为，并为此亲到鸿门谢罪，项羽当即封刘邦为汉王，自己为西楚霸王。由于项羽骄横，各国叛离项羽而归顺刘邦。刘邦的势力日渐增大，项羽只好以鸿沟为界，和刘邦平分天下。就是司马迁《史记·高祖本纪》中说的"齐王倍又进击楚，项羽恐，于是与汉王约定割鸿沟为界，东属楚，西属汉"。

"鸿沟"，是战国魏惠王十年开凿的古运河，在今河南省荥阳北。楚汉两雄据此鸿沟相对峙，并以此为起点展开皇位争夺战。这一情景，和象棋将帅之争十分近似：争逐的双方（棋局）原是平分秋色，争战（开棋）的伊始，也是势均力敌，故棋盘上的这条"鸿沟"，以"楚河汉界"喻之，甚为贴切。

明代永乐第一才子曾棨，对象棋的布局格战，奇正虚实，颇有研究。在他的《西墅集》中，还描述过两位弈者凭棋消夏，尽兴而罢地吟唱："两君相敌立双营，坐运神机决死生。千里封疆驰骏马，一川波浪动金兵。虞姬歌舞悲垓下，汉将旌旗逼楚城。兴尽计穷征战罢，松荫花影满棋枰。"

"枰"，原指古代二人下围棋。扬雄《方言》："所以投簙谓之枰。"又指围棋棋盘。柳宗元《可游者记》说："又西曰仙弈之山……其始登者，得石枰于上。""石枰"即石制棋盘。

如今，象棋棋盘也称之为"棋枰"。系由九根直线和十根横线组成，中间划定河界，共有九十个据点，双方各占其半。

棋盘有石制、木制、布制、纸制、塑料制、钢筋水泥制，等等。最小的棋盘，阔不盈尺；最大的棋盘，则要超过篮球场地。

原来，在大棋盘出现以前，看棋也是件颇为苦恼的事情。尤其是碰到名棋高手对弈，周围挤满了人，水泄不通。棋手受干扰，斗志大减；如云的观棋者必须踮起脚跟，伸长脖子，累得叫苦连天，还常常看不清楚。于是特大棋盘应运而生——

1925 年至 1926 年间，我国“百岁棋王”谢侠逊曾同马海洲等发起筹备全国象棋比赛大会，并因此制作了一种特别大的棋盘和棋子。棋子制成瓷器，内装电灯，后因移挂不便而改用铅皮制做；棋架则用铁制，置于上海青年会内。

1928 年 3 月 10 日晚上，在上海四川路青年会大礼堂里，使用更大的棋盘进行象棋比赛，由交通大学的陈再华、林立安对青年会的虞思才、陶茂康。这个棋盘是用钢筋围成的，面积足有二百五十六平方尺，棋子用玻璃壳子，中间装上电灯泡。

1937 年抗日战争爆发，谢侠逊下南洋募捐抗日经费，足迹遍及菲律宾、印度尼西亚、马来西亚、新加坡、缅甸等国。到马来西亚重要海港槟城时，该地筹赈组织为了扩大宣传，特借用体育场划地为棋枰，配以男女青年各十六人为“活棋子”。煞是好看，蔚为壮观。

明代以来，江苏北部新沂县有个乡村名叫“棋盘”，元朝以前叫“沈围子”，为何改称“棋盘”呢?

传说明代开国皇帝朱元璋幼年时在舅舅家放牛，一天，他赶着牛来到水清草嫩的沈围子，牛去吃草，他自己在原野观山望云。就在这时，来了一位斯文先生，神采翩翩，一手夹着一只木制棋盘，另手拎着一只装着棋子的布口袋。朱元璋见了，对着来人说：“我们俩下两盘吧？”那先生本没有注意这放牛娃，听说要和自己下棋，便站下来，一看朱元璋的相貌，气宇轩昂，就答应和他下三盘。并说：“你要能赢我三盘，这棋盘和棋子就都送给你了。”结果，这先生真的连输三盘，就丢下棋盘棋子，耷拉着脑袋走了。朱元璋后来做了皇帝，想起这件事，传旨叫石匠刻了一块很大的石头棋盘放在他下过棋的地方。后来人们就把这原叫“沈围子”的地方改名为“棋盘营子”。

说罢棋盘再说棋子制作。据李洹介绍，最早的象棋是立体“金铜成形”的棋子。762 年的“宝应象棋”，就是这种。由于棋子铸制困难，价格昂贵，棋艺多在王公贵族及寺院、士大夫中间流传。贵族多用铜鎏棋子，普通些的是铜制的。

而木质棋子出现于 8 世纪 50 年代唐“天宝之乱”时。唐明皇逃亡四川，太子李亨自立于陕西灵武，也拥兵出逃，行至彭原（今甘肃宁县），连日淫雨，官兵拥挤在一个小馆舍里。李亨与爱妃张良娣二人下象棋，“金铜成形”的棋子碰到棋盘发出很大响声，传到屋外。宰相李泌规劝他俩，在这国破民亡的紧要关头，若不理政事，一味下棋寻乐，势必引起护卫兵士的不满以致哗变。李亨为了下棋不出声响，遂命人以当时被称做“千树鸡”的棉质软木为原料，雕刻成棋子，以免下棋时走漏风声。从而产生了木制的象形立体象棋子。据说英国伦敦博物馆内存有一只这种马头棋。

宋代，由于象棋的定型与广泛开展，逐渐淘汰了象形立体棋子，由木制的涂色文字棋子所代替。皇宫里为了显示尊贵，还用铜、象牙、骨头等材料制作文字棋子。

“白檀象戏小盘平，牙子金书字更明。”宋徽宗赵佶自述所使用的棋盘是用白檀木制的，棋子是用象牙雕刻文字涂描以金色。

1973年在福建泉州海湾出土的宋代沉船船舱中发现的二十枚木质文字棋子，纹理致密，沉重不飘，是现存最早的木制文字象棋子。

清代，出现了瓷制象棋子，清丽悦目，轻重适度。形状呈圆柱形，稍扁，字体为阴文，涂入鲜艳的红绿二色，字在凹纹中，不致磨掉，脏了可水洗如新。瓷制棋子流传了二百多年，直到20世纪50年代，还有小批土窑烧制出售。

再说棋谱。关于古代象棋局谱方面的论述，传世者并不多有，屈指可数：《梦入神机》、《适情雅趣》、《橘中秘》、《韬略元机》、《烂柯神机》、《竹香斋象戏谱》、《心武残篇》、《百变象棋谱》、《渊深海阔》等。

《梦入神机》，作者佚名，刊印约在明代嘉靖（1522年）以前，共十卷。在明代甚为流传，观残存卷，有近三百个残局，是传世较早的一部象棋古谱。

《适情雅趣》，明末金陵人徐芝编选，共十卷。前八卷列残局图式五百五十局及其着法，后两卷列全局着法。

《橘中秘》，朱晋桢辑，成书于明代崇祯五年（1632年），共四卷。一、二卷为全局着法，重点介绍斗炮局（顺手炮与列手炮）的各种变化；三、四卷精选了实用残局，计一百四十篇。此书影响颇大，流传亦广。所以有“都属局中时见，不可不知者”之评语。

为何象棋又别称“橘中戏”？唐代牛僧孺《玄怪录》记述：“有巴丘人，不知姓，家有橘园，生长两大橘，剖开，每橘有二老叟，皆相对象戏。”原来是每个橘子中有两个老头相对坐着下棋。后遂称象棋为“橘中戏”，别称“象戏”。

“象戏”，是唐代和北宋时对象棋的称呼。白居易《白香山集》中说：“兵冲象戏车”。《隋书·经籍志》又说，北周文学家庾信还写有《象戏赋》：“日月星辰之象”，与今象棋不同。

您听说过《渊深海阔》这部中国象棋谱吗？1957年，棋界名流杨官璘、陈松顺在合著《中国象棋谱》一书时，曾根据民间传说提到过这部古书，但他们却未见其面。如今，在古棋谱收藏家刘国斌的家里可以见到这部孤本珍籍。

《渊深海阔》问世于清代嘉庆十三年（1808 年）。它与《心武残篇》、《百局象棋谱》、《竹香斋象戏谱》并誉为清代中叶的四大名谱。另外那三本虽属难觅，终非孤本。唯有这《渊深海阔》问世后即昙花一现，芳踪杳然。20 世纪 30 年代，曾在天津露过一面，很快又不见踪影。1964 年刘国斌在北京琉璃厂古旧书收购店发现了这部十六册的洋洋巨著，售价三十二元，刘一时拿不出这些钱，便转身跑到西单委托行卖掉手表买回此书。他为了让大家能够观赏又不将孤本损失，特地请擅长书法的藏谱家佟醒华老先生缮录副本。刘国斌拟定写一本《中国古今象棋谱目录初探》，让更多的人得知中国象棋古谱的家谱。

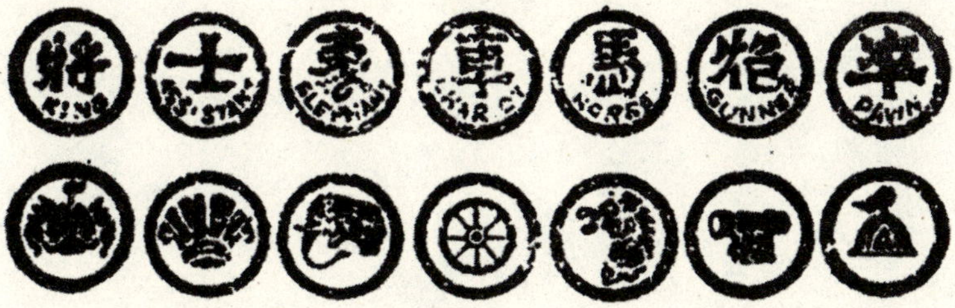

革新象棋子